U0932930

山東大學中文專刊

簡帛人物名號彙考

王輝　著

中西書局

凡 例

一、本書所考察的“簡帛”是指出土戰國至漢初簡帛文獻；“人物”主要指傳説、歷史人物，包括簡帛典籍中出現的所有人物及文書中出現的傳説、歷史人物。文書中不可考的普通人名不在研究範圍之内。

二、本書中的“傳説人物”，采用徐旭生的説法，以盤庚遷殷爲界，之前爲傳説時代，之後爲歷史時代。[1] 將盤庚之前人物歸爲傳説人物，盤庚及之後人物歸爲歷史人物。爲便於歸類，又將楚先祖中老童、祝融等本屬於傳説人物類的歸入“楚人物”。

三、歷史人物的分類大體按國别（或域别），孔子弟子則統一放入“魯人物”。排序大體依年代，不易區分先後者則將互相有聯繫的名號放在一起。一些虚構的人名如馬王堆帛書中與“先生”論《易》的繆和、吕昌、吴孟等，難以考索，放在同一條目，以節省篇幅。人物名號於簡帛文例中出現者，加下劃綫以示醒目。

四、文中引用常見簡帛材料原整理者意見時，一般在引文後括注該書簡稱及頁碼，不出脚注。如：《上七·武甲》簡 1 作“耑瑄”，整理者指出“耑”讀爲顓；“瑄”从言玉聲，與“頊”（从頁玉聲）聲同可通（《上博七》第 151 頁）。

---

[1] 徐旭生《中國古史的傳説時代（增訂本）》第 19—20 頁，文物出版社 1985 年。

五、本書用王力古音系統，聲、韻具體參考了陳復華、何九盈《古韻通曉》（中國社會科學出版社 1987 年）、郭錫良《漢字古音手册（增訂本）》（商務印書館 2010 年）、唐作藩《上古音手册（增訂本）》（中華書局 2013 年）。在具體要討論的字後標注音韻地位，如"容"（餘—東），意思是"容"字上古音爲餘紐東部。

六、引書、篇簡稱情況：《合集》—《甲骨文合集》；《集成》—《殷周金文集成》；《近出》—《近出殷周金文集録》；《新收》—《新收殷周青銅器銘文暨器影彙編》；"通鑑"—"金文通鑑"（軟件）；《璽彙》—《古璽彙編》。簡牘稱書或材料名前 2—3 字，如：《郭店》—《郭店楚墓竹簡》，《馬王堆》—《長沙馬王堆漢墓簡牘集成》，阜陽—阜陽漢簡。篇名一般取前 2—3 字，如：《上一・性情》指《上海博物館藏戰國楚竹書》第一册《性情論》篇，《清三・芮良》指《清華大學藏戰國竹簡》第三册《芮良夫毖》篇。

七、本書所收材料截至 2021 年 6 月 30 日。

目　録

第一章　簡帛人物名號概説

二十世紀以來,戰國秦漢簡帛文獻層出不窮,格外引人注目。在近年陸續公布的清華大學藏戰國楚簡中,有一些篇目如《楚居》《繫年》《良臣》等包含頗多古人名號。這些名號或未見於古書,或雖然見於古書但用字有所不同。與傳世文獻形成的異文關係,不僅有利於探索與之相關的文字通假、異體等問題,還能够進一步延伸至歷史文化層面的研究。將範圍擴大到戰國至漢初簡帛,會發現其中的古人名號甚夥,對其搜集整理並結合甲骨、金文及傳世古書進行文字學、歷史學等方面的探索,既符合當前分門别類細化研究的趨勢,也是相關學科内部交叉融合的有益嘗試。

一、簡帛文獻與人物名號

(一) 簡帛文獻

目前已經出土的簡帛文獻,時代分布自戰國至三國魏晉時期。本書以古文字研究範疇之内的戰國至漢初簡帛爲考察範圍,具體包括戰國楚簡帛、秦至漢初簡牘帛書兩大類。[1] 楚竹簡如曾侯乙墓竹

[1] 黄文傑對"秦至漢初簡帛"有界定,本書從其説,見《秦至漢初簡帛文字研究》第2—4頁,商務印書館2008年。

簡、包山楚墓竹簡、新蔡葛陵楚墓竹簡、郭店楚墓竹簡、上海博物館藏竹簡、清華大學藏竹簡、安徽大學藏竹簡等，帛書有長沙子彈庫墓出土楚帛書。秦簡材料包括睡虎地秦墓竹簡、周家臺秦墓竹簡、放馬灘秦墓竹簡、里耶古井秦簡、嶽麓書院藏秦簡、北京大學藏秦簡等；漢初簡帛包括銀雀山漢墓竹簡、張家山漢墓竹簡、孔家坡漢墓竹簡、北京大學藏漢簡、馬王堆漢墓簡牘帛書等。

（二）人物名號

廣義的人物名號包括姓氏和名號。從構成看，又涵蓋姓、氏、名、字、行次、爵稱、官名、尊稱、日名、謚號等内容。這些部分的有機排列組合，可以構成人物的不同名號。本書對人物名號的研究，不偏重其構成的某一部分如姓氏、謚號，而以人物爲單位，整理研究其不同名號的異文、含義、結構等。

二、簡帛人物名號研究現狀

簡帛文獻中包含衆多神話人物、歷史人物及普通人物，人物名號紛繁複雜，用字多有疑難。學者於名號釋讀、辨析着力不少，研究成果豐富。以下從楚簡帛和秦漢簡帛兩方面分別介紹，漢以後竹簡中的人名研究情況也順便述及。

（一）楚簡帛

1. 專門的姓氏研究

巫雪如《包山楚簡姓氏研究》、[1]許全勝《包山楚簡姓氏譜》[2]專門研究包山楚簡所見姓氏；劉傑《戰國文字所見姓氏整理與疏證》、[3]田成方《東周時期楚國宗族研究》[4]對楚簡姓氏多有涉及。李守奎

[1] 巫雪如《包山楚簡姓氏研究》，臺灣大學碩士學位論文 1996 年。

[2] 許全勝《包山楚簡姓氏譜》，北京大學碩士學位論文 1997 年。

[3] 劉傑《戰國文字所見姓氏整理與疏證》，中山大學博士學位論文 2009 年。

[4] 田成方《東周時期楚國宗族研究》，科學出版社 2016 年。

發表有《出土楚文獻姓氏用字異寫現象初探》[1]《包山楚簡姓氏用字考釋》[2]《〈楚居〉中的楚先祖與楚族姓氏》[3]等論文,是近年對楚簡姓氏研究着力較多的學者。

2. 名號研究

(1) 專書之屬

何淑媛《戰國楚簡中的楚國人名研究》收録包山、新蔡、望山等八種非典籍類竹簡中的人名,逐個分析;[4]白顯鳳《戰國楚簡人名異寫研究》研究楚簡若干人物名號的異文,[5]《出土楚文獻所見人名研究》則將範圍擴大至楚文獻;[6]陳美蘭《戰國竹簡東周人名用字現象研究——以郭店簡、上博簡、清華簡爲範圍》考察了三種楚簡中東周人名的用字;[7]羅小華《清華簡(壹—叁)所見人物名號相關問題研究》依照《漢書・古今人表》的排列順序,研究清華簡前三册所見人物名號。[8] 此外,郭永秉《帝系新研》、[9]鄭威《楚國封君研

[1] 李守奎《出土楚文獻姓氏用字異寫現象初探》,中國文字博物館第二屆文字發展論壇會議論文,安陽,2010年10月。

[2] 李守奎《包山楚簡姓氏用字考釋》,《簡帛》第6輯,上海古籍出版社2011年。

[3] 李守奎《〈楚居〉中的楚先祖與楚族姓氏》,《出土文獻研究》第10輯,中華書局2011年。

[4] 何淑媛《戰國楚簡中的楚國人名研究》,臺灣師範大學碩士學位論文2009年。

[5] 白顯鳳《戰國楚簡人名異寫研究》,吉林大學碩士學位論文2012年。

[6] 白顯鳳《出土楚文獻所見人名研究》,吉林大學博士學位論文2017年。

[7] 陳美蘭《戰國竹簡東周人名用字現象研究——以郭店簡、上博簡、清華簡爲範圍》,藝文印書館2014年。又陳美蘭《近出戰國西漢竹書所見人名補論》一文又對書中未收的新見名號有補充(《出土文獻研究》第16輯,中西書局2017年)。

[8] 羅小華《清華簡(壹—叁)所見人物名號相關問題研究》,清華大學博士後研究報告2015年。

[9] 郭永秉《帝系新研:楚地出土戰國文獻中的傳説時代古帝王系統研究》,北京大學出版社2008年。

究》,[1]對見於楚簡的帝王名號、楚國封君名號多有考證。

（2）單篇論文之屬

1）原缺釋人物名號的考訂。如金祥恒《楚繒書“雹虘”解》認爲楚帛書“雹虘”即伏羲;[2]李學勤《論包山簡中一楚先祖名》認爲“媸酓”即鬻熊;[3]何琳儀《楚王熊麗考》認爲包山簡“酓鹿”即楚王熊麗;[4]趙平安《上博藏楚竹書〈競建内之〉第9至10號簡考辨》認爲《上五・競建》“芊倗子”即宋華子;[5]董珊《出土文獻所見“以謚爲族”的楚王族——附説〈左傳〉“諸侯以字爲謚因以爲族”的讀法》認爲楚簡中人名“某之某”“某王之某”均爲楚王族人。[6]

2）人物名號中疑難字的分析。如李家浩《楚大府鎬銘文新釋》、[7]徐在國《郭店楚簡文字三考》、[8]沈培《卜辭“雉衆”補釋》[9]等分析上博、郭店簡中用作祭公之“祭”的“辩”“暂”;李零《讀清華簡筆記: 离和竊》分析《上二・子羔》中用作商契之“禼”;[10]孟蓬生《〈楚居〉所見楚王名考釋二則》分析用爲楚王熊達

[1] 鄭威《楚國封君研究》,湖北教育出版社2012年。

[2] 金祥恒《楚繒書“雹”解》,《中國文字》第28册,臺灣大學中國文學系1968年。

[3] 李學勤《論包山簡中一楚先祖名》,《文物》1988年第8期。

[4] 何琳儀《楚王熊麗考》,《中國史研究》2000年第4期。

[5] 趙平安《上博藏楚竹書〈競建内之〉第9至10號簡考辨》,《新出簡帛與古文字古文獻研究》,商務印書館2009年。

[6] 董珊《出土文獻所見“以謚爲族”的楚王族——附説〈左傳〉“諸侯以字爲謚因以爲族”的讀法》,《出土文獻與古文字研究》第2輯,復旦大學出版社2008年。

[7] 李家浩《楚大府鎬銘文新釋》,《著名中年語言學者自選集・李家浩卷》,安徽教育出版社2002年。

[8] 徐在國《郭店楚簡文字三考》,《簡帛研究 二〇〇一》,廣西師範大學出版社2001年。

[9] 沈培《卜辭“雉衆”補釋》,《語言學論叢》第26輯,商務印書館2002年。

[10] 李零《讀清華簡筆記: 离和竊》,《清華簡研究》第1輯,中西書局2012年。

之名的“[illegible]”;[1]陳斯鵬《戰國楚帛書甲篇文字新釋》分析楚帛書中與女媧相當的“女[illegible]”。[2]

3）通過名號及史料考論人物關係。如裘錫圭《“東皇太一”與“大奞伏羲”》認爲楚帛書“大奞伏羲”即《楚辭》東皇太一;[3]黄德寬《新蔡葛陵楚簡所見“穴熊”及相關問題》、[4]李家浩《楚簡所記楚人祖先“毓(鬻)熊”與“穴熊”爲一人説——兼説上古音幽部與微、文二部音轉》辨析楚簡所見楚先祖“穴熊”與“毓熊”的關係。[5]

此外陳偉武《戰國簡牘所見君王名號淺説》,[6]從“全稱和簡稱”“並稱與分稱”“君王名號與用字習慣”三個方面綜論戰國簡牘所見君王名號。

（二）秦漢簡帛

秦漢簡帛人物名號的研究,專書有大庭脩《居延漢簡索引》[7]的“人名索引”部分以及李振宏、孫英民《居延漢簡人名編年》[8]等工具書,劉樂賢《讀〈居延漢簡索引・人名索引〉》對前者有評述。[9] 李世

[1] 孟蓬生《〈楚居〉所見楚王名考釋二則》,《清華簡研究》第1輯,中西書局2012年。
[2] 陳斯鵬《戰國楚帛書甲篇文字新釋》,《古文字研究》第26輯,中華書局2006年。
[3] 裘錫圭《“東皇太一”與“大奞伏羲”》,《裘錫圭學術文集・簡牘帛書卷》,復旦大學出版社2012年。
[4] 黄德寬《新蔡葛陵楚簡所見“穴熊”及相關問題》,《開啓中華文明的管鑰——漢字的釋讀與探索》,北京師範大學出版社2011年。
[5] 李家浩《楚簡所記楚人祖先“毓(鬻)熊”與“穴熊”爲一人説——兼説上古音幽部與微、文二部音轉》,《安徽大學漢語言文字研究叢書・李家浩卷》,安徽大學出版社2013年。
[6] 陳偉武《戰國簡牘所見君王名號淺説》,《愈愚齋磨牙二集——古文字與古文獻研究叢稿》,中西書局2018年。
[7] 大庭脩《居延漢簡索引》,(日本)關西大學出版部1995年。
[8] 李振宏、孫英民《居延漢簡人名編年》,中國社會科學出版社1997年。
[9] 劉樂賢《讀〈居延漢簡索引・人名索引〉》,《戰國秦漢簡帛叢考》,文物出版社2010年。

持《秦簡人名整理與命名研究》普查秦簡所見人名，並辨析人名取義。[1] 其他則多爲考訂某個具體人物或某批材料中的名號。劉樂賢《釋孔家坡漢簡〈日書〉中的幾個古史傳説人物》研究了“西大母”“女過”等傳説人物，[2]魯家亮《小議里耶秦簡 8-985 中的兩個人名》、[3]趙久湘《〈奏讞書〉人名冷僻字淺析》、《張家山漢簡〈奏讞書〉人名研究》、[4]梁静《出土〈蒼頡篇〉“姓名簡”研究》[5]等，專門研究秦漢簡中的一般人名。邢義田《漢簡、漢印與〈急就〉人名互證》以漢簡、漢印中的人名與《急就篇》作對比研究，[6]王子今《漢簡人名“未央”瑣議》主要研究漢簡中人名“未央”的含義。[7] 白軍鵬《漢人名字與漢簡釋讀》《馬圈灣漢簡“焦党陶聖”章釋文、性質及人名互證研究》以漢簡與漢人名字互證。[8]

通過以上舉例可以發現，近年圍繞戰國至漢初簡帛尤其是楚簡所見人物名號的探索已有不少，且在一些重要的問題上取得了突破性進展。然當前研究仍然存在以下問題：第一，闕釋、誤釋、諸家意見不一的人物名號仍不在少數，尚待重新探索。第二，尚未有學者全面

---

[1] 李世持《秦簡人名整理與命名研究》，西南大學博士學位論文 2017 年。

[2] 劉樂賢《釋孔家坡漢簡〈日書〉中的幾個古史傳説人物》，《中國史研究》2010 年第 2 期。

[3] 魯家亮《小議里耶秦簡 8-985 中的兩個人名》，《出土文獻研究》第 11 輯，中西書局 2012 年。

[4] 趙久湘《〈奏讞書〉人名冷僻字淺析》，《蘭州教育學院學報》2010 年第 2 期；《張家山漢簡〈奏讞書〉人名研究》，《樂山師範學院學報》2010 年第 4 期。

[5] 梁静《出土〈蒼頡篇〉“姓名簡”研究》，《簡帛》第 8 輯，上海古籍出版社 2013 年。

[6] 邢義田《漢簡、漢印與〈急就〉人名互證》，《地不愛寶：漢代的簡牘》第 84—101 頁，中華書局 2011 年。

[7] 王子今《漢簡人名“未央”瑣議》，《秦漢社會史論考》第 171—174 頁，商務印書館 2006 年。

[8] 白軍鵬《漢人名字與漢簡釋讀》，《簡帛》第 21 輯，上海古籍出版社 2020 年；《馬圈灣漢簡“焦黨陶聖”章釋文、性質及人名互證研究》，《出土文獻》2021 年第 1 期。

整理戰國至漢初簡帛中的人物名號,並作系統研究。第三,相對甲骨、金文等材料,簡帛人物名號的研究仍比較薄弱。第四,相對於楚簡帛,秦漢簡帛人物名號研究顯得薄弱。第五,相對於專門的姓氏研究,名號研究較少。

舒之梅、劉信芳在《包山楚簡人名研究六則》一文中指出:"凡甲骨、銅器銘文、簡帛文字中的人名,尤其是史書所載帝王、官員之名重見於出土文獻者,不僅可以作爲斷代的重要依據,而且對於史籍和出土文獻的相關史實具有雙重證明價值。即使是未見於史書記載者,例如甲骨文中的貞人之名,由於出現的頻率高,學者用以系連同一時期的甲骨,已屢有創獲。與甲骨學、金文學所達到的研究水平相比,簡牘中的人名研究是很不够的,在這方面還有許多工作值得做。"[1]由此可見,選取戰國至漢初簡帛所見人物名號作整理研究,是一項很有意義的工作,其價值大體可從以下三個方面來説:

第一,古文字學方面。戰國至漢初簡帛,是古文字研究的重要材料。對其中闕釋、誤釋、意見不一的人物名號的考訂,對已確釋的人物名號中疑難字的分析,利用歸納名號異文得出的假借、異體等新認識釋讀其他疑難字,都具有較高的古文字學價值。

第二,語言學方面。通過名號異文比對得出的假借、異體、同源等新認識,能够爲上古漢語語音、詞彙系統的研究提供大量新資料和可靠證據;根據同一名號在不同時代材料中用字的不同,又能够看出古漢語專有名詞記録形式的歷時演變。

第三,歷史學方面。簡帛文獻中重要歷史人物名號的考訂,必將涉及與之相關的史料運用及史實分析,這不僅能够爲以往研究補充

[1] 舒之梅、劉信芳《包山楚簡人名研究六則》,《長江文化論集》第1輯,第334—338頁,湖北教育出版社1995年。

大量新材料,更能够在對照的基礎上,指出過去單純依靠傳世文獻研究所存在的問題和疏失。

三、研究對象、材料與内容

(一) 研究對象

簡帛文獻中既有傳説人物、歷史人物,又有普通人物。典籍中多見傳説、歷史人物,文書中則以不可考的普通人物爲主。本書主要關注前者。典籍中的普通人物如上博藏楚簡中的“大尹”“龔之脽”、馬王堆帛書《戰國縱横家書》中諸多使者,文書簡中的傳説、歷史人物如包山簡所見“大司馬昭陽”、睡虎地秦簡《日書》所見“巫減”,亦在本書考察範圍之内。文書簡中的普通人物,如包山簡案件中的人名等,暫不納入研究。

(二) 研究材料

基於研究對象,將所使用的材料羅列如下:

1. 楚簡帛

仰天湖楚簡。1953 年出土於湖南長沙仰天湖 25 號戰國楚墓,有竹簡 40 餘支,内容爲遣策。《長沙仰天湖戰國墓發現大批竹簡及彩繪木俑、雕刻花板》、[1]湖南省文物管理委員會《長沙仰天湖第 25 號木槨墓》[2]均有竹簡黑白照片。史樹青《長沙仰天湖出土戰國楚簡研究》、[3]商承祚《戰國楚竹簡匯編》[4]均有竹簡黑白照片、摹本、考釋,湖南省博物館等《長沙楚墓》有竹簡黑白照片、釋注。[5]

信陽長臺關楚簡。1957 年出土於河南信陽長臺關 1 號墓,有竹

[1] 《文物参考資料》1954 年第 3 期。(該文無署名)

[2] 湖南省文物管理委員會《長沙仰天湖第 25 號木槨墓》,《考古學報》1957 年第 2 期。

[3] 史樹青《長沙仰天湖出土戰國楚簡研究》,群聯出版社 1955 年。

[4] 商承祚編著《戰國楚竹簡匯編》,齊魯書社 1995 年。

[5] 湖南省博物館等編著《長沙楚墓》,文物出版社 2000 年。

簡130餘支,内容爲典籍與遺策。《文物參考資料》1957年第9期有竹簡照片。《信陽楚墓》一書有竹簡照片及劉雨《信陽楚簡釋文與考釋》一文。[1] 商承祚《戰國楚竹簡匯編》有竹簡照片、摹本、釋文注釋。《楚地出土戰國簡册合集(二)》有竹簡照片(部分爲紅外照片)和新釋文注釋。[2]

望山楚簡。1965—1966年出土於湖北荆州江陵望山1、2號楚墓,竹簡270枚左右,内容爲卜筮祝禱記録、遣策。《望山楚簡》[3]《江陵望山沙塚楚墓》[4]均有照片、摹本、釋注,商承祚《戰國楚竹簡匯編》亦有照片、摹本、釋注。《楚地出土戰國簡册合集(四)》收有全部紅外照片及新釋注。[5]

曾侯乙墓竹簡。1978年出土於湖北隨縣城關鎮西北郊擂鼓墩附近戰國曾侯乙墓,有竹簡240支,拼接後編爲215號。内容多爲葬儀所用車馬兵甲的記録。湖北省博物館《曾侯乙墓》一書有竹簡黑白照片及裘錫圭、李家浩所撰釋注。[6] 陳偉主持的"楚簡綜合整理與研究"項目組於2003—2004年對竹簡進行了紅外綫拍攝,課題組成員蕭聖中《曾侯乙墓竹簡釋文補正暨車馬制度研究》一書中有不少利用新照片對釋文進行的修訂,[7]項目成果《楚地出土戰國簡册合集(三)》收有全部紅外照片及新釋注。[8]

---

[1] 河南省文物研究所《信陽楚墓》,文物出版社1986年。

[2] 武漢大學簡帛研究中心、河南省文物考古研究所編著《楚地出土戰國簡册合集(二)》,文物出版社2013年。

[3] 湖北省文物考古研究所、北京大學中文系編《望山楚簡》,中華書局1995年。

[4] 湖北省文物考古研究所《江陵望山沙塚楚墓》,文物出版社1996年。

[5] 武漢大學簡帛研究中心、湖北省文物考古研究所、黄岡市博物館《楚地出土戰國簡册合集(四)》,文物出版社2009年。

[6] 湖北省博物館《曾侯乙墓》,文物出版社1989年。

[7] 蕭聖中《曾侯乙墓竹簡釋文補正暨車馬制度研究》,科學出版社2011年。

[8] 武漢大學簡帛研究中心、湖北省博物館編著《楚地出土戰國簡册合集(三)》,文物出版社2019年。

天星觀楚簡、秦家嘴楚簡。天星觀楚簡1978年出土於湖北江陵天星觀1號楚墓,秦家嘴楚簡1986—1987年間出土於湖北江陵秦家嘴M1、M13、M99三座楚墓,内容分爲卜筮祭禱和遣策兩類。兩種材料均未發表,字形摹本散見於滕壬生《楚系簡帛文字編(增訂本)》。[1] 晏昌貴、朱曉雪對簡文有輯録。[2]

九店楚簡。1981—1989年出土於湖北江陵九店56、621號楚墓。竹簡330枚左右,主要内容爲日書等。《江陵九店東周墓》有竹簡照片、釋文。[3]《九店楚簡》有照片和釋注。[4] 陳偉等《楚地出土戰國簡册[十四種]》中收有基於紅外照片的新釋注。[5]

夕陽坡楚簡。1983年出土於湖南常德市德山夕陽坡2號戰國楚墓,有竹簡2支,記載楚王賞賜舒方之事。楊啓乾《常德市德山夕陽坡二號楚墓竹簡初探》、[6]劉彬徽《常德夕陽坡楚簡考釋》[7]均有釋注,後者附有摹本。湖南省常德市文物局等編著《沅水下游楚墓》一書有竹簡彩色照片。[8]

包山楚簡。1986年出土於湖北荆門十里鋪鎮王場村包山2號戰國楚墓,有竹簡280支左右,木牘一支,簽牌30支。内容爲法律文書、卜筮祝禱記録、遣策等。湖北荆沙鐵路考古隊編《包山楚墓》《包山楚

---

[1] 滕壬生《楚系簡帛文字編(增訂本)》,湖北教育出版社2008年。

[2] 晏昌貴《天星觀卜筮祭禱簡釋文輯校》《秦家嘴卜筮祭禱簡釋文輯校》,《簡帛數術與歷史地理論集》第126—165頁,商務印書館2010年;朱曉雪《天星觀卜筮祭禱簡文整理》,簡帛網,2018年2月2日。

[3] 湖北省文物考古研究所編著《江陵九店東周墓》,科學出版社1995年。

[4] 湖北省文物考古研究所、北京大學中文系編《九店楚簡》,中華書局1999年。

[5] 陳偉等《楚地出土戰國簡册[十四種]》,經濟科學出版社2009年。

[6] 湖南省楚史研究會主編《楚史與楚文化研究》第336—349頁,《求索》雜志社1987年。

[7] 劉彬徽《早期文明與楚文化研究》第215—218頁,嶽麓書社2001年。

[8] 湖南省常德市文物局等編著《沅水下游楚墓》,文物出版社2010年。

簡》均有竹簡黑白照片及釋注。[1] 陳偉主持的"楚簡綜合整理與研究"項目組於 2004 年對竹簡進行了紅外綫拍攝，新研究成果集中體現於陳偉等《楚地出土戰國簡册（十四種）》中的"包山 2 號墓簡册（附簽牌）"部分。[2]

江陵磚瓦廠楚簡。1992 年出土於湖北荆州城西江陵磚瓦廠 M370 戰國楚墓，有殘斷竹簡 6 支，内容爲司法文書。滕壬生、黄錫全《江陵磚瓦廠 M370 楚墓竹簡》一文有竹簡摹本及釋注。[3]

郭店楚簡。1993 年出土於湖北荆門郭店 1 號墓，竹簡 730 支左右，内容爲典籍。《郭店楚墓竹簡》收録照片及釋注，[4]《楚地出土戰國簡册合集（一）》收録照片和新釋注。[5]

新蔡楚簡。1994 年出土於河南新蔡葛陵 1 號楚墓，竹簡 1570 支左右，内容爲卜筮祝禱記録及簿書。《新蔡葛陵楚墓》有照片及釋文。[6]《楚地出土戰國簡册合集（二）》有重新排列順序的照片和釋注。[7]

上海博物館藏楚簡。1994 年上海博物館購置，有 1200 枚左右，内容爲典籍。2001 年起出版，至今已有九册，每册包含照片和注釋。[8]

清華大學藏楚簡。2008 年入藏清華大學，有竹簡 1800 枚左右，内

---

[1] 湖北省荆沙鐵路考古隊編《包山楚墓》《包山楚簡》，文物出版社 1991 年。

[2] 陳偉等《楚地出土戰國簡册[十四種]》，經濟科學出版社 2009 年。

[3] 滕壬生、黄錫全《江陵磚瓦廠 M370 楚墓竹簡》，《簡帛研究 二〇〇一》第 218—221 頁，廣西師範大學出版社 2001 年。

[4] 荆門市博物館編《郭店楚墓竹簡》，文物出版社 1998 年。

[5] 武漢大學簡帛研究中心、河南省文物考古研究所編著《楚地出土戰國簡册合集（一）》，文物出版社 2011 年。

[6] 河南省文物考古研究所編著《新蔡葛陵楚墓》，大象出版社 2003 年。

[7] 武漢大學簡帛研究中心、河南省文物考古研究所編著《楚地出土戰國簡册合集（二）》，文物出版社 2013 年。

[8] 馬承源主編《上海博物館藏戰國楚竹書（一—九）》，上海古籍出版社 2001—2012 年。

容爲典籍。2010年起出版,至今已有十册,每册包含照片和注釋。[1]

安徽大學藏楚簡。2015年入藏安徽大學,有竹簡1160枚左右,内容爲典籍。2019年起出版,已有一册,爲《詩經》,包含照片和注釋。[2]

楚帛書。1942出土於湖南長沙子彈庫,現藏美國華盛頓賽克勒美術館。李零《楚帛書研究(十一種)》附有各家摹本及照片。[3]

2. 秦至漢初簡帛

睡虎地秦簡。1975年出土於湖北雲夢睡虎地11號墓,竹簡1167枚,内容包括秦律、日書、吏道等。睡虎地秦墓竹簡整理小組《睡虎地秦墓竹簡》收入圖版和釋注,[4]陳偉主編《秦簡牘合集(壹)》收有圖版(部分爲紅外照片)和新釋注。[5]

放馬灘秦簡。1986年出土於甘肅天水放馬灘1號墓,竹簡460枚左右,内容爲日書。圖版及釋文收入甘肅省文物考古研究所《天水放馬灘秦簡》。[6] 陳偉主編《秦簡牘合集(肆)》[7]收有圖版(部分爲紅外照片)和新釋注。

王家臺秦簡。1993年出土於湖北江陵王家臺15號墓,竹簡800餘枚,内容包括效律、日書、歸藏等。王明欽《王家臺秦墓竹簡概述》

[1] 清華大學出土文獻研究與保護中心編,李學勤主編《清華大學藏戰國竹簡(壹—捌)》,中西書局2010—2018年;清華大學出土文獻研究與保護中心編,黄德寬主編《清華大學藏戰國竹簡(玖—拾)》,中西書局2019—2020年。

[2] 漢字發展與應用研究中心編,黄德寬、徐在國主編《安徽大學藏戰國竹簡(一)》,中西書局2019年。

[3] 李零《楚帛書研究(十一種)》,中西書局2013年。

[4] 睡虎地秦墓竹簡整理小組編《睡虎地秦墓竹簡》,文物出版社1990年。

[5] 武漢大學簡帛研究中心、湖北省博物館、湖北省文物考古研究所編,陳偉主編《秦簡牘合集(壹)》,武漢大學出版社2014年。

[6] 甘肅省文物考古研究所編《天水放馬灘秦簡》,中華書局2009年。

[7] 武漢大學簡帛研究中心、甘肅簡牘博物館編,陳偉主編《秦簡牘合集(肆)》,武漢大學出版社2014年。

有部分竹簡釋文。[1]

北大藏秦簡。2010 年入藏北京大學，竹簡 760 餘枚，單篇圖版和釋注陸續發表，[2] 尚未正式成書。

銀雀山漢簡。1972 年出土於山東臨沂銀雀山 1 號漢墓，竹簡 4900枚左右，内容爲古書。大部分圖版及釋注見於《銀雀山漢墓竹簡（壹）（貳）》，[3] 尚有部分未公布。

定州漢簡。1973 年出土於河北定州八角廊漢墓，内容爲古書。圖版尚未公布，整理小組的釋文陸續有發布。[4]

馬王堆簡帛。1974 年出土於湖南長沙馬王堆 3 號漢墓，内容多爲古書。帛書圖版及釋注陸續在《馬王堆漢墓帛書［壹］［叁］［肆］》、張政烺《馬王堆帛書〈周易〉經傳校讀》等書中刊出。[5] 裘錫圭主編《長沙馬王堆漢墓簡帛集成》有全部簡帛圖版及新釋注。[6]

阜陽漢簡。1977 年出土於安徽阜陽雙古堆漢墓，包括木牘和竹簡，内容爲古書。胡平生、韓自强《阜陽漢簡詩經研究》、韓自强編著

---

[1] 王明欽《王家臺秦墓竹簡概述》，艾蘭、邢文編《新出簡帛研究》，文物出版社 2004 年。

[2] 相關圖版釋注見於《文物》2012 年第 6 期、《簡帛》第 8 輯（上海古籍出版社 2013 年）、《北京大學學報》2015 年第 2 期、《自然科學史研究》2015 年第 2 期、《出土文獻研究》第 14 輯（中西書局 2015 年）。

[3] 銀雀山漢墓竹簡整理小組編《銀雀山漢墓竹簡（壹）（貳）》，文物出版社 1985、2010 年。

[4] 《〈儒家者言〉釋文》，《文物》1981 年第 8 期；《定州漢墓竹簡・論語》，文物出版社 1997 年；《定州西漢中山懷王墓竹簡〈文子〉的整理和意義》，《文物》1995 年第 12 期；《定州西漢中山懷王墓竹簡〈六韜〉釋文及校注》，《文物》2001 年第 5 期。

[5] 國家文物局古文獻研究室編《馬王堆漢墓帛書［壹］》，文物出版社 1980 年；馬王堆漢墓帛書整理小組《馬王堆漢墓帛書［叁］［肆］》，文物出版社 1983、1985 年；張政烺《馬王堆帛書〈周易〉經傳校讀》，中華書局 2008 年。

[6] 湖南省博物館、復旦大學出土文獻與古文字研究中心編纂，裘錫圭主編《長沙馬王堆漢墓簡帛集成》，中華書局 2014 年。

《阜陽漢簡〈周易〉研究》中有部分竹簡的圖版及釋注。[1]

張家山漢簡。1983—1984 年出土於湖北江陵張家山 247 號漢墓,竹簡 1236 枚,内容包括漢律、奏讞書、古書等。圖版及釋注見於《張家山漢墓竹簡[二四七號墓]》,[2]《二年律令與奏讞書》中有其中《二年律令》《奏讞書》兩篇的紅外圖版和新釋注。[3]

孔家坡漢簡。2000 年出土於湖北隨州孔家坡 8 號漢墓,内容爲日書等。圖版和釋注收入《隨州孔家坡漢墓簡牘》。[4]

睡虎地漢簡。2006 年出土於湖北雲夢睡虎地 77 號漢墓,内容爲古書。熊北生《雲夢睡虎地 77 號西漢墓出土簡牘的清理與編聯》有部分竹簡釋文。[5]

北大漢簡。2009 年入藏北京大學,3340 餘枚,内容爲古書。目前已出版五册。[6]

---

[1] 胡平生、韓自强《阜陽漢簡詩經研究》,上海古籍出版社 1988 年;韓自强編著《阜陽漢簡〈周易〉研究(附:〈儒家者言〉章題〈春秋事語〉章題及相關竹簡)》,上海古籍出版社 2004 年。另有《阜陽漢簡〈蒼頡篇〉》(《文物》1983 年第 2 期)、《阜陽漢簡〈萬物〉》(《文物》1988 年第 4 期)、《阜陽漢簡〈年表〉整理札記》(《胡平生簡牘文物論集》第 294—312 頁,蘭臺出版社 2000 年),公布相關竹簡摹本及釋注。

[2] 張家山二四七號漢墓竹簡整理小組編著《張家山漢墓竹簡[二四七號墓]》,文物出版社 2001 年。

[3] 彭浩、陳偉、工藤元男主編《二年律令與奏讞書:張家山二四七號漢墓出土法律文獻釋讀》,上海古籍出版社 2007 年。

[4] 湖北省文物考古研究所、隨州市考古隊編著《隨州孔家坡漢墓簡牘》,文物出版社 2006 年。

[5] 熊北生《雲夢睡虎地 77 號西漢墓出土簡牘的清理與編聯》,《出土文獻研究》第 9 輯,第 37—41 頁,中華書局 2010 年。發掘報告參看湖北省文物考古研究所、雲夢縣博物館《湖北雲夢睡虎地 M77 發掘簡報》,《江漢考古》2008 年第 4 期,第 31—37 頁。國家文物局主編《2008 中國重要考古發現》第 102—106 頁又公布 10 支簡,文物出版社 2009 年。

[6] 北京大學出土文獻研究所編《北京大學藏西漢竹書[壹—伍]》,上海古籍出版社 2012—2015 年。

（三）研究内容

第一,人物名號書寫形式的共時與歷時考察。某一人物名號出現在簡帛中,同時還出現在甲骨、金文及其他材料中。本書注意對這類異文材料進行搜集,並結合傳世文獻,從假借、異體、訛誤等多方面作解釋、分析。

第二,同一人物各種名號的整理、集釋及得名原因新解。某一人物或有多種名號,或出現在之前及之後的出土材料中。本書注重整理這類名號,並注意搜集歷史上對某一名號由來的各種説法,嘗試利用出土新材料對得名原因作重新解釋。

第三,疑難人物名號與人物名號中疑難字的彙釋與考辨。不少人物名號尚未得到正確的考訂,有的人物名號雖已經得到認定,但其中的疑難字尚待分析。本書擬對所見疑難人物名號及名號中的疑難字作集釋,並嘗試提出自己的看法。

第二章　傳説人物名號

容成氏

《上二·容成》簡 53 背“訟城氏”,整理者指出即容成氏(《上博二》第 249 頁),見於《莊子·胠篋》:“昔者容成氏、大庭氏、伯皇氏、中央氏、栗陸氏、驪畜氏、軒轅氏、赫胥氏、尊盧氏、祝融氏、伏羲氏、神農氏,當是時也,民結繩而用之。”陸德明《釋文》引司馬彪云:“此十二氏皆古帝王。”古書又有“容成”爲黄帝臣(參看第 20 頁“容成”條)。

《通鑑外紀》卷一引《六韜·大明》作“庸成氏”。[1] “容”(餘—東)、“訟”(邪—東)、“庸”(餘—東)音近通用:《馬王堆·衷》3 下“容”即“訟”卦;《荀子·修身》“庸衆駑散”,《韓詩外傳》卷二“庸”作“容”。[2] “氏”“氐”一字分化,楚簡“[illegible]”這一形體既是“氏”字,如《清一·楚居》簡 1“氐于”、簡 3—4“氐今”之“氐”讀爲“抵”;又是“氏”字,如《上八·李頌》簡 2“氏古”讀爲“是故”。

尊盧氏

《上二·容成》簡 1“膚是”,整理者疑前脱一簡,末字爲“尊”,“尊膚是”即《莊子·胠篋》之“尊盧氏”(《上博二》第 250 頁),古帝王。

---

[1] 今本《六韜》無此篇。

[2] 高亨纂著,董治安整理《古字通假會典》第 9 頁,齊魯書社 1989 年。

《説文》肉部以“膚”爲“臚”之籀文,古文字“膚”讀爲“盧”多見。“是”讀爲“氏”。

《通鑑外紀》卷一引《六韜・大明》作“宗盧氏”,“宗”(精—冬)、“尊”(精—文)相通者如《左傳》成公五年“伯尊”,《穀梁傳》作“伯宗”。[1]

赫胥氏

《上二・容成》簡1“莕疋是”,整理者指出即《莊子・胠篋》之“赫胥氏”(《上博二》第250頁),古帝王。“莕”(見—鐸)、“赫”(曉—鐸),“疋”(山—魚)、“胥”(心—魚),並音近通用。

《莊子・馬蹄》“夫赫胥氏之時”,陸德明《釋文》:“赫,本或作䓇。”《方言》卷一二“䓇,怒也”,古書多寫作“赫”表示怒義,“赫”“䓇”亦以音通。《金樓子・興王》作“赫蘇氏”,“胥”“蘇”並心紐魚部字。公子扶蘇,《北三・趙正》簡17即作“夫胥”。《釋文》又曰:“一云:有赫然之德,使民胥附,故曰赫胥。蓋炎帝也。”

《列子・黄帝》載黄帝“游於華胥氏之國”,俞樾謂“華胥氏”即“赫胥氏”,“華”(匣—魚)、“赫”(曉—鐸)一聲之轉,[2]待考。

喬結氏

《上二・容成》簡1“喬結是”,古帝王。廖名春、許全勝讀爲“高辛氏”,[3]黄人二讀爲“僑極氏”。[4] 待考。

倉頡氏

《上二・容成》簡1“倉頡是……之有天下也”,“倉頡是”即倉頡氏,古帝王。古書或與“始作書契”的黄帝史臣“倉頡”(或作“蒼頡”)

[1] 參看高亨纂著,董治安整理《古字通假會典》第24頁,齊魯書社1989年。

[2] 參看郭慶藩《莊子集釋》第341頁,中華書局1961年。

[3] 廖名春《讀上博簡〈容成氏〉札記(一)》,簡帛研究網,2002年12月27日;許全勝《〈容成氏〉補釋》,簡帛研究網,2003年1月14日。

[4] 黄人二《讀上博藏簡容成氏書後》,簡帛研究網,2003年1月15日;又收入氏著《出土文獻論文集》,(臺中)高文出版社2005年。

相糾葛。《尚書序》疏云：

> 其蒼頡,則説者不同。故《世本》云:“蒼頡作書。”司馬遷、班固、韋誕、宋忠、傅玄皆云:“蒼頡,黄帝之史官也。”崔瑗、曹植、蔡邕、索靖皆直云:“古之王也。”徐整云:“在神農、黄帝之間。”譙周云:“在炎帝之世。”衛氏云:“當在庖犧、蒼帝之世。”慎到云:“在庖犧之前。”張揖云:“蒼頡爲帝王,生於禪通之紀。”

相較於古帝王,倉頡成爲黄帝史臣是較晚的傳説。[1]《古今人表》“上下”第一位的“倉頡”,未知是否爲古帝王。

軒轅氏

《上二・容成》簡1“軒緩是”,即軒轅氏。“緩”“轅”並元母匣部字,以“爰”“袁”爲聲之字相通者甚多。[2] 軒轅氏爲黄帝之號,《史記・五帝本紀》謂黄帝“居軒轅之丘”,裴駰《集解》引皇甫謐曰:“故因以爲名,又以爲號。”《漢書・律曆志下》則謂黄帝“有軒冕之服,故天下號曰軒轅氏”。

“黄帝”見於《上七・武甲》簡1、《上九・舉治》簡17、《清三・良臣》簡1、《九店》56-47等。漢代簡帛亦多作“黄帝”。《王家臺・歸藏》、《孔家坡・主歲》431貳、《司歲》435壹等作“黄啻”。東漢《武氏石室祥瑞圖》、[3]《風俗通義・聲音》作“皇帝”,“皇”“黄”古通。《史記・五帝本紀》“黄帝者”,司馬貞《索隱》曰:“有土德之瑞,土色黄,故稱黄帝。”《風俗通義・皇霸》:“黄者,光也,厚也,中和之色,德施四季,與地同功,故先黄以別之也。”戰國齊陳侯因資敦(《集成》4649)“紹緟高祖黄啻”,“黄啻”讀爲“皇帝”,非指黄帝。

《上五・三德》簡10“皇句曰:立毋爲角,言毋爲人倡”,整理者指

---

[1] 參看郭永秉《帝系新研:楚地出土戰國文獻中的傳説時代古帝王系統研究》第138—142頁,北京大學出版社2008年。

[2] 參看高亨纂著,董治安整理《古字通假會典》第167—170頁,齊魯書社1989年。

[3] 參看高文《漢碑集釋(修訂本)》第156頁,河南大學出版社1997年。

出“句”讀爲“后”(《上博五》第 294 頁)。曹峰認爲“皇后”即黄帝,[1]可從。《馬王堆·十六經》35 上“皇后屯歷吉凶之常,以辨雌雄之節”,余明光、陳鼓應等均認爲“皇后”即黄帝。[2]《三德》簡 19“皇天之所弃,而句帝之所憎”,曹峰以“句(后)帝”亦即黄帝,[3]似未必。“后帝”與“皇天”相對,或指后土。

《清二·繫年》簡 1—2:“昔周武王監觀商王之不恭□,禋祀不寅,乃作帝籍,以登祀□天神,名之曰千畝,以克反商邑,敷政天下。”□、□整理者均以爲是“上帝”合文(《清華貳》第 136 頁)。郭永秉指出□是“帝(褅)帝”重文,□是“土帝”合文,指黄帝。[4] 陳偉武認爲□是“央帝”合文,指黄帝;□則如郭説。[5] 然文獻未見“央帝”“土帝”,録此待考。

力黑

“力黑”見於《馬王堆·十六經》3 下等,黄帝臣。敦煌簡作“力墨”,[6]《太平御覽》卷八二《皇王部·夏帝禹》引《詩緯·含神霧》稱“黑”,注謂:“黑,力黑也。”《史記·五帝本紀》“舉風后、力牧”,裴駰《集解》引《帝王世紀》云:“黄帝夢大風吹,天下之塵垢皆去。又夢人執千鈞之弩驅羊萬群。帝寤而嘆曰:‘風爲號令執政者也,垢去土,后在也。天下豈有姓風名后者哉。夫千鈞之弩,異力者也。驅羊數萬群,能牧民爲善者也。天下豈有姓力名牧者哉。’於是依二占而求之,得風后於海隅,登以爲相。得力牧於大澤,進以爲將。”“黑”(曉—

[1] 曹峰《〈三德〉所見“皇后”爲“黄帝”考》,《齊魯學刊》2008 年第 5 期。

[2] 參看曹峰《〈三德〉所見“皇后”爲“黄帝”考》,《齊魯學刊》2008 年第 5 期。

[3] 曹峰《〈三德〉所見“皇后”爲“黄帝”考》,《齊魯學刊》2008 年第 5 期。

[4] 郭永秉《近年出土戰國文獻給古史傳説研究帶來的若干新知與反思》,《出土文獻與古文字研究》第 7 輯,第 228—231 頁,上海古籍出版社 2018 年。

[5] 陳偉武《清華簡〈繫年〉首章“央帝”臆釋》,《愈愚齋磨牙二集——古文字與古文獻研究叢稿》第 60—67 頁,中西書局 2018 年。

[6] 羅振玉、王國維編著《流沙墜簡》第 15 頁,中華書局 1993 年。

職)、“墨”(明—職)、“牧”(明—職)古音相近。

大山之稽

“大山之稽”見於《馬王堆·十六經》22下等,《漢書·古今人表》作“大山稽”,顔師古注:“黄帝師。”姓名之間加“之”字古書多見,如“宫之奇”“燭之武”等,可參看楊樹達論述,[1]董珊亦有詳細梳理。[2]

地典

“地典”見於《銀二·論政·地典》。整理者曰:“《論語摘輔象》以地典爲黄帝七輔之一。《群書治要》卷一一録《史記·五帝本紀》,其注文引《帝王世紀》,謂黄帝‘俯仰天地,置衆官,故以風后配上台,天老配中台,五聖配下台,謂之三公。其餘地典、力牧、常先、大鴻等,或以爲師,或以爲將,分掌四方……’《漢書·藝文志》有《地典》,列於兵陰陽家。”(《銀雀山貳》第149頁)

容成

《馬王堆·十問》簡23、24有“容成”,與黄帝對話,即古書所記黄帝臣、造曆之“容成”。《列仙傳》卷上稱“容成公”,《列子·湯問》稱“容成子”。

古書所記容成和容成氏身份不同。《淮南子·本經》“昔容成氏之時,道路鴈行列處”,高誘注:“容成,黄帝時造曆日者。”《莊子·則陽》“容成氏曰:除日無歲,無内無外”,成玄英疏:“容成,古之聖王也。”陸德明《釋文》:“容成,老子師也。”俞樾對此有概括之説:

> 《漢書·藝文志》陰陽家有《容成子》十四篇,房中家又有《容

---

[1] 楊樹達《古書疑義舉例續補·人姓名之閒加助字例》,《楊樹達文集·馬氏文通刊誤 古書句讀釋例 古書疑義舉例續補》第212—213頁,上海古籍出版社2007年。

[2] 董珊《出土文獻所見“以謚爲族”的楚王族——附説〈左傳〉“諸侯以字爲謚因以爲族”的讀法》,《出土文獻與古文字研究》第2輯,第110—130頁,復旦大學出版社2008年。

> 成陰道》二十六卷,此即老子之師也。《列子·湯問篇》"黄帝與容成子居空峒之上,同齋三月",當是别一人。《淮南·本經篇》"昔容成氏之時,道路雁行列處,託嬰兒於巢上,置餘糧於畝首,虎豹可尾,虺蛇可碾,而不知其所由然",此則當爲上古之君,即《莊子·胠篋》之"容成氏",與大庭、伯皇、中央、栗陸諸氏並稱者也。而高誘注乃云"容成氏,黄帝時造曆日者",則以爲黄帝之臣矣。此以説《列子·湯問篇》與黄帝同居空峒之容成氏,乃爲得之,非此容成也。合諸説觀之,容成氏有三:黄帝之君,一也;黄帝之臣,二也;老子之師,三也。然老子生年究不可考,其師或即黄帝之臣,未可知也。[1]

郭永秉對容成氏身份有説明,[2]可參看。"容成氏"在先秦兩漢文獻中僅出現三次,《莊子·胠篋》《淮南子·本經》均指古帝,《莊子·則陽》尚有疑問。稱容成、容成公、容成子者,則與黄帝、造曆有關。

女和

"女和"見於《清三·良臣》簡1,黄帝之師。楊蒙生懷疑是"羲和"的異稱,《史記·曆書》"黄帝考定星曆"司馬貞《索隱》曰:"《系本》及《律曆志》黄帝使羲和占日,常儀占月。"[3]羅小華認爲是《世本·作篇》中注作"黄帝臣"的"女媧",引《淮南子·説山訓》"咼氏之璧"高誘注"咼,古和字"、蔡邕《琴操》"昭王得堝氏璧"李善注《文選·覽古》曰"堝,古和字"爲證,謂"媧"也有可能是"古和字"。[4]待考。

---

[1] 參看[清]郭慶藩《莊子集釋》第888頁,中華書局1961年。

[2] "容成氏"身份的演變可參看郭永秉《帝系新研:楚地出土戰國文獻中的傳説時代古帝王系統研究》第138—142頁,北京大學出版社2008年。

[3] 楊蒙生《清華簡(叁)〈良臣〉篇管見》,《深圳大學學報(人文社會科學版)》2014年第2期。按,此處引文有調整。

[4] 羅小華《清華簡〈良臣〉中的"女和"》,《考古與文物》2018年第2期。

黩人

“黩人”見於《清三・良臣》簡1,黄帝之師。其人待考。

保侗

“保侗”見於《清三・良臣》簡1,以爲黄帝之師。整理者疑與見於馬王堆帛書《經法》的黄帝之臣“果童”爲一人,“保”字右旁與“果”形近,“侗”“童”音同(《清華叁》第158頁)。待考。

《漢書・古今人表》記作“黄帝師”者三人:封鉅、大填[1]、大山稽。其他尚有《吕氏春秋・孟夏紀・尊師》“黄帝師大撓”、《白虎通・辟雍》“黄帝師力牧”、《潛夫論・讚學》“黄帝師風后”、《列仙傳》卷上“容成公者,自稱黄帝師”。

果童

“果童”見於《馬王堆・十六經》18下等,黄帝之輔。古書似未見。

閹冉

“閹冉”見於《馬王堆・十六經》13下、17上,應是黄帝之輔。古書似未見。

左神　天師　大成　曹熬

“左神”見於《马王堆・天下》簡1,“天師”見於《十問》簡1、7,“大成”見於《十問》簡8、13—14,“曹熬”見於《十問》簡15、22,與黄帝對話探討養生、房内術,應是虛構人物,不可考。

蚩尤

蚩尤,《上五・鬼神》簡7作“蚩蚘”。《周禮・春官・肆師》“凡四時之大甸獵,祭表貉則爲位”,鄭玄注亦作“蚩蚘”,與簡文同。《集韻・尤韻》:“蚘,蚩蚘,古諸侯號。通作尤。”

戰國魚鼎匕作“蟲蚘”(《集成》980;《考古與文物》2015年第2

[1] 《新序・雜事五》“黄帝學乎大真”,作“大真”。

期），“蝨”即“蚩”之異體；《王家臺・歸藏》作“蚩尤”；《馬王堆・十六經》27 等作“之尤”；《天文》6・40 作“蚩又”。《天文》1・25、6・10 作“尤又”，顧鐵符注：“尤又，蚩尤之誤。”[1]劉樂賢認爲“尤”是蚩之寫訛。[2]“之”“蚩”，“尤”“又”，均是音近通用。《陰甲・上朔》1 上、4 上“寺䰩”，或讀爲“蚩尤”（《馬王堆》第五册第 73 頁）。

《路史・後紀八》作“蚩郵”，“尤”“郵”並匣母之部字。

神農氏

“慎戎是”見於《上二・容成》簡 1，整理者指出即神農氏（《上博二》第 250 頁）。《馬王堆・繫辭》33 下、34 上作“神戎是”。楚文字“慎”異體甚多，大都用爲“慎”，很可能就是“慎”的古字。[3]“慎”“神”同爲齒音真部，音近可通。“戎”（日—冬）、“農”（泥—冬）可通，《郭店・成之》簡 13“戎夫務食不强耕”、《上五・弟子》簡 20“有戎植其耨而歌焉”，“戎”均讀爲“農”。

《風俗通義・皇霸》引《禮緯・含文嘉》：“神農，神者信也，農者濃也。始作耒耜，教民耕種，美其衣食，德濃厚若神，故爲神農也。”《漢書・律曆志下》：“教民耕農，故天下號曰神農氏。”《古今人表》“炎帝神農氏”顏師古注引張晏曰：“作耒耜，故曰神農。”司馬貞《三皇本紀》：“以火爲官，斫木爲耜，揉木爲耒，耒耨之用，以教萬人。始教耕，故號曰神農氏。”大西克也認爲：

> 楚簡中“神”字屢見不鮮，字形皆作从“示”“申”聲，《容成氏》作“慎”是唯一的例外。從出土材料來看，“神”“慎”聲母不相通，我懷疑“神農”最初應爲“慎農”，因“治農”而得名。《爾雅・釋詁下》：“神，治也。”郝懿行《爾雅義疏》引洪頤煊：“按《月

---

[1] 顧鐵符《馬王堆帛書〈天文氣象雜占〉》，《夕陽芻稿》第 214 頁，紫禁城出版社 1988 年。

[2] 劉樂賢《馬王堆天文書考釋》第 104 頁，中山大學出版社 2004 年。

[3] 參看陳劍《説慎》，《甲骨金文考釋論集》第 53 頁，綫裝書局 2007 年。

> 令》'毋發令而待,以妨神農之事也'、《孟子·滕文公上》'有爲神農之言者許行',神農皆謂治農。""慎農"即謹農、治農,亦即《史記·五帝本紀》集解引班固所說:"教民耕農,故號曰神農。"後來"慎"字顎化,讀音與"神"相近,最後被"神"字取代。《爾雅·釋詁下》又云:"神,慎也。"這是楚簡將"神農"寫作"慎農"的有力注脚。[1]

如此,則"神農"之"神"或以作"慎"爲本字。

《銀一·孫臏》簡255稱"神戎"。《通雅》卷二〇引崔希裕《略古》作"神莀",引董逌《錢譜》作"神由"。"莀""農"異體字,《玉篇·艸部》謂"莀""古文農";《汗簡》《古文四聲韻》均以"莀"爲"農"字。[2]《清七·越公》第五章"農"字均寫作"莀"。作"由"者,未知所據。[3]

又稱"炎帝",見於《楚帛》甲、《馬王堆·刑甲·小游圖》等。《王家臺·歸藏》作"炎啻","啻"讀爲"帝"。《潛夫論·五德志》:"其德火紀,故爲火師而火名。"《漢書·律曆志下》:"以火承木,故爲炎帝。"《古今人表》"炎帝神農氏"顔師古注引張晏曰:"以火德王,故號曰炎帝。"

《孔家坡·主歲》簡435貳有"剡啻"( ),整理者讀爲"炎帝"(《孔家坡》第182頁)。不過依照漢人祭祀的所謂"五色帝",[4]前文已經出現"青帝""赤帝""黄帝""白帝",則此處"剡啻"當爲"黑帝"無疑,簡文抄訛。

又稱"赤帝",見於《銀一·孫子》簡172、《馬王堆·五星占》23上

[1] 大西克也《戰國楚簡文字中讀作舌根音的幾個章組字》,《古文字研究》第27輯,第515—516頁,中華書局2008年。

[2] 參看徐在國編《傳抄古文字編》第266頁,綫裝書局2006年。

[3] "由"(影—幽)、"農"(泥—冬)韻部陰入對轉,未知是否爲音近通用。

[4] 參看何泳《秦、漢祭祀五色帝初探》,《寶鷄師院學報(哲學社會科學版)》1985年第1期;許哲娜《試論傳統五色帝文化》,《中國社會歷史評論》第12卷,2011年。

等。《睡虎地・日甲》簡 128 正、《日乙》簡 134、《孔家坡・主歲》簡 429 貳等作“赤啻”。

《孔家坡・司歲》簡 436 壹“南方叡帝”，[1] 從文意看“叡帝”當指炎帝。鄔可晶疑讀爲“赫帝”，即炎帝。[2] 其説是。

赤庸

《北四・反淫》簡 1“願稱王喬、赤庸之道”，“赤庸”即赤松。[3]《史記・留侯世家》“欲從赤松子游耳”，司馬貞《索隱》引《列仙傳》：“神農時雨師也。”《新序・雜事五》謂“帝嚳學乎赤松子”。《淮南子・齊俗》作“赤誦子”。“松”（邪—東）、“誦”（邪—東）、“庸”（餘—東）音近通用。

王喬

“王喬”見於《北四・反淫》簡 1。《楚辭・惜誓》“赤松、王喬皆在旁”，王逸注：“喬，一作僑。”《淮南子・齊俗訓》“今夫王喬、赤誦子”，高誘注：“王喬，蜀武陽人也，爲柏人令，得道而仙。”

伏羲

《楚帛》甲：“曰故有□龕霝虘。”“龕”前一字不清晰，或以爲是“大”“天”，或以爲“龕”是“大熊”合文。[4] “霝”作，金祥恒認爲

[1] “叡”原釋作“叔”（《孔家坡》第 181 頁），此從鄔可晶説（《孔家坡漢簡〈日書〉短札四則》，《簡帛研究 二〇一六（秋冬卷）》第 157 頁，廣西師範大學出版社 2017 年）；“帝”原釋作“倍”（《孔家坡》第 181 頁），此從劉樂賢説（《孔家坡漢簡〈日書〉“司歲”篇初探》，《戰國秦漢簡帛叢考》第 109—110 頁，文物出版社 2010 年）。

[2] 鄔可晶《孔家坡漢簡〈日書〉短札四則》，《簡帛研究 二〇一六（秋冬卷）》第 157—158 頁，廣西師範大學出版社 2017 年。

[3] 參見陳劍《〈妄稽〉〈反淫〉校字拾遺》，復旦大學出土文獻與古文字研究中心網，2016 年 7 月 4 日。

[4] 劉波《〈楚帛書・甲篇〉集釋》第 21—29 頁，吉林大學碩士學位論文 2009 年。

从“勹”聲，“雹虘”即伏羲，[1]已爲學者普遍贊同；又認爲缺字爲“黄”，黄熊即大熊。裘錫圭釋文作“大䶮雹虘”，認爲“大䶮雹虘”即大熊伏羲，大熊是伏羲的稱號，後被誤認爲太龍，即太一。[2]《馬王堆・繫辭》32下、33下作“[illegible]戲是”，即伏羲氏。讀爲“伏”之字右爲“聿”，左不識，待考。

古書伏羲異文甚多，如“庖犧”（《説文》网部）、“包犧”（《易・繫辭下》）、“炮犧”（《漢書・律曆志下》）、“伏羲”（《淮南子・俶真》）、“伏犧”（《新序・善謀》）、“伏戲”（《荀子・成相》）、“虙戲”（《管子・輕重戊》）、“虙羲”（《管子・封禪》）、“宓犧”（《漢書・揚雄傳下》）、“宓戲”（《漢書・藝文志》）、“宓羲”（《漢書・百官公卿表》）等，並音近通用。《風俗通・皇霸》引《禮緯・含文嘉》：“伏者，别也，變也。戲者，獻也，法也。伏羲始别八卦，以變化天下，天下法則咸伏貢獻，故曰伏羲也。”司馬貞《三皇本紀》：“養犧牲以庖厨。故曰庖犧。”

伏羲又稱太昊。《馬王堆・刑甲小游圖》等作“大睪”，“睪”即“皋”之訛誤（參看第28頁“少昊”、第40頁“皋陶”條）。《孔家坡・司歲》簡436壹“東方昊，南方叡帝”，“昊”前似脱“大”字。《馬王堆・五星占》1上作“大浩”。古書或作“太皓”（《楚辭・遠游》）、“太皞”（《荀子・正論》）、“太皞”（《潛夫論・志氏姓》）。“皋”“昊”“浩”“皓”“皞”並音近通用。《淮南子・天文訓》“東方，木也，其帝太皞”，高誘注：“太皞，伏犧氏有天下號也，死托祀於東方之帝也。”

太昊又稱“青帝”。《楚辭》“訪太昊兮道要”，王逸注：“太昊，東方青帝也。”《孔家坡・主歲》簡427貳作“青啻”。《銀一・孫子・黄帝伐赤帝》簡173載黄帝“東伐□帝”，整理者謂似當作“東伐青帝”，

---

[1] 金祥恒《楚繒書“雹虘”解》，《中國文字》第28册，臺灣大學中國文學系，1968年。

[2] 裘錫圭《“東皇太一”與“大虘伏羲”》，《裘錫圭學術文集・簡牘帛書卷》第546—561頁，復旦大學出版社2012年。

但殘字不似“青”(《銀雀山壹》第 33 頁)。按,殘字僅剩右下作，難以分辨。但從文例看,當是“青”字無疑。《望山》1-77“南方有敚與啻₌見”,袁國華認爲“啻₌”是“青帝”合文,[1]似不可信。

且徙□子

《楚帛》甲謂伏羲“乃取虘遅□子之子曰女填,是生子四”,楚文字“虘”多用爲“且”,“遅”用爲“徙”或“沙”。“虘遅□子”所指待考。

女填

《楚帛》甲謂伏羲“乃取虘遅□子之子曰女”。，李零首先釋爲“填”,陳斯鵬引曾侯乙墓竹簡簡 61(真)、簡 10(填)、《上三・周易》簡 24(遉)、簡 25(遉)等字詳加論證,並指出司馬貞《三皇本紀》所載炎帝之母“女登”或與“女填”相當,“登”(端—蒸)、“填”(定—真)音近,均是女媧異稱。[2]《清五・啻門》簡 180“唯彼九神,是謂地(真)”,整理者疑“地真”即地祇(《清華伍》第 147 頁);[3]趙平安認爲帛書“女填”當與此處“地真”聯繫起來,“填”讀爲“真”,真人之意;女媧爲創世之神,故可稱爲“女真”。[4]

《王家臺・歸藏》、《孔家坡》簡 150 壹作“女過”,《睡虎地・日甲》簡 155 正、《馬王堆・陰乙・上朔》17 下作“女果”,[5]《馬王堆・

[1] 袁國華《江陵望山楚簡“青帝”考釋》,《華學》第 5 輯,第 140—142 頁,中山大學出版社 2001 年。

[2] 參看徐在國編著《楚帛書詁林》第 800—813 頁,安徽大學出版社 2010 年。

[3] 侯乃峰將此處“真”讀爲祇,參《讀清華(伍)雜志》,《中國文字》新 43 期,第 85—86 頁,藝文印書館 2017 年。

[4] 趙平安《“地真”“女真”與“真人”》,《新出簡帛與古文字古文獻研究續集》第 290—294 頁,商務印書館 2018 年。

[5] 《睡虎地・日甲》155 正“月生一日、十一日、廿一日,女果以死”,整理者疑“果”讀爲媧(《睡虎地》第 207 頁)。劉樂賢認爲“果”“媧”古音相近,通用的可能性很大,但根據文例,女媧以每月第一日、十一日、二十一日死的説法不見典籍,故女果即女媧之説不能視爲定論(《睡虎地秦簡日書研究》第 198 頁,文津出版社 1994 年)。

陰甲・上朔》1 上、2 上作“女淉”，“過”“果”“淉”“媧”均爲見母歌部字，音近相通。

《初學記》卷九引《帝王世紀》作“女希”。《老子》“大音希聲”之“希”，《郭店・老乙》簡 12 作[illegible]，即“祇”字。[illegible]與“真”形近，“女希（曉—微）”或是“女真”之誤認。

少昊

《馬王堆・刑甲・小游圖》“小睪”，《五星占》39 上“少浩”，即少昊帝。《禮記・月令》作“少皞”，《潛夫論・志氏姓》作“少暤”。《別雅》卷三：

> 少暤，少昊也。《潛夫論・五德志》“太暤已前尚矣”，《姓氏志》“少暤氏之衰而九黎亂德”。按，暤即皞字之變。《後漢書・馬援傳》注引《東觀記》曰：“援上書。臣所假伏波將軍印，伏字犬外嚮。成臯令印，臯字爲白下羊，丞印四下羊，尉印白下人，人下羊。即一縣長吏，印文不同，恐天下不正者多。符印所以爲信也，所宜齊同。”蓋漢時臯字變體如此。韓勑碑陰“河南成皋”，與隸書睪字相近，而澤、擇等字亦有作滜者。故《顔氏家訓》有臯分滜外之譏也。此太暤、少暤字蓋本日畔著皋，本爲暤字而隸楷相傳遂與从睪之字無異。是爲隸變。學者不可不知其遞嬗之由也。[1]

《淮南子・時則》作“少皓”，《路史・疏仡紀》：“少昊，幣文作小。《周書》亦作小顥。”“顥”“皓”“浩”“皞”（匣—幽）、“昊”（匣—宵）音近通用。

少昊氏又稱“白帝”，見於《銀一・孫子》簡 174、《孔家坡・主歲》簡 433 貳。

共工氏

《楚帛》甲“共攻”，即共工。《漢書・古今人表》收“共工氏”在上

[1] 此據國家圖書館藏乾隆七年程氏刻本，善本號 13694。

中,“共工”在下下。劉信芳指出,上中仁人“共工氏”即帛書之共工;下下愚人共工,與讙兜、三苗等並列,此堯放逐之共工。[1] 其説甚是。楚帛書共工與伏羲、女媧故事相關,《古今人表》“共工氏”正次於“女媧氏”之後。《左傳》昭公十七年:“共工氏以水紀,故爲水師而水名。”杜預注:“共工以諸侯霸有九州者,在神農前大皞後。”《管子·揆度》“共工之王”,尹知章注:“帝共工氏繼女媧有天下。”《王家臺·歸藏》“共工以□江□”,此即帛書之共工。

杭丨氏

“杭[2]丨是(氏)”見於《上二·容成》簡1,古帝王。丨字又見於《郭店·緇衣》簡17“其容不改,出言有丨,黎民所訁丨”(《禮記·緇衣》對應字爲“章”“望”);《上六·用曰》簡3“丨其有成德”;《上八·李頌》簡1背“亂木層枝,寖毀丨兮”。裘錫圭認爲字是“針”之初文。[3] “杭丨氏”所指待考。[4]

墉遟氏

“墉遟是(氏)”見於《上二·容成》簡1,古帝王,所指待考。[5]

大庭氏

“大庭氏”見於《莊子·胠篋》,古帝王。《上二·容成》簡35作“汈是”,“汈”殘作,單育辰認爲與《上三·周易》簡9用爲“盈”的

---

[1] 劉信芳《楚帛書解詁》,《中國文字》新21期,第83頁,藝文印書館1996年。

[2] “杭”字作形,原釋作“楖”(《上博二》第251頁),不確。此從陳劍改釋(《試説戰國文字中寫法特殊的“亢”和从“亢”諸字》,《戰國竹書論集》第350頁,上海古籍出版社2013年)。

[3] 裘錫圭《釋郭店緇衣“出言有丨,黎民所訁丨”——兼説“丨”爲“針”之初文》,《裘錫圭學術文集·簡牘帛書卷》第389—394頁,復旦大學出版社2012年。

[4] 單育辰疑爲祝融氏(《〈容成氏〉新編聯及釋文》,復旦大學出土文獻與古文字研究中心網,2008年5月21日);葉曉鋒讀爲朱明氏,朱明即祝融(《關於楚簡中的“丨”字》,復旦大學出土文獻與古文字研究中心網,2008年5月29日);李鋭疑讀爲《路史》所見“皇覃氏”(《〈凡物流形〉釋讀札記》,孔子網,2008年12月31日)。諸説似均難成立。

[5] 廖名春讀爲伏羲氏(《讀上博簡〈容成氏〉札記(一)》,簡帛研究網,2002年12月27日),不可信。

[illegible]爲一字,“□盈是”即大庭氏,[1]其説可從。

《馬王堆·十六經》60 上曰“大茎氏之有天下也”。按,“大茎氏”即大庭氏。“汲”所从之“夃”爲“盈”之省,[2]“盈”(餘—耕)、“呈”(定—耕)、“廷”(定—耕)音近可相通假。古書“盈”與“逞”通、“珵”與“珽”通即其證。[3]《古今人表》作“大廷氏”,顔師古曰:“廷,讀曰庭。”《十六經》60 下稱“大茎”,即大庭。

有虞迵

《上二·容成》簡 32“於是乎始爵而行禄,以讓於又吴迵,又吴迵曰”,簡 5“又吴迵匡天下之政十又九年而王天下,三十又七年而[illegible]終”。何琳儀、王志平均讀簡 5“又吴”爲有虞。[4] 簡 32“又吴”二字爲郭永秉釋,並謂“有虞迵”是有虞部落名迵的酋長。[5] 李家浩謂“迵”讀爲句芒之名“重”。《大戴禮記·帝繫》“顓頊産窮蟬,窮蟬産敬康,敬康産句芒,句芒産蟜牛,蟜牛産瞽叟,瞽叟産重華,是謂帝舜”,《左傳》昭公二十九年“使重爲句芒,該爲蓐收”,重在有虞譜系。[6]

帝允

《楚帛》甲“帝[illegible]乃爲日月之行”,[illegible],楚文字多見,用爲“允”。安志敏、陳公柔較早指出“帝允”即帝夋,帛書蓋云帝夋妻羲和、常羲生

---

[1] 單育辰《戰國簡帛文字雜識(十一則)》,《簡帛》第 7 輯,第 88 頁,上海古籍出版社 2012 年。

[2] 參看侯乃峰《楚竹書〈周易〉釋“溫”之字申説》,《周易研究》2009 年第 1 期。

[3] 參看高亨纂著,董治安整理《古字通假會典》第 49、61 頁,齊魯書社 1989 年。

[4] 安徽大學古文字研究室《上海楚竹書(二)研讀記》,《上博館藏戰國楚竹書研究續編》第 432 頁,上海書店出版社 2004 年;王志平《上博簡(二)札記》,《上博館藏戰國楚竹書研究續編》第 501 頁。

[5] 郭永秉《上博簡〈容成氏〉的“有虞迵”和虞代傳説的研究》,《古文字與古文獻論集》第 114—118 頁,上海古籍出版社 2011 年。

[6] 李家浩《上博楚簡〈容成氏〉的“有虞迵”》,《戰國文字研究》第 1 輯,第 1—8 頁,安徽大學出版社 2019 年。

日月的故事。[1]《山海經・大荒南經》:“羲和者,帝俊之妻,生十日。”《大荒西經》:“帝俊妻常羲,生月十又二。”陳邦懷謂帝夋即帝嚳。[2]《史記・五帝本紀》“帝嚳高辛者,黄帝之曾孫也”,司馬貞《索隱》引皇甫謐曰:“帝嚳名夋也。”又謂帝嚳“曆日月而迎送之”。《帝王世紀》卷二謂帝嚳納四妃,“次娵訾氏女曰常儀”。“常儀”即《大荒西經》之常羲。

顓頊

“耑瑄”見於《上七・武甲》簡1。整理者指出即顓頊,“耑”讀爲“顓”;“瑄”从言玉聲,與“頊”(从頁玉聲)聲同可通(《上博七》第151頁)。“瑄”與《説文》玉部訓作“石之似玉者”从玉言聲之“瑄”非一字。

北大秦簡《魯久次》簡10、《馬王堆・天地陰陽》4作“諯玉”,《孔家坡》簡437、《馬王堆・陰甲》殘4—7作“耑玉”,《馬王堆・五星占》32上作“端玉”,《刑乙・小游圖》作“湍玉”。《北一・蒼頡》簡46、《北五・揕輿》簡68等作“顓頊”。“諯”“耑”“端”“湍”“顓”音近通用,“頊”从“玉”聲。

《路史・後紀八》注引《吕氏春秋・仲夏紀・古樂》作“顓玉”,[3]《古音駢字續編》卷五作“顓畜”,“畜”“頊”古音同爲曉母,韻部覺屋旁轉:《郭店・窮達》簡7“𨑤遠(屋)”,裘錫圭按語讀爲“轉鬻(覺)”(《郭店簡》第146頁);《睡虎地・日乙》簡197等“續(覺)光”,整理小組讀爲“睦(屋)光”(《睡虎地》第249頁)。均是其例。

《風俗通義・皇霸》:“顓者專也,頊者信也。言其承文,易之以質,使天下蒙化,皆貴貞慤也。”

---

[1] 安志敏、陳公柔《長沙戰國繒書及其有關問題》,《文物》1963年第5期。

[2] 陳邦懷《戰國楚帛書文字考證》,《古文字研究》第5輯,第242頁,中華書局1981年。

[3] 今本《吕氏春秋》作“顓頊”。

顓頊號高陽氏,《上五·三德》簡 9 作“高昜”,《馬王堆·十六經》22 下等作“高陽”。[1]《史記·五帝本紀》“帝顓頊高陽者,黃帝之孫而昌意之子也”,司馬貞《索隱》:“宋衷云:‘顓頊,名。高陽,有天下號也。’張晏云:‘高陽者所興地名也。’”

又稱“黑帝”,[2]見於《銀一·孫子》簡 173—174。《孔家坡》簡 435 貳誤寫作“烄啻”( )。又稱“北方之帝”,《放馬灘·日乙》簡 264 作“北方之啻”。《淮南子·天文》:“北方水也,其帝顓頊。”

《新蔡》甲三 11、24“昔我先出自𠛙道,宅兹沮、漳,以選遷處”,“道”作 ,董珊隸定爲“逾”,讀“𠛙逾”爲顓頊,並引《史記·楚世家》“楚之先祖出自帝顓頊高陽”等爲證。[3] 這一觀點得到不少學者的贊同。[4]《清一·楚居》簡 1—2 說楚之先祖季連“初降於騩山,抵于穴窮。前出于驕山,宅處爰陂。逆上汌水,見盤庚之子……”,整理者疑汌水與上述“𠛙”有關(《清華壹》第 83 頁)。李學勤認爲“𠛙逾”即《楚居》所見之“妣隹”,[5]基於此,網友子居認爲“𠛙追”當爲地名,似可讀爲“𠛙瀆”。[6] 裘錫圭讀“逾”爲“竇”,説“𠛙逾”很可能就是汌水流域的地下穴道。[7] 按,前引董文已經指出,文獻中以“出自”來敘述世系,常常追溯到古史傳説中的帝王;李文亦謂“出自”某

[1] 春秋晚期秦公大墓石磬“高陽”(《秦文字集證》圖版 59—60),謝明文指出非顓頊之號,其説可從。參看謝明文《説秦公器“高引有慶”及“高陽有靈”》,《中國國家博物館館刊》2017 年第 3 期。

[2] 參看何泳《秦、漢祭祀五色帝初探》,《寶鷄師院學報(哲學社會科學版)》1985 年第 1 期;許哲娜《試論傳統五色帝文化》,《中國社會歷史評論》第 12 卷,2011 年。

[3] 董珊《新蔡楚簡所見的“顓頊”和“雎漳”》,《簡帛文獻考釋論叢》第 111—114 頁,上海古籍出版社 2014 年。

[4] 可參看蔡麗利《新蔡簡“𨚵追”綜論》,《清華大學藏戰國竹簡》與儒家經典專題國際學術研討會論文,煙臺大學 2014 年 12 月。

[5] 李學勤《論清華簡〈楚居〉中的古史傳説》,《中國史研究》2011 年第 1 期。

[6] 子居《清華簡〈楚居〉解析》,簡帛研究網,2011 年 3 月 30 日。

[7] 裘錫圭《説从“𡭴”聲的从“貝”與从“辵”之字》,《文史》2012 年第 3 輯。

某者，是指族氏世系的來源而言，而所"出自"的一般是人名。查考先秦兩漢古籍，回顧祖先、世系所用之"出自"，其後確實僅加人名，未見例外。但將"昔我先出自劀道，宅兹沮、漳，以選遷處"與《楚居》季連"降于騩山，抵于穴窮。前出于驕山，宅處爰陂。逆上洲水"對比，又覺"劀道"爲地名文意更暢。存此待考。

《鶡冠子·泰鴻》"至其成形，端端王王"，王闓運注本"王王"作"玉玉"，云："端玉、顓頊，通用字。"[1] 晏昌貴疑原文作"端=王="合文，讀作"端王端王"，"端王"即顓頊。[2] 結合上下文來看，"顓頊"與文意無涉，此説似難成立。

堯

堯，簡帛多見，楚簡作"尭""䒤""垚"，漢簡帛作"堯"。又稱帝堯，《郭店·唐虞》簡 9 作"帝垚"，《清一·保訓》簡 7 作"帝尭"，《放馬灘·日乙》簡 272 作"啻堯"。《上二·容成》簡 14 稱"子尭（堯）"。《史記·五帝本紀》："帝堯者，放勳。"裴駰《集解》："《謚法》曰：翼善傳聖曰堯。"司馬貞《索隱》："堯，謚也。放勳，名。"《風俗通義·皇霸》："堯者，高也，饒也，言其隆興焕炳，最高明也。"

堯號陶唐氏，《説文》𨸏部"陶"下曰："陶丘有堯城，堯嘗居之，後居於唐，故堯號陶唐氏。"《漢書·律曆志下》稱"唐帝"，《揚雄傳》稱"帝唐"。《郭店·唐虞》簡 1、3 堯舜並稱"湯、吴"。"湯"（透—陽）、"唐"（定—陽）音近通用。

《放馬灘·日乙》簡 260"黄鐘，音殹。貞在黄鐘，天下清明，以視陶陽"。"陶"，整理者釋"陰"（《放馬灘》第 100 頁），《秦簡牘合集》改釋爲"陶"，讀"陶陽"爲陶唐，即堯。[3] 按，從字形作看，當是

[1] 參看黄懷信《鶡冠子彙校集注》第 231—232 頁，中華書局 2004 年。

[2] 晏昌貴《孔家坡漢簡〈日書〉中的五行配物問題》，簡帛網，2006 年 10 月 15 日。

[3] 武漢大學簡帛研究中心、甘肅簡牘博物館編，陳偉主編《秦簡牘合集（肆）》第 184 頁，武漢大學出版社 2014 年。按，該書放馬灘部分執筆者爲孫占（轉下頁）

“陶”字。同篇簡262“陰陽”之“陰”作，與此不同。結合下文出現“皋陶”“帝堯”“北方之帝”，此爲陶唐應可從。

契

商始祖契，《上二・子羔》作（簡10）、（簡12）。整理者已指出其與《説文》内部“禼”之古文“”相近（《上博二》第195頁）。《説文》米部“竊”下曰：“禼，古文偰。”人部：“偰，高辛氏之子，堯司徒，殷之先。”《史記・司馬相如列傳》《漢書・古今人表》即作“禼”，與簡文同。

《上二・容成》簡30+16“舜乃欲會天地之氣而聽用之，乃立以爲樂正。既受命，作爲六律六吕”。楚簡用爲“竊”之字作（《包山》簡120）、（《清一・楚居》簡4）、（《清二・繫年》簡79），或省米旁作（《郭店・語四》簡8）。[1] 與《郭店》字全同，隸定可作“敾”。古書所記舜之樂正爲夔，見於《書・堯典》，《郭店・唐虞》簡12作“悬”，音近通用（參看第41頁“夔”條）；或爲質，見於《吕氏春秋・古樂》。整理者認爲“質”（章—質）、“竊”（清—質）音近可通（《上博二》第274頁）。陳偉則以“敾”讀爲“契”指商契，並提出以契爲舜樂正的兩種可能：一是傳聞各異；二是竹書作者或抄手將樂正夔誤寫成時代相當地位也大致相當的契。[2] 陳劍、裘錫圭都同意陳説，並認同前一種可能性。[3] 古帝少昊名摯（或作質）又名契，且與

（接上頁）字，其著《放馬灘秦簡日書整理與研究》（西北師範大學博士學位論文2008年）以何雙全、任步雲所作釋文爲底本，已將此字釋爲“陶”。此外，《書法》1990年第4期選編“天水秦簡”，釋文亦作“陶”（第28頁）。

[1] 李零對相關字有分析，見《讀清華簡筆記：禼和竊》，《清華簡研究》第1輯，第330—334頁，中西書局2012年；蘇建洲有補論，見《試論“禼”字源流及其相關問題》，《古文字與古代史》第5輯，第557—573頁，“中研院”史語所2017年。

[2] 陳偉《〈上海博物館藏戰國楚竹書（二）〉零釋》，簡帛研究網，2003年3月17日；又收入氏著《新出楚簡研讀》第143—144頁，武漢大學出版社2010年。

[3] 陳劍《上博楚簡〈容成氏〉與古史傳説》，《戰國竹書論集》第67—68頁，上海古籍出版社2013年；裘錫圭《釋〈子羔〉篇“銫”字並論商得金德之説》，（轉下頁）

商契傳説多有相似之處,郭沫若、陳夢家、楊寬等據此認爲少昊與契是同一傳説之分化。[1] 古書多言契爲司徒,掌教民,裘錫圭指出上古樂官正掌管教育,簡文“契爲樂正”與古書“質爲樂”“契爲司徒”原爲一事。[2]

《説文》人部作“偰”。《名疑集》卷一謂“一作鄭,一作禼”,[3]“禼”應是“离”之誤字。

《楚帛》甲“爲□爲萬”,或以爲“萬”讀爲“契”,指商契。[4] □釋爲“禹”非是(參看第44頁“禹”條),則“萬”記録{契}亦當存疑。甲骨文中的□,董作賓、李旦丘、島邦男等釋爲“兕”讀爲“契”,[5] 待考。

后羿

后羿,《銀一・孫臏》簡350作“笄”,北大秦簡《魯久次》簡10作“羿”。《説文》作“羿”,羽部:“羿,羽之羿風。亦古諸侯也。一曰射師。从羽幵聲。”又作“芎”,弓部:“芎,帝嚳射官。”“笄”“羿”“芎”並从“幵”聲。

善卷

“善卷”見於《銀二・論政・君臣》簡1290等,與堯對話。《吕氏春秋・慎大覽・下賢》作“善綣”,高誘注:“有道之士也。”《莊子・讓王》等作“善卷”,《路史・疏仡紀・有虞氏》作“單卷”。“善”(禪—

(接上頁)《裘錫圭學術文集・簡牘帛書卷》第497—501頁,復旦大學出版社2012年。

[1] 參看吕思勉、童書業編著《古史辨》第7册上,第257—258頁,上海古籍出版社1982年。

[2] 裘錫圭《釋〈子羔〉篇“鈍”字並論商得金德之説》,《裘錫圭學術文集・簡牘帛書卷》第499、501頁,復旦大學出版社2012年。

[3] [明]陳士元《名疑集》第9頁,中華書局1991年。

[4] 參看徐在國編著《楚帛書詁林》第857—860頁,安徽大學出版社2010年。

[5] 參看島邦男著,濮茅左、顧偉良譯《殷墟卜辭研究》第437—439頁,上海古籍出版社2006年。

元)、"單"(端—元)音近。

許囚

"許囚"見於《銀二・論政・君臣》簡 1294 等,與堯對話。整理者指出即許由,亦作許繇。"囚"(邪—幽)與"由"(餘—幽)、"繇"(餘—宵)古音相近(《銀雀山貳》第 170 頁)。

丹朱

"丹朱"見於《北三・周訓》簡 183、206,堯子。《書・益稷》"無若丹朱傲",孔穎達《正義》曰:"《漢書・律曆志》云:'堯讓舜,使子朱處於丹淵爲諸侯。'則朱是名,丹是國也。"又作"丹絑",《説文》糸部:"絑,純赤也。《虞書》丹朱如此。"

共工

《馬王堆・十六經》29 上"視蚩尤、共工",《銀一・孫臏》簡 251"堯伐共工"、簡 255"堯伐共工",《銀二・占書》簡 2089"月十三暈,共工亡",《北五・堪輿》簡 72"共工徒也",此皆《漢書・古今人表》下下之共工,與楚帛書非一人。

后稷

周始祖后稷,《郭店・唐虞》簡 10 作"后禝";《郭店・尊德》簡 7,《上二・容成》簡 28,《清一・祭公》簡 13 作"句禝";《上一・詩論》簡 24,《上二・子羔》簡 12、13 作"句稷"。"句"讀爲"后"。"禝"字傳世文獻罕見,《集韻・職韻》以爲"通作稷"。《廣韻・職韻》以爲"稷"之俗體,結合出土文獻看顯然非是(詳第九章第一節)。

《馬王堆・天文後》1.10 作"后畟",《篇海類編・地理類・田部》:"畟,同稷。五穀總名。"《馬王堆・十問》簡 78 作"后稄","稄"爲"稷"之誤,秦漢簡帛"夋""畟"常互訛,如《馬王堆・戰國》235"社稄"即"社禝",《睡虎地・日甲》簡 26 正"稄辰"即"稷辰"。《集韻・職韻》謂"稄""通作稷"。

《清九・禱辭》簡 7 稱"后稷是(氏)"。

《書・堯典》等單稱“稷”。[1] 曾侯與鐘 M1：3“曾侯與曰：余稷之玄孫”(《江漢考古》2014 年第 4 期)，“稷”即后稷。

后稷名弃，見《周本紀》。

舜

舜，簡帛多見。楚簡多寫作“[illegible]”(坴)，《郭店・唐虞》作[illegible]，《清三・良臣》簡 1 作“[illegible]”(㚇)。季旭昇謂當隸作“坴”，由“允”分化而來；[2]馬承源釋爲“坴(夋、俊、舜)”(《上博二》第 185 頁)；陳秉新釋“埈”讀爲“舜”；[3]劉釗認爲字从土炊聲，爲“舜”之古文；[4]魏宜輝隸作“坴”“𡉚”，从矣矣聲，讀爲“舜”；[5]黄錫全釋“夤”讀爲“舜”，謂或从“以”者當是疊加之聲符；[6]黄德寬等指出聲符“㚇”即古“焌”字。[7] 按，“坴”當以“允”爲基本聲符，“允”“舜”古音同在文部，《禮記・中庸》“其斯以爲舜乎”，鄭玄注：“舜之言允[8]也。”《上九・舉王》簡 10 作[illegible]，“火”訛爲“矢”。秦漢簡帛作[illegible]、[illegible]等，與小篆[illegible]近似。

又稱虞舜，《郭店・唐虞》簡 9、10 作“吴坴”，《北三・周訓》簡

[1] 上古稱“稷”者有二，《左傳》昭公二十九年載蔡墨語：“有烈山氏之子曰柱，爲稷，自夏以上祀之。周棄，亦爲稷，自商以來祀之。”《國語・魯語上》載展禽語：“昔烈山氏之有天下也，其子曰柱，能殖百穀百蔬；夏之興也，周棄繼之，故祀以爲稷。”

[2] 季旭昇《讀郭店、上博簡五題：舜、河滸、紳而易、墻有茨、宛丘》，《中國文字》新 27 期，第 114 頁，藝文印書館 2001 年。

[3] 陳秉新《楚系文字釋叢》，《楚文化研究論集》第 5 集，第 359 頁，黄山書社 2003 年。

[4] 劉釗《郭店楚簡校釋》第 170 頁，福建人民出版社 2005 年。

[5] 魏宜輝《試析楚簡文字中的“疑”與“舜”字》，謝維揚、朱淵清主編《新出土文獻與古代文明研究》第 160 頁，上海大學出版社 2004 年。

[6] 黄錫全《〈唐虞之道〉疑難字句新探》，長沙市文物考古研究所編《長沙三國吴簡暨百年來簡帛發現與研究國際學術研討會論文集》第 215 頁，中華書局 2005 年。

[7] 黄德寬主編《古文字譜系疏證》第 3717 頁，商務印書館 2007 年。

[8] 今本訛爲“充”。

207作“吴舜”。舜號有虞氏。《書・堯典》“有鰥在下,曰虞舜”,僞孔傳:“虞,氏;舜,名。”孔穎達《正義》:“舜之爲虞,猶禹之爲夏,《外傳》稱禹氏曰有夏,則如舜氏曰有虞。顓頊已來,地爲國號,而舜有天下,號曰有虞氏,是地名也。”《郭店・唐虞》簡1、3堯、舜並稱“湯、吴”。

《史記・五帝本紀》:“虞舜者,名曰重華。”裴駰《集解》:“《謚法》曰:‘仁聖盛明曰舜。’”司馬貞《索隱》:“虞,國名,在河東大陽縣。舜,謚也。”《風俗通義・皇霸》:“舜者,推也,循也,言其推行道德,循堯緒也。”

《上二・子羔》簡1:“[□]曰:有虞氏之樂正宜寽之子也。子羔曰:何故以得爲帝?”學者多認爲“宜寽”即舜父瞽叟,聯繫下文,此處“有虞氏之樂正瞽叟之子”當指舜而言,則“有虞氏”非指舜,而是舜所在之部落。《國語・魯語上》“故有虞氏禘黄帝而祖顓頊,郊堯而宗舜”,有虞氏則指舜之後。《銀二・占書》簡2091“有吴(虞)氏”亦未確指舜。

牟成犳

“牟成犳”見於《銀二・論政・君臣》簡1306等,與舜對話。整理者注:

> “犳”字不見於字書,字當從牛勺聲。牟成犳,即見於古書的務成昭。牟與務,勺與昭,古音相近可通。《荀子・大略》“舜學於務成昭”。他書或作“務成暚”(《路史・後紀》卷十二),“務成跗”(《新序・雜事五》),“務成子附”(《韓詩外傳》卷五),疑“跗”、“附”爲誤字。《漢書・藝文志》小説家有《務成子》十一篇,務成子即務成昭。(《銀雀山貳》第171頁)

《馬王堆・十問》簡58、59作“巫成柖”。“巫”(明—魚)、“牟”(明—幽)、“務”(明—侯)音近通用。

《荀子・大略》“舜學於務成昭”,楊倞注:“昭,其名也。”或謂名昭、字跗。[1]《潛夫論・讚學》稱“務成”。

[1] 參看石光英校釋,陳新整理《新序校釋》第645頁,中華書局2001年。

益

《九店》56－38 貳—39 貳："帝以命嗌淒（齎）[1] 禹之火。""嗌"作（蓁），整理者已指出字形即《説文》"嗌"之籀文，讀爲"益"。[2]《郭店·唐虞》簡 10"禹治水，膉治火，后稷治土"，"膉"作，整理者已讀爲"益"（《郭店簡》第 157 頁）。"嗌"又見於《上二·容成》簡 34、《清三·良臣》簡 1。

《墨子·所染》《吕氏春秋·仲春紀·當染》稱"伯益"，《漢書·地理志下》《古今人表》作"柏益"。《國語·鄭語》《鹽鐵論·結和》作"伯翳"。《鄭語》"嬴，伯翳之後也"，韋昭注："伯翳，舜虞官，少皞之後伯益也。"《地理志下》"秦之先曰柏益，出自帝顓頊"，顔師古注："柏益，一號伯翳，蓋翳、益聲相近故也。"《史記·秦本紀》作"柏翳"。"益"（影—錫）、"翳"（影—脂）應爲音通。

《吕氏春秋·慎行論·求人》"得陶、化益、真窺、横革、之交五人佐禹"，《荀子·成相》"（禹）得益、臯陶、横革、直成爲輔"；《吕氏春秋·審分覽·勿躬》《淮南子·本經》皆謂"伯益作井"，《經典釋文》卷二引《世本》則謂"化益作井"。是化益即伯益。《漢書·律曆志上》"化益爲天子代禹"，顔師古注："化益即伯益。"伯益何以又稱化益，待考。

簭

北大秦簡《魯久次》簡 9—10"始諸黄帝、顓頊、堯、舜之智，循鲧、禹、臯陶、羿、簭之巧"，"簭"作。韓巍指出"番"爲"垂"之訛，"簭"即垂，或曰黄帝之臣，或曰堯之巧工，或曰舜臣。[3]《書·堯典》等作

[1] "齎"爲原整理者讀。今按，或可讀爲"濟"。

[2] 湖北省文物考古研究所、北京大學中文系編《九店楚簡》第 102 頁，中華書局 1999 年。

[3] 韓巍《北大藏秦簡〈魯久次問數于陳起〉初讀》，《北京大學學報（哲學社會科學版）》2015 年第 3 期。

“垂”,《荀子·解蔽》等作“倕”。

皋陶

《書·堯典》載皋陶爲舜之理官。《郭店·窮達》簡 3 作“叴繇”,《唐虞》簡 12 作“咎采”;《上二·容成》簡 29 作“咎陶”,簡 34 作“叴咎”“叴秀”;《清三·良臣》簡 1—2 作“咎囡”,《清五·厚父》簡 2、《清十·四告》簡 11 作“咎繇”。《四告》簡 1、12 稱“天尹咎繇”古書多作“皋陶”“咎繇”,《孔子家語·正論解》等作“咎陶”。

“皋”(見—幽)、“咎”(群—幽)與簡文“叴”(群—幽)音近通用。“繇”“繇”異體。“采”爲“褎(袖)”之聲旁,楚簡或用爲“由”(餘—幽),裘錫圭認爲是“禾成秀”之“秀”的初文或本字,[1]白於藍認爲與“秀”(心—幽)爲一字分化。[2]“陶”作、,“陶”之異體。[3]“囡”整理者以爲即“囚”字改“人”爲“女”(《清華叁》第 158 頁),其説可從。《銀二·君臣答問》“許囚”,整理者認爲應即許由,亦作許繇,“囚”(邪—幽)古音與“由”“繇”相近(《銀雀山貳》第 170 頁)。“繇”“采”“陶”“秀”“囡(囚)”“陶”韻部均屬宵、幽,音近可通。《容成》簡 34“叴咎”,“咎”或是誤寫。

《放馬灘·日乙》簡 266、284、285 作“皋陶”,“皋”作、、。北大秦簡《魯久次》簡 10 作“睪匋”,[4]“睪”作。張頷指出秦漢文字“皋”常訛作“睪”形,並對訛誤機制和類型有詳細分析。[5]《王家

---

[1] 裘錫圭《甲骨文中所見的商代農業》,《裘錫圭學術文集·甲骨文卷》第 268 頁,復旦大學出版社 2012 年。

[2] 白於藍《釋褎——兼談秀、采一字分化》,《中國古文字研究》第 1 輯,第 350—351 頁,吉林大學出版社 1999 年。

[3] 參看何琳儀《第二批滬簡選釋》,《學術界》2003 年第 1 期。

[4] 韓巍等《北大秦簡〈魯久次問數於陳起〉今譯、圖版和專家筆談》,《自然科學史研究》2015 年第 2 期。

[5] 參看張頷《〈成皋丞印〉跋》,《古文字研究》第 14 輯,第 2—3 頁,中華書局 1986 年。

臺・歸藏》作“夸陆”,王明欽謂“夸”爲皋之省寫,[1]可從。“夸”即上述訛作“睪”形的下半部分,“陆”即“陶”字異體。

漠母

《北四・妄稽》簡19“漠母事舜”,整理者認爲“漠母”即嫫母,古之醜女(《北大肆》第63頁)。然古書多言嫫母爲黄帝妃,與此不同。

夔

《郭店・唐虞》簡12“愳守樂”,“愳”作,整理者釋文作“愄(畏)”(《郭店簡》第157頁)。此字“心”上所从爲“鬼”,隸定當作“愳”。不過楚簡“愳”多用爲“畏”,或即“畏”之異體。陳偉指出,字當讀爲“夔”,《大戴禮記・五帝德》有“夔作樂”可與簡文對讀,[2]其説是。“夔”(群—脂)、“鬼”(見—微)相通之例如《山海經・中山經》“多夔牛”,《爾雅・釋獸》“夔”作“魏”。[3] 夔爲舜時樂官,《書・堯典》舜曰:“夔,命汝典樂,教胄子。”

《水經注・江水》:“《樂緯》曰:‘昔歸典叶聲律。’宋忠曰:‘歸即夔。’”《太平御覽》卷八二《皇王部》引《尚書中侯》曰:“伯禹稽首,讓於益歸。”注:“歸讀曰夔也。”“歸”(見—微)、“夔”(群—脂)音近通用。[4]

古書又記舜之樂官爲“質”(章—質),《上二・容成》又作“敾”(清—質)(參看第34頁“契”條)。是否應歸爲一人,尚待研究。

瞽叟

《上二・子羔》簡1“有虞氏之樂正宑寐之子也”,“宑寐”作。此就舜而言,則“宑寐”即舜父瞽叟。周鳳五認爲“宑”从宀兔省聲讀

[1] 王明欽《〈歸藏〉與夏啓的傳説——兼論臺與祭壇的關係及鈞臺的地望》,《華學》第3輯,第215頁,紫禁城出版社1998年。

[2] 陳偉《郭店竹書别釋》第67—68頁,湖北教育出版社2002年。

[3] 參看高亨纂著,董治安整理《古字通假會典》第503頁,齊魯書社1989年。

[4] 參看高亨纂著,董治安整理《古字通假會典》第503頁,齊魯書社1989年。

爲"瞽","⿱宀⿱火廾"从宀从"火"之變體,是"叟"之省。[1] 楊澤生、黄錫全認爲"⿱宀古"可能是"貴"字,"⿱宀⿱火廾"是"叟"字異體,所从之"卉"應是"艸",用作聲符;[2]李學勤也認爲"⿱宀⿱火廾"从"艸"聲讀爲"叟(瞍)",但説"⿱宀古"从古聲。[3] 有學者指出"⿱宀古"所从"占"爲"古"之訛,[4]敦煌變文《舜子變》"瞽叟"作"苦瘦"或"苦嗽"。[5] "古"(見—魚)、"瞽"(見—魚)、"艸"(清—幽)、"叟"(心—幽)音近可通,則"⿱宀古"爲"⿱宀古"之誤、"⿱宀⿱火廾"从"艸"聲之説當可信從。[6]

《郭店·唐虞》謂舜"篤事<u>⿱宀瓜寞</u>"(簡 9)、"其爲<u>⿱宀瓜寞</u>子也,甚孝"(簡 24),"⿱宀瓜寞"分别作[glyph]、[glyph](下文以前者爲代表),整理者已指出即舜父瞽叟(《郭店簡》第 159 頁)。黄德寬、徐在國分析"[glyph]"爲从宀瓜聲,讀爲"瞽",[7]李零疑"寞"讀爲"盲",[8]李家浩釋上字爲《説文》兆部訓作"壅蔽也"的"兆",讀"寞"爲"瞙",謂"兆瞙"是瞽叟

[1] 周鳳五《楚簡文字零釋》,第一屆應用出土資料國際學術研討會論文,(臺灣)育達商業技術學院應用中文系 2003 年 4 月;收入氏著《朋齋學術文集: 戰國竹書卷》第 587 頁,臺灣大學出版中心 2016 年。

[2] 楊澤生《戰國竹書研究》第 161—163 頁,中山大學出版社 2009 年;黄錫全《讀上博楚簡(二)札記八則》,《上博館藏戰國楚竹書研究續編》第 458 頁,上海書店出版社 2004 年。

[3] 李學勤《楚簡〈子羔〉研究》,《上博館藏戰國楚竹書研究續編》第 15 頁,上海書店出版社 2004 年。

[4] 參看國學論壇網,2003 年 5 月 14 日,"llaogui"説。http: //bbs. guoxue. com/viewthread.php? tid=132557&extra=page%3D73.

[5] 參看國學論壇網,2003 年 5 月 14 日,"學而"説。http: //bbs. guoxue. com/viewthread.php? tid=132557&extra=page%3D73.

[6] 結合"瞽叟"或寫作"兆宎",李家浩釋"兆"的意見同樣值得重視(見下)。此外,孟蓬生有專文論證"占"和"瓜"音近可通,可參看《楚簡所見舜父之名音釋——談魚通轉例説之二》,《簡帛》第 6 輯,第 337—341 頁,上海古籍出版社 2011 年。

[7] 黄德寬、徐在國《郭店楚簡文字考釋》,黄德寬、何琳儀、徐在國《新出楚簡文字考》第 8—9 頁,安徽大學出版社 2007 年。

[8] 李零《郭店楚簡校讀記》,《道家文化研究》第 17 輯,第 499 頁,生活·讀書·新知三聯書店 1999 年。

的别名。[1]“瞽”“瓜”均爲見紐魚部字,可相通用。然“寞”(明—鐸)、“叟”(心—幽)古音遠隔。《上九·陳公》簡 2“先君武王與鄖人戰於莆寞”,“寞”字作。有學者指出“戰於莆寞”即《左傳》桓公十一年所載“蒲騷之戰”,[2]“騷”亦是心紐幽部字,可見認爲、爲一字的意見是很對的。[3] 從讀音角度看,它們都不可能是“寞”字。或謂所从之“莫”,是从“茻”的“草”字之省寫,[4]劉洪濤等分析爲从“日”“茻”聲,“茻”是“艸”的繁體。[5] 或謂、當是見於《上六·平王》簡 1、3 的“蒐”(、)字之誤。[6] 高佑仁對此有詳細綜述,可以參看。[7]

古書多作“瞽叟”“瞽瞍”,《漢書·古今人表》作“鼓叜”。《通雅》卷二〇曰“字書作‘兆叜’”,《説文》兆部謂“兆”讀若瞽。《玉海》卷一〇五作“皷楖”“鼓楖”,“楖”即“搜”字,碑刻文字作、。[8]

讙收

《銀一·孫臏》簡 252“舜擊讙收”,“讙收”,《書·堯典》作“驩

[1] 李家浩《讀〈郭店楚墓竹簡〉瑣議》,《中國哲學》第 20 輯,第 341—343 頁,遼寧教育出版社 1999 年。

[2] 參看《〈陳公治兵〉初讀》,簡帛網簡帛論壇,2013 年 1 月 6 日,第 24 樓“youren”發言。

[3] 參看《〈陳公治兵〉初讀》,簡帛網簡帛論壇,2013 年 1 月 6 日,第 26 樓“鳲鳩”發言。

[4] 參看“國學論壇”網,2003 年 5 月 14 日,“yihai”説。http: //bbs.guoxue.com/viewthread.php? tid=132557&extra=page%3D73.

[5] 劉洪濤《郭店竹簡〈唐虞之道〉“瞽瞍”補釋》,《江漢考古》2010 年第 4 期;網友“鳲鳩”亦謂簡文“寞”形當从“艸”聲,參《〈陳公治兵〉初讀》,簡帛網簡帛論壇,2013 年 1 月 6 日,第 26 樓“鳲鳩”發言。

[6] 流行《讀上博楚簡九劄記》,簡帛網,2013 年 1 月 8 日。劉洪濤也提出,《唐虞之道》“寞”字所从的“莫”有没有可能是“蒐”字之誤,是一個很值得思考的問題,參見《郭店竹簡〈唐虞之道〉“瞽瞍”補釋》,《江漢考古》2010 年第 4 期。

[7] 季旭昇、高佑仁主編《〈上海博物館藏戰國楚竹書(九)〉讀本》第 100—105 頁,萬卷樓 2017 年。

[8] 參看毛遠明《漢魏六朝碑刻異體字典》第 846 頁,中華書局 2014 年。

兜”,《莊子・在宥》作“讙兜”,《山海經・海外南經》作“讙頭”,《大荒南經》作“驩頭”,《尚書大傳》卷一“四嶽八伯”鄭玄注作“鵃吺”,[1]《書古文訓》作“鴅吺”,[2]《廣韻・桓韻》“腸”:“腸兜,四凶名,古文《尚書》作鴅。”[3]“驩”“讙”曉紐元部,“收”(書—幽)、“兜”“吺”(端—侯)、“頭”(定—侯),並音近通用。“鵃”“鴅”“腸”,當以“鴅”爲正體,“月”“舟”並“丹”(丹—元)之形誤。《別雅》卷一曰:

> 鴅吺、鴅兜、讙頭、驩兜也。《尚書》“放驩兜于崇山”,《古文尚書》“射鴅吺”。焦弱侯引作“⿰舟頁殳”。漢鄭季宣碑有云“虞放鴅□”,下一字雖殘缺,詳其義蓋指“驩兜”,其字正從“鳥”。則作“腸”與“⿰舟頁”者皆誤書也。《管子・侈靡篇》“鴅然若譎之静”,正用“鴅”爲“歡”字。《山海經》有“讙頭國”,注:“讙兜,堯臣。”兜通作頭。按《史記・十二諸侯年表》宋景公“頭曼”,《漢書・古今人表》作“兜欒”。兜、頭聲相似也。[4]

商均

“商均”見於《北三・周訓》簡180、183,《史記・五帝本紀》“舜子商均亦不肖”,張守節《正義》:“譙周云:‘以虞封舜子,今宋州虞城縣。’《括地志》云:‘虞國,舜後所封邑也。或云封舜子均於商,故號商均也。’”

禹

禹,簡帛多見。楚簡寫作“垔”,从禹从土。春秋晚期齊器叔夷鐘五(《集成》276)、叔夷鎛(《集成》285)分别作、,亦从土。《清三・良臣》簡1、《清五・厚父》簡1、《清十・四告》簡40作、、,不从土。西周豳公盨(《新收》1607)及秦漢簡帛均作“禹”。《楚

[1] 此據《四部叢刊》影印《左海文集》本。

[2] 顧頡剛、顧廷龍輯《尚書文字合編》第53頁,上海古籍出版社1996年。

[3] 參看周祖謨《廣韻校本》下册,第127頁,中華書局2004年。

[4] 此據國家圖書館藏乾隆七年程氏刻本,善本號13694。

帛》甲字,或釋爲"禹";[1]《包山》簡198"使攻解於人愚","愚"作,或謂即大禹;[2]《上五·競建》簡7字,陳佩芬釋爲"禹"(《上博五》第173頁),李學勤有專文論述。[3] 今按,以上三字既與"禹"形體不同,又與楚文字大都用"墨"表示{禹}一詞的用字習慣不合,釋"禹"均非是。[4]

《風俗通義·皇霸》:"禹者,輔也,輔續舜後,庶績洪茂。"

又稱"大禹"。《書·大禹謨》僞孔傳:"禹稱大,大其功。"孔穎達《正義》:"禹與皋陶同爲舜謀,而禹功實大,禹與皋陶不等,史加大其功,使異於皋陶,於此獨加大字,與皋陶並言故也。"《郭店·成之》簡33作"大墨"。《漢書·藝文志》作"大帝",顔師古曰:"帝,古禹字。"宋祁曰:"一作帝。""帝""帝"並"禹"之隸古定。

禹又稱"夏后氏",《孟子·滕文公上》"夏后氏五十而貢",趙岐注:"夏禹之世,號夏后氏。后,君也。禹受禪於君,故夏稱后。"不過夏帝均可如此稱呼,如《吕氏春秋·季夏紀·音初》"夏后氏孔甲"。叔夷鐘(《集成》280)、叔夷鎛(《集成》285)湯伐"頣(夏)司(后)",《清三·赤鵠》之"頣(夏)句(后)"與商湯在同一故事中,均指夏桀。《銀二·占書》簡2091、《定州·論語·八佾》簡55之"夏后氏"則未知確指。

鯀

禹父鯀,《銀一·孫臏》簡252作"歸",北大秦簡《魯久次》簡10作"緜"。"緜""鯀"異體,"鯀"(見一文)、"歸"(見一微)音通。

---

[1] 參看徐在國編著《楚帛書詁林》第853—857頁,安徽大學出版社2010年。

[2] 參看朱曉雪《包山楚簡綜述》第521頁,福建人民出版社2013年。

[3] 李學勤《〈鮑叔牙與隰朋之諫〉禹、龍解》,《通向文明之路》第232頁,商務印書館2010年。

[4] 當從陳劍説釋爲"夭(妖)",參《也談〈競建内之〉簡7的所謂"害"字》,《戰國竹書論集》第196—200頁,上海古籍出版社2013年。

《國語·魯語上》等作“鮌”。《廣韻·混韻》:“鯀,禹父名。亦作骸。《尚書》本作鯀[1]。”《集韻·混韻》“鯀舷鰥”:“禹父也。或作舷,亦作鰥。通作鯀、骸。”《通雅》卷四引《六書索隱》作“歔”。《别雅》卷三曰:“蓋从魚从角从骨其形相似,而系與玄形亦相近,故所傳不同如此。”[2]“歔”“鰥”亦見紐文部字。

《孔家坡》簡 149 壹反“緰以壬戌北不反”,陸平認爲“緰”讀爲“鯀”。[3] 劉樂賢認爲“緰”是“綸”之寫訛,讀爲“鯀”。[4] “緰”屬侯部,“鯀”“綸”古音均爲見紐文部字,劉説是。

史皇

《清三·良臣》簡 1 謂“禹有史皇”,整理者注:“史皇,見《世本·作篇》:‘史皇作圖。’宋衷注:‘黄帝臣也,圖謂畫物象也。’《淮南子·脩務》‘史皇産而能書’,高誘注:‘史皇,倉頡。’《古今人表》倉頡在‘上下’,注爲‘黄帝史’,與此不同。”(《清華貳》第 158 頁)《路史·發揮一》引《世本》:“史皇、倉頡同階。”史皇、倉頡是否一人,難以考定。

伯夷

《清三·良臣》簡 1 曰“禹有白巨”,整理者指出即“伯夷”,見《書·堯典》。《國語·鄭語》:“伯夷,能禮於神以佐堯者也。”(《清華叁》第 158 頁)與商末孤竹君二子之一伯夷同名。

《書·堯典》:“(舜)帝曰:‘咨! 四岳,有能典朕三禮?’僉曰:‘伯夷。’”《大戴禮記·五帝德》載孔子言,舜時“伯夷主禮,以節天下”,與《堯典》同。孔子又謂堯時“伯夷主禮”,與《鄭語》同。《良臣》篇謂“禹有伯夷”,則伯夷又爲禹時臣。《書·吕刑》謂堯“命三后恤功於

---

[1] 或作“舷”。參看周祖謨《廣韻校本》下册,第 279 頁,中華書局 1988 年。

[2] 此據國家圖書館藏乾隆七年程氏刻本,善本號 13694。

[3] 陸平《試釋孔家坡漢簡〈日書〉之“緰”、“禹”、“女過”》,簡帛網,2007 年 8 月 25 日。

[4] 劉樂賢《釋孔家坡漢簡〈日書〉中的幾個傳説人物》,《中國史研究》2010 年第 2 期。

民：伯夷降典，折民惟刑”，舊注多以“典”即禮。[1]

敦煌本《經典釋文》作“柏巨”，又曰：“馬本作伯异。”[2]“夷”(餘—脂)、“异”(餘—職)或以音近通用。《堯典》又稱“伯”：“帝曰：‘俞！咨！伯，汝作秩宗。夙夜惟寅，直哉惟清。’伯拜稽首，讓于夔、龍。”

南河　少河　西河　師癸　幼頻

《馬王堆·養生方》210“南河”、215“西河”、216“少河”，《十問》簡66“師癸”，《胎産書》1“幼頻”，與禹對話，似是虛構人物。

啓

“啓”見於《上二·容成》簡34，《上九·舉治》簡17，《清五·厚父》簡2、10，《王家臺·歸藏》，《北三·周訓》簡32、183。禹之子。《山海經·海外西經》稱“夏后啓”，《墨子·耕柱》稱“夏后開”，當是漢人避漢景帝劉啓之名而改。啓又稱“會”“余”“建”，見《路史·疏仡紀·夏后紀下》。

孔甲

“孔甲”見於《清五·厚父》簡6，厚父稱之爲“先哲王孔甲”。夏帝，不降之子。《吕氏春秋·季夏紀·音初》稱作“夏后氏孔甲”。《史記·夏本紀》：“帝孔甲立，好方鬼神，事淫亂。夏后氏德衰，諸侯畔之。”《路史·疏仡紀·夏后紀下》作“帝胤甲”，注曰：“見《汲紀年》，《左傳》作孔甲，世遂從之，非也。按古有孔甲乃黄帝史官，孔，姓也。無因以爲名號。”其説非是。黄帝臣之孔甲見於《古今人表》“上中”，非一人。[3]

---

[1] 參看顧頡剛、劉起釪《尚書校釋譯論》第1966—1967頁，中華書局2005年。

[2] 參看張涌泉主編《敦煌經部文獻合集》第9册，第4443頁，中華書局2008年。

[3] 郭永秉認爲兩孔甲係一人在傳説中的分化，參《再談關於清華簡〈厚父〉篇的兩個問題——讀清華簡隨札之二》，中國簡牘學術研討會論文，山東博物館2017年9月。

桀

夏“桀”楚簡多見，寫法可分爲如下幾類：

（1）（《上二・容成》40）

（2）（《上五・鬼神》2 正）　（《上五・鬼神》2 背）

（3）（《郭店・尊德》6）　（《上二・容成》40）

（4）（《上四・曹沫》65B）　（《上七・君乙》8）

（5）（《清五・湯丘》14）　（《清五・三壽》23）

（6）（《清七・子犯》15）

（1）（2）爲“桀”，（3）—（5）爲“傑”，（6）爲“㩉”，讀爲“桀”。“桀”上部爲“匄”（“匄”“桀”同爲牙音月部字），又訛作“亡”或“甲”。[1] 曾侯乙鐘挂架之（《曾侯乙墓》第 571 頁），裘錫圭、李家浩隸定作“俈”（《曾侯乙墓》第 547 頁），李守奎釋爲“桀”。[2] 這是目前所見最早的“傑”字，右上从亡、刀，即甲骨、金文之“匄”。《上五・鬼神》簡 2、从“刃”，與“刀”是義近形符。戰國晉璽“桀”字作（《璽彙》1388），與秦漢簡（《馬王堆・九主》41）、《説文》小篆形體一致，而與楚文字不同。“桀”亦多見於漢代簡帛，如《銀一・孫臏》簡 256、《馬王堆・天文》2・44 等，字形與小篆同。

又稱夏桀，見於《馬王堆・九主》1。《九主》41 稱“夏桀氏”。又稱“夏后”，后，君也。《清三・赤鵠》作“頣句”，“頣”即楚文字“夏”，“句”讀爲“后”。《太平御覽》卷八二《皇王部七》引《竹書紀年》稱“后桀”。又稱“夏王”，見於《清五・湯丘》簡 13。

---

[1] 參看李守奎、張峰《説楚文字中的“桀”與“傑”》，《簡帛》第 7 輯，第 79—86 頁，上海古籍出版社 2012 年。

[2] 參看李守奎編著《楚文字編》第 338 頁，華東師範大學出版社 2003 年。

《史記・夏本紀》:“帝發崩,子帝履癸立,是爲桀。”“癸”或作“葵”。[1]《三代世表》亦作“帝履癸”。《今本竹書紀年》稱“帝癸”,《古今人表》作“癸”,梁玉繩謂《史記》誤多“履”字,[2]可從。

關龍逄

“關龍逄”見於《馬王堆・繆和》49 上。夏傑之賢臣。《潛夫論・志氏姓》作“豢龍逄”。黄生曰:“《潛夫論》云‘豢龍逄以忠諫桀殺之’,他書多作關龍逄。予乃知關當讀爲豢,即古豢龍氏之後也。若不讀《潛夫論》,鮮不以關爲姓,以龍逄爲名矣。”[3]則“關(豢)龍”爲氏。然《莊子・胠篋》《吕氏春秋・孝行覽・必己》等稱“龍逄”。

琰　琬

《上二・容成》簡 38 載夏桀“起師以伐岷山氏,取其兩女暨、𠑷”,整理者指出,岷山氏之二女《竹書紀年》作“琰”“琬”(《上博二》第 280 頁)。“暨”(清—侵)、“琰”(餘—談)或以音近通用。

“𠑷”作。字形又見於《上六・鄭壽》簡 3“殺左尹𠑷,少師無忌”,“左尹𠑷”即見於《左傳》昭公二十七年的楚左尹郤宛;《上一・性情》簡 26“門内之治,欲其𠑷也”,“𠑷”或讀爲“婉”“宛”,[4]《郭店・性情》簡 59 對應字省作“⿰兔兔”;[5]《上一・詩論》簡 8“小𠑷[6]”,即《詩・小雅・小宛》篇(《上博一》第 136 頁)。可見“𠑷”與“宛”

---

[1] 參看瀧川資言考證,水澤利忠校補《史記會注考證 附校補》第 57 頁,上海古籍出版社 1986 年。

[2] 參看王利器、王貞珉《漢書古今人表疏證》第 690 頁,齊魯書社 1988 年。

[3] [清] 黄生撰,黄承吉合按《字詁義府合按》第 204 頁,中華書局 1984 年。

[4] 參看季旭昇《由上博詩論“小宛”談楚簡中幾個特殊的从月的字》,《漢學研究》第 20 卷第 2 期,第 382 頁,2002 年;李天虹《釋“𠑷”“⿰兔兔”》,《古文字研究》第 24 輯,第 402 頁,中華書局 2002 年。

[5] 原書圖版不清。《簡帛書法選》編輯組《郭店楚墓竹簡・性自命出》第 59 頁作,文物出版社 2002 年。

[6] “𠑷”作,下部二肉爲兔之省形。

音近。

"毚"之形从三兔,何以讀與"宛"同,學者有不同解釋。《詩論》字周鳳五認爲从肙聲,[1]何琳儀則直接釋爲"肙",認爲上部所从偏旁有誤,下部所从二"肉"可能屬繁化現象,[2]季旭昇從何説;[3]李學勤認爲上从"兔"是"冤"之省,用作聲符,[4]李守奎疑"毚"與《説文》兔部古音在元部的"娩"爲異體。[5] 劉洪濤則認爲"毚""娩"爲"肙"之省體。[6]

《説文》兔部有訓作"疾也"的"毚","从三兔。闕[7]。"即闕其讀音。許全勝、曹錦炎均疑其古讀若"冤"。[8] 大徐本"毚"音"芳遇切",《玉篇·兔部》謂"毚""今作趕"。段玉裁曰:"赴、趕皆即毚字,今字毚、趕皆廢矣。"[9]音義皆與楚簡字有别,或僅是同形關係,非一字。[10]

---

[1] 周鳳五《〈孔子詩論〉新釋文及注解》,《上博館藏戰國楚竹書研究》第159頁,上海書店出版社2002年。

[2] 何琳儀《滬簡〈詩論〉選釋》,《上博館藏戰國楚竹書研究》第247頁,上海書店出版社2002年。

[3] 季旭昇《由上博詩論"小宛"談楚簡中幾個特殊的从肙的字》,《漢學研究》第20卷第2期,第379頁,2002年。

[4] 李學勤《釋〈詩論〉簡"兔"及从"兔"之字》,《北方論叢》2003年第1期,第56頁。

[5] 李守奎《楚簡〈孔子詩論〉中的〈詩經〉篇名文字考》,《上博館藏戰國楚竹書研究》第343—344頁,上海書店出版社2002年。

[6] 劉洪濤《釋"肙"》,簡帛網,2011年8月1日;後刊於《簡帛》第12輯,第9—18頁,上海古籍出版社2016年。

[7] 小徐本無"闕"字。

[8] 許全勝《孔子詩論零拾》,新出楚簡與儒學思想國際學術研討會論文,清華大學2002年3月31日—4月2日。按,此文未見,《上博館藏戰國楚竹書研究》收作者同名文章,無相關論述;其説引自張富海《説"毚""冤"》,《古文字研究》第28輯,第522頁,中華書局2010年。曹錦炎《楚簡文字中的"兔"及相關諸字》,謝維揚、朱淵清主編《新出土文獻與古代文明研究》第114頁,上海大學出版社2004年。

[9] [清]段玉裁《説文解字注》第472頁,上海古籍出版社1988年。

[10] 張富海認爲"毚"讀同赴,係同義换讀的結果(《古文字研究》第28輯,第521頁,中華書局2010年)。

《清一·尹至》簡2謂夏桀"寵二玉,弗虞其有衆",整理者指出"二玉"即琬、琰二女。《太平御覽》卷一三五引《紀年》:"后桀伐岷山,岷山女於桀二人,曰琬曰琰。桀受二女,無子,刻其名於苕華之玉,苕是琬,華是琰。"(《清華壹》第129頁)

微

《清一·保訓》簡8—9:"昔𡵂假中于河,以復有易。有易服厥辠,𡵂無害,乃歸中于河。𡵂志弗忘,傳貽子孫,氏于成湯。"整理者指出"𡵂"即商先公上甲微,是湯的六世祖(《清華壹》第147頁)。

"微"又稱上甲。《史記·殷本紀》"振卒,子微立",司馬貞《索隱》引皇甫謐曰:"微字上甲,其母以甲日生故也。""上甲"見於甲骨文,合文作(《合集》362)、(《合集》22630)、(《合集》22642)等。《國語·魯語上》《竹書紀年》又稱"上甲微"。[1]

河伯

《清一·保訓》簡8:"昔𡵂假中于河,以復有易,有易服厥辠。𡵂無害,乃歸中于河。"整理者注:"河,河伯。殷墟卜辭中商王所祀的河,有的常與王亥、上甲(微)合祭,而且常用辛日,顯然是一個歷史人物。"(《清華壹》第147頁)甲骨文亦多見。《清九·禱辭》簡10"如河白(伯)之富,如北海之昌",稱"河伯",與《竹書紀年》"殷上甲微假師于河伯以伐有易"同。

甲骨文中的"河"與古書中的"河伯"又爲水神。梁玉繩曰:"《竹書》夏帝芬十六年'洛伯用與河伯馮夷鬭',帝泄十六年'殷侯微以河伯之師伐有易',則河伯者國于河上而命之爲伯,馮夷是其名。"[2]

---

[1] 國家圖書館藏宋本《山海經·大荒東經》郭璞注引《竹書》"是故殷上甲微假師于河伯以伐有易"("微"訛作"徵"),"上"明清刻本多作"主",或作"王"。通行本及學者引用多作"主"(見方詩銘、王修齡《古本竹書紀年輯證》第12頁,上海古籍出版社2005年),非是。"王""主"均係"上"之誤刻。因此並無"王甲微""主甲微"之稱。

[2] [清]梁玉繩《史記志疑》第1421—1422頁,中華書局1981年。

有易

“又易”見於《清一・保訓》簡8。整理者指出,《楚辭・天問》“昏微遵迹,有狄不寧”,王國維《卜辭中所見先公先王考》以爲昏微即上甲微,有狄即有易(《清華壹》第147頁)。

上甲微、河與有易之間的史事,見於《山海經・大荒東經》:“有困民國,勾姓而食。有人曰王亥,兩手操鳥,方食其頭。王亥託于有易、河伯僕牛。有易殺王亥,取僕牛。河念有易,有易潛出,爲國于獸方,食之,名曰搖民。”郭璞注引《竹書》曰:“殷王子亥賓于有易而淫焉,有易之君緜臣殺而放之。是故殷上甲微假師于河伯以伐有易,滅之,遂殺其君緜臣也。”

西大母

“西大母”見於《孔家坡》簡149壹反。整理者疑指西王母(《孔家坡》第146頁),劉樂賢認爲“王”或表示尊大之義,或“大母”指祖母。[1]

---

[1] 劉樂賢《釋孔家坡漢簡〈日書〉中的幾個傳説人物》,《中國史研究》2010年第2期。

第三章　商周人物名號

一、商

湯

“湯”見於郭店、上博、清華等簡，漢代簡帛亦多見。《上一・緇衣》簡3、《上四・曹沫》簡65、《清三・良臣》簡2作“康”，《清六・鄭甲》簡13、《鄭乙》簡12作“庚”，《上九・史蒥》簡3作“漮”。《良臣》整理者謂“康”讀爲“唐”，即湯，殷墟卜辭亦作“唐”（《清華叁》第158頁）。按，徑以古書習慣稱法讀爲“湯”即可。

“康”字《説文》禾部以爲“穅”之或體，从庚从米。甲骨、金文作、形，所从之點有米、碎屑、樂聲、水等説法。[1] 楚簡“康”字“庚”下或爲米、或似水形，施謝捷認爲从水者爲“湯”之異體。[2] 按，此説可商。从水之、形顯然上承甲骨、金文“康”字而來，且“康誥”之“康”《郭店・成之》簡38作，《郭店・緇衣》簡28、《上一・緇衣》簡15作、，將二者理解爲一字更合適。此外《上六・用曰》簡1“康樂”、簡4“德徑于康”之“康”均作、，若釋爲“湯”再讀爲“康”顯然

[1] 参看周法高主編《金文詁林》第8086—8090、8099頁，香港中文大學1974年；黄德寬主編《古文字譜系疏證》第1779頁，商務印書館2007年。

[2] 施謝捷《説上博簡〈緇衣〉中用爲“望（朢）”“湯”的字》，《華學》第11輯，第9—11頁，中山大學出版社2014年。

不如徑釋爲“康”直接。、實一字異構,不必分爲二。值得注意的是,商湯之“湯”在目前見到的楚簡中均不用“㡿”表示,《史留》簡3在“㡿”下加水旁,即《説文》水部之漮。“康”“漮”(溪—陽)、“湯”(透—陽)音近可通。甲骨文、《王家臺·歸藏》作“唐”(透—陽)。

《風俗通義·皇霸》:“湯者,攘也,昌也,言其攘除不軌,改亳爲商,成就王道,天下熾盛。”

甲骨文又稱“武唐”(《合集》26770),《詩·商頌·玄鳥》作“武湯”,鄭箋:“有威武之德者成湯。”古書或稱商湯爲武王,《商頌·長發》“武王載旆”毛傳:“武王,湯也。”孔穎達《正義》:“有武功有王德之成湯。”《史記·殷本紀》:“於是湯曰‘吾甚武’,號曰武王。”

《北三·周訓》簡27稱“殷武湯”。《清三·赤鵠》簡2稱“湯句”,即湯后,《爾雅·釋詁上》:“后,君也。”又稱“成湯”,《清一·保訓》簡9作“成康”。周原甲骨H11:1、春秋晚期叔夷鎛(《集成》285)作“成唐”。《清五·三壽》簡23稱“句成湯”,即后成湯。

甲骨文又稱“成”,字作[1](《合集》39492)或、。陳夢家認爲即“成”字,从丁與《説文》戊部謂“成”从戊丁聲同。[2] 不過從“成”字的演變脉絡看(商甲)—(西周金)—(春秋金)—(楚簡)—(《説文》古文)—(小篆),《説文》所謂的从丁聲應是據訛誤的形體説解,古文字未見从丁的“成”字。因此不少學者認爲所謂“成”應釋爲“咸”,與从口的爲一字,□、口形近易混。[3] 卜辭中確

[1] 參看蔡哲茂《論殷卜辭中的“”字爲成湯之“成”——兼論“”“”爲咸字説》,復旦大學出土文獻與古文字研究中心網,2010年7月22日(原載《“中研院”歷史語言研究所集刊》第77本第1分,第1—32頁,2006年3月)。

[2] 參看陳夢家《殷虚卜辭綜述》第411—412頁,中華書局1988年。

[3] 參看胡小石《讀契札記》,《胡小石論文集三編》第101—102頁,上海古籍出版社1995年;于省吾主編《甲骨文字詁林》第2416—2417頁張秉權説,中華書局1999年;陳復澄《咸爲成湯説》,《遼寧文物》1983年第5期;蔡哲茂《論殷卜辭中的“”字爲成湯之“成”——兼論“”“”爲咸字説》,復旦大學出土文(轉下頁)

有从口之指商湯者，如《合集》1401“太甲不賓于”，《合集》1402正“太甲賓于”“下乙不賓于”“賓于帝”，《合集》1242正“上甲、、大丁”等，從文例看，除成湯外大概無人地位如此崇高，從字形看也確是“咸”字，陳夢家認爲這裏的咸指巫咸，[1]或非是。[2] 但湯又稱爲咸於文獻無徵，注中提到的張秉權文所引“唯尹躬及湯咸，有壹德”，及蔡哲茂文補充的《書·酒誥》“自成湯咸至于帝乙”，以“湯咸”“成湯咸”爲商湯之稱呼，似均難信從。“丁”聲極近於“成”，在甲骨文中作其聲符是可能的。作“咸”者，可視作“成”之訛寫。

《論語·堯曰》《墨子·兼愛下》均有商湯自稱“予小子履”，《大戴禮記·少閒》稱“商履”。若“履”爲湯之名，則將成、湯理解爲號更合適。《逸周書·史記解》“成商伐之，有洛以亡”孔晁注：“湯號曰成，故曰成商。”《金樓子·興王篇》謂湯有“天成”之號，亦與稱“成”相關。《路史·發揮五》注謂湯爲商之邑名。

湯又稱“天乙”，見於《清十·四告》。《世本》謂“湯名天乙”，《史記·殷本紀》“主癸卒，子天乙立，是爲成湯”司馬貞《索隱》引譙周云：“天亦帝也，殷人尊湯，故曰天乙。”甲骨文作“大乙”，或合文作（《合集》27080）、（《合集》32429）。王國維謂“蓋天、大二字形近，故互訛也”。[3] 卜辭又有大丁、大甲、中丁、小甲等可資類比，“大乙”爲死後之廟號。[4]

春秋宋公欒簠（《集成》4589、4590）、宋公鋪（“通鑑”6157）稱“天乙唐”，《荀子·成相》作“天乙湯”。甲骨文又稱“高且（祖）乙”（《合

（接上頁）獻與古文字研究中心網，2010年7月22日（原載《“中研院”歷史語言研究所集刊》第77本第1分，第1—32頁，2006年3月）。

[1] 陳夢家《殷虛卜辭綜述》第365頁，中華書局1988年。

[2] 參看于省吾主編《甲骨文字詁林》第2416—2417頁張秉權説，中華書局1999年。

[3] 王國維《觀堂集林》第428頁，中華書局1959年。

[4] 參看張光直《商王廟號新考》《談王亥與伊尹的祭日並再論殷商王制》，《中國青銅時代》第173—210、211—235頁，生活·讀書·新知三聯書店1983年。

集》32448 等),“且乙”合文作(《合集》32445)、(《合集》32448)。

方惟

“方惟”見於《清五・湯丘》簡 4、9,商湯臣。《湯丘》篇言商湯反復往見小臣,方惟因此進諫。整理者指出,類似故事也見於《墨子・貴義》,與方惟對應者爲“彭氏之子”;並據此讀“方”(幫—陽)爲“彭”(並—陽)(《清華伍》第 134、137 頁)。

伊尹

湯臣伊尹,竹簡或稱“尹”“天尹”,又稱“小臣”,名摯。甲骨文亦頗多異稱(詳第九章第二節)。

“伊尹”之名的構成,《書・胤征》“伊尹去亳適夏”孔穎達《正義》曰:“伊,氏;尹,字。”《殷本紀》“伊尹名阿衡”,司馬貞《索隱》曰:“尹,正也,謂湯使之正天下。”現代學者或謂伊是私名,尹是族長或官名等身份標識;[1]或謂伊是族名,伊尹即伊族之長。[2] 按,若伊爲私名,則“伊摯”爲兩名並稱,較難解釋。所謂伊族,亦難從卜辭中覓得蹤迹。《吕氏春秋・孝行覽・本味》説伊尹之母“居伊水之上,孕”,因“命之曰伊尹”,傳説雖不一定可靠,但伊尹由伊水得氏當有可能。

伊陟

伊尹之子伊陟見於《清三・良臣》簡 2:“湯有伊尹,有伊陟,有臣扈。”《史記・殷本紀》:“帝太戊立,伊陟爲相。”以爲太戊臣(詳下“臣扈”條)。

[1] 參看張政烺《釋“它示”——論卜辭中没有蠶神》,《張政烺文集・甲骨金文與商周史研究》第 43 頁,中華書局 2012 年;陳夢家《殷虚卜辭綜述》第 363 頁,中華書局 1988 年;劉宗漢《卜辭伊尹考》,宋鎮豪、郭引强主編《西周文明論集》第 326 頁,朝華出版社 2003 年;黄庭頎《論古文字材料所見之“伊尹”稱號——兼論〈尹至〉、〈尹誥〉之“尹”、“執”(摯)》,簡帛網,2013 年 7 月 15 日。

[2] 温明榮、郭振禄、劉一曼《試論卜辭分期中的幾個問題》,中國考古學研究編委會編《中國考古學研究——夏鼐先生考古五十年紀念論文集》第 172 頁,文物出版社 1986 年;肖良瓊《卜辭中的伊尹和伊尹放太甲》,《古文字研究》第 21 輯,第 14 頁,中華書局 2001 年。

臣扈

《清三·良臣》簡 2:"湯有伊尹,有伊陟,有臣𦚔。"整理者指出"𦚔"讀爲"扈",《書·君奭》:"在太戊,時則有若伊陟、臣扈。"(《清華叁》第 158 頁)

然商湯至太戊,凡九王,兩臣扈是否一人?梁玉繩曰:"考湯爲天子至大戊踐位,凡九王,據《外紀》《通志》共百五十五年,而《竹書》止八十四年。古人多壽,自可相及。但《君奭》云'在太戊,時則有若伊陟、臣扈',其非湯初之臣扈可知。《表》與伊陟並列,其爲太戊時之臣扈可知。《唐書》任、薛世系表,《路史·後紀五》謂臣扈乃仲虺之裔,雖未詳所出,而可以證商之有兩臣扈矣。作二人解是。"[1]《君奭》孔穎達疏:"夏社序云:'湯既勝夏,欲遷其社,不可,作《夏社》《疑至》《臣扈》。'則湯初有臣扈,已爲大臣矣,不得至今仍在,與伊尹之子同時立功。蓋二人名同或兩字一誤也。案春秋范武子光輔五君,或臣扈事湯而又事太戊也。"則謂或爲一人。

婺光

"婺光"見於《銀二·論政·君臣》簡 1139 等,與商湯對話。《戰國策·秦策》等作"務光",《莊子·讓王》作"瞀光",《荀子·成相》作"牟光"。"務""婺""瞀"(明—侯)、"牟"(明—幽)音近。

紝巟

"紝巟"見於《清三·赤鵠》簡 2 等,整理者注:"紝巟,《吕氏春秋·本味》:'湯聞伊尹,使人請之有侁氏,有侁氏不可。伊尹亦欲歸湯,湯於是請取婦爲婚,有侁氏喜,以伊尹爲媵,送女。'紝巟應即有侁氏(或作有莘氏)之女,爲湯之妻。紝巟爲其名。古書中未見。"(《清華叁》第 169—170 頁)

大甲

"大甲"見於《清七·子犯》簡 14、《北三·周訓》簡 27、184。《史

[1] 參看王利器、王貞珉《漢書古今人表疏證》第 152—153 頁,齊魯書社 1988 年。

記・殷本紀》:"太甲,成湯適長孫也,是爲帝太甲。"簡文"大甲"即太甲。又見於甲骨文,合文作(《合集》27149)、(《屯南》675)、(《周原》H11:84)。

大戊

"大戊"見於《清三・説下》簡8,即殷中宗。古書或作"太戊"。《史記・殷本紀》:"帝雍己崩,弟太戊立,是爲帝太戊……殷復興,諸侯歸之,故稱中宗。""大戊"亦見於甲骨文,或合文作(《合集》22838)、(《合集》27174)。

盤庚

"盤庚"見於《清一・楚居》簡1、《清七・子犯》簡14。《銀一・六韜》簡743、《定州・六韜》簡2224作"般庚",與《國語・周語上》同。[1]《馬王堆・十問》簡60稱"帝磐庚","磐""盤"並从"般"聲。《殷本紀》即稱"帝盤庚"。

狗老

"狗老"見於《上三・彭祖》簡1等,與彭祖對話。《馬王堆・十問》簡60有"帝盤庚問於耇老",整理者認爲上博簡"狗"讀耇,又説《王家臺・歸藏》"耆老"可能也是同一人(《上博三》第303頁)。《上五・弟子》簡5"耇老不復壯",《爾雅・釋詁》:"耇老,壽也。"耇老、耆老均是老者之稱。

武丁

"武丁"見於《郭店・窮達》簡5、《上五・競建》簡2、《清三・説中》簡1、《清三・良臣》簡2等。又見於甲骨文,或合文作(《合集》

[1] 此據宋"公序本"《國語》(《宋本國語》第33頁,國家圖書館出版社2017年),黄丕烈重刊宋"明道本"作"盤庚"(《國語韋昭注》第29頁,藝文印書館1974年)。梁玉繩謂《周語上》作"般庚"(參看王利器、王貞珉《漢書古今人表疏證》第105頁,齊魯書社1988年)。今按,其所據版本之"般"爲"般"之誤刻,不能據此認爲盤庚又可稱作"般庚"。

35812等)。

又稱"殷高宗",《清五・三壽》簡28背作"𣪘高宗",《三壽》簡1、《上五・競建》簡2等稱"高宗"。《吕氏春秋・審應覽・重言》"高宗,天子也",高誘注:"高宗,殷王盤庚之弟小乙之子也。德義高美,殷人尊之,故曰高宗。"《清三・説上》簡1"唯𣪘王賜敓于天","𣪘王"即武丁。

彭祖

"彭祖"見於《上三・彭祖》、《張家山・引書》簡1、《北三・周訓》簡5、《馬王堆・十問》簡48。《清五・三壽》作"彭且",北大秦簡《公子從軍》簡6作"彭則"。[1]《清五・三壽》簡5—6、24武丁稱之爲"高文城(成)祖","高""文""成"似皆敬稱。

《史記・五帝本紀》"禹、皋陶……彭祖自堯時而皆舉用",孔穎達《正義》曰:"彭祖自堯時舉用,歷夏殷,封於大彭。"

王子巧父

"王子巧父"見於《馬王堆・十問》簡48,與彭祖對話。原注認爲即王子喬,《列仙傳》云王子喬即周太子晉(《馬王堆肆》第149頁)。

少壽　中壽

"少壽"見於《清五・三壽》簡1、2,"中壽"見於《三壽》簡4,即中壽,與殷高宗武丁對話,虚構人名。

傅説

傅説,《上五・競建》簡4作"仪鳶",《清三・説上》簡7背等作"尃敓",《清三・良臣》簡2作"犮鴋"。"傅""仪""尃""犮","鳶""敓""鴋""説",並音近通用(詳第九章第三節)。《郭店・窮達》簡4

[1] 參看朱鳳瀚《北大秦簡〈公子從軍〉的編連與初讀》,《簡帛》第8輯,第4頁,上海古籍出版社2013年。

"釋板築而佐天子,遇武丁也"之主語亦是傅説,惜竹簡有缺。[1]

傅説又稱"説",爲其名。《清三·説命》作"敚"。《禮記·緇衣》等作"兑"。《郭店·成之》簡25"《詚命》曰:允師濟德",詚字李學勤認爲从言从旦讀爲"説",《詚命》即《説命》。[2] 按,該字右旁似非"旦",且楚簡《説命》三篇均無此文,也是釋"説"的不利條件。

作爲武丁時期的重臣,傅説在甲骨文中却一直未有公認的發現,丁山認爲"夢父"(見於《合集》137正反、10405正、10406正)即傅説,夢父是傅説死後的尊號,生則甲骨文通稱"甫",[3] 董作賓亦持此説,[4] 蔡哲茂又認爲夢丁人(見於《合集》32212)與夢父爲一人。[5] 丁氏又認爲傅説在甲骨文中稱"甫",[6] 信從這一觀點的學者較多,詹鄞鑫、劉桓、曹定雲等對此均有詳細論證;[7] 林小安則認爲武丁卜辭中的重要人物"雀"是傅説。[8] 未知孰是。

---

[1] 魏宜輝、周言《讀〈郭店楚墓竹簡〉札記》,《古文字研究》第22輯,第234—235頁,中華書局2000年。

[2] 李學勤《試説楚簡中的〈説命〉佚文》,《文物中的古文明》第468—471頁,商務印書館2008年。

[3] 丁山《説𡖊》,《"中研院"歷史語言研究所論文集刊類編·語言文字編·文字卷》第27頁,中華書局2009年。

[4] 董作賓《甲骨文斷代研究例》,劉夢溪主編《中國現代學術經典·董作賓卷》第76頁,河北教育出版社1996年。

[5] 蔡哲茂《殷卜辭"伊尹鼉示"考——兼論它示》,《甲骨文獻集成》第21册,第16頁,四川大學出版社2001年。

[6] 丁山原著,沈西峰點校《商周史料考證》第72頁,國家圖書館出版社2008年。

[7] 詹鄞鑫《卜辭傅説事迹考》,《華夏考:詹鄞鑫文字訓詁論集》,中華書局2006年;劉桓《關於殷代武丁的輔弼之臣傅説的考證》,《傅聖文化》2007年第4期;曹定雲《從甲骨文、金文論傅説、傅邑和傅氏源流》,《考古學集刊》18,科學出版社2010年。以上三文均收入宋鎮豪、宫長爲主編《中華傅聖文化研究文集》第1—32頁,文物出版社2010年。

[8] 林小安《殷王卜辭傅説考芻議》,《古文字研究》第29輯,第113—119頁,中華書局2012年;林小安、李鳳英《殷武丁宰輔傅説考補證》,《古文字研究》(轉下頁)

祖己

《上五・競建》簡 2“昔高宗祭,有雉雊於彝前,召祖己而問焉”,祖己追述先君之事以答高宗,李學勤據此認爲祖己顯然是當時資深的大臣,[1]即《書・高宗肜日》之祖己,僞孔傳謂之“賢臣也”。

卜辭中亦見“且(祖)己”,或稱兄己、小王父己等,即孝己,爲武丁之太子。《漢書・古今人表》分孝己、祖己爲二人。王國維《高宗肜日説》則力主《書》之祖己即卜辭之祖己,[2]楊筠如[3]、顧頡剛、劉起釪[4]均持此説。

保衡

《清三・良臣》簡 2:“武丁有傅説,有保㚟。”整理者指出,《書・君奭》“在太甲,時則有若保衡”,以保衡爲太甲時人。《詩・商頌・長發》“實維阿衡,實左右商王”,毛傳:“阿衡,伊尹也。”前人多以爲伊尹即保衡,與簡文不同(《清華叁》第 159 頁)。(詳第 56 頁“伊尹”條)

失中

“遳中”見於《清三・説上》。簡 1“唯殷王賜説于天,用爲遳中使人”,簡 4“天廼命説伐遳中”,簡 5“説于𩁹伐遳中”,“遳中”與傅説同時。簡 6 又稱“中”。整理者讀爲“失仲”(《清華叁》第 122 頁),或讀“遳”爲佚,謂其人蓋爲佚地諸侯。[5]

(接上頁)第 32 輯,第 36—42 頁,中華書局 2018 年。張惟捷認爲“雀”是武丁之異母兄弟、從兄弟的可能性較大(《殷商武丁時期人物“雀”史迹研究》,《“中研院”歷史語言研究所集刊》第 85 本第 4 分,2014 年 12 月)。

[1] 李學勤《試釋楚簡〈鮑叔牙與隰朋之諫〉》,《文物》2006 年第 9 期。

[2] 王國維《觀堂集林》第 27—31 頁,中華書局 1959 年。

[3] 楊筠如著,黄懷信標校《尚書覈詁》第 179 頁,陝西人民出版社 2005 年。

[4] 顧頡剛、劉起釪《尚書校釋譯論》第 1028—1031 頁,中華書局 2005 年。

[5] 子居《清華簡〈説命〉上篇解析》,孔子網,2013 年 1 月 6 日。

有學者結合簡文"邌宔是生子,生二牡豕""説于𩁹伐邌宔""一豕乃觀保以逝"等語,謂"邌宔"或與商之豕韋氏有關。[1] 或是。《史記・夏本紀》"豕韋",裴駰《集解》引賈逵曰:"祝融之後封於豕韋,殷武丁滅之,以劉累之後代之。"《國語・鄭語》:"大彭、豕韋爲商伯矣。""彭姓:彭祖、豕韋、諸稽,則商滅之矣。"韋昭注:"豕韋,彭姓之别封於豕韋者也。殷衰,二國相繼爲商伯。""大彭、豕韋爲商伯,其後世失道,殷復興而滅之。"結合簡文,"邌宔"即豕韋之父。

帝乙

"帝乙"見於《馬王堆・周易》37 下。商晚期𠨘其壺(《集成》5413)、坂鼎(《新收》1566)稱"文武帝乙",文、武皆美稱。

紂

紂,楚簡多見,作"受",漢代簡帛多作"紂"。《銀一・六韜》簡727 等亦作"受",《銀二・論政・君臣》簡 1380 作"綬"。"受"(禪—幽)、"紂"(定—幽)音近。《清五・封許》簡 3 稱"殷受"。《名疑集》卷一謂"一作盩","盩"即《説文》㚔部"盩"(端—幽)之異體,與"受""紂"音近。

紂又稱帝辛。《史記・殷本紀》:"帝乙崩,子辛立,是爲帝辛,天下謂之紂。"《竹書紀年》:"帝辛,名受。"《國語・周語上》"商王帝辛大惡於民",韋昭注:"帝辛,紂名。"《漢書・叙傳》"虐烈商辛"顔師古注引張晏曰:"紂名辛。"《清六・管仲》簡 18、20"句辛"即后辛。

紂何以稱"受",《書・西伯戡黎》序"祖伊恐,奔告于受",陸德明《釋文》:"馬云:'受讀曰紂。'或曰受婦人之言故號曰受也。"孔穎達

[1] 參看《清華簡三〈説命〉初讀》,簡帛網簡帛論壇,2013 年 1 月 15 日,第 33 樓"ee"發言。

《正義》：

> 鄭玄云："紂，帝乙之少子，名辛。帝乙愛而欲立焉，號曰受德。時人傳聲轉作紂也。"史掌書，知其本，故曰受，與孔大同。謚法云："殘義損善曰紂。"殷時未有謚法，後人見其惡，爲作惡義耳。

《書·立政》"嗚呼，其在受德，暋惟羞刑暴德之人，同于厥邦"，僞孔傳："受德，紂字。"孔穎達疏：

> 《泰誓》三篇惟單言受，而此云受德者，則德本配受，共爲一人，故知受德是紂字也。既受之與德共爲紂字，而經或言受或言受德者，呼之有單復爾。其人實爲大惡，德字乃爲善名，非是時人呼有德。知是帝乙愛焉，爲作善字，望其爲善，而反爲大惡，以其行反其字，明非時人呼也。

類似"受""受德"爲紂之字的説法，古書、古注多見，《吕氏春秋·仲冬紀·當務》："紂之同母三人，其長曰微子啓，其次曰中衍，其次曰受德。受德乃紂也。"《逸周書·克殷》"殷末孫受德，迷先成湯之明，侮滅神祇不祀"，孔晁注："受德，紂字也。"《史記·周本紀》"殷之末孫季紂，殄廢先王明德"，孔穎達《正義》："《周書》作末孫受德，受德，紂字也。"

妲己

《北四·妄稽》簡 16 作"亶己"，"亶"（端—元）、"妲"（端—月）音近通用。《國語·晉語一》："殷辛伐有蘇，有蘇氏以妲己女焉。"韋昭注："有蘇，己姓之國。妲己，其女也。"《史記·周本紀》"嬖於婦人，愛妲己"，司馬貞《索隱》："《國語》有蘇氏女。妲，字；己，姓也。"

王子比干

"王子比干"見於《馬王堆·繆和》49 上、《銀二·論政·聽有五患》簡 1517，商王文丁之子，紂之叔父。《名疑集》卷一曰："名干，封於比,故稱比干。"[1]

箕子

"箕子"見於《銀一·六韜》簡 742,《銀二·論政·聽有五患》簡 1517 稱"箕子胥餘"。《史記·宋微子世家》"箕子者,紂親戚也",裴駰《集解》引馬融曰:"箕,國名;子,爵也。"司馬貞《索隱》引司馬彪曰:"箕子名胥餘。馬融、王肅以箕子爲紂之諸父。服虔、杜預以爲紂之庶兄。""箕子胥餘"亦見於《莊子·大宗師》。

伯夷

"白层"見於《上八·成王》簡 4,即伯夷。《定州·論語·季氏》簡 493、《微子》簡 568 作"伯夷",今本同;《馬王堆·戰國》49、51 作"相夷","相"爲"伯"之誤字。

伯夷、叔齊是商末孤竹君二子。《論語·公冶長》"伯夷、叔齊不念舊惡",邢昺疏引《春秋少陽篇》:"伯夷姓墨,名允,字公信,伯,長也,夷,謚。"

叔齊

《上八·成王》簡 4"弔齊",即叔齊。"叔齊"又見於《定州·論語·季氏》簡 493、《微子》簡 568,今本同。《論語·公冶長》"伯夷、叔齊不念舊惡",邢昺疏引《春秋少陽篇》:"叔齊名智,字公達,伯夷之弟,齊亦謚也。"

厚父

"厚父"見於《清五·厚父》,整理者認爲是夏之後裔(《清華伍》第 111 頁)。其所處時代有夏、商、周三説。[2]

---

[1] [明] 陳士元《名疑集》第 17 頁,中華書局 1991 年。

[2] 相關討論可以參看張利軍《清華簡〈厚父〉的性質與時代》,《管子學刊》2016 年第 3 期;劉國忠《也談清華簡〈厚父〉的撰作時代和性質》,《揚州大學學報(人文社會科學版)》2017 年第 6 期。

二、周

周文王

"周文王"見於《清一・祭公》簡4、10,《清十・四告》簡17,《定州・六韜》簡2264,《北三・周訓》簡43。《祭公》簡4周穆王稱文王爲"皇祖周文王"。

金文及簡帛或稱"文王",多見。《清十・四告》簡26合文作。西周文字或作"玟王",見於大盂鼎(《集成》2837)、何尊(《集成》6014)、文王玉環(《文物》1994年第8期)。[1] 類似情況如周武王作"珷王",周昭王作"卲王","玟""珷""卲"均是王稱的專字。

《郭店・窮達》簡5省稱"周文"。或與周武王合稱"文、武",如《上一・詩論》簡24、《清一・祭公》簡8等。乖伯簋(《集成》4331)作"朕丕顯祖玟、珷"。或單稱"玟",見於《清五・封許》簡2、《清十・四告》簡35。整理者謂"玟"是"文王"二字合文,無合文符號,與大盂鼎同(《清華伍》第119頁)。按,大盂鼎(《集成》2837)"珷王嗣玟作邦","玟"即文王專稱,與簡文同,非合文,鼎銘又有"玟王"。西周早期康生豆(《集成》4685)銘曰"康生作玟考癸公寶尊彝",此處"玟"用作一般的"文德""文考"之文。

周原甲骨H11:82、84稱文王爲"周方白(伯)",[2]"周方"即方國名周,伯即首領之意。文王名昌,見於《北三・周訓》簡187。

伯邑考

《定州・六韜》簡2264"伯邑巧",今本未見。古書作"伯邑考","考""巧"音通。周文王長子,《史記・管蔡世家》有載。《周本紀》

[1] 參看李學勤《文王玉環考》,《華學》第1輯,第69—71頁,中山大學出版社1995年。

[2] 參看徐錫臺《周原出土的甲骨文所見人名、官名、方國、地名淺釋》,《古文字研究》第1輯,第186—187頁,中華書局1979年;李學勤、王宇信《周原卜辭選釋》,《古文字研究》第4輯,第251頁,中華書局1980年。

“紂囚西伯羑里”，裴駰《集解》引《帝王世紀》：“囚文王，文王之長子曰伯邑考，質於殷，爲紂御，紂烹爲羹。”

《逸周書・世俘篇》稱“邑考”，則“伯”或爲行次。

弘夭

“厷夭”見於《清三・良臣》簡 2，即周文王臣“閎夭”。《書・君奭》“有若閎夭”，僞孔傳謂“閎”爲氏，“夭”爲名。《北三・周訓》簡 43 作“閎夭”，《馬王堆・五行》176、177 作“弘夭”。《書・泰誓中》孔穎達疏、[1]《太平御覽》卷五七一引《古今樂録》作“宏夭”。“厷”“閎”“弘”“宏”並从“厷”聲。《北三・周訓》簡 43 稱“夭”，稱名。

泰顛

周文王臣泰顛，《清三・良臣》簡 2—3 作“[illegible]𦘔”，整理者指出即“泰顛”，《漢書・古今人表》作“大顛”。[illegible]與《清四・別卦》簡 5“泰卦”之“泰”寫作“[illegible]”近同（《清華叁》第 159 頁）；又謂“[illegible]”是[illegible]之繁體（《清華肆》第 132 頁）。[2] 孟蓬生釋[illegible]爲“堯”，讀爲“泰”。[3]“𦘔”作[illegible]，又見於安大簡《詩經》簡 42，作[illegible]，今本對應字即“顛”。謝明文認爲此字从臼真聲，是顛隕之“顛”的異體。[4]

《書・君奭》：“惟文王尚克修和我有夏，亦惟有若虢叔，有若閎夭，有若散宜生，有若泰顛，有若南宫括。”僞孔傳：“散、泰、南宫，皆氏；宜生、顛、括皆名。”

---

[1] 參看杜澤遜主編《尚書注疏彙校》第 1615 頁，中書書局 2018 年。

[2] [illegible]字詳細討論可參看季旭昇《清華肆・別卦“泰卦”“渙卦”研究》，紀念清華簡入藏暨清華大學出土文獻研究與保護中心成立十週年國際學術研討會論文，清華大學 2018 年 11 月。

[3] 孟蓬生《清華簡（三）所謂“泰”字試釋》，楊榮祥、胡敕瑞主編《源遠流長：漢字國際學術研討會暨 AEARU 第三屆漢字文化研討會論文集》第 195—202 頁，北京大學出版社 2017 年。

[4] 謝明文《釋“顛”字》，《古文字研究》第 30 輯，第 495—496 頁，中華書局 2014 年。

散宜生

周文王臣散宜生,《清三・良臣》簡3作"柬宜生",《馬王堆・五行》176—177作"散宜生",177作"散宜生"。"柬"(見一元)、"散"(心一元)或音近通用。《書・君奭》僞孔傳以散爲氏,宜生爲名。《大戴禮記・帝繫》"帝堯娶於散宜氏之子",古似有散宜之氏。西周金文多見散氏,陳穎飛對此有詳細考辨,[1]可參看。

南宮括

《清三・良臣》簡2—3:"文王有閎夭……有南宮适……有白适。"南宮适,《書・君奭》作"南宮括",陸德明《釋文》:"馬本作南君。"[2]

伯适

《清三・良臣》簡2—3:"文王有閎夭……有南宮适……有白适。"伯适見於《論語・微子》:"周有八士:伯達、伯适、仲突、仲忽、叔夜、叔夏、季隨、季騧。"

《逸周書・克殷》:"(武王)乃命南宮忽振鹿臺之財,巨橋之粟;乃命南宮百達、史佚遷九鼎三巫。"或據此謂"仲達"即"南宮百(伯)達","仲忽"即"南宮忽","伯括"即南宮括。[3]

按,《國語・晉語四》"(文王)詢於八虞而諮於二虢,度於閎夭而謀於南宮",韋昭注:"賈、唐曰:八虞,周八士,皆在虞官,伯達、伯适、仲突、仲忽、叔夜、叔夏、季隨、季騧。""南宮,南宮括。"若此,南宮括非屬於八士。且古書中南宮括常與閎夭、泰顛、散宜生並列,即所謂"文王四友",如《書・君奭》"有若虢叔,有若閎夭,有若散宜生,有若泰顛,有若南宮括"、《墨子・尚賢下》"武王有閎夭、泰顛、南宮括、散宜

---

[1] 陳穎飛《清華簡〈良臣〉散宜生與西周金文中的散氏》,《出土文獻》第9輯,第73—88頁,中西書局2016年。

[2] 黄焯《經典釋文彙校》第110頁,中華書局2006年。

[3] 黄懷信等《論語彙校集釋》第1656—1657頁,上海古籍出版社2008年。

生”、《史記・周本紀》“太顛、閎夭、散宜生、鬻子、辛甲大夫之徒皆往歸之”、《孔叢子・記義》“昔者虢叔、閎夭、太顛、散宜生、南宫括”,未見有作“伯括”者。《良臣》分爲二,益證兩者非一人。

但金文中所見的“白簉”使問題變得複雜起來。曾侯與鐘 M1:1:“曾侯與曰:白簉上庸,左右文武,撻殷之命,撫定天下。王遣命南公,營宅汭土,君此淮夷,臨有江夏。”(《江漢考古》2014 年第 4 期)“簉”作。嬭加編鐘亦見,曰“白昏受命,帥禹之堵,有此南洍”,“昏”作。[1] 曾公畎編鐘亦見,曰“淑淑白昏”,“昏”作(第 14 頁圖版一・3)、(第 23 頁圖版十・2)。[2] 李學勤指出“白(伯)簉(括)”即南宫括,《論語・微子》作“伯适”,即鐘銘下文之“南公”。[3] 學者對銘文“伯括”即南宫括的意見基本贊同。[4] 歐波辨析了南宫括與《論語・微子》伯适非一人,進而指出銘文伯括非南宫括,而是《微子》“伯括”,南公是後人對他的尊稱。[5] 不過“南公”“南宫”金文多見,有糾葛。西周晚期南宫乎鐘(《集成》181)謂“南宫乎作大林協鐘”“先祖南公”“用作朕皇祖南公”,南宫乎稱“南公”爲其先祖、皇祖。這是南宫、南公建立起聯繫的關鍵點。李學勤認爲銘文“南公”之“南”很可能是南宫之省,孔子弟子南宫括字子容,《論語》稱爲“南容”。[6] 從這一

[1] 參看郭長江等《嬭加編鐘銘文的初步釋讀》,《江漢考古》2019 年第 3 期。

[2] 參看郭長江等《曾公畎編鐘銘文初步釋讀》,《江漢考古》2020 年第 1 期。

[3] 李學勤《曾侯腴(與)編鐘銘文前半釋讀》,《江漢考古》2014 年第 4 期。

[4] 如黄鳳春、胡剛《再説西周金文中的“南公”——二論葉家山西周曾國墓地的族屬》,《江漢考古》2014 年第 5 期;羅運環《新出金文與西周曾侯》,《陝西師範大學學報(哲學社會科學版)》2015 年第 6 期;黄益飛《曾侯腴鐘銘文研究》,《南方文物》2015 年第 4 期;沈長雲《談曾侯銅器銘文中的“南公”——兼論成康時期周人對南土的經營》,《中國史研究》2017 年第 1 期;黄尚明《論銅器銘文中的“南公”與“南宫”》,《楚文化研究論集》第 13 集,第 586—596 頁,上海古籍出版社 2018 年。

[5] 歐波《曾侯與編鐘“君匕淮夷”探討》,《武陵學刊》2018 年第 4 期。

[6] 李學勤《大盂鼎新論》,《鄭州大學學報(哲學社會科學版)》1985 年第 3 期。

點看,似乎又很難排除“伯括”與“南宫括”爲同一人的可能。凡此存疑待考。

南宫夭

“南宫夭”見於《清三·良臣》簡3,文王臣,似不見於古書。程浩認爲即見於曾侯與鐘M1:1(《江漢考古》2014年第4期)的“南公”,爲南宫括之子。[1] 待考。

芮伯

《清三·良臣》簡3“邧白”,爲文王臣。整理者注:“《尚書序》:‘巢伯來朝,芮伯作《旅巢命》’,列於武王時。”(《清華叁》第159頁)

虢叔

《清三·良臣》簡3“虔弔”,周文王弟。“虔”即“虢”,从虍、支會意,古文字多見。《書·君奭》“有若虢叔”,僞孔傳:“虢,國;叔,字。文王弟。”《逸周書·王會》《新序·雜事五》等作“郭叔”,“郭”“虢”並見紐鐸部字。《馬王堆·春秋》52“獻公之師襲郭”,“郭”即讀爲“虢”。

季騧

“季涹”見於《定州·論語·微子》簡574,周八士之一,今本作“季騧”。“騧”(見—歌)、“涹”(影—微)或以音通。

季隨

“季隨”見《定州·論語·微子》簡574,今本同,周八士之一。

大姒

“大姒”見於《清一·程寤》簡1、2,周文王妃。出自莘國,“姒”爲姓,“大”爲尊稱。《詩·大雅·大明》“纘女維莘,長子維行”,毛傳:“莘,大姒國也。”鄭箋:“莘國之長女大姒則配文王。”《詩·大雅·大明》“摯仲氏任”,孔穎達《正義》曰:“禮,婦人從夫之謚,故《頌》稱大

[1] 程浩《由清華簡〈良臣〉論初代曾侯“南宫夭”》,《管子學刊》2016年第1期。

姒爲文母。大任非謚也,以其尊加于婦,尊而稱之故謂之。大姜、大任、大姒皆稱大,明皆尊而稱之。”

西周金文稱“王姒”(《集成》2718 寓鼎、4341 班簋)、“姒”(《集成》9646 保侃母壺)。方炫琛由《左傳》人物名號考察,與王有關人物往往冠以“王”字,[1]金文亦如是,如王姜(《集成》4133)、王姬(《集成》3848)等。

祝忈　巫率　宗丁

《清一・程寤》簡 2“祝忈祓王,晉衜祓大姒,宗丁祓大子發”,整理者謂“祝忈”“晉(巫)衜(率)”“宗丁”後一字皆人名。巫即《周禮》“女巫”,宗即《左傳》“祝宗”(《清華壹》第 137 頁)。祝、宗皆爲主祭祀者。

周武王

“周武王”見於《清一・金縢》簡 14 背、《清二・繫年》簡 1、《清六・管仲》簡 21、《銀二・論政・聽有五患》簡 1514 等。簡帛多稱“武王”,《清十・四告》簡 26 合文作[illegible]。《清一・祭公》簡 4 周穆王稱武王、《清十・四告》簡 17 伯禽稱武王均爲“剌且武王”,即烈祖武王。西周金文或作“珷王”,如何尊(《集成》6014)、大盂鼎(《集成》2837)、小盂鼎(《集成》2839)等。

或與周文王合稱“文、武”,見於《上一・詩論》簡 24、《清一・祭公》簡 8 等。金文亦見,如師克盨(《集成》4467)、逨盤(《新收》757)等。或與商湯合稱“湯、武”,如《馬王堆・戰國》141、《銀一・孫臏》簡 350 等。

《清五・封許》簡 3“亦唯汝吕丁,扞輔珷”,整理者謂“珷”是“武王”二字合文,無合文符號,同於西周利簋、大盂鼎(《清華伍》第 119

---

[1] 方炫琛《左傳人物名號研究》第 69 頁,臺灣政治大學博士學位論文 1983 年。

頁)。西周利簋(《集成》4131)"珷征商"。于省吾認爲"珷"是武王簡稱,[1]唐蘭認爲从王武聲是爲周武王專造的字,[2]張政烺認爲是"武王"二字合文。[3] 唐説是。《清十·四告》簡5作"珷="",有合文符號。

應公鼎("通鑑"2105)稱"珷帝日丁",李學勤認爲"珷"是武王專字,爲謚號,日丁是日名。[4]

武王名"發",見於《清一·保訓》簡2、《程寤》簡1、《北三·周訓》簡47等。《程寤》簡2、《北三·周訓》簡47稱"大子發"。《初學記》卷一〇《中宫部·皇太子》引《尚書中候》曰:"文王廢伯邑考,立發爲太子。王曰:'脩我度遵德紀。'後恒稱太子發。"

周公旦

"周公",竹簡、西周金文多見。《清一·祭公》簡5—6周穆王稱之爲"且(祖)周公"。名旦,《上八·成王》簡3自稱"旦",《清一·金縢》簡4作"但";《清十·四告》簡1作[illegible],簡6作[illegible],整理者隸定爲从身从旦(《清華拾》第110頁),或謂左旁爲"力"。[5]《清三·良臣》簡4、《上八·成王》簡2、《北三·周訓》簡154等稱"周公旦"。《清一·耆夜》簡2稱"周公弔旦"即周公叔旦,叔爲行次。《國語·周語上》稱"周文公",韋昭注:"文公,周公旦之謚也。"

召公

召公,《上一·詩論》簡15、16,《清一·耆夜》簡1,《清一·祭公》

---

[1] 于省吾《利簋銘文考釋》,《文物》1977年第8期。

[2] 唐蘭《西周時代最早的一件銅器利簋銘文解釋》,《文物》1977年第8期。

[3] 張政烺《〈利簋〉釋文》,《考古》1978年第1期。

[4] 李學勤《新出應公鼎釋讀》,張光裕、黄德寬等主編《古文字學論稿》第2—3頁,安徽大學出版社2008年。

[5] 參看《清華十〈四告〉初讀》,簡帛網簡帛論壇,2020年11月22日,第38樓"藤本思源"發言。

簡6作“卲公”。《祭公》簡6周穆王稱之爲“且卲公”，即祖召公。《清三·良臣》簡4作“邵公”，“邵”作，从“邑”，與《詩論》《耆夜》等作、不同。整理者指出該篇簡文有的屬於三晉一系寫法，如“百”字作“全”（《清華叁》第156頁），此亦例證之一。[1] “邵公”又見於戰國中期屬晉系資料的中山王方壺（《集成》9735）。《逸周書·和寤》亦作“邵公”。《馬王堆·戰國》250作“召公”。西周及春秋金文用作“召公”之“召”字作（《集成》2556小臣㲋鼎）、（《新收》349叔造尊）、（《集成》195者減鐘）等，是以“召”爲聲符之繁構，隸定可作“䵣”。召公爲周武王弟，其采邑初在召地（今陝西省扶風縣東北），因稱召公。

名奭。《郭店·緇衣》簡36，《成之》簡22、29，《上一·緇衣》18，《清三·良臣》簡4稱“君奭”，“奭”作、、。陳夢家認爲“君”即尹，指官名。[2] 《良臣》簡4分“君奭”與“召公”爲二，文曰：“武王有君奭，有君陳，有君牙，有周公旦，有召公，遂佐成王。”李學勤認爲：“簡文前舉君奭，後面又説召公，可能是爲了表明周公、召公並佐成王的緣故。”[3]

又稱“召公奭”，見於《馬王堆·戰國》250。《銀二·論政·聽有五患》簡1514作“昭公昔”，整理者謂“昭與召，昔與奭，古音相近可通”（《銀雀山貳》第187頁）。《韓非子·説疑》作“邵公奭”，《戰國策·楚策四》“邵公奭”吴師道本“奭”作“鄭”。[4]

召公以太保爲職，即稱“太保”。周原甲骨H11：15、50作“大

---

[1] 參看劉剛《清華叁〈良臣〉爲具有晉系文字風格的抄本補證》，《中國文字學報》第5輯，第106頁，商務印書館2014年。

[2] 陳夢家《殷虚卜辭綜述》第363頁，中華書局1988年。

[3] 李學勤《新整理清華簡六種概述》，《文物》2012年第8期。

[4] 此據中華再造善本影印國家圖書館藏元刻明修本。

保”，[1]西周金文同，如大保鼎（《集成》1735）、大保卣（《集成》5018）等。旅鼎（《集成》2728）稱“公大保”。作册大方鼎（《集成》2759）稱“皇天尹大保”，“皇天尹”爲美稱，類似如史獸鼎（《集成》2778）“對揚皇尹丕顯休”、召圜器（《集成》10360）“事皇辟君”等。

《清一・耆夜》簡1稱“卲公保睪”，“保”即大保之省。“睪”與前文提到的“昔”古韻同在鐸部，音近可通。“奭”字歸部有職、鐸兩説，從它與同在鐸部的“昔”“睪”異文來看，當以入鐸部爲妥。

太公望

太公望，《上七・武乙》簡11等作“大公䀢”，《上九・舉治》簡1作“大公宔”，《銀一・六韜》簡648等、《馬王堆・戰國》250作“大公朢”。“䀢”“宔”並“望”之異構。《説文》“朢”在壬部，“望”在亡部，古書多用“望”。西周早期天亡簋（《集成》4261）之“天亡”，于省吾釋作“大望”，認爲即太公望，[2]似非是。[3]

又稱太公。《上七・武乙》簡13、《銀二・論政・君臣》簡1353等、《定州・六韜》簡1138等作“大公”。

又稱吕望，《郭店・窮達》簡4作“郘宔”。

又稱吕尚，見於《銀一・六韜》簡633等、《銀二・論政・富國》簡1593。

又稱師尚父，《上七・武甲》簡1、《清三・良臣》簡3等作“帀上父”，《上九・舉治》簡14等稱“上父”。

又稱吕尚父。《清一・耆夜》簡2作“郘上甫”，古書“吕尚父”之稱始見於宋代文獻。

---

[1] 參看汪濤《陝西周原甲骨刻辭中的“太保”》，《遠望集——陝西省考古研究所華誕四十週年紀念文集》第335—337頁，陝西人民美術出版社1998年。

[2] 于省吾《關於“天亡簋”銘文的幾點論證》，《考古》1960年第8期。

[3] 參看馮時《天亡簋銘文補論》，《出土文獻》第1輯，第127—128頁，中西書局2010年。

又稱吕牙,見於《銀一・孫子》簡153。西周金文豐卣("通鑑"13253)、豐觥("通鑑"13658)稱"且(祖)甲齊公",李學勤指出其親稱爲祖,日名爲甲,封地爲齊,爵號爲公。[1]

師尚父名號繁多,大體由吕、師、尚、父、牙、太公、望等組合而成,清人崔述總結説:

> 蓋"望",其名也;"尚父",其字也;"吕",其氏也;"姜",其姓也;"師",其官也;"公",其爵也。"太公",齊人之追號之也。是時諸侯尚未有謚,而太公爲齊始封君,故號之曰"太公",猶亶父之號爲大王也;"師尚父"者,連官與字而稱之者也,猶所謂保奭、史佚也;"太公望"者,連號與名而稱之者也,猶所謂周公旦、召公奭也;"吕尚"者,連氏與字稱之而省文者也,猶子游之稱爲言游、子華之稱爲公西華也。[2]

崔説基本合理。

或以尚父爲字,俞樾《群經平議》卷一一曰:"太公蓋名望而字尚父,古人名字相配。尚者上也,上則爲人所望。故名望、字尚也。"[3]又有以尚爲名,牙爲字者,如《史記・齊太公世家》"太公望吕尚"司馬貞《索隱》謂"蓋牙是字,尚是其名"。《詩・大雅・大明》"維師尚父"孔穎達《正義》引《雒師謀》"望公七年,尚立變名"注云"變名爲望",曰:"蓋因所呼之號,遂以爲名,以其道可尊尚,又取本名爲號也。"以爲先名尚,遇文王而變名爲望。《齊太公世家》"太公望吕尚"《索隱》引譙周曰"姓姜,名牙",周廣業謂"太公望者,字望而尊稱爲太公也",[4]梁履繩《左通補釋》卷五謂"尚亦非名,以爲官名近之",[5]

---

[1] 李學勤《論高青陳莊器銘"文祖甲齊公"》,《三代文明研究》第97—100頁,商務印書館2011年。

[2] [清]崔述撰著,顧頡剛編訂《崔東壁遺書》第252頁,上海古籍出版社2013年。

[3] [清]王先謙編《清經解續編》第5册,第1084頁,上海書店1988年。

[4] [清]周廣業《經史避名彙考》第1789頁,北京圖書館出版社1999年。

[5] 《續修四庫全書》第123册,第265頁,上海古籍出版社2002年。

則又爲他説。

君陳

周武王臣君陳,《郭店·緇衣》簡 19、39,《上一·緇衣》簡 20 作"君迪",《上一·緇衣》簡 10 作"君遡",《清三·良臣》簡 4 作"君阠"。"迪"字又見於《上三·仲弓》簡 11+13[1]"迪之備(服)之",陳劍讀爲"申",[2]李鋭讀爲"陳";[3]亦見於古璽,用作人名;亦見於石鼓文《鑾車》《吾水》,《正字通·辵部》:"《石鼓文》'麋鹿雉兔,其原有旃',又'迪禽奉雉',又'乘馬既迪',旃、迪皆从申,爲古陳字無疑。""遡""迪"異體。"阠"从阜申聲,即《説文》阜部"陳"字古文。

《禮記·坊記》"《君陳》曰"鄭玄注:"君陳,蓋周公之子、伯禽弟也。"

君牙

《書序》:"穆王命君牙爲周大司徒,作《君牙》。"僞孔傳曰"君牙,臣名""命以其名,遂以名篇"。《郭店·緇衣》簡 9、《上一·緇衣》簡 6 作"君䶒",《清三·良臣》簡 4 同。"䶒"即"牙"之古文。《禮記·緇衣》作"君雅","雅""牙"音近通用。《良臣》以君陳、君牙並爲周武王時臣,李學勤謂此説"當另有所本"。[4]

畢公高

"縪公高"見於《清一·耆夜》簡 1,簡 3、6 稱"縪公"。文王子。《史記·魏世家》:"魏之先,畢公高之後也。畢公高與周同姓。武王

---

[1] 編連從陳劍《上博竹書〈仲弓〉篇新編釋文》,《戰國竹書論集》第 108 頁,上海古籍出版社 2013 年。

[2] 陳劍《上博竹書〈仲弓〉篇新編釋文》,《戰國竹書論集》第 108 頁,上海古籍出版社 2013 年。

[3] 李鋭《〈仲弓〉續釋》,孔子 2000 網,2004 年 4 月 20 日。

[4] 李學勤《新整理清華簡六種概述》,《初識清華簡》第 184 頁,中西書局 2013 年。程浩《君陳、君牙臆解》認爲君陳指曹叔振鐸,君牙指姜尚(《深圳大學學報(人文社會科學版)》2013 年第 1 期),似不可信。

之伐紂,而高封於畢,於是爲畢姓。”以爲是文王同姓。司馬貞《索隱》:“《左傳》富辰説文王之子十六國,有畢原豐郇,言畢公是文王之子。此云與周同姓,似不用左氏之説。馬融亦云畢公文王庶子。”《太平御覽》卷六八一《學部》十二“正謬誤”:“《史記》不識畢公文王之子而言與周同姓。”梁玉繩曰:“左僖廿四畢爲文昭,則是文王子也。”[1]亦指出其誤。

辛公甲

“辛公謙虘”見於《清一・耆夜》簡 2。“謙”作，整理者隸定爲从言从臣,此從復旦讀書會意見改。[2] 字又見於《包山》簡 85 作，用作人名。整理者指出“辛公謙虘”即辛公甲,或稱辛甲、辛甲大夫;“謙”“甲”疑是名、字關係(《清華壹》第 152 頁)。

《左傳》襄公四年“昔周辛甲之爲大史也,命百官,官箴王闕”,杜預注:“辛甲,周武王太史。”《史記・周本紀》:“伯夷、叔齊在孤竹,聞西伯善養老,盍往歸之。太顛、閎夭、散宜生、鬻子、辛甲大夫之徒皆往歸之。”裴駰《集解》引劉向《别録》曰:“辛甲,故殷之臣,事紂。蓋七十五諫而不聽,去之周,召公與語,賢之,告文王,文王親自迎之,以爲公卿,封長子。”

古書又稱辛。《國語・晉語四》云文王“訪於辛、尹”,韋昭注:“辛,辛甲;尹,尹佚,皆周太史。”

作册逸

《清一・耆夜》簡 2“旻策攙”,整理者指出即見於《書・洛誥》的“作册逸”,又稱“史佚”[3](《清華壹》第 152 頁)。《洛誥》僞孔傳即

[1] 參看王利器、王貞珉《漢書古今人表疏證》第 119 頁,齊魯書社 1988 年。

[2] 復旦讀書會《清華簡〈耆夜〉研讀札記》,復旦大學出土文獻與古文字研究中心網,2011 年 1 月 5 日。

[3] 或説作册逸、尹逸非史佚,參看祝總斌《史佚非作册逸、尹逸考》,《文史》2009 年第 1 輯。

謂“作册逸”即“史佚”。《左傳》僖公十五年“且史佚有言曰”，杜預注：“史佚，周武王時大史，名佚。佚音逸。”《逸周書・克殷》作“尹逸”，《史記・周本紀》作“尹佚”。《國語・晉語四》：“（文王）諏於蔡原而訪於辛、尹。”韋昭注：“辛，辛甲；尹，尹佚，皆周太史。”

胡公

《上九・舉治》簡1“耆公見太公望於吕遂[1]”，整理者讀“耆公”爲古公，即古公亶父（《上博九》第195頁）。不過古公爲周文王祖父，文王即位時早已去世，似難與太公望會見並言“吾聞周宗有難”之類。鄔可晶認爲“耆”即胡考、胡壽之“胡”的本字，引陳劍意見認爲應該讀爲“胡公”，即陳國的始封之君胡公滿。[2]

禽父

《清十・四告》簡16、18“龕父”，整理者指出即周公旦長子伯禽，尊稱禽父（《清華拾》第118頁）。西周早期禽簋（《集成》4041）稱“禽”，字作。

周成王

“周成王”見於《清二・繫年》簡17，《北三・周訓》簡154、156。《上八・成王》簡1、《清二・繫年》簡14、《清三・良臣》簡4、《北三・周訓》簡155等稱“成王”，《郭店・緇衣》簡13、《上二・民之》簡8、《清一・金縢》簡6、《清三・琴舞》簡1—2等作“壓王”。“成”作、，“壓”作、，即“城”字，讀爲“成”。“成王”亦見於西周成王鼎（《集成》1734）、小盂鼎（《集成》2839）、史墻盤（《集成》10175）等。《清一・祭公》簡6“壓、康”、簡8“壓、康、昭”，“壓”即周成王。

[1]　“吕遂”參看《〈舉治王天下〉初讀》，簡帛網簡帛論壇，2013年1月5日，第17樓袁金平發言。

[2]　鄔可晶《上博（九）・舉治王天下》“文王訪之於尚父舉治”篇編連小議，簡帛網，2013年1月11日。

《清十・四告》簡6、7稱“乳子”，合文作□（參看第163頁“孺子王”條）。名誦，《四告》簡10稱“乳子甬”；《北三・周訓》簡189作“庸”，與《竹書紀年》同。“庸”（餘—東）、“誦”（邪—東）音近。

禄子耿

“彔子耿”見於《清二・繫年》簡13、14。李學勤指出即大保簋（《集成》4140）中的“录子耶”，“耶”可讀爲“聖”（書—耕），與“耿”（見—耕）相通；並引白川静“录子耶”即紂子“王子禄父”（即武庚）的意見，認爲“禄父”爲名，“武庚”爲廟號，“录子耶”可能是名、字聯稱。[1] 整理者意見同，補充了《説文》引杜林説以“耿”字“从火，聖省聲”的通假證據（《清華貳》第142頁）。郭沫若、唐蘭認爲金文“录”是國名。[2]

《集成》7296、《集成》9282、《歐美》54[3] 有“王子耶”，白川静認爲即“录子耶”。[4]

录子耶（彔子耿）、王子耶是否即紂子武庚，學者或持不同看法。[5] 王子聖觚（《集成》7296）銘文作“王子耶作父丁觚”，而武庚之父商紂的日名爲辛。這是贊同其與武庚爲一人的不利證據。

飛廉

“飛曆”見於《清二・繫年》簡14。整理者指出即秦人之祖飛廉，“曆”“廉”同屬談部。《史記・秦本紀》作“蜚廉”（《清華貳》第142

[1] 李學勤《清華簡〈繫年〉及有關古史問題》，《文物》2011年第3期。

[2] 郭沫若《郭沫若全集・考古編第8卷・兩周金文辭大系圖録考釋（二）》第142頁，科學出版社2002年。唐蘭《唐蘭全集（七）・西周青銅器銘文分代史徵》第82頁，上海古籍出版社2015年。

[3] 劉雨、汪濤撰《流散歐美殷周有銘青銅器集録》，上海辭書出版社2007年。

[4] 白川静《金文的世界：殷周社會史》第36頁，聯經出版社1989年。

[5] 參看王輝《一粟居讀簡記（三）》，陳致主編《簡帛・經典・古史》第67—70頁，上海古籍出版社2013年；強晨《清華簡與西周開國史研究》第30—35頁，河北師範大學碩士學位論文2014年。

頁）。“曆”作□、□。李學勤認爲字从甘聲，與从兼聲的“廉”古音相近。[1] 李守奎認爲字所从之“厂”即“石”，當是“磏”字。[2] 王志平分析爲从厂、埜、甘，埜、甘皆聲，是《説文》“隒”或“厱”字異體。[3] 陳劍認爲上部所从即“廉”或“㾾”字省體。[4] 黄錫全認爲字即“藍”或“籃”之古文□、□、□，讀爲“廉”。[5]

按，據《上三·周易》簡12用作卦名“謙”之□、楚璽用作複姓“鬬廉”之□，[6] 及“曆”“廉”相通，□上部與“廉”相關可以肯定。左冢漆梮□，黄鳳春、劉國勝釋爲“磿（謙）”；[7]《清六·鄭武》簡16—17“吾先君知二三子之不二心，用□授之邦”，□，李守奎讀爲“兼”。[8]《清七·越公》簡32“其農夫老弱堇□者，王必飲食之”、簡40—41“凡城邑之司事及官師之人，乃無敢增□其政以爲獻於王”，以及金文習見的“蔑□”“蔑□”，陳劍認爲與“懋”有關。[9]

---

[1] 李學勤《清華簡關於秦人始源的重要發現》，《初識清華簡》第141頁，中西書局2013年。

[2] 李守奎《系統釋字法與古文字考釋——以“厂”、“石”構形功能的分析爲例》，《吉林大學社會科學學報》2015年第4期。

[3] 王志平《“蜚廉”的音讀及其他》，李守奎主編《清華簡〈繫年〉與古史新探》第390—411頁，中西書局2016年。

[4] 陳劍《簡談對金文“蔑懋”問題的一些新認識》，《出土文獻與古文字研究》第7輯，第91—101頁，上海古籍出版社2018年。

[5] 黄錫全《由清華簡〈繫年〉的“廉”字説到金文的“蔑廉”》，紀念徐中舒先生誕辰120週年國際學術研討會論文，四川大學2018年10月。

[6] 參看徐在國《利用清華簡考釋楚璽一則》，《歷史語言學研究》第7輯，第178—181頁，商務印書館2014年。

[7] 黄鳳春、劉國勝《記荆門左塚楚墓漆梮》，第四屆國際中國古文字學研討會論文，香港中文大學2003年。

[8] 李守奎《〈鄭武夫人規孺子〉中的喪禮用語與相關的禮制問題》，《中國史研究》2016年第1期。

[9] 陳劍《簡談對金文“蔑懋”問題的一些新認識》，《出土文獻與古文字研究》第7輯，第91—117頁，上海古籍出版社2018年。

衛叔封

《清二·繫年》簡18"乃先建𧗠弔坓于庚丘,以侯殷之餘民。衛人自庚丘遷于淇衛","𧗠弔坓"整理者讀爲"衛叔封",即康叔。迗簋(《集成》4059)"康侯"、康侯方鼎(《集成》2153)"康侯丰","丰""坓"均與"封"通(《清華貳》第145頁)。《郭店·緇衣》簡28、《成之》簡38、《上一·緇衣》簡15"康誥"之"康"即康叔。《馬王堆·周易》71上、《二三子》11下稱"康侯"。

《史記·衛康叔世家》:"周公旦以成王命興師伐殷,殺武庚禄父、管叔,放蔡叔,以武庚殷餘民封康叔爲衛君,居河、淇間故商墟。""衛康叔名封,周武王同母少弟也。"司馬貞《索隱》:"康,畿内國名。宋忠曰:'康叔從康徙封衛,衛即殷墟定昌之地,畿内之康不知所在。'"《書·康誥》孔傳:"康,圻内國名。叔,封字。"孔穎達《正義》:"知康圻内國名者,以管、蔡、郕、霍皆國名,則康亦國名,而在圻内。馬、王亦然,惟鄭以爲謚號,以《史記世家》云'生康伯'故也。孔以康伯爲號謚,康叔之康猶爲國,而號謚不見耳。"

李學勤據清華簡認爲"康"是據封邑名"庚(康)丘"而來,非謚號,康丘位於殷,是衛的一部分,康叔封因此可稱衛叔封。[1] 董珊對此有詳細討論。[2]

管叔

周武王弟管叔,見於《清一·金縢》簡7,作"官弔"。古書又作"關叔",《墨子·耕柱》:"古者周公旦非關叔。"畢沅云:"'關'即'管'字假音,一本改作'管',非是。"

管叔名鮮,《史記·殷本紀》:"武王爲殷初定未集,乃使其弟管叔鮮、蔡叔度相禄父治殷。"

---

[1] 李學勤《清華簡〈繫年〉及有關古史問題》,《文物》2011年第3期。

[2] 董珊《清華簡〈繫年〉所見的"衛叔封"》,《簡帛文獻考釋論叢》第83—87頁,上海古籍出版社2014年。

夏曾氏

《上八·成王》簡 14 周成王曰:“夫顕曾是之道,可以知善否,可以知亡在,可謂有道乎?”“顕曾是”即夏曾氏,所指待考。暫置於此。

周康王

《清一·祭公》簡 6“成、康”、簡 8“成、康、昭”,“康”即周康王。西周史墻盤(《集成》10175)、逨盤(《新收》757)稱“康王”。周成王子,名釗。

周昭王

《清一·祭公》簡 3“卲王”、簡 8“成、康、卲”,即周昭王。史墻盤(《集成》10175)、逨盤(《新收》757)亦作“卲王”,鮮簋(《集成》10166)作“琊王”。周康王子,名瑕(《史記·周本紀》),《漢書·古今人表》作“瑕”。

周穆王

《清十·四告》簡 26“曾孫圞拜手稽首”,整理者指出即周穆王,名滿(《清華拾》第 121 頁)。《清三·芮良》簡 4“圞浧”、簡 9“圞溢”即“滿盈”“滿溢”,整理者指出“圞”即“滿”字古文(《清華叁》第 149 頁),《汗簡》等書“滿”字下收有圞,[1]即“圞”字,《説文》“馬”古文作𢒠。

吕侯

《上一·緇衣》簡 8、14“吕型”,《郭店·緇衣》簡 13 作“郘型”,即《尚書》中《吕刑》篇。“吕”即吕侯,周穆王時司寇。“郘”字又見於春秋金文及戰國璽印,是吕地、吕氏的專字。吕侯又簡稱“吕”,如《書·吕刑》“惟吕命王享國百年”。又稱“甫侯”,今本《禮記·緇衣》即作“甫刑”。吕、甫之異歷代學者均有討論,大致有改封、音通、今古文有

---

[1] 參看徐在國編《傳抄古文字編》第 1102 頁,綫裝書局 2006 年。

别、吕爲氏甫爲國等説法。[1]《路史・國名紀甲》謂國名之"甫"一作"郙"。

祭公

周穆王卿士祭公,《上一・緇衣》簡 12 作"¥公",《郭店・緇衣》簡 22 作"¥公",字形分别爲、。李學勤認爲與同篇上文的"晉"字作寫法完全不一様,應隸作"¥",上部爲省"又"的"彗",讀爲"祭",[2]不過更多學者釋此字爲"晉"。[3] 李家浩、徐在國都引用楊樹達的説法認爲"晉"是"箭"的古文,可讀爲"祭",[4]沈培對"¥"(箭)可作"晉"的聲符有補説。[5] 與相同的字形還見於《望山》2-23、"通鑑"15064 大府鎬,分别作、,李家浩均讀爲"薦"。[6] 形又見於《上七・凡甲》簡 5 作,《凡乙》簡 4 作,文例作"孰爲¥奉",復旦讀書會釋"箭"讀爲"薦"。[7]《清一・祭公》作"¥公"。"¥"作,整理者指出从丯聲,見母月部,與"祭"通假(《清華壹》第 175 頁)。

西周金文有公(《集成》2741 鼎),又作公(《集成》2730 厚

[1] 參看顧頡剛、劉起釪《尚書校釋譯論》第 1903 頁,中華書局 2005 年。

[2] 李學勤《釋郭店簡祭公之顧命》,《文物》1998 年第 7 期。

[3] 如陳高志《〈郭店楚墓竹簡・緇衣篇〉部分文字隸定檢討》,《張以仁先生七秩壽慶論文集》第 367 頁,學生書局 1999 年;孔仲温《郭店楚簡〈緇衣〉字詞補釋》,《古文字研究》第 22 輯,第 247—248 頁,中華書局 2000 年;王輝《郭店楚簡釋讀五則》,《簡帛研究 二〇〇一》第 172—173 頁,廣西師範大學出版社 2001 年。

[4] 李家浩《楚大府鎬銘文新釋》,《著名中年語言學家自選集・李家浩卷》第 124 頁,安徽教育出版社 2002 年;徐在國《郭店楚簡文字三考》,《簡帛研究 二〇〇一》第 181—182 頁,廣西師範大學出版社 2001 年。

[5] 沈培《卜辭"雉衆"補釋》,《語言學論叢》第 26 輯,第 239 頁,商務印書館 2002 年。

[6] 李家浩《楚大府鎬銘文新釋》,《著名中年語言學家自選集・李家浩卷》第 121、123 頁,安徽教育出版社 2002 年。

[7] 復旦讀書會《〈上博(七)・凡物流形〉重編釋文》,《出土文獻與古文字研究》第 3 輯,第 275 頁,復旦大學出版社 2010 年。

趠鼎),"公"前字从水从⿲丰言丰,或又从止。其他材料或从"涉"作(《陝西金文彙編》1・501)、(《陝西金文彙編》1・553)。三種形體爲一字,嚴格隸定可作"⿰氵⿱彗止""⿱彗涉""⿱彗⿰氵步",[1]舊有"䨮""慧""濂""豐""康""湖"多種釋法。[2] 李學勤認爲"⿱彗涉公"即祭公,"⿱彗涉"从涉从彗聲讀爲"祭";[3]李零贊同此説,但認爲上部是"射"字異構,與"葉"讀音相近;[4]吴振武則認爲字形象手持箭試水之深淺,是"淺"的會意寫法,讀爲"祭";[5]陳劍將"⿲丰言丰"一類形體改釋爲"㞢",亦以音近讀爲"祭"。[6]

今本、漢石經本《禮記・緇衣》作"葉公",鄭玄注以爲是"楚縣公葉公子高",前人多不從此説,謂"葉"爲"祭"之誤。[7] 李學勤認爲"葉""祭"音近相通,[8]吴振武指出不能排除"葉"由⿰丯丯之殘文訛變而來的可能性。[9]

《清一・祭公》又稱祭公爲"公"。《祭公》簡1、7周穆王稱祭公

---

[1] 吴振武認爲从水从止者爲"涉"之省(《假設之上的假設——金文"⿱彗涉公"的文字學解釋》,《吉林大學古籍研究所建所二十周年紀念文集》第1頁,吉林文史出版社2003年),劉釗認爲从"涉"爲水、止結合的類化(《古文字構形學(增訂本)》第102頁,福建人民出版社2011年)。

[2] 參看周法高主編《金文詁林》第6337—6340頁,香港中文大學1975年;周法高《金文詁林補》第3376頁,"中研院"史語所1982年。

[3] 李學勤《釋郭店簡祭公之顧命》,《文物》1998年第7期。

[4] 李零《上博楚簡校讀記(之二):緇衣》,《上博館藏戰國楚竹書研究》第412頁,上海書店出版社2002年。

[5] 吴振武《假設之上的假設——金文"⿱彗涉公"的文字學解釋》,《吉林大學古籍研究所建所二十週年紀念文集》第5—6頁,吉林文史出版社2003年。

[6] 陳劍《釋"㞢"及相關諸字》,《出土文獻與古文字研究》第5輯,第275—278頁,上海古籍出版社2013年。

[7] 參看虞萬里《上博館藏楚竹書〈緇衣〉綜合研究》第101—103頁,武漢大學出版社2009年。

[8] 李學勤《釋郭店簡祭公之顧命》,《文物》1998年第7期。

[9] 吴振武《假設之上的假設——金文"⿱彗涉公"的文字學解釋》,《吉林大學古籍研究所建所二十週年紀念文集》第6頁,吉林文史出版社2003年。

“且(祖)”,因其爲周公之後。《國語·周語上》“祭公謀父”,韋昭注謂“祭,畿内之國,周公之後也”。《左傳》僖公二十四年:“凡、蔣、邢、茅、胙、祭,周公之胤也。”《祭公》簡1、7周穆王又稱祭公“且(祖)𢐗(祭)公”。

祭公又稱“謀父”,《祭公》簡3、9祭公對周穆王自稱“𢘓(謀)父”,則謀父是祭公之名。《逸周書·祭公解》“謀父”孔晁注:“謀父,祭公名。”《國語·周語上》“祭公謀父”韋昭注謂“謀父,字也”,非是。《竹書紀年》:“二十一年,祭文公薨。”“文”爲其謚。

《穆天子傳》卷一等稱“鄒父”,郭璞注:“鄒父,鄒公謀父。”《説文》邑部:“鄒,周邑也。”段玉裁注:“鄒,正字;祭,假借字。”

西周金文中的伯懋父學者多以爲是衛康叔之子康伯髦,但師旂鼎(《集成》02809)中的“伯懋父”唐蘭以爲即祭公謀父,[1]彭裕商又論證金文伯懋父均指祭公謀父,[2]王占奎則認爲伯懋父有二,一是康伯髦,一是祭公謀父。[3] 待考。

畢桓

“繹駈”見於《清一·祭公》簡9,字形作、。《逸周書·祭公》作“畢桓”,于鬯謂“人氏名,疑畢公高之後”。[4] 整理者指出《穆天子傳》又有“畢矩”,不知是否與此畢駈有關(《清華壹》第177頁)。

井利

“丮利”見於《清一·祭公》簡9,“丮”作,即“井”。《穆天子傳》卷一“天子使井利受之”,郭璞注:“井利,穆王之嬖臣。”《今本竹書紀年》稱“井公利”。[5] 于省吾謂“井利”即邢利,金文邢國之邢君

[1] 唐蘭《西周青銅器銘文分代史徵》第317頁,中華書局1986年。

[2] 彭裕商《西周青銅器年代綜合研究》第272—273頁,巴蜀書社2003年。

[3] 王占奎《由伯懋父説西周成王到穆王前期的銅器斷代》,《紀念徐中舒先生誕辰110週年國際學術研討會論文集》第121—134頁,巴蜀書社2010年。

[4] 參看黄懷信等《逸周書彙校集注(修訂本)》第931頁,上海古籍出版社2007年。

[5] 參看方詩銘、王修齡《古本竹書紀年輯證(修訂本)》第250頁,上海古 (轉下頁)

作井。[1]

造父

《郭店・窮達》簡10—11:"戴駒張山,驥空於弁棗,非亡體壯也。窮四海,至千里,遇告古也。"裘錫圭認爲"告"當讀爲"造",其下蓋脱"父"字(《郭店簡》第146頁)。李家浩指出,該篇常見相同句式"遇堯也""遇武丁也""遇周文也""遇齊桓也""遇楚莊也","遇"和"也"之間都是人名;"古"當讀爲"父","告古"即造父。[2] 李説似是。

《郭店・尊德》簡7"戚父之御馬,馬也之道也",整理者讀"戚"爲"造"(《郭店簡》第173頁)。"戚"(清一覺)、"造"(清一幽)音近通用。

《銀二・唐勒》簡2113正、2115作"就父"。整理者指出,當讀爲"造父"。《開元占經》卷六六"附路星占三十二"引郄萌曰"附路一名王濟之太僕,一名伯樂,一名就父"(《銀雀山貳》第250頁)。"就""造"並清母幽部字。

毛班

《清一・祭公》簡9"毛班",今本作"民般"。劉洪濤認爲"般""班"音近古通,"民"與"毛"或形訛。[3] "毛班"見於《穆天子傳》卷四,郭璞注:"毛伯衛之先也。"卷五有"毛公",郭璞注:"毛公即毛班也。"西周班簋(《集成》4341)作器者"班"即毛班。

伯攝

"白㝬"見於《清八・攝命》簡32,簡1等稱"㝬"。"㝬"作[illegible]、[illegible]等。字形又見於《郭店・緇衣》簡45"《詩》云:朋友攸㝬,攸以威儀"

(接上頁)籍出版社2005年。

[1] 于省吾《穆天子傳新證》,《考古社刊》第6期,1937年。

[2] 李家浩《讀〈郭店楚墓竹簡〉瑣議》,《中國哲學》第20輯,第354—355頁,遼寧教育出版社1999年。

[3] 參看復旦讀書會《清華簡〈祭公之顧命〉研讀札記》文下評論,復旦大學出土文獻與古文字研究中心網,2011年1月5日。

(作[illegible],《上一・緇衣》簡23對應字作"図"[illegible]。《説文》囗部"図","讀若聶"),《禮記・緇衣》《詩・大雅・既醉》對應字均作"攝",這一點整理者已經指出(《清華捌》第112頁)。裘錫圭謂"奭"从"聑"聲,"聑""攝"古音相近(《郭店簡》第137頁);又見於《包山》簡186[illegible],人名,何琳儀疑爲"僷"之異文,从大、聶省聲。[1] 異體作"埾",見於《清一・楚居》簡3("厥狀埾耳")、《九店》56-44等,清華簡整理者認爲即"聶"字異體,《山海經・海外北經》"聶耳之國……爲人兩手聶其耳"(《清華壹》第184頁)。"奭"應與甲骨文[illegible]、金文[illegible]有關。[2] 或謂字與《説文》耳部訓作"耳大垂也"的"耽"有關。[3]

《史記・周本紀》《説文》夰部作"伯臩",《書・冏命》作"伯冏"。整理者指出,"臩"是"奭"之訛,"図"是"冏"之所本(《清華捌》第112頁),賈連翔對此有詳細論證。[4] 《漢書・古今人表》作"伯煚",錢大昕已指出"煚"當是"臩"轉寫之誤。[5] 《書・冏命》"伯冏",陸德明《釋文》:"九永反,亦作煛。""煛"當爲"奭"之訛。《集韻・梗韻》"䪩":"周有伯䪩,通作囧、奭、臩。"潭州本作[illegible]、[illegible],所从"䪩"已似"眀"。[6] 《書序》以伯冏爲周穆王時太僕正,整理者推測簡文"攝"是周懿王太子夷王燮,而篇中周天子是孝王(《清華捌》第109頁)。

---

[1] 何琳儀《戰國古文字典:戰國文字聲系》第1433頁,中華書局1998年。

[2] 參看謝明文《商代金文的整理與研究》第175—176頁,復旦大學博士學位論文2012年;連佳鵬《釋古文字中的"聶"字》,《簡帛》第12輯,第1—8頁,上海古籍出版社2016年。

[3] 參看高中正《古文字札記兩則》,《出土文獻》第11輯,第146頁,中西書局2017年;王寧《清華簡八〈攝命〉之"攝"別議》,復旦大學出土文獻與古文字研究中心網,2018年9月24日。

[4] 賈連翔《"攝命"即〈書序〉"臩命""囧命"説》,《清華大學學報(哲學社會科學版)》2018年第5期。

[5] 參看王利器、王貞珉《漢書古今人表疏證》第247頁,齊魯書社1988年。

[6] 參趙振鐸《集韻校本》(下册,第551頁,上海辭書出版社2012年)學者已經指出《集韻》或作"煛""畀"者,是"奭""臩"之誤。

待考。[1]

士逹

《清八・攝命》簡 32“士逹右伯攝”，整理者指出士爲理官，掌刑獄（《清華捌》第 120 頁），“逹”或爲其名。

作册任

《清八・攝命》簡 32“王呼作册任册命伯攝”，整理者指出，任爲名，或讀爲“壬”，日名（《清華捌》第 120 頁）。

周厲王

《清二・繫年》簡 2、3“柬王”，《清七・子犯》簡 15“剌王”，即周厲王。“柬”“剌”作、。西周逨盤（《新收》757）、吴虎鼎（“通鑑”02446）作“剌王”，“剌”作、。字形承襲甲骨文、而來，[2]裘錫圭認爲當是禾部訓作黍穰的“𥝤”之初文。[3]《説文》刀部謂“剌”从束，是據小篆形體解説。

《上五・鬼神》簡 2 正、《上七・君甲》簡 9、《君乙》簡 8“桀、紂、幽、萬”，“萬”亦指周厲王。“剌”“厲”（來—月）、“萬”（明—元）音近。

周厲王名胡，西周金文作“𫹇”，見於《集成》260 胡鐘、《集成》4317 胡簋等。“𫹇”从害夫聲，與“胡”古音均在魚部。

芮良夫

“内良夫”見於《清三・芮良》簡 2，整理者指出即芮國國君，厲王時入朝爲大夫，西周名臣（《清華叁》第 148 頁）。《國語・周語上》“芮良夫曰”，韋昭注：“周大夫芮伯也。”《詩・大雅・桑柔》“序”孔穎

---

[1] 參看左勇《試論清華簡〈攝命〉伯攝身份及德教觀念》、李世佳《清華簡〈攝命〉篇伯攝身份綜論》，《簡帛研究 二〇二〇（秋冬卷）》第 6—24 頁，廣西師範大學出版社 2021 年。

[2] 參看劉釗主編《新甲骨文編（增訂本）》第 385、431 頁，福建人民出版社 2014 年。

[3] 裘錫圭《甲骨文中所見的商代農業》，《裘錫圭學術文集・甲骨文卷》第 255—256 頁，復旦大學出版社 2012 年。

達《正義》謂芮伯"字良夫"。

共伯和

《清二・繫年》簡 3 作"龍白和""龏白和",古書作"共伯和","龍""龏""共"以音通(參看第 161 頁"楚共王"條)。

《史通・雜説上》引《竹書紀年》、《國語補音》卷一引《汲冢書》均謂"共伯名和"。《通鑑外紀》卷三引《汲冢紀年》"共國之伯名和"。《吕氏春秋・開春論・開春》"共伯和修其行"高誘注:"共,國;伯,爵。"《史記・周本紀》"號曰共和",司馬貞《索隱》:"共,國;伯,爵;和,名。"

西周金文稱"白(伯)龢父"(《集成》4311 師毀簋)。元年師兑簋(《集成》4274、4275)、三年師兑簋(《集成》4318、4319)、師嫠簋(《集成》4324、4325)所見"師龢父",郭沫若、陳夢家認爲即"伯龢父",均指共伯和,"師"爲其官。[1]

召虎

《清十・四告》簡 38"曾孫曶虎"、簡 40"乃沖孫虎"、簡 45"虎",整理者指出即召虎,又稱召伯虎、召穆公,周厲王諫臣(《清華拾》第 124 頁)。西周金文亦見,作"召白虎"("通鑑"05518 召伯虎盨、《集成》4292 五年琱生簋等),"召"作、,是簡文的繁構。

周宣王

"洹王"見於《清二・繫年》簡 3—4,即周宣王,周厲王子。名静,或作靖。

周幽王

"周幽王"見於《清二・繫年》簡 5。《清二・繫年》簡 6、《清七・子犯》簡 15 等稱"幽王",《清六・管仲》簡 23 作"學王"。"學"从子

[1] 郭沫若《郭沫若全集・考古編第 8 卷・兩周金文辭大系圖録考釋(二)》第 245—246 頁,科學出版社 2002 年(該書初版於 1936 年);陳夢家《西周年代考》第 34—36 頁,商務印書館 1945 年。

幽聲,楚簡多用爲“幼”。《上五・鬼神》簡 2 正“桀、紂、學、厲”,《上七・君甲》簡 9、《君乙》簡 8“桀、紂、幽、厲”,“幽”“學”均指周幽王。

幽王之名古書有“宫湼”“宫涅”“宫湦”“宫湟”“官皇”“宫皇”等多種寫法,或單稱“湦”“湼”。梁玉繩曰:“宫湼爲是也。知者徐廣曰‘一作生’,蓋湼與生通借耳。若果名湼,安得別作生字乎? 且更有兩確證: 魯惠公名弗湼,一作弗生;曹桓公名終生,一名終湼。觀魯、曹二公之名,可以定幽王之名矣(《説文》腥、鯹並作胜、鮏,知古字凡从星者恒作生)。”[1]其説是。

褒姒

《清二・繫年》簡 5“孚台”,整理者指出即褒姒,“孚”(滂—幽)《國語・晉語一》與《鄭語》《周本紀》等皆作“褒”(幫—幽),音近相通(《清華貳》第 139 頁)。“台”作[illegible],原隸定爲“忈”,此從陳嘉穎説改,[2]字形上部楚簡用爲“以”。

《史記・周本紀》“幽王嬖愛褒姒”,司馬貞《索隱》曰:“褒,國名,夏同姓,姓姒氏。《禮》: 婦人稱國及姓。其女是龍漦妖子,爲人所收,褒人納之于王,故曰褒姒。”

伯盤

“白盤”見於《清二・繫年》簡 5—7。整理者指出,《晉語一》《鄭語》《周本紀》均作“伯服”,《左傳》昭公二十六年《正義》、《太平御覽》卷八五引《竹書紀年》作“伯盤”,“服”係誤字(《清華貳》第 139 頁)。其説是。“伯盤”應可寫作“伯般”(“盤庚”作“般庚”可證),“般”“服”因形近訛混,古書多見。王念孫有論,[3]可參看。

伯盤,周幽王子,褒姒所生。

---

[1]　[清] 梁玉繩《史記志疑》第 102 頁,中華書局 1981 年。

[2]　參看蘇建洲等《清華二〈繫年〉集解》第 51—52 頁,萬卷樓圖書股份有限公司 2013 年。

[3]　[清] 王念孫《讀書雜志》第 26 頁,江蘇古籍出版社 2000 年。

周攜惠王

《清二・繫年》簡7:"幽王及伯盤乃滅,周乃亡。邦君諸正乃立幽王之弟舍臣于虢,是𢁒惠王。"簡8稱"惠王"。整理者指出即見於《左傳》的"攜王"(《清華貳》第139頁)。昭公二十六年:"至於幽王,天不弔周,王昏不若,用愆厥位。攜王奸命,諸侯替之。"杜預注謂攜王爲幽王少子伯服,孔穎達《正義》引《竹書紀年》曰:"幽王既死,而虢公翰又立王子余臣於攜,周二王並立。二十一年攜王爲晉文公所殺,以本非適(嫡),故稱攜王。"據簡文則杜注非,"攜"似可兩解。童書業認爲"攜"或非地名,而是謚法。《逸周書・謚法》"怠政外交曰攜"。[1]劉國忠據"以本非適",認爲"攜"有離異、有二心的意思,[2]是攜王得名由來。陳偉認爲應理解爲是攜地之惠王。[3]

周平王

《清二・繫年》簡5等"坪王",即周平王,名宜臼(《周本紀》)。《國語・晉語一》作"宜咎"(此公序本,明道本作"宜臼")。"臼""咎"均群紐幽部字。

師尹

《上一・緇衣》簡9引《詩・小雅・節南山》"赫赫帀尹,民具尔瞻",《郭店・緇衣》簡16"帀尹"同。今本作"師尹",毛傳:"師,大師,周之三公也。尹,尹氏,爲大師。"

祈父

《上一・詩論》簡9"《詠父》之責,亦有以也",評《詩・小雅・祈父》。"詠"字作[illegible],原釋文作"誶",謂"誶"與"祈"同爲微部,也有可能是傳抄之誤(《上博一》第138頁)。劉樂賢指出"誶""祈"聲音不

---

[1] 童書業著,童教英校訂《春秋左傳研究(校訂本)》第38頁,中華書局2006年。

[2] 劉國忠《從清華簡〈繫年〉看周平王東遷的相關史實》,陳致主編《簡帛・經典・古史》第175—176頁,上海古籍出版社2013年。

[3] 陳偉《讀清華簡〈繫年〉札記》,《江漢考古》2012年第3期。

近,古文字“衣”“卒”常相混,此字可能从衣得聲。[1] 按,楚文字“卒”形多用爲“衣”,而{卒}一詞則用“翆”字表示,與戰國其他系文字用“卒”爲{卒}明顯不同。[2] 陳斯鵬認爲,在楚地書手們心目當中,“卒”字形似乎不具備區別於“衣”字形的音義,而僅僅是“衣”的一種不同寫法。[3] 因此從用字習慣上看,□當隸定作“詠”。

西周金文寡子卣(《集成》5392)有□字,文曰“嗚呼,詠帝家以寡子作永寶”,舊或以爲从卒,釋爲“誶”訓爲責讓、問訊,或讀爲“瘁”;或以爲从衣,釋爲“哀”讀爲“愛”。[4] 甲骨文中的“衣”當釋爲表示終卒之義的“卒”,金文中的部分“衣”也當如此。[5] 但金文中亦有衣服之“衣”與用爲卒之“衣”同形,則□隸作詠、誶均無不可。但其義難考,終爲何字有待研究。

“祈父”爲官稱,《祈父》毛傳:“司馬也,職掌封圻之兵甲。”鄭箋曰:“此司馬也,時人以其職號之,故曰‘祈父’。”《左傳》襄公十六年作“圻父”;《隸釋·高陽令楊著碑》作“頎甫”;汪繼培指出作爲官名又寫作“圻甫”,見於安平相孫根碑。[6]《潛夫論·班禄》作“傾甫”,顧廣圻校“傾”作“頎”,謂二字形近而誤。[7] 按,“頃”“頎”形近,古

[1] 劉樂賢《讀上博簡劄記》,《上博館藏戰國楚竹書研究》第384頁,上海書店出版社2002年。

[2] 《郭店·唐虞》簡18“君民而不驕,卒王天下而不疑”之“卒”不用爲衣,學者一般認爲該篇符合齊系文字的用字特點。

[3] 陳斯鵬《楚系簡帛中字形與音義關係研究》第236頁,中國社會科學出版社2011年。

[4] 參看周法高主編《金文詁林》第1297頁,香港中文大學1975年。

[5] 參看唐蘭《伯㦰三器銘文的釋文和考釋》,《唐蘭先生金文論集》第508頁,紫禁城出版社1995年;李學勤《多友鼎的“卒”字及其他》,《新出青銅器研究》第134—137頁,文物出版社1990年;裘錫圭《釋殷墟卜辭中的“卒”和“褘”》,《裘錫圭學術文集·甲骨文卷》第362—376頁,復旦大學出版社2012年。

[6] 彭鐸《潛夫論箋校正》第169頁,中華書局1985年。

[7] 參看彭鐸《潛夫論箋校正》第169頁,中華書局1985年。

書有互訛例：晉孝公名頎,《史記·晉世家》索隱云《世本》作“傾”,“頎”先訛爲“頃”,又作“傾”;[1]單頃公之“頃”《潛夫論·志氏姓》舊誤作“頎”;[2]《經典釋文》卷九《周禮音義下》“頃,小”,《周禮注疏》本“頃”誤作“頎”。[3]《穆天子傳》卷二“乃命正公郊父,受敕憲”,洪頤煊、馬瑞辰均謂郊父即圻父,郊、圻古通。[4] 按,“郊”(見—宵)、“圻”(疑—文)義近换用,非音通。海昏侯西漢簡《詩經》作“祈斧”,[5]“斧”讀爲“父”。

周惠王

“周惠王”見於《清二·繫年》簡18,周釐王之子。《史記·周本紀》:“釐王崩,子惠王閬立。”司馬貞《索隱》:“《世本》名毋涼。”公序本《國語·周語上》“惠王三年”,韋昭注:“惠王毋涼。”明道本作“惠王涼”。“閬”“涼”並來母陽部字,音近通用。“毋”爲助詞無義,王念孫對此有論證。《史記·十二諸侯年表》“穆侯弗生元年”,王氏曰:

> “生”上本無“弗”字,此後人依《晉世家》加之也。《索隱》本出“晉穆公生”四字(公字誤,當作侯),而釋之曰:“案:《世家》名費生(今《晉世家》訛作費王),或作濆生,《世本》名弗生,則生是穆公名,費、濆、弗不同耳。”據此則穆侯本名生。或作弗生者,弗,發聲耳。或作費、濆,字異而義同也。生之爲弗生,猶降之爲不降(《夏本紀》帝不降,《世本》作帝降),閬之爲毋涼(《周本紀》

[1] 梁玉繩謂一名傾、又名頎([清]梁玉繩等《史記漢書諸表訂補十種》第854頁,中華書局1982年),非是。秦嘉謨輯補本《世本》誤作“傾欣”(《世本八種》第44頁,中華書局2008年)。

[2] 彭鐸《潛夫論箋校正》第462頁,中華書局1985年。

[3] 陸德明《釋文》“頃,小。音傾,李一音懇”,“頎”(群—文)無小義,而“頃”(溪—耕)無懇(溪—文)音。盧文弨謂“音傾”下似當云“本一作頎,李音懇”(《經典釋文考證》第170頁,中華書局1985年)。

[4] 參看顧實《穆天子傳西征講疏》第45頁,商務印書館1934年;[清]馬瑞辰《毛詩傳箋通釋》第572—573頁,中華書局1989年。

[5] 朱鳳瀚主編《海昏簡牘初論》第107頁,北京大學出版社2020年。

惠王閬,《世本》作毋凉,凉、閬古字通。毋,發聲),皇之爲弗皇(《魯世家》惠公弗皇,《漢書・律曆志》作惠公皇)。上一字皆是發聲。[1]

梁玉繩謂閬、毋凉是名字之别,[2]非是。

赤翟王留吁

《清二・繫年》簡19“赤鄬王峁虖起師伐衛”,“峁”作,與《上一・緇衣》簡21、《上九・史菑》簡6“菑”作、上部相同。“峁虖”,華師讀簡小組讀爲“留吁”,引《春秋》宣公十六年“春,王正月,晉人滅赤狄甲氏及留吁”杜預注“甲氏、留吁,赤狄别種”爲證。[3]

周襄王

“周襄王”見於《清二・繫年》簡44,周惠王子,名鄭。

柏常騫

《銀一・晏子》簡598等“柏常騫”,《莊子・則陽》《晏子春秋・内篇諫上第十八》作“伯常騫”,《晏子春秋・内篇雜下》《説苑・辨物》作“柏常騫”,[4]《漢書・古今人表》作“栢常騫”。銀雀山漢簡整理者謂“栢”是“柏”之俗字(《銀雀山壹》第101頁)。《説文》“騫”“騫”均从“寒”省聲,音近可通;亦可能是形近而誤。周史官,與齊景公、孔子有對話。

孫星衍謂“字伯常,名騫”。[5]《姓解》卷一則以爲“伯”氏,曰:“《家語》有伯常騫。”[6]《晏子》“柏常騫”自稱“騫”,則“騫”爲其名。

---

[1] [清] 王念孫《讀書雜志》第83—84頁,江蘇古籍出版社2000年。

[2] [清] 梁玉繩《史記志疑》第105頁,中華書局1981年。

[3] 華東師範大學中文系戰國簡讀書小組《讀〈清華大學藏戰國竹簡(貳)・繫年〉書後(二)》,簡帛網,2011年12月30日。

[4] 明刻本《晏子春秋》、宋元本《説苑》均作“栢常騫”(參國家圖書館所藏諸明本《晏子春秋》、中華再造善本影印兩種宋元本《説苑》)。

[5] 參看張純一《晏子春秋校注》第48頁,中華書局2014年。

[6] [宋] 邵思《姓解》,《古逸叢書》之十七,第三頁。

周威烈王

《清二・繫年》簡124、125“周王”即周威烈王，周考王之子，名午。

周任

“周任”見於《定州・論語・季氏》簡464，今本同。周史官。

韓無　許緝　甘固

《秦家嘴》M1－1“周客䪥無［問］王於宋東之歲”，《包山》簡12“東周之客譽緝致胙於蔵郢之歲”（簡58“譽𦙶”，簡129“鄗緝”，簡132反“譽緝”，簡140“譽緝”），《包山》簡120“周客監匿逅楚之歲”（簡90“甘匿之歲”，簡225“甘固之爨月”），韓無、許緝、監固並周人聘楚者。“甘”“監”並見母談部字。

周昭文公

“周昭文公”見於《北三・周訓》簡1等，《吕氏春秋・有始覽・諭大》等稱“周昭文君”，《戰國策・東周策》稱“周文君”，東周君。

共太子

《北三・周訓》簡1等作“龏大子”，“龏”作[illegible]，或訛作“[illegible]”。《史記・周本紀》《戰國策・東周策》作“共太子”，戰國西周武公之子，“共”爲其謚。《周訓》簡24等稱“大子”，簡40作“泰子”。

周公

《信陽》1－01“［周］公勃然作色曰”、1－074“周公曰”，此周公與申徒狄對話，或謂即東西周君。[1]

申徒狄

《信陽》1－01、1－02、1－07“易”，與周公對話。中大楚簡整理小

---

［1］參看李學勤《長臺關竹簡中的〈墨子〉佚篇》，《徐中舒先生九十壽辰紀念文集》第6頁，巴蜀書社1990年；李零《長臺關楚簡〈申徒狄〉研究》，《揖芬集：張政烺先生九十華誕紀念文集》第321頁，社會科學文學出版社2002年。

組指出《太平御覽》卷八二〇引《墨子》佚文有“周公見申徒狄”。[1]李家浩指出,申徒是複姓,狄是名字。狄、易古音相近,在古籍中有通用的例子,簡文“易”可能就是申徒狄。[2] 其説是。申徒狄所處時代,古書説法不一。《尸子》:“申徒狄,夏賢也。湯以天下讓,狄以不義,聞已,自投於河。”汪繼培曰:

按《通志·氏族略》引《風俗通》云:“申徒氏。隨音改爲申屠氏。申徒狄,夏賢人也。湯以天下授之,恥以不義,聞已,自投於河。”《姓纂》蓋亦用《風俗通》。其云尸子者,即屠氏二字之駁文也。《荀子·不苟篇》云:“負石而赴河,是行之難者也。而申徒狄能之(《説苑·説叢篇》述《荀子》語作“申屠狄”)。”《莊子·外物篇》云:“堯與許由天下,許由逃之;湯與務光,務光怒之。紀他聞之,帥弟子而踆於窾水,諸侯弔之。三年,申徒狄因以踣河。”是狄生於夏末,聞湯讓務光而死,非身讓天下也。《盜跖篇》則云:“申徒狄諫而不聽,負石自投於河,爲魚鱉所食。”《淮南子·説山訓》高誘注云:“申徒狄,殷末人也。不忍見紂亂,故自沈於淵。”《漢書·鄒陽傳》顔師古注引《服虔》注亦云:“殷之末世介士也。”《史記索隱》引韋昭説又云:“六國時人。”《韓詩外傳》一稱申徒狄非其世,將自投於河。崔嘉聞而止之,狄引關龍逢、王子比干、子胥、泄冶以自況。《新序·節士篇》同。則狄當爲周末世人。[3]

是有夏末商初、商末、周末等説,疑不能定。此暫置於此。

---

[1] 中山大學古文字研究室楚簡整理小組《一篇浸透着奴隸主思想的反面教材——談信陽長臺關出土的竹書》,《文物》1976年第6期。

[2] 李家浩《從曾姬無卹壺銘文談楚滅曾的年代》,《文史》第33輯,第17頁注釋⑦,中華書局1990年。

[3] [清]汪繼培輯校《尸子 尸子存疑》,《續修四庫全書》第1121册,第306—307頁,上海古籍出版社2002年。

蘇秦

“蘇秦”見於《銀一・孫子》簡 153、《馬王堆・戰國》16 等。《北四・反淫》簡 43 作“蘚秦”,“蘚”即“蘇”之異體。趙肅侯封之爲武安君。“武安君”見於《馬王堆・戰國》185—186。東周洛陽人。

韓山　辛　許翦　陳臣

《馬王堆・戰國》9“使韓山獻書燕王曰”,10“故臣使辛謁去之”,59—60“臣將令陳臣、許翦以韓、梁問之齊”,四人皆是蘇秦使者。

蘇厲

“蘇厲”見於《馬王堆・戰國》115,蘇秦弟。

第四章　齊魯衛燕人物名號

一、齊

齊襄公

“齊襄公”見於《清二·繫年》簡 11。春秋晚期齊器叔夷鐘(《集成》280)、叔夷鎛(《集成》285)稱“𤳳公”,“𤳳”从田襄聲。《上六·景公》簡 12 與齊桓公並稱“襄、桓”。[1] 齊釐公子,名諸兒,《漢書·古今人表》作“兒”,或以爲脱“諸”字。[2]

公子彭生

“彭生”見於《馬王堆·春秋》94 等,92—93 稱“公子彭生”。齊襄公時力士,拉殺魯桓公,事見《史記·齊世家》。

醫寧

“醫寧”見於《馬王堆·春秋》93,原注指出《管子·大匡》作“豎曼”(《馬王堆叁》第 20 頁)。裘錫圭認爲“醫”與“豎”、“寧”與“曼”,古隸皆相近。[3] 齊襄公臣。

---

[1] 參看郭永秉《説〈景公瘧〉的襄桓之言》,《古文字與古文獻論集》第 187—188 頁,上海古籍出版社 2011 年。

[2] 參看王利器、王貞珉《漢書古今人表疏證》第 805—806 頁,齊魯書社 1988 年。

[3] 裘錫圭《帛書〈春秋事語〉校讀》,《裘錫圭學術文集·簡牘帛書卷》第 434 頁,復旦大學出版社 2012 年。

齊桓公

齊桓公,《清二・繫年》簡 20、《清六・管仲》簡 1 作“齊趄公”,《清三・良臣》簡 6 作“齊輯公”,《馬王堆・春秋》42 作“齊亘公”,《定州・論語・憲問》簡 378、《北三・周訓》簡 159 等作“齊桓公”。《郭店・窮達》簡 6 稱“齊逭”,《馬王堆・繆和》18 上作“齊輯”。《清六・管仲》又稱“趄公”,《馬王堆・春秋》46 作“亘公”,《戰國》80、《北三・周訓》簡 157 等作“桓公”。《上六・景公》簡 12 與齊襄公並稱“襄、逭”。[1]

齊桓公名小白。田氏代齊後亦有田齊桓公,名午,戰國齊器陳侯因資敦(《集成》4649)“孝武趄公”及十年陳侯午敦(《集成》4648)、十四年陳侯午敦(《集成》4646)“塦侯午”是也。[2]

管仲

管仲,《上五・季庚》簡 4、《清六・管仲》簡 1 等作“筦中”,“筦”作[illegible]形,从竹类聲,楚文字[illegible]多用爲“卷”“券”等字聲符。“筦”可視作“管”之異體。《清二・繫年》簡 45“北門之筦”、簡 46“鄭之門筦”,均是“管”字。

《定州・論語・八佾》簡 58、《阜陽・春秋》簡 71、《北三・周訓》簡 161 等作“管中”,《定州・論語・憲問》簡 380 作“菅中”,《定州・論語・八佾》簡 58、《儒家五》作“管仲”,《馬王堆・繫辭至昭力殘片》35 作“筦中”。《隸釋・武梁祠堂畫像》作“菅仲”,《説苑・貴德》作“筦仲”。“菅”讀爲“管”,或爲“管”之寫訛,“筦”爲“管”之異體。

又稱“仲父”,《清六・管仲》簡 1、《阜陽・春秋》簡 35 等作“中父”。

又稱“管子”,《馬王堆・戰國》79 作“綰子”,原注認爲“綰”是

[1] 參看郭永秉《説〈景公瘧〉的襄桓之言》,《古文字與古文獻論集》第 187—188 頁,上海古籍出版社 2011 年。

[2] 吴鎮烽《金文人名彙編(修訂版)》將田齊桓公與姜齊桓公混爲一談(中華書局 2006 年,第 138 頁)。

“綰”字異體,讀爲“管”(《馬王堆叁》第 39 頁)。《説苑・君道》作“筦子”。

又稱“管氏”,見於《定州・論語・八佾》簡 58、59。

管仲名夷吾,又稱管夷吾,見於《北三・周訓》簡 156 等。《郭店・窮達》簡 6 作“𠔁[1]寺虗”,“寺”(邪—之)、“夷”(餘—脂)音近。《清三・良臣》簡 6 作“龠寺虗”,整理者認爲古常云“管龠”,簡文“龠”疑爲“管”字之誤(《清華叁》第 160 頁)。孟蓬生認爲“龠”“管”通轉,[2]劉剛認爲“龠”爲“雚”之誤,讀爲“管”。[3] 謝明文認爲“龠”是“侖”之誤,讀爲“管”。[4] 按,古書“管”“籥”連用,或指兩種樂器,各以笙、簫爲代表;或同義並列,均指鑰匙,《左傳》僖公三十二年“鄭人使我掌其北門之管”杜預注:“管,籥也。”疑此處用“龠(籥)”爲“管”係同義换讀。《清八・虞夏》簡 1“作樂《羿龠𠔁》九成”,“龠𠔁”作[illegible],整理者認爲从龠𠔁聲,是“羿管”之“管”的專字(《清華捌》第 162 頁)。[5] 據此,同義换讀的説法很可能是對的。[6]

---

[1] “𠔁”字原釋作“完”讀爲管,裘錫圭按語説字似从艸,可能是“莞”的異體,與“管”音近(《郭店簡》第 146 頁)。簡 6 首字作[illegible],明是“𠔁”。李家浩很早就已經正確改釋,並指出寫法與《汗簡》卷下之二土部引王存乂《切韻》“完”之古文𢍏聲旁相同,可讀爲管(《讀〈郭店楚墓竹簡〉瑣議》,《中國哲學》第 20 輯,第 353 頁,遼寧教育出版社 1999 年)。陳偉等《楚地出土戰國簡册[十四種]》第 177 頁(經濟科學出版社 2009 年)、武漢大學簡帛研究中心與荆門市博物館編著《楚地出土戰國簡册合集(一)》第 43 頁(文物出版社 2011 年)仍沿原釋文,非是。

[2] 參看張惟捷《説殷卜辭中的“縣”(梟)》文下評論,復旦大學出土文獻與古文字研究中心網,2013 年 5 月 16 日。

[3] 劉剛《清華叁〈良臣〉爲具有晉系文字風格的抄本補證》,《中國文字學報》第 5 輯,第 105 頁,商務印書館 2014 年。

[4] 謝明文《讀〈清華簡(叁)〉札記二則》,《簡帛》第 12 輯,第 36—38 頁,上海古籍出版社 2016 年。

[5] “羿”當從范常喜讀爲羽,參《清華簡〈虞夏殷周之治〉所記夏代樂名小考》,簡帛網,2018 年 9 月 24 日。

[6] 網友“cbnd”亦據此提出“龠”“管”同義换讀,並有詳細論證,參《清華簡八〈虞夏殷周之制〉初讀》,簡帛網簡帛論壇,2018 年 10 月 2 日。

賓須亡

“宾須亡”見於《清三・良臣》簡 6。“宾”作，與楚簡用爲“賓”寫作（《上三・周易》簡 40）者有所不同。齊桓公臣。《阜陽・春秋》簡 69、71 作“賓胥無”，《左傳》昭公十三年、《史記・楚世家》作“賓須無”，《韓非子・難二》《説苑・尊賢》等作“賓胥無”。“胥”“須”，“無”“亡”，並音通。

“賓”爲氏，“須無”爲名，齊莊公大夫陳文子（田文子）名“須無”，《里耶一》8-665 正亦有女子名“胥亡”。

隰朋

齊桓公臣隰朋，《上五・競建》簡 2、5 作“汲偃”，《競建》簡 9 作“伋偃”，《競建》簡 1、《鮑叔》簡 9 作“級偃”。《清三・良臣》簡 6—7 作“坙朋”，《阜陽・春秋》簡 69、71 作“習崩”。《史記・齊太公世家》“桓公既得管仲與鮑叔、隰朋”，裴駰《集解》引徐廣曰：“或作崩也。”“級”“汲”“伋”（見—緝）、“隰”“習”（邪—緝）音近可通。“坙”即《説文》水部“溼”之右旁，“溼”“濕”異體，與“隰”音近。

鮑叔牙

齊桓公臣鮑叔牙，《上五・鮑叔》《競建》作“鞄弔䶥”，《鮑叔》簡 9 作“鞄弔䶥”。“鞄”从缶（幫—幽）聲，與“鮑”（並—幽）通。“䶥”爲牙之異體。鮑氏，叔牙或爲其字。春秋樂器𪓐鎛（《集成》271）銘曰“齊辟𩏽弔之孫”，“𩏽”作，楊篤、楊樹達均認爲“𩏽弔”即鮑叔牙。[1]

屓敖簋蓋（《集成》4213）“戎獻金于子牙父百車”，郭沫若認爲子牙父即鮑叔牙。[2]

豎刁

齊桓公臣豎刁，《上五・競建》簡 10、《鮑叔》簡 5“豊逕”，《阜

[1] 參看孫剛《東周齊系題銘研究》第 412 頁，吉林大學博士學位論文 2012 年。

[2] 郭沫若《〈屓敖簋銘〉考釋》，《考古》1973 年第 2 期。

陽・春秋》簡 35 作“豎刀[1]”,古書又作“竪刁”(《管子・戒》)、“竪刀”(《韓非子・難一》)、“豎貂”(《漢書・古今人表》)、“竪貂”(《新書・連語》)。“豈”“竪”即“豎”之異體,“逜”(端—藥)、“刁”“貂”(端—宵)音近通用。陳直曰:“刁姓在漢代無不寫作刀者。《漢印文字徵》第四・十五頁有‘刀信都’‘刀豪’‘刀左車’‘刀澤’‘刀堯’諸印皆可證。《隸釋》卷一二《楊震碑陰》,亦有刀姓之題名。本文(指《墨子・所染》)作豎刀,正保存原來之古字。”[2]陳説是。“刁”爲“刀”之分化字,用來取代讀“刁”音的“刀”。[3]

豎刁即豎人名刁,或稱“寺人貂”。《左傳》僖公二年“齊寺人貂始漏師於多魚”,杜預注:“寺人,内奄官,豎貂也。”孔穎達《正義》:“《周禮》内宰之屬有内小臣,奄上士四人;寺人,王之正内五人,内豎,倍寺人之數。寺人掌王之内人及女宫之戒令,内豎掌内外之通令,皆掌婦人之事。是自内小臣以下皆用奄人爲官也。鄭玄云‘豎,未冠者之官名’,然則此人名貂,幼童爲内豎之官,以爲齊侯所寵,後雖年長,遂呼爲豎貂焉。此時爲寺人之官,故稱寺人貂也。”

易牙

齊桓公臣易牙,《上五・競建》簡 10 作“□䀇”,□,整理者隸定爲“𢦔”(《上博五》第 176 頁)。蘇建洲認爲从弋,弋、易雙聲;[4]李學勤認爲字是“啇”(定—錫)異構之訛體,讀爲“易”(喻—錫);[5]李守奎等認爲弋、亥雙音符;[6]林志鵬疑字从弋(與“易”同爲喻母)、从帝

[1] 原釋文作“竪刁”,不確。

[2] 陳直《讀金日札　讀子日札》第 223 頁,中華書局 2008 年。

[3] 參看裘錫圭《文字學概要(修訂本)》第 217 頁,商務印書館 2013 年。

[4] 蘇建洲《〈上博(五)・竞建内之〉“亥弋”字小考》,簡帛網,2006 年 7 月 23 日。

[5] 李學勤《試釋楚簡〈鮑叔牙與隰朋之諫〉》,《文物》2006 年第 9 期。

[6] 李守奎等《上海博物館藏戰國楚竹書(一—五)文字編》第 660 頁,作家出版社 2007 年。

(與“易”同爲錫部)皆聲。[1] 按,此字下部非“帝”,而是“亥”。然“亥”(匣—之)、“弋”(餘—職)與“易”(餘—錫)未見可通之例,待考。《清七・越公》簡66“吴師大駭”之“駭”作,與此不知是否爲一字。

《上五・鮑叔》簡6作“悬𧊒”,《阜陽・春秋》簡37作“易牙”;《北三・反淫》簡13作“狄牙”,與《大戴禮記・保傅》同。“易”(餘—錫)、“狄”(定—錫)古通。《新書・連語》稱“子牙”。

《左傳》僖公十七年稱易牙爲“雍巫”,杜預注:“雍人,名巫,即易牙。”孔穎達《正義》:“《周禮》掌食之官,有内雍、外雍。此人爲雍官,名巫而字易牙也。”《史記・齊太公世家》“雍巫有寵於衛共姬”,裴駰《集解》引賈逵曰:“雍巫,雍人名巫,易牙,字。”方以智曰:“何子元云名亞,則牙之轉音也,巫又亞之訛。古牙與互通,或音之訛。”[2]似迂曲。

景建

《上五・競建》簡1背“競𦚔内之”,陳劍指出“競建”當爲人名,“競”即楚王族屈、昭、景三氏之“景”氏。[3]

華孟子

《上五・競建》簡9—10“(齊桓公)擁芋倗子以馳於倪市”,李學勤、趙平安都認爲“芋倗子”即《左傳》僖公十七年的宋華子,齊桓公内嬖。[4] 華孟子鼎(“通鑑”30207),“華”作,張新俊認爲“芋倗子”“華孟子”爲同一人。[5] 其説可從。“芋”楚文字多用爲“華”,“明”

[1] 林志鵬《戰國竹書〈鮑叔牙與隰朋之諫〉譯注》,《簡帛研究 二〇〇八》第5頁注②,廣西師範大學出版社2010年。

[2] [明] 方以智《通雅》第434頁,四庫全書本。

[3] 陳劍《談談〈上博(五)〉的竹簡分篇、拼合與編聯問題》,《戰國竹書論集》第172頁,上海古籍出版社2013年。

[4] 李學勤《試釋楚簡〈鮑叔牙與隰朋之諫〉》,《文物》2006年第9期;趙平安《上博藏楚竹書〈競建内之〉第9至10號簡考辨》,《新出簡帛與古文字古文獻研究》第265頁,商務印書館2009年。

[5] 張新俊《華孟子鼎小考》,簡帛網,2012年9月18日。

“盂”並明母陽部字，音近古通。華孟子，宋國華氏之女，“宋”爲其國，“華”爲其氏，“子”爲其姓，“孟”爲排行。

伯氏

“伯氏”見於《定州・論語・憲問》簡370，管仲“奪伯氏屏邑三百”，今本同。何晏《論語集解》：“孔曰：伯氏，齊大夫。”皇侃《論語義疏》：“伯氏，名偃。”[1]

蔡夫人

《馬王堆・春秋》42“齊桓公與蔡夫人乘舟”，蔡夫人即齊桓公夫人。《左傳》僖公三年作“蔡姬”，蔡國，姬姓。

公子糾

“公子糾”見於《定州・論語・憲問》簡381，今本同。《北三・周訓》簡156—157作“公子起〈赳〉”。《管子・大匡》作“公子糺”，《集韻・黝韻》“糾”，“或作糺”。齊桓公之兄，名糾。

齊頃公

齊頃公，《清二・繫年》簡67、70、72作“齊同公”，“頃”（溪—耕）、“同”（見—耕）音近可通。《繫年》簡72等稱“齊侯”。齊惠公之子，名無野。《搜神記》卷一四：“齊惠公之妾蕭同叔子見御，有身，以其賤不敢言也。取薪而生頃公於野。又不敢舉也，有貍乳而鸇覆之，人見而收，因名曰無野。是爲頃公。”

高之固

《清二・繫年》簡66、69“高之固”，即齊頃公大夫高固。高氏，名固，謚宣。古書又稱“高子”“高宣子”。

高厚

《清二・繫年》簡91“齊高厚自師逃歸”，高厚即高固之子。《左傳》襄公十年亦稱“高子”。

---

[1] 參看黄懷信等《論語彙校集釋》第1250頁，上海古籍出版社2008年。

南郭子

“南𩫖子”見於《清二・繫年》簡 69—70，城郭之“郭”《說文》作“𩫖”。南郭子即見於《左傳》宣公十七年的“南郭偃”，齊頃公三嬖大夫之一。

蔡子

“𨙸子”見於《清二・繫年》簡 69—70。整理者指出，“𨙸”从戔聲，元部字，讀爲月部之“蔡”，蔡子即見於《左傳》宣公十七年的“蔡朝”（《清華貳》第 168 頁）。齊頃公三嬖大夫之一。

“𨙸”字又見於《上九・卜書》簡 2“𨙸公”，古龜卜家名。程少軒指出“𨙸”當讀爲“蔡”。[1] 蔡（清—月）、戔（精—元）音近可通，吴良寶有論述。[2] 楚簡“蔡”作爲姓氏或地名多寫作[illegible]，包山簡或作[illegible]（或省“邑”），李家浩隸定作“𨙸”。[3] 李守奎認爲，“𨙸”（[illegible]）當指上蔡，有意與下蔡之[illegible]加以區别，作爲姓氏則可以通用。[4] 陳美蘭謂姬姓之“蔡”與齊國之氏“蔡”來源不同。[5]

晏弱

《清二・繫年》簡 69—70“安子”，讀爲“晏子”，即晏嬰之父晏弱。又稱晏桓子（《左傳》宣公十四年），桓爲謚。齊頃公三嬖大夫之一。

齊靈公

《銀一・晏子》簡 612“且嬰之事[illegible]公也”，今本作靈公。即齊頃

[1] 程少軒《小議上博九〈卜書〉的“三族”和“三末”》，《中國文字》新 39 期，第 109 頁，藝文印書館 2013 年。

[2] 吴良寶《楚地“𨙸昜”新考》，張光裕、黄德寬等主編《古文字學論稿》第 431 頁，安徽大學出版社 2008 年。

[3] 李家浩《談包山楚簡“歸鄧人之金”一案及其相關問題》，《出土文獻與古文字研究》第 1 輯，第 18 頁，復旦大學出版社 2006 年。

[4] 李守奎《包山楚簡姓氏用字考釋》，《簡帛》第 6 輯，第 227 頁，上海古籍出版社 2011 年。

[5] 陳美蘭《戰國竹簡東周人名用字現象研究——以郭店簡、上博簡、清華簡爲範圍》第 66 頁，藝文印書館 2014 年。

公之子，齊靈公。名環（《左傳》襄公十四年），《公羊傳》襄公十九年作瑗。“環”“瑗”並匣紐元部字。

齊莊公

齊莊公，《清二・繫年》簡93—94作“齊臧公”；簡95稱“臧公”，《銀一・晏子》簡592等作“壯公”。《集成》9733庚壺“獻之于[illegible]公之所”，[illegible]，張光遠以爲从戈从㔾讀爲“莊”，[1]張政烺、李家浩均贊同讀“莊”，但將字形分別隸定爲从戈从甾、从甾从臧省。[2]

齊靈公之子，名光。《繫年》簡93稱“齊臧公光”。

崔杼

崔杼，《清二・繫年》簡95作“蓑芧”，《銀一・晏子》簡592作“崔杼”，《定州・儒家》十九作“崔予”，“蓑”（心—微）、“崔”（清—微），“芧”“杼”“予”，並音近通用。崔氏，又稱崔子，見於春秋庚壺（《集成》9733），[3]《銀一・晏子》簡592、《定州・儒家》十九等。弑其君齊莊公。

齊景公

齊景公見於《上六・景公》，作“齊景公”，《阜陽牘・儒家》《定州・儒家》儿等作“齊景公”，《上六・景公》簡2背作“競公”，《阜陽牘・春秋》作“景公”。漢代銅鏡銘曰“景公之象兮，吴娃之悦”，李學勤疑“景公”指齊景公，以容貌姣美著稱，見《晏子春秋・外篇第八》，[4]其説可從。

[1] 張光遠《春秋晚期齊莊公時庚壺考》，《金文文獻集成》第29册，第475—476頁，綫裝書局2005年。

[2] 張政烺《庚壺釋文》，《出土文獻研究》，文物出版社1985年，收入《張政烺文史論集》，第730頁，中華書局2004年；李家浩《庚壺銘文及其年代》，《古文字研究》第19輯，第95頁，中華書局1992年。

[3] 李家浩《庚壺銘文及其年代》，《古文字研究》第19輯，第91—92頁，中華書局1992年。

[4] 李學勤《海外訪古續記》，《四海尋珍》第92—93頁，清華大學出版社1998年。

齊靈公之子，名杵臼。

會譴

齊景公嬖大夫裔款，見於《左傳》昭公二十年。《上六·景公》簡1、9作“割疾”，簡13作“剴疾”。“剴”即“割”之異構；“疾”，整理者認爲即“瘥”字(《上博六》第164頁)，可從。古書或作“會譴”(《晏子春秋·内篇諫上》第十二)、“裔欵”(《内篇諫上》第十四)、“裔敖”(《説苑·正諫》)，“欵”“款”異體，“敖”爲“款”之形近誤字。[1]“割”(見—月)、“會”(匣—月)、“裔”(餘—月)，“卷”(見—元)、“譴”(溪—元)、“款”(溪—元)，並音近通用。方炫琛據齊景公稱其曰“款”，謂款蓋其名，裔或爲其氏。[2]

《晏子春秋·内篇諫上》第十七“景公游於牛山……艾孔梁丘據皆從而泣”，劉師培認爲艾孔即裔款，吴則虞從之，謂“本書又作會譴，皆齊人音殊”。[3]《列子·力命》作“史孔”，殷敬順《釋文》作“艾孔”，曰“一本作史孔”。[4] 從文意看“艾孔”即會譴是合適的，“艾”(疑—月)與“會”“裔”音近。“史”(山—之)或“艾”之形訛，或爲其職，待考。“款”(溪—元)、“孔”(溪—東)關係亦尚待研究。[5]

梁丘據

齊景公臣梁丘據，《上六·景公》簡1、13作“梁丘虘”，簡9作“梁丘𨺅”。“梁”即梁之異體，梁丘，複姓。“虘”作、，整理者認爲即

---

[1] 參看王利器、王貞珉《漢書古今人表疏證》第645頁，齊魯書社1988年。

[2] 方炫琛《左傳人物名號研究》第541頁，臺灣政治大學博士學位論文1983年。

[3] 參看吴則虞《晏子春秋集釋》第64頁，中華書局1962年。

[4] [唐]殷敬順撰，[宋]陳景元補遺《沖虛至德真經釋文》，《叢書集成初編》第554册，第48頁，商務印書館1939年；又可參楊伯峻《列子集釋》第213頁，中華書局1979年。

[5] 張富海曾指出東部和元部合口上古偶有通轉，舉例有“窾”(元部合口)與“孔”“空”(東部)同源(《毛公鼎銘文補釋一則》，《中國典籍與文化》2011年第2期)，或可參考。

“豦”字異文，讀爲“據”（《上博六》第 164 頁），徐在國改釋爲“虡”。[1] “虡”《説文》虍部以爲“虞”之省，或體作“鐻”。字又見於郘鐘（《集成》225—237）、少虡劍（《集成》11696）、吴王光鐘（《集成》224.1）等器，作、、，曾憲通認爲其初文從鐘銅人取象作，後增益聲符“虍”，、、及小篆作者均是訛變的形體。[2] 簡文所从與同，又省作。“坐”作，从土丵聲。

《孔叢子·嘉言》作“梁邱據”。《禮記·投壺》注“晏子時以罰梁丘據”，陸德明《釋文》謂“據”，“本又作處，同音据”，以“豦”（見—魚）、“處”（昌—魚）音通作解。胡元玉認爲“處”是“豦”字之誤。[3] 按，“擨”見於《越絶書·外傳記吴王占夢》“視瞻不明擨地”，即“據”之異體。

史蒥

“史㽞”見於《上九·史蒥》簡 1、6，簡 9 稱“㽞”。“㽞”即“蒥”。《漢書·古今人表》作“史留”，齊史官。王志平認爲史蒥即春秋時期衛國大夫史鰌，[4] 尉侯凱認爲二者非一人。[5]（詳第九章第五節）

高子

“高子”見於《上六·景公》簡 3、《銀一·晏子》簡 611，即齊景公臣高張，高氏名張。古書又稱高昭子、昭子，“昭”爲其謚。

國子

《上六·景公》簡 3 作“或子”，即國子，齊景公臣國夏，國氏名夏。

---

[1] 徐在國《上博（六）文字考釋二則》，《安徽大學漢語言文字研究叢書·徐在國卷》第 257—258 頁，安徽大學出版社 2013 年。

[2] 曾憲通《從曾侯乙編鐘之鐘虡銅人説“虡”與“業”》，《出土文獻與古文字叢考》第 32—34 頁，中山大學出版社 2005 年。

[3] 參看周法高《周秦名字解詁彙釋》第 112 頁，中華叢書委員會 1958 年。

[4] 王志平《上博九〈史蒥問於夫子〉之“史蒥”考》，《陝西師範大學學報（哲學社會科學版）》2017 年第 5 期。

[5] 尉侯凱《〈史蒥問於夫子〉之“史蒥”非“史鰌”辨》，簡帛網，2018 年 4 月 24 日。

古書又稱國惠子、惠子,惠爲其謚。

晏子

齊景公臣晏子,《上六·景公》簡3、13作“妟子”,簡12、《銀一·晏子》、《阜陽·春秋》簡1、《定州·儒家》十九等作“晏子”,“妟”讀爲“晏”。

名嬰,《上六·競公》簡12作“琝”,讀爲“嬰”,楚遣策从糸从旻之字即讀爲“纓”。《銀一·晏子》作“嬰”。《香港》簡7作“晏𡣍”,字形作、。“晏”爲陳英傑釋;[1]“𡣍”,禤健聰認爲上从三貝,下从口从女,即“嬰”之繁構,二字連讀爲“晏嬰”。[2]《集成》10386王子嬰次盧“嬰”作,與構形同,以“旻”爲聲符,與“琝”同。

《定州·論語·公冶長》簡96作“晏平中”,今本作晏平仲,平爲謚,仲爲行次。

弦章

“紖章”見於《銀一·晏子》簡624等,今本作“弦章”。簡625稱“章”。《説文》弦部“弦”,“从弓,象絲軫之形”,小篆作。“紖”“弦”異體。

嬰子

“嬰子”見於《銀一·晏子》簡532等,今本同。齊景公嬖妾。

翟王子羊

“翟王子羊”見於《銀一·晏子》簡532—533,今本作“翟王子羨”,孫星衍云:“翟王之子名羨。”[3]齊景公臣。

齊簡公

《定州·論語·憲問》簡387“陳成子試蔄公”,今本作“簡公”,即

[1] 參看陳英傑《讀〈香港中文大學文物館藏簡牘〉札記》,收入《文字與文獻研究叢稿》,第124—125頁,社會科學文獻出版社2011年。

[2] 禤健聰《讀楚簡零識》,《中山大學研究生學刊》2005年第1期。

[3] 參看吴則虞《晏子春秋集釋》第33頁,中華書局1962年。

齊悼公之子齊簡公。名壬(《左傳》哀公十四年),《國語・吴語》等作“任”。

陳恒

“陳恒”見於《定州・論語・憲問》簡 387,同簡又稱“陳成子”。古書又稱“陳常”“田常”“田恒”“田成子”。作“常”者,或因避漢文帝劉恒之諱而改。陳恒弑其君齊簡公。

齊侯貸

“齊侯貸”見於《清二・繫年》簡 120、124,“貸”作，即“貣”。《繫年》簡 121、122 稱“齊侯”,即齊康公,名貸。齊宣公之子。姜齊絶於此。

陳麀子牛

《清二・繫年》簡 122“齊人且有塦麀子牛之禍”,“麀”作。《篇海・鹿部》引《類篇》:“麀,鹿也。”整理者指出“陳麀子牛”即《墨子・魯問》之“項子牛”,孫詒讓《墨子閒詁》謂“蓋田和將”;《淮南子・人間》有子牛,當係一人(《清華貳》第 194 頁)。或謂“項子牛”應爲“頊子牛”之誤,“頊”“顼”聲近可通,陳頊字子牛,或謂子牛爲名,頊爲字。[1] 蘇建洲亦認爲“麀”是字,牛是名。[2]

陳和

“塦和”見於《清二・繫年》簡 123,即齊太公陳和(田和)。齊器子禾子釜(《集成》10374)、子禾子左戟(《集成》11130)所見“子禾子”,舊或以爲即田和,不可信。[3]

---

[1] 參看馬衛東、王政冬《清華簡〈繫年〉三晉伐齊考》文下評論,復旦大學出土文獻與古文字研究中心網,2012 年 10 月 18 日。

[2] 蘇建洲等《清華二〈繫年〉集解》第 860—861 頁,萬卷樓圖書股份有限公司 2013 年。

[3] 參看傅修才《東周山東諸侯國金文整理與研究》第 434—435 頁,復旦大學博士學位論文 2017 年。

陳淏

“陳淏”見於《清二・繫年》簡 123，簡 137 稱“齊陳淏”，即陳淏，齊康公臣。或疑爲田侯剡，“淏”（匣—幽）讀爲“剡”（禪—談）。[1]待考。

陳疾目

《清二・繫年》簡 137“陳疾目率車千乘，以從楚師於武陽”，陳疾目，齊康公將，古書似未見。

張果　陳豫　陳異　申臒

《望山》1-1“齊客張果問[王]於蔵郢之歲”，《包山》簡 7“齊客陳豫賀王之歲”，《天星觀》“鄦客紳臒問王於蔵郢之歲”“齊客紳臒之歲”，《新蔡》甲三 20 等“齊客陳異致福於王之歲”，張果、陳豫、陳異、申臒皆齊國聘楚之人。用爲“申”之字作[illegible]、[illegible]、[illegible]、[illegible]等形。

齊威王

“齊威王”見於《銀一・孫臏》簡 258 正、《馬王堆・十問》簡 74 等，《孫臏》簡 247、《十問》簡 76 等稱“威王”。齊桓公田午之子，名因齊（《史記・田敬仲完世家》）。戰國兵器銘有“陳侯因資”（《集成》11081 等），即陳侯因齊。

《莊子・則陽》“魏瑩與田侯牟約”，成玄英疏：“田侯，即齊威王也，名牟。”俞樾曰：“《史記》威王名因齊。田齊諸君無名牟者，惟桓公名午，與牟相似。牟或午之訛。然齊桓公午與梁惠王又不相值也。”[2]俞説似有可能，田午、梁惠王在位時間有交集，俞氏或誤記。

淳于髡

《北四・反淫》簡 44 作“敦于髡”。“髡”作[illegible]，又見於《睡虎

---

[1] 董珊《讀清華簡〈繫年〉》，復旦大學出土文獻與古文字研究中心網，2011 年 12 月 26 日。

[2] 參看郭慶藩《莊子集釋》第 889 頁，中華書局 2004 年第 2 版。

地·答問》簡103、104,作[illegible]、[illegible],从髟从元。《説文》髟部"髡",从髟兀聲,或作"髨",从元。齊人,見於《史記·滑稽列傳》,"齊之贅婿也",齊威王臣,複姓淳于。

孫臏

孫臏見於《銀一·孫臏》,稱"孫子"。齊威王臣。

田忌

齊將"田忌",見於《銀一·孫臏》簡237等,簡292背作"陳忌",簡234等稱"忌子"。《史記·田敬仲完世家》"田臣思曰",司馬貞《索隱》:"《戰國策》作田期思。《紀年》謂之徐州子期,蓋即田忌也。"《水經注·濟水》引《竹書紀年》作"齊田期"。"臣"爲"臣"之訛,"忌"(群—之)、"期"(群—之)、"臣"(餘—之)音近。[1] 梁玉繩謂"思"字蓋語辭。[2]

文摯

"文執"見於《馬王堆·十問》簡74等,與齊威王對話。《吕氏春秋·仲冬紀·至忠》作"文摯",宋名醫。

齊宣王

齊宣王見於《銀一·孫臏》簡449、《銀二·論政·選卒》簡1236,稱"宣王"。齊威王之子,名辟疆(《史記·田敬仲完世家》)。

慎子

《上六·慎子》"訢子","訢"即楚文字慎。《荀子·修身》作"順子","順"(船—文)、"慎"(禪—真)音近。

戰國時期的慎子有三:一是生於趙而活動於齊的稷下慎到;二是魯將,名滑釐,見於《孟子·告子下》;三是楚太傅,見於《戰國策·楚策二》。三者關係學界頗多討論。[3] 《慎子》篇中之慎子是否指慎

[1] 參看王利器、王貞珉《漢書古今人表疏證》第330頁,齊魯書社1988年。

[2] 參看王利器、王貞珉《漢書古今人表疏證》第330頁,齊魯書社1988年。

[3] 參看許富宏《慎子集校集注》第6—8頁,中華書局2013年。

到，尚有不同看法。整理者認爲，慎到一般被視爲法家，本篇名曰“慎子曰恭儉”，内容幾不見於現存各種版本的《慎子》，而似與儒家學説有關，故簡文中的慎子與文獻中的慎子是否爲同一人，尚有待研究（《上博六》第275頁）。陳偉認爲從思想傾向看，這篇文字不可能是慎到所作，作者可能是楚太傅之慎子。[1] 李學勤、李鋭等則以爲簡文慎子正是慎到。[2] 此暫從慎到説。

韓䰙

《馬王堆・戰國》62、110“乾䰙”，70等稱“䰙”。原注：“韓䰙，人名。《戰國策》作韓珉，一作韓呡，《史記》作韓聶。”（《馬王堆叁》第36頁）“韓珉”（《戰國策・韓策三》）、“韓呡”（《趙策四》，姚宏云“劉‘呡’一作‘岷’”），“民”（明—真）、“寅”（喻—真）音近。

《史記・田敬仲完世家》：

> 三十八年，（齊）伐宋。秦昭王怒曰：“吾愛宋與愛新城陽晉同。韓聶與吾友也，而攻吾所愛，何也？”蘇代爲齊謂秦王曰：“韓聶之攻宋，所以爲王也。齊彊，輔之以宋，楚魏必恐，恐必西事秦。是王不煩一兵不傷一士，無事而割安邑也。此韓聶之所禱於王也。”

《戰國策・韓策三》：

> 韓人攻宋。秦王大怒曰：“吾愛宋，與新城、陽晉同也。韓珉與我交而攻我甚所愛，何也。”蘇秦爲韓説秦王曰：“韓珉之攻宋，所以爲王也。以韓之强，輔之以宋，楚魏必恐，恐必西面事秦。王不折一兵不殺一人，無事而割安邑。此韓珉之所以禱於秦也。”

韓聶、韓岷對應，然是否爲一人，尚不好確定（“聶”，泥—盍）。蘇秦、

[1] 陳偉《新出楚簡研讀》第291—293頁，武漢大學出版社2010年。

[2] 李學勤《談楚簡〈慎子〉》，《通向文明之路》第236—239頁，商務印書館2010年；李鋭《上博簡〈慎子曰恭儉〉管窺》，《中國哲學史》2008年第4期。

蘇代對應,但代爲秦族弟,亦非一人。

陳軫

“陳轸”見於《馬王堆・戰國》237 等,《史記・田敬仲完世家》作“田軫”。齊湣王謀士,後又事秦惠文王。《包山》簡 45“秦客陳新”,陳偉認爲“陳慎”或即陳軫。[1]

公玉丹

“公玉丹”見於《馬王堆・戰國》35—36,2、18 又稱“丹”。齊湣王臣,見《吕氏春秋・季秋紀・審己》等。公玉,複姓。《史記・孝武本紀》“濟南人公玉帶上黄帝時明堂圖”,司馬貞《索隱》:“姚氏按:《風俗通》齊湣王臣有公玉冄,其後也。”“冄”爲“丹”之形近訛誤。[2]

爽　强得

《馬王堆・戰國》118“今爽也、强得也皆言王之不信薛公”,爽、强得似均爲齊湣王臣。《馬王堆・戰國》2“故冒趙而欲説丹與得”,18“丹若得也”,原注謂“得”可能是“强得”(《馬王堆叁》第 23 頁)。

李終　宋竅　侯濡　長駟　周濕

《馬王堆・戰國》11—12“李終”,16、56“宋竅”(第 19 行作“宋竅”),56“侯濡”、105“周濕”“長駟”,皆齊湣王使者。“竅”即“竅”之異體;“濡”,原注謂當是“灌”字别體,新注謂“濡”字省體(《馬王堆集成》第 3 册第 213 頁)。

薛公

“薛公”見於《馬王堆・戰國》15 等,即齊孟嘗君。田氏名文,其父田嬰封於薛,稱薛公。田文代立,亦稱薛公。《史記・孟嘗君列傳》:“薛公文卒,謚爲孟嘗君。”裴駰《集解》:“《皇覽》曰:‘孟嘗君家在魯國薛城中向門東。向門,出北邊門也。’《詩》云‘居常與許’,

[1] 陳偉《新出楚簡研讀》第 28—34 頁,武漢大學出版社 2010 年。

[2] 參看范祥雍箋證,范邦瑾協校《戰國策箋證》第 1724 頁,上海古籍出版社 2006 年。

鄭玄曰:'常或作嘗,在薛之南。'孟嘗邑于薛城也。"司馬貞《索隱》:"孟嘗襲父封薛,而號曰孟嘗君,此云謚,非也。孟,字也;嘗,邑名。"

田林

"田林"見於《馬王堆·戰國》57,齊孟嘗君使者。

夏后堅

《馬王堆·戰國》125"夏后堅欲爲先薛公得平陵",原注以"夏后"爲人名,"堅"意爲一定(《馬王堆叁》第48頁),不確。夏后爲氏,名堅。古有夏后複姓,《吕氏春秋·恃君覽·知分》即有鄒公子名夏后啓者。

趙信

"勺信"見於《馬王堆·戰國》116,讀爲"趙信",原注認爲可能是齊將(《馬王堆叁》第48頁)。

齊王建

《北三·趙正》簡21"齊王建逐殺其故世之忠臣仍后勝之議",齊王建,齊襄王子,爲秦所滅。

后勝

《北三·趙正》簡21"齊王建逐殺其故世之忠臣仍后勝之議",《史記·蒙恬列傳》作"齊王建殺其故世忠臣而用后勝之議"。《戰國策·齊策六》"君王后死後,后勝相齊",鮑彪云:"疑即后之族。"范祥雍曰:"鮑誤以君王后爲后氏,故疑后勝爲后族,恐非。胡三省《通鑑》注云:'《姓譜》:后本郈氏,其後去邑。'"[1]《北一·倉頡》簡10—11"丹勝誤亂,圄奪侵試",吴毅强認爲丹勝是燕太子丹和后勝的合稱。[2]

---

[1] 參看范祥雍箋證,范邦瑾協校《戰國策箋證》第741頁,上海古籍出版社2016年。

[2] 吴毅强《北大簡〈蒼頡篇〉"丹勝誤亂"解》,《出土文獻》第13輯,第285—292頁,中西書局2018年。

二、魯

魯隱公

魯隱公見於《馬王堆・春秋》66 等,稱"隱公"。魯惠公子。《史記・魯世家》:"惠公卒,長庶子息攝當國,行君事,是爲隱公。"司馬貞《索隱》:"隱公名息。《世本》名息姑。"

公子揮

"公子筆"見於《馬王堆・春秋》66、70,魯大夫。《春秋》三傳均作"翬",《史記・魯世家》作"揮"。"筆""翬""揮"並从軍聲,爲其名,字羽父。

魯桓公

魯惠公之子魯桓公,《馬王堆・春秋》66、92 作"魯亘公",70、92 稱"亘公"。名允。《魯世家》"生子允",裴駰《集解》引徐廣曰:"一作軌。"司馬貞《索隱》:"《世本》亦作軌也。"《十二諸侯年表》"魯桓公允",《索隱》曰:"一作兀,一作軌。"《魯世家》又稱"子允"。"允"(喻—文)、"軌"(見—幽)古音不近。"允"或爲"九"字之誤,兩者隸書形近。《周禮・春官・小史》"史以書叙昭穆之俎簋",鄭玄注:"故書簋或爲'九'。鄭司農云:九讀爲軌。"

文姜

《馬王堆・春秋》92"魯桓公與文羌會齊侯于樂","羌"作[illegible]。"文羌"即魯桓公夫人文姜。"羌"(溪—陽)、"姜"(見—陽)音近。謚文,姜姓。

柳下惠

"柳下惠"見於《定州・論語・衛靈公》簡 429,《張家山・奏讞書》簡 176、177 稱"柳下季",《馬王堆・五行》46、47 稱"酉下子"。"酉"(喻—幽)、"柳"(來—幽)音近通用。"季"爲排行(詳下)。又《清五・命訓》簡 11"撫之以季,和之以均",《逸周書・命訓》"季"(見—質)作"惠"(匣—質),則二字亦可能爲音通。

《漢書・董仲舒傳》"昔者魯君問柳下惠",顔師古注:"魯大夫展禽也。柳下,所食采邑之名。惠,謚也。"《淮南子・説林訓》"柳下惠見飴",高誘注:"柳下惠,魯大夫展無駭之子,名獲,字禽。家有大柳樹,惠德,因號柳下惠。一曰:柳下,邑。"《莊子・盜跖》"孔子與柳下季爲友",陸德明《釋文》:"柳下惠,姓展名獲,字季禽,一云:字子禽。居柳下而施德惠。一云:惠,謚也。一云:柳下,邑名。"《列女傳・賢明》載柳下惠既死,其妻曰"夫子之謚宜爲惠兮",門人從之。由上可知,"柳下"或爲采邑名,"惠"爲謚。"季"爲排行,或讀爲"惠"。字"子禽",氏"展",名"獲"。仕於魯桓、莊二君。

魯莊公

魯莊公,《上四・曹沬》簡 1 作"魯臧公",《馬王堆・春秋》87 作"魯壯公"。"臧"即楚文字"臧",楚簡多用爲莊,與"壯"均爲莊之假借字。《曹沬》簡 33 等稱"臧(莊)公",簡 23 等作"𤖹公","𤖹"讀爲"莊"。魯桓公子,名同。《漢書・古今人表》稱"魯嚴公同","嚴"係避諱改字。

臧文仲

臧文仲,《上五・季庚》簡 9 作"牀𡕾中","牀""臧"同从爿聲,"𡕾"从民聲,楚文字用爲"文";[1]《定州・論語・衛靈公》簡 429、

[1] "𡕾"字釋讀參看陳偉《〈語叢〉一、三中有關"禮"的幾條簡文》,武漢大學中國文化研究院編《郭店楚簡國際學術研討會論文集》第 143—144 頁,湖北人民出版社 2000 年(將《語一》簡 31"禮因人之情而爲之"與簡 37"節𡕾者也"連讀,並與《禮記・坊記》"禮,因人之情而爲之節文,以爲民坊者也"對照);李天虹《釋楚簡文字"𡕾"》,《華學》第 4 輯,第 85—88 頁,紫禁城出版社 2000 年(讀"𡕾"爲"文");李家浩《包山楚簡中的"枳"字》,《著名中年語言學家自選集・李家浩卷》第 294 頁(指出《汗簡》《古文四聲韻》以"𡕾"爲"閔"字);李學勤《試解郭店簡讀"文"之字》,《中國古代文明研究》第 229—230 頁,華東師範大學出版社 2005 年(指出《汗簡》《古文四聲韻》以"𡕾"爲"閔"字,上从"民"爲聲符,下从"旻");陳劍《甲骨金文舊釋"尤"之字及相關諸字新釋》,《甲骨金文考釋論集》第 71—74 頁,綫裝書局 2007 年(認爲民、𡕾皆聲)。

《阜陽・春秋》簡150作"臧文中"。"中"讀爲"仲"。事魯莊、閔、僖、文四君。

魯孝公之子彄,字子臧,其後世子孫爲臧氏,又稱臧孫。臧文仲,臧爲其氏,文爲謚,仲爲行次。名辰,又稱臧孫辰。

臧孫許

《清二・繫年》簡70—71"魯䣄孫瞽迈晉求援","䣄孫瞽"即臧孫許,魯臧文仲之子,又稱臧宣叔。氏臧孫,名許,謚宣。

曹劌

曹劌,魯莊公臣。《上四・曹沫》簡1、7作"敃蔑",簡2背作"敃蔑",簡5作"敃墓",簡12—13、20作"敃戟",簡13、22作"敃戟",簡64作"敃蔑"(字形見第319頁)。

"敃"金文或用爲"造",[1]所从之"告"作形,非告訴之"告",而是"造"之聲符。[2]"造""曹"古音均爲從母幽部,《上三・彭祖》簡7"敃昃"即遭殃(《上博三》第307頁),是二者相通之證。需要注意的是,曹國之"曹"楚簡多見,如《上五・弟子》簡17"子過曹"、簡4"曹之喪",《清二・繫年》簡20"遷于曹"、簡42"秦師圍曹及五鹿",《清七・晉文》簡7"克曹、五鹿","曹"作、,與此从"告"聲不同。

"蔑"从禾蔑省聲,即"穫"字,金文多見。"戟""戟"作、、形,西周金文"蔑"作、、,[3]"戈"與人形相連,用義近形旁"攴"替換"戈"時,則保留了戈貫穿人形的部分作,即與簡文所从同。"墓"从萬聲,與"蔑"亦通,《清一・耆夜》簡12"日月其穫"即《詩・唐風・蟋蟀》"日月其邁",是其證。"萬"(明—元)、"蔑"(明—月)、"劌"(見—月)音近通用。

[1] 參看陳偉武《簡帛兵學文獻探論》第126頁,中山大學出版社1999年。

[2] 參看陳劍《釋造》,《甲骨金文考釋論集》第129—137頁,綫裝書局2007年。

[3] 參看董蓮池編著《新金文編》第444—445頁,作家出版社2011年。

古書又作“曹翽”(《吕氏春秋・離俗覽・貴信》)、“曹沫”(《戰國策・齊策三》)、“曹沬”(《史記・齊太公世家》)、“曹昧”(《史記・魯仲連鄒陽列傳》索隱)。[1] 古書“未”聲字與“末”聲、“蔑”聲相通之例甚多。[2]

曹劌,曹氏名劌,《曹沫》簡64魯莊公稱其名“穢”。

施伯

《上四・曹沫》簡6作“沱胉”,整理者注:“《國語・齊語》提到‘施伯,魯君之謀臣也’,即此人。韋昭注:‘施伯,魯大夫,惠公之孫,施父之子。’”(《上博四》第247頁)篆文从“也”之字,戰國文字多寫作从“它”,“沱”即“池”,與“施”並从“也”得聲。《通志・氏族略》第三:“施氏,姬姓,魯惠公之子公子尾字施父,其子因以爲氏。”

陳美蘭謂古文字裏作爲人名的“伯”大多寫作“白”,“胉”或有可能不讀爲“伯”,而是私名。[3]

叔仲惠伯

“叔仲惠伯”見於《馬王堆・春秋》20,又稱“惠[伯]”。魯桓公曾孫,氏“叔仲”,“惠”爲謚稱,名彭生,古書又稱“叔仲彭生”“叔彭生”。

東門襄仲

《馬王堆・春秋》20、27作“東門襄中”。魯莊公子,名遂,氏東門。方炫琛謂“襄蓋其謚也,仲爲行次”。[4]

公子慶父

“公子慶父”見於《馬王堆・春秋》88,87作“慶父”。魯莊公弟,名慶父,謚共,又稱共仲,《春秋》89、91作“共中”。

---

[1] 《史記・魯仲連鄒陽列傳》“曹子爲魯將”,司馬貞《索隱》:“魯將曹昧是也。”

[2] 參看高亨纂著,董治安整理《古字通假會典》第610—611頁,齊魯書社1989年。按,“未”“末”亦可能是形訛。

[3] 陳美蘭《戰國竹簡東周人名用字現象研究——以郭店簡、上博簡、清華簡爲範圍》第18頁,藝文印書館2014年。

[4] 方炫琛《左傳人物名號研究》第164頁,臺灣政治大學博士學位論文1983年。

公子牙

“公子牙”見於《馬王堆・春秋》87,即魯莊公弟叔牙,又稱僖叔。方炫琛謂名牙,謚僖。[1]

公子脩

“公子脩”見於《馬王堆・春秋》87 等,魯莊公弟,《左傳》莊公二十五年作“公子友”。“友”“脩”並匣紐之部字,爲其名。《左傳》閔公二年載公子友之將生也,“桓公使卜楚丘之父卜之。曰:男也,其名曰友……及生,有文在其手曰‘友’,遂以命之”。古書又稱“成季”“季友”,謚成,季爲排行。

子煩

“子煩”見於《馬王堆・春秋》88,87 稱“煩”,魯莊公子。《左傳》莊公三十二年等作“子般”,《史記・魯世家》作“子斑”。“煩”“般”“斑”並唇音元部字。《漢書・古今人表》作“魯公子般”,翟灝曰:“太子不當稱公子,公字似衍。”[2]其説是。

圉人犖

“禹人犖”見於《馬王堆・春秋》89,魯莊公時人。原注讀爲“圉人犖”,謂圉人是養馬的奴隸,“犖”是圉人的名,《左傳》莊公三十二年作“犖”,《公羊傳》閔公元年作“鄧扈樂”,“鄧”爲氏,“圉”“扈”,“犖”“樂”“犖”,並音近通用(《馬王堆叁》第 19 頁)。按,《公羊傳》宣公十年“廝役扈養死者數百人”,何休注:“養馬者曰扈,炊烹者曰養。”“圉人”與“扈”或是同義關係。“犖”“樂”並來母藥部字。《抱樸子・疾謬》稱“扈犖”。

魯閔公

《馬王堆・春秋》91“共中使卜奇賊閔公于武諱”,“閔公”即魯閔公,《史記・魯世家》作“湣”,《漢書・律曆志》作“愍”。“閔”(明—

[1] 方炫琛《左傳人物名號研究》第 146 頁,臺灣政治大學博士學位論文 1983 年。

[2] 參看王利器、王貞珉《漢書古今人表疏證》第 618 頁,齊魯書社 1988 年。

文)、“滑”“愍”(明—真)音近通用。魯莊公子,名啓方,《魯世家》因避諱作“開方”。《馬王堆·春秋》88 稱“公子啓方”。《漢書·古今人表》作“魯閔公啓”,蓋脱“方”字。

卜奇

“卜奇”見於《馬王堆·春秋》91“共中使卜奇賊閔公于武諱”,《左傳》閔公二年等作“卜齮”。卜氏,“齮”爲名或字。卜奇弑其君魯閔公。

士匽

《馬王堆·春秋》79—80“士匽爲魯君犒師”,評論見於《左傳》僖公二十二年的宋楚泓水之戰。似魯人,古書未見。

魯文公

“魯文公”見於《馬王堆·春秋》20。魯僖公子,名興。

公襄目人

《左傳》文公十八年叔仲惠伯家臣“公冉務人”,《馬王堆·春秋》21 作“公襄目人”,同列又殘作:

原注釋爲“公襄負人”,陳劍改釋“負”爲“貿”(《馬王堆集成》第 3 册第 177 頁),其説可從。“貿”(明—幽)與“目”(明—覺),“貿”(明—幽)與“務”(明—侯),音近可通。《吕氏春秋·季冬紀·介立》“東方有士焉曰爰旌目”,《後漢書·張衡傳》作“旌瞀”,[1]“貿”與从“矛”得聲的“茅”“懋”“瞀”通。[2] 公冉爲複姓。帛書作“襄”者,蕭旭謂

[1] 參看高亨纂著,董治安整理《古字通假會典》第 771 頁,齊魯書社 1989 年。

[2] 參看高亨纂著,董治安整理《古字通假會典》第 752 頁,齊魯書社 1989 年。《禮記·檀弓》“有餓者蒙袂輯屨,貿貿然來”,鄭玄注:“貿貿,目不明之貌。”“貿”讀爲瞀,《玉篇·目部》:“瞀,目不明皃。”參看《古今韻會舉要》卷二六。

“襄”“冉”音亦近，舉《戰國策・楚策四》“冉子，親姻也”、《馬王堆・戰國》作“襄子，親姻也”爲證；新注指出二者恐非音通，《戰國》原注已謂“襄子”指穰侯，而“冉子”指“冉”是穰侯魏冉之名（《馬王堆集成》第3册第176頁）。“冉”（日—談）、“襄”（心—陽）古音較遠，關係待考。

季文子

“季文子”見於《定州・論語・公冶長》簡100，今本同，即魯季孫行父，魯莊公弟公子侑之孫。

孟公綽

“孟公綽”見於《定州・論語・憲問》簡372，簡373稱“公綽”。《左傳》襄公二十五年“孟公綽”，陸德明《釋文》曰：“徐本作卓。”《史記・仲尼弟子列傳》：“孔子之所嚴事……於魯，孟公綽。”孟氏。方炫琛謂“绰”爲名或字，“公”爲名或字上所冠與公室有關之詞。[1] 魯襄公時大夫。

臧武仲

“臧武仲”見於《定州・論語・憲問》簡373，今本同；簡376作“臧武中”。即魯襄公大夫臧孫紇，臧文仲孫，名紇，謚武。

孟獻子

“孟獻子”見於《阜陽牘・春秋》，即仲孫蔑。孟氏，謚獻。《通志・氏族略・以次爲氏》：“孟氏。姬姓，魯桓公子慶父之後。慶父曰共仲，本仲氏，亦曰仲孫氏。爲閔公之故，諱弑君之罪，更爲孟氏，亦曰孟孫氏。”

魯昭公

《定州・論語・述而》簡177“陳司敗問昭公知禮乎”，“昭公”即魯昭公，魯襄公子。《史記・魯世家》：“魯人立齊歸之子裯爲君，

[1] 方炫琛《左傳人物名號研究》第346頁，臺灣政治大學博士學位論文1983年。

是爲昭公。"裴駰《集解》引徐廣曰:"裯,一作袑。"司馬貞《索隱》:"《世本》作稠。""裯"(端—宵)、"稠"(定—幽)、"袑"(禅—宵)並音近通用。

孟者昃

魯大夫孟之側,《上五·季庚》簡 6 作"孟者昃","昃"作,原釋爲"吴"(《上博五》第 211 頁),非是。李鋭改釋作"昃",並將"孟者昃"讀爲"孟子側",即見於《論語·雍也》的孟之反,[1]許慜慧有補説。[2] 陳劍指出,"孟者昃"與滕公量[3]"昭者果"一樣,"者"爲虚詞,作用與之相類,某之某意爲某族氏"的"某人,某者某意爲某族氏"的人"某人。[4] 可從。孟之側又稱孟之反、孟子反,名側、字反,"之""子"均爲助詞,類似介之推又稱介子推、介推。[5]

《論語·雍也》"孟之反不伐",孔安國注:"魯大夫孟之側也。"

左丘明

"左丘明"見於《定州·論語·公冶長》簡 103,今本同。左丘明之姓名結構,異説較多。程樹德有總結:

左丘明姓名大約可分三説,有謂左是氏、丘明是名者,此孔

---

[1] 李鋭《讀楚簡札記(四則)》,《古文字研究》第 27 輯,第 385 頁,中華書局 2008 年。

[2] 許慜慧《〈上海博物館藏戰國楚竹書(五)·季庚子問於孔子〉研究》,臺灣師範大學碩士學位論文 2007 年。

[3] 參看唐友波《"大市"量淺議》,《古文字研究》第 22 輯,第 129 頁,中華書局 2000 年。

[4] 參看董珊《出土文獻所見"以謚爲族"的楚王族——附説〈左傳〉"諸侯以字爲謚因以爲族"的讀法》引陳劍説,《出土文獻與古文字研究》第 2 輯,第 129—130 頁,復旦大學出版社 2008 年。

[5] 董珊《出土文獻所見"以謚爲族"的楚王族——附説〈左傳〉"諸侯以字爲謚因以爲族"的讀法》對族氏和名字之間加"之"的情況有詳細搜羅(《出土文獻與古文字研究》第 2 輯,第 110—111 頁,復旦大學出版社 2008 年)。

> 穎達《左傳正義》之説也。《漢書·劉歆傳》:“春秋,左氏丘明所修。”《後漢書·范升傳》:“左氏不祖孔氏,而出於丘明。”杜預《左傳序》:“仲尼素王,丘明素臣。”《元和姓纂》:“左氏,齊公族,有左右公子,因以爲氏。魯有左丘明。”鄭樵《氏族略》:“左姓,丘明名。”薛應旂《孔子集語》:“左丘明爲古左史倚相之後。”均主此説。
>
> 有謂丘是姓明是名,而稱其書曰《左氏傳》者,因丘明爲左史,故以官稱之,此俞正燮《癸巳類稿》之説也。南朝丘遲明言遲乃左史丘明之後。《廣韻·十八尤》“丘”字下注引《風俗通》云:“魯左丘明之後。”而所載之漢四十四複姓獨無左丘,是此説不始於俞氏也。然《史記·太史公自序》有“左丘失明,厥有國語”之語,是左丘兩字爲氏,明爲名,自太史公始。朱彝尊《經義考》則謂:“其書爲《左氏傳》,不稱爲《左丘氏傳》者,則因孔門弟子避夫子諱之故。”以此説最爲有理。或謂古人二名得簡舉一字,如晉重耳可簡稱晉重,魏曼多可簡稱魏多,故左丘明亦得簡稱左丘。亦可備一説。[1]

“左”爲職官左史、“丘”爲氏、“明”爲名的説法,程氏謂最爲有理。待考。

孟懿子

孟懿子見於《定州·論語·爲政》簡6,稱“孟孫”,今本同。即魯大夫孟懿子。仲孫氏,名何忌,謚懿,又稱仲孫忌(《左傳》定公八年)。

孟武伯

“武伯”見於《定州·論語·爲政》簡9,今本同。《公冶長》簡82稱“子武伯”,今本作“孟武伯”。魯大夫孟懿子之子仲孫彘,“孟”“仲

---

[1] [清]程樹德《論語集釋》第352頁,中華書局1990年。

孫”皆氏,[1]謚“武”。

孟敬子

《定州・儒家》十六“公猛義往問之”,《阜陽牘・儒家》作“公孟問之”,《説苑・修文》作“孟儀往問之”,《論語・泰伯》作“孟敬子問之”,均指即魯大夫仲孫捷。《禮記・檀弓下》“季昭子問於孟敬子”,鄭玄注:“敬子,武伯之子,名捷。”“敬”爲謚,“義”“儀”爲名。

魯哀公

“魯哀公”見於《清三・良臣》簡8、《阜陽牘・儒家》。《上二・魯邦》簡1、《定州・論語・爲政》簡25等稱“哀公”。魯定公子,名將(《史記・魯世家》),或作蔣(《漢書・律曆志》等)。

叔孫文子

“叔孫文子”見於《阜陽牘・春秋》。叔孫氏,名舒,謚文,魯大夫。見於《左傳》哀公二十六年、二十七年。

孔子

孔子名號簡帛多見。“孔子”見於上博藏簡,多以合文形式出現,如《上一・詩論》簡1“”、《上二・民之》簡8“”、《上三・仲弓》簡1“”、《上四・相邦》簡4“”、《上八・顔淵》簡10“”。[2] 僅一處分寫,見於《上二・民之》簡1。漢代簡帛分寫、合文均多見,如《馬王堆・二三子》1上、12上。

又稱“子”,簡帛多見。又稱“夫子”,郭店簡、上博簡多見。

名丘。自稱“丘”,簡帛多見。《上五・季庚》簡10作“坵”,从土,即《説文》“丘”之古文。又連氏稱“孔丘”,見於《定州・論語・微子》

---

[1] 方炫琛謂“仲孫”非氏,見《左傳人物名號研究》第10—14頁,臺灣政治大學博士學位論文1983年。

[2] 有關“孔子”及“孔”的釋讀可參看楊澤生《戰國竹書研究》第111—122頁,中山大學出版社2009年;禤健聰《上博楚簡“孔”字試説》,《古文字研究》第29輯,第541—546頁,中華書局2012年。

簡558、《銀一·晏子》簡620,《清三·良臣》簡8作"孔𡊀"。

字仲尼。《上三·仲弓》簡8、《上五·君子》簡10、《北三·儒家》簡5等作"中尼";《銀一·晏子》簡617、623作"中泥"。《隸釋·相府小史夏堪碑》作"仲泥";《名疑集》卷2謂"一作仲屔"。[1]《顔氏家訓·書證》:"至如'仲尼居',三字之中,兩字非體,《三蒼》'尼'旁益'丘',《説文》'居'下施'几'。"是顔之推所見之仲尼又作"仲𡴖"。"尼""泥""屔""𡴖"並音近通用。

古人名字義多相關。"丘""尼"之間關係有兩説。一是《史記·孔子世家》謂孔子"生而首上圩頂,故因名曰丘云,字仲尼",司馬貞《索隱》:"圩頂,言頂上窳也,故孔子頂如反宇。反宇者,若屋宇之反,中低而四傍高也。"二是《孔子家語·本姓解》載孔母徵在"私禱尼丘之山以祈焉。生孔子,故名丘,字仲尼"。然古人取名"不以山川",則前説近是。《説文》丘部"丘","一曰:四方高中央下爲丘";《風俗通義·山澤》謂"丘之字","四方高,中央下,象形也";《淮南子·地形訓》"和丘在其東北陬"高誘注:"四方而高曰丘。"《説文》丘部:"𡴖,反頂受水丘。"指頂部下凹可以盛水的山丘,與丘義同。或"泥丘"並用,如《爾雅·釋丘》"水潦所止,泥丘",《玉篇·丘部》《廣韻·齊韻》引"泥"均作"𡴖",是"泥""𡴖"相通;《集韻·脂韻》謂"屔"或从丘作"𡴖",是"𡴖""屔"異體。根據古人名、字之間的相關性,不少説文學家都指出,"𡴖"即仲尼之尼的本字,如段玉裁曰:"𡴖是正字,泥是古通用字,尼是假借字。水潦所止,是爲泥淖。"[2]當可信。梁玉繩曰:"《隸釋·夏堪碑》以仲尼爲仲泥,雖古字通借,未免侮聖。"[3]段玉裁曰:"又漢碑有作仲泥者,淺人深非之,豈知其合古義哉?"[4]誠類反

[1]　[明]陳士元《名疑集》第32頁,中華書局1991年。
[2]　[清]段玉裁《説文解字注》第387頁,上海古籍出版社1988年。
[3]　參看王利器、王貞珉《漢書古今人表疏證》第39頁,齊魯書社1988年。
[4]　[清]段玉裁《説文解字注》第387頁,上海古籍出版社1988年。

唇之譏。

顔淵

顔淵,《上五・君子》簡1、《弟子》簡17+20等作"彥囦","彥"作[illegible],或即"諺"字。《郭店・五行》簡32、《上五・鬼神》簡8"顔色"之顔作[illegible]、[illegible],與"彥"同从产聲。"囦",《説文》"淵"字古文。《上八・顔淵》簡1等作"䆁囦","䆁"作[illegible]、[illegible],"宀"下所从或爲[illegible]之訛,或是从文言聲,"言""顔"古音同在疑母元部。《定州・論語・公冶長》簡104、《阜陽牘・儒家》等作"顔淵"。

《馬王堆・五行》146稱"顔子"、《要》10下稱"顔氏之子","顔"字均作"顔",从産聲。

字淵,名回。《定州・論語・雍也》簡110稱"顔回",今本同。《上五・君子》簡1、《弟子》簡4等作"韋",《上八・顔淵》簡5、10作"憙"。"回""韋"並匣紐微部字。

子夏

《上二・民之》、《信陽》1-036[1]"子昰",即子夏。"昰"作[illegible]形,楚文字"夏"作[illegible]、[illegible]、[illegible],或從第三形省作[illegible]、[illegible]。[2] 黄錫全認爲[illegible]亦是楚簡"夏"字省形,[3]魏宜輝指出是[illegible]之訛變,[4]季旭昇則認爲"虫"與"它"偏旁互用。[5] "虫"訛作"它"亦見於《上七・凡甲》"流"字簡2等作[illegible],簡3背作[illegible]。《定州・論語・爲政》簡12、《阜陽

---

[1] 楊澤生《戰國竹書研究》第48頁,中山大學博士學位論文2002年;李零《長臺關楚簡〈申徒狄〉研究》,《揖芬集:張政烺先生九十華誕紀念文集》第315頁,社會科學文獻出版社2002年。

[2] 參看李守奎編著《楚文字編》第331—332頁,華東師範大學出版社2003年;李守奎主編《上海博物館藏戰國楚竹書(一—五)文字編》第287—288頁,作家出版社2007年

[3] 黄錫全《楚簡續貂》,《古文字與古貨幣文集》第409頁,文物出版社2009年。

[4] 魏宜輝《試析楚簡文字中的"顋"和"虽"字》,《江漢考古》2002年第2期。

[5] 季旭昇《〈上海博物館藏戰國楚竹書(二)〉讀本》第4頁,萬卷樓圖書股份有限公司2003年。

牘·儒家》等作“子夏”。

子夏卜氏，名“商”，見於《上二·民之》簡8、《阜陽牘·儒家》、《定州·論語·八佾》簡42。

宰予

“宰予”，見於《定州·論語·公冶長》簡85，簡88稱“予”，宰氏名予。《上五·弟子》簡24作“余”，“余”“予”並餘紐魚部字。字子我，《上五·弟子》簡11稱“窜我”，“窜”即“宰”之異體；《定州·論語·雍也》簡131、《陽貨》簡539作“宰我”。《八佾》簡55作“宰我”，“宰”即“宰”之寫訛。

子路

“仲由”，見於《定州·論語·先進》簡291，《雍也》簡114作“中由”。仲氏名由，《定州·論語·公冶長》簡80等作“由”，《上五·弟子》簡10“繇”，楚文字或借“繇”爲由。[1] 字“子路”，漢代簡帛多見。《上五·弟子》簡19作“子逄”，“逄”即路之異體。《定州·論語·先進》簡272稱“季路”，季爲排行。

蘧伯玉

蘧伯玉，《上五·弟子》簡19作“巨白玉”，《馬王堆·繆和》70—71作“據柏玉”，《定州·論語·衛靈公》簡420殘去“蘧”，餘“伯玉”。《淮南子·泰族》作“璩伯玉”。“巨”“蘧”“據”“璩”並牙音魚部字。

蘧氏，名瑗，字伯玉。

子貢

“子贛”見於《上二·魯邦》簡3、《上四·相邦》簡4、《上五·弟子》簡8等，“贛”作[illegible]、[illegible]，右上从欠或次。[2] 《馬王堆·春秋》62、

---

[1] 參看陳斯鵬《楚系簡帛中的“由”》，《中山大學學報（社會科學版）》2010年第6期。

[2] “贛”字形義演變參看陳劍《釋西周金文的“竷（贛）”字》，《甲骨金文論集》第8—19頁，綫裝書局2007年。

《北四・反淫》簡 44 等“贛”作、;《定州・論語・學而》簡 1、《儒家》作“子贛”,《公冶長》簡 77 等作“子貢”。“贛”爲贛之省簡,“貢”“贛”同爲見母東部字,音近通用。

子貢複姓端木。名賜,見於《上二・魯邦》簡 3、《上五・弟子》簡 22 及漢代簡帛。《説文》貝部:“贛,賜也。”則“贛”爲其字之本字。海昏侯墓“子貢贛記圖”作“端沐賜”。[1]

子羔

“子羔”見於《上二・子羔》簡 1、《定州・論語・先進》簡 295 等。《隸釋・魯峻冢壁》作“子高”,《孔子家語・子夏問》作“子睪”,《鹽鐵論・殊路》作“子臯”。“羔”(見—幽)、“高”(見—宵)、“臯”(見—幽)並音近相通,“睪”爲“臯(皋)”之形近訛字[2](參看第 28 頁“少昊”、第 40 頁“皋陶”條)。

高氏,字子羔,名柴。《定州・論語・先進》簡 282 作“桊”,形音待考。

有若

“有若”見於《定州・論語・顔淵》簡 314,魯人,有氏,名若,字子有。

子張

“子張”見於《定州・論語・爲政》簡 33 等,今本同。即顓孫師,氏顓孫,字子張,名師。《先進》簡 279、282 稱“師”,今本同。

仲弓

冉雝之“雝”(隸變作“雍”),《上三・仲弓》簡 4 作,隸定作“雚”,从隹从宫之初文得聲。《定州・論語・公冶長》簡 78、《雍也》簡 108 作“雍”。字仲弓,《上三・中弓》作“中弓”。

---

[1] 朱鳳瀚主編《海昏簡牘初論》第 372 頁,北京大學出版社 2020 年。

[2] 參看張頷《〈成臯丞印〉跋》,《古文字研究》第 14 輯,第 2—3 頁,中華書局 1986 年。

子游

“子游”見於《上五・弟子》簡 4,《定州・論語・爲政》簡 10、《阜陽牘・儒家》作“子游”,《隸釋・石經論語殘碑》作“子斿”。言氏,《上八・子道》簡 1 等稱“訁游”,“訁”从言聲。名偃,《上八・子道》簡 2 作“疾”,安、偃同爲影母元部字,音近可通。《上五・弟子》簡 4“子曰:[illegible]……”,[illegible]原不識(《上博五》第 269 頁),季旭昇指出字从彳从安,[1]陳劍進而認爲安爲聲符讀爲“偃”,係孔子回答子游問題而先呼其名,[2]劉雲釋作“侒”,以爲“偃”之異體。[3]《定州・論語・陽貨》簡 505、506 作“偃”,《説文》㫃部“㫃”下謂“㫃”,“讀若偃。古人名㫃,字子游”。

冉有

冉有,名求,字子有。“冉有”見於《定州・論語・先進》簡 297,《先進》簡 291 稱“冉求”,《雍也》簡 112、《先進》簡 274 稱“冉子”,《公冶長》簡 83 等稱“求”。

曾參

“曾子”見於《北三・儒家》簡 8、《定州・儒家》三、《阜陽牘・儒家》、《定州・論語・里仁》簡 72 等。曾氏,名參,《馬王堆・戰國》49、50 作“增參”,《定州・儒家》三、《論語・先進》簡 282 稱“參”。

曾晳

“曾晳”見於《定州・論語・先進》簡 297,《定州・儒家》三作“曾折”。秦漢文字“木”“手”字形相近,“折”或即“析”字。曾子父,字晳,名“點”,見於《定州・論語・先進》簡 303、306。《史記・孔子弟

[1] 季旭昇《上博五芻議(下)》,簡帛網,2006 年 2 月 18 日。

[2] 陳劍《〈上博(五)〉零札兩則》,《戰國竹書論集》第 192 頁,上海古籍出版社 2013 年。

[3] 劉雲《釋〈弟子問〉中“偃”字的一種異體》,復旦大學出土文獻與古文字研究中心網,2009 年 7 月 13 日。

子列傳》作“蒧”,“點”“蒧”並从占聲。

陳亢

“陳亢”見於《定州・論語・季氏》簡 495,《子張》簡 593 稱“陳子禽”。名亢,《説文》人部作“伉”。字子禽。

樊遲

“樊遲”見於《定州・論語・雍也》簡 129,名須,字子遲。

公西華

“公西華”見於《定州・論語・述而》簡 184、《先進》簡 297,公西氏,字子華,名赤。“赤”見於《定州・論語・公冶長》簡 84 等。

林放

“林放”見於《定州・論語・八佾》簡 38,今本同。

閔子騫

“閔子騫”見於《定州・論語・先進》簡 261 等。簡 274“黽子侍側”,今本作“閔子”。“閔”(明—文)、“黽”(明—真[1])音近。《馬王堆・春秋》88 等有“閔子辛”,裘錫圭認爲即閔子騫。《説文》“讀若愆”,“辛”“辛”形近,“愆”“騫”音同(《馬王堆集成》第 3 册第 181 頁)。名損,字子騫。

冉伯牛

“冉伯牛”見於《定州・論語・先進》簡 261,《雍也》簡 118 作“伯牛”。冉氏,名耕,字伯牛,魯人。

銅鞮伯華

“銅鞮柏華”見於《定州・儒家》七,即羊舌氏,名赤,字伯華。《史記・仲尼弟子列傳》“銅鞮柏華”,裴駰《集解》曰:“《晉太康地記》云:銅鞮,晉大夫羊舌赤之邑,世號赤曰銅鞮。”

---

[1] “黽”字歸部可參看麥耘《“黽”字上古音歸部説》,《著名中年語言學家自選集・麥耘卷》第 94—104 頁,上海教育出版社 2012 年。

巫馬期

“巫馬期”見於《定州·論語·述而》簡177—178、179，巫馬氏，名施，字子期。

孔鯉

孔子之子孔鯉，字伯魚。“伯魚”見於《定州·論語·季氏》簡495、《陽貨》簡522，《季氏》簡496等稱“鯉”。《史記·孔子世家》“孔子生鯉，字伯魚”，司馬貞《索隱》：“伯魚之生也，魯昭公使人遺之鯉魚，夫子榮君之賜，因以名其子爲鯉也。”

尾生

《馬王堆·戰國》49、50“信如犀星”，原注已指出“犀星”即尾生（《馬王堆叁》第32頁）。“犀”（心—脂）、“尾”（明—微）音近，《説文》牛部謂“犀”从尾聲；“星”从生得聲。《莊子·盜跖》：“尾生與女子期於梁下，女子不來，水至不去，抱梁柱而死。”陸德明《釋文》：“尾生，一本作微生。”“微”“尾”並明母微部字。

或謂尾生即魯人微生高。《論語·公冶長》：“子曰：孰謂微生高直？或乞醯焉，乞諸其鄰而與之。”孔安國注：“微生，姓也，名高。魯人也。”《漢書·東方朔傳》“信如尾生”，顔師古注：“尾生，古之信士，與女子期於橋下，待之不至，遇水而死。一曰即微生高也。”《戰國策·燕策一》言“信如尾生高”，前引《莊子·盜跖》文陸德明《釋文》曰：“《戰國策》作尾生高，高誘以爲魯人。”

公孟子高

《阜陽牘·儒家》“公孟子高見顓孫子莫”，見於《説苑·脩文》，向宗魯認爲即《孟子·萬章上》之“公明高”，曾子弟子。[1]

樂正子春

“樂正子春”見於《定州·儒家》二十四，“春”字缺，但與曾子在

---

[1] 向宗魯《説苑校證》第497—498頁，中華書局1987年。

同一故事,可知是樂正子春。曾子弟子,樂正爲氏。

師冕

"師絻"見於《定州·論語·衛靈公》簡460、461,今本作"師冕"。樂師名絻。

顓孫子莫

"顓孫子莫"見於《阜陽牘·儒家》,《説苑·脩文》同。顓孫師子張之弟。

孺悲

《定州·論語·陽貨》簡537"儒悲欲見孔子",今本作"孺悲",魯國人。

季桓子

魯季桓子,《上三·仲弓》簡1作"季逗子",《上六·孔子》簡1作"季趄子",《定州·論語·微子》簡554作"季桓子",《阜陽牘·儒家》作"季宣子"。"桓""逗""趄""宣"並音近通用。季桓子即魯卿季孫斯,魯桓公第四子季成子(公子友)之宗子多稱季孫,[1]謚桓。又稱"季氏",《上三·仲弓》簡1、2作"季是"。

季桓子名斯,《上六·孔子》中季桓子自稱"䡣",字作(簡1)、(簡3)、(簡4)、(簡22),整理者認爲从虍从車(《上博六》第199頁),陳偉指出上部或是"虒",讀爲季桓子之名"斯",[2]陳劍贊同用爲斯,但認爲上部爲"尾",是"𨒌(徙)"之省,用作聲符。[3]

陽虎

"陽虎"見於《定州·儒家》十二、《阜陽牘·春秋》等。季桓子家

---

[1] 參看方炫琛《左傳人物名號研究》第11頁,臺灣政治大學博士學位論文1983年。

[2] 陳偉《新出楚簡研讀》第268頁,武漢大學出版社2010年。

[3] 陳劍《〈上博(六)·孔子見季桓子〉重編新釋》,《出土文獻與古文字研究》第2輯,第170—172頁,復旦大學出版社2008年。

臣。《論語・陽貨》"陽貨欲見孔子",孔安國注:"陽貨,陽虎也。"邢昺疏:"蓋名虎字貨。"

公山不擾

"公山不擾"見於《定州・論語・陽貨》簡 507,今本作"公山弗擾",皇侃《義疏》本作"公山不擾"。《左傳》定公五年等作"公山不狃",字子洩。王引之曰:"擾,假借字也,古音狃與擾同。不,語詞。不狃,狃也。"[1]《史記・孔子世家》"陽虎欲逐懷,公山不狃止之",司馬貞《索隱》:"鄒氏云:一作蹂。""蹂"(日—幽)、"狃"(泥—幽)、"擾"(日—幽)音近通用。季桓子家臣。

季康子

季桓子之子季康子,《上五・季庚》簡 1 作"季庚子",簡 2 等又稱"庚子"。《定州・論語・爲政》簡 27、《阜陽牘・儒家》作"季康子"。"庚"讀爲"康"。季氏之宗子又稱季孫,《清三・良臣》簡 8"魯哀公有季孫",即季康子。

季康子名肥,見於《上五・季庚》簡 1 等。

葛戱含

《上五・季庚》簡 8"萦戱含語肥也以處邦家之術",簡 14"且夫戱含之先人"。陳劍指出,"萦"爲其氏,"戱含"爲其名。[2] "萦"作,三體石經《春秋》"介葛廬"之"葛"作,《上三・周易》簡 43 與今本"葛藟"之"葛"對應之字作,陳劍認爲與、及《上四・采風》簡 1 的爲一字,从艸从索或素,而索、素古音與"葛"不近,因此可能是會意字。[3] 郭永秉、鄔可晶指出該字所从之"索"爲"剺"之省文,

[1] [清] 王引之《經義述聞》第 530 頁,江蘇古籍出版社 2000 年。

[2] 陳劍《談談〈上博(五)〉的竹簡分篇、拼合與編聯問題》,《戰國竹書論集》第 174 頁,上海古籍出版社 2013 年。

[3] 陳劍《上博竹書"葛"字小考》,《中國文字研究》第 8 輯,第 70 頁,大象出版社 2007 年。

"㓷"爲"割"之異體,割、葛聲近;《新蔡》甲三 263 的[illegible]字,从"㓷"不省。[1]

"㕞"與"厲""列"音近(參看第 145 頁"妣列"條)。"含"楚簡用爲"今"。"葛㕞今",馬楠認爲或與見於《左傳》昭公十六年魯人洩聲子(又稱"野洩")有關。[2] 待考。

季子然

"季子然"見於《定州·論語·先進》簡 291,今本同。季氏同族。

魯司寇

《上八·子道》簡 4"魯司寇奇言游於逡楚","寇"即"寇"之異體,司寇爲官稱,簡 4、5 稱"司寇(寇)"。與孔子弟子言游在同一故事,所指待考。

孔穿

"孔穿"見於《北四·反淫》簡 44。子思玄孫,字子高,見於《史記·孔子世家》。

魯穆公

"魯穆公"見於《郭店·魯穆》簡 1,或作"魯繆公"(《孟子·告子下》),魯元公子。《史記·魯世家》"元公二十一年卒,子顯立,是爲穆公",司馬貞《索隱》曰:"《世本》顯作不衍。"又作衍(《漢書·律曆志》)。《清二·繫年》簡 120 稱"魯侯侃",簡 124 稱"魯侯羴"。"顯"(曉—元)、"衍"(喻—元)、"侃"(溪—元)、"羴"(審—元)音近。《繫年》簡 121 稱"魯侯"。

子思

"子思"見於《郭店·魯穆》簡 1、《阜陽牘·儒家》等。孔子孫,名

---

[1] 郭永秉、鄔可晶《説"索""㓷"》,《出土文獻》第 3 輯,第 113、117 頁,中西書局 2012 年。

[2] 馬楠《東周姓氏名字考釋二則》,《文史》2014 年第 3 期。

伋,字子思。

成孫弋

“㙼(成)孫弋”見於《郭店·魯穆》簡2、4,魯穆公時人。古書似未見。

孟軻

孟軻,《北四·反淫》簡43—44作“孟柯”,即孟子。《史記·孟子荀卿列傳》:“孟軻,鄒人也,受業子思之門人。”司馬貞《索隱》:“鄒,魯地名。”張守節《正義》:“軻字子輿。”《孔叢子·雜訓》作“孟子車”。

三、衛

衛幽侯

《清二·繫年》簡19“幽侯滅焉”,幽侯即衛幽侯。整理者指出被狄攻滅的衛侯,《左傳》稱“衛懿公”,《論衡·儒增》稱“衛哀公”,簡文作“幽侯”,係謚法互異(《清華貳》第145頁)。華師讀書小組認爲“幽”蓋涉上文“周幽王”而誤。[1] 蘇建洲認爲幽、懿、哀讀音符合通假的條件,又引朱曉海意見説“懿”可能是改謚。[2] 待考。

衛戴公

《清二·繫年》簡20“悳公申”,同簡又作“䜭公”,整理者指出“悳公”“䜭公”即《史記·衛世家》之衛戴公,名申。“悳”“戴”同紐,韻部職之對轉;“䜭”从戠聲,章母職部,與端母的“戴”通假(《清華貳》第145頁)。

“䜭”作,與曾姬無卹壺(《集成》9710)爲一字,周忠兵釋後

[1] 華東師大讀書小組《讀〈清華大學藏戰國竹簡(貳)·繫年〉書後(二)》,簡帛網,2011年12月30日。

[2] 蘇建洲等《清華二〈繫年〉集解》第237—239頁,萬卷樓圖書股份有限公司2013年。

者爲“戴”，[1]以此證之，可信。

衛文公

《清二·繫年》簡20、21“公子啓方”、簡21“文公”，即衛文公，衛戴公弟，名燬。《韓非子·外儲説右》：“衛君入朝於周，周行人問其號。對曰：‘諸侯辟疆。’周行人却之，曰：‘諸侯不得與天子同號。’衛君乃自更曰諸侯燬，而後内之。”簡文名“啓方”，與“辟疆”同義。

衛成公

《清二·繫年》簡21“成公即位”，成公即衛成公，衛聲公之子。《史記·衛世家》言衛成侯十六年，“衛更貶號曰侯”，古書多稱“成侯”。《漢書·古今人表》稱“衛成公”。《史記·衛世家》：“子成侯遫立。”司馬貞《索隱》：“音速。《世本》作不逝。按上穆公已名遫，不可成侯更名，則《世本》是也。”

公子段

《馬王堆·春秋》54“獻公使公子段謂寧召子”，公子段爲衛定公子。《左傳》襄公二十七年作“鱄”，《公羊傳》同；《穀梁傳》作“專”。“專”（章—元）、“段”（端—元）音近通用。字子鮮。

衛侯虔

“衛侯虔”見於《清二·繫年》簡124。整理者指出，據《衛世家》和《六國年表》，此時爲衛慎公頹。《衛世家》記慎公之父是公子適，司馬貞《索隱》謂《世本》“適”作“虔”。《世家》衛世系有混亂處（《清華貳》第195頁）。

東野

《銀一·晏子》簡534“昔衛士東埜之駕也”，今本作“東野”，“埜”即“野”之古文“壄”省體。孫星衍曰：“衛國之士姓東野，《荀子·哀

---

[1] 周忠兵《説古文字中的“戴”字及相關問題》，《出土文獻與古文字研究》第5輯，第366—367頁，上海古籍出版社2013年。

公篇》定公問於顔淵曰：'東野子之善馭乎。'又曰：'東野畢之馬失。'未知即其人否。"黄初曰："《莊子・達生篇》：'東野稷以御見莊公，進退中繩，左右旋中規。莊公以爲文弗過也，使之鉤百而反。'或即其説。"[1]《璽彙》3992有人名"東埜師"，即東野市，以"東野"爲氏。

公孫朝

《定州・論語・子張》簡587"[衛公孫]朝問於子貢曰"，公孫朝，衛大夫。

衛獻公

"衛獻公"見於《馬王堆・春秋》54，同行又稱"獻公"。衛定公子，名衎。

太叔儀

《馬王堆・春秋》60"大叔儀"，又見於《左傳》襄公十四年，襄公二十九年作"世叔儀"。"大"（定一月）、"世"（書一月）音近，王引之有詳細論述：

> 大叔，《論語・憲問篇》作世叔。世、大聲相近。大，正字也；世，借字也。《桓九年傳》正義曰："諸經稱世子及衛世叔申。經作世字，傳皆作大。然則古者世之與大字義通也。"案《公羊經文十三年》"世室屋壞"，《左氏》《穀梁》並作"大室"。《左氏經昭二十五年》"樂大心"，《公羊》作"樂世心"。《曲禮》"不敢與世子同名"鄭注曰："世或爲大。"則大、世古通用也。《爾雅》："父之晜弟，先生爲世父，後生爲叔父。"《釋名》："父之兄曰世父，言爲嫡統繼世也。"案：世亦大也。叔、小雙聲，世、大疊韻。世父、叔父相對成文，則叔爲小、世爲大也。若但以繼世爲解，則何以解於父之仲兄不爲後者乎。[2]

[1] 參看張純一《晏子春秋校注》第24頁，中華書局2014年。

[2] ［清］王引之《經義述聞》第524頁，江蘇古籍出版社2000年。

衛獻公大夫。大叔爲氏，[1]又稱“太叔文子”，文爲其謚，名儀。

寧悼子

《馬王堆·春秋》第54行等“寧召子”，《左傳》襄公二十六年作“悼子”，“召”（定—宵）、“悼”（定—藥）音近可通。衛大夫寧喜，謚悼。

公子浮

《馬王堆·春秋》第54、60行稱“君浮”。“浮”作、（左殘）。新注認爲，“子”上多出“宀”形，當是書手特殊書寫習慣造成的訛寫（《馬王堆集成》第三册第186頁）。公子浮即衛殤公，其名《左傳》襄公十四年作“剽”，《史記·衛世家》作“秋”，《十二諸侯年表》作“狄”，《古今人表》作“焱”。“焱”爲“猋”之訛，“狄”爲“秋”之訛，[2]“猋”（幫—宵）、“剽”（滂—宵）、“浮”（並—幽）應以音通，作“秋”（清—幽）或亦是音通。

衛靈公

“衛靈公”見於《阜陽牘·儒家》、《定州·論語·憲問》簡384等。衛襄公子，名元。

孔文子

“孔文子”見於《定州·論語·公冶長》簡92，《阜陽牘·儒家》稱“文子”，即衛大夫孔圉，孔氏、名圉、謚文。“圉”《公羊傳》定公四年作“圄”，二者均疑紐魚部字。《論語·憲問》稱“仲叔圉”，《漢書·古今人表》中上作“中叔圉”。《姓解》卷一：“仲叔：《左傳》衛大夫仲叔圉。”以仲叔爲氏。梁玉繩謂“仲叔似字”。[3]《古今人表》下上有

---

[1] 參看方炫琛《左傳人物名號研究》第226頁，臺灣政治大學博士學位論文1983年。

[2] 參看王利器、王貞珉《漢書古今人表疏證》第637—638頁，齊魯書社1988年。

[3] 參看王利器、王貞珉《漢書古今人表疏證》第309頁，齊魯書社1988年。

“孔文子”，梁玉繩認爲是南文子之訛，翟雲昇謂重出，“宜删其一”。[1]

王孫賈

“王孫賈”見於《定州・論語・八佾》簡48，今本同。衛靈公臣。《説苑・權謀》有“王孫商”，與衛靈公在同一故事。梁玉繩疑“商”爲“賈”之誤字。[2]《説苑・反質》“叔孫文子問於王孫夏曰”，《太平御覽》卷五三一《禮儀部・宗廟》引作“王孫賈”。蔡雲曰：“《考》引《説苑・權謀篇》王孫商，疑商爲賈字之訛；而《反質篇》又載衛公叔文子問王孫夏事。夏、賈並有舉下切，《爾雅》釋文榎舍人本作櫝，古通用。則夏、賈亦得通借。或本同卜子之名商，字夏，又借作賈歟?”[3]“商”“賈”或是同義换讀。

史鰌

“史鰌”見於《阜陽牘・儒家》，作“史鰌”。《張家山・奏讞書》簡163作“史猷”，簡170、173作“史猶”。“鰌”即“鰌”，“猷”“猶”即“猶”，“鰌”“猶”並从酋聲。《馬王堆・繆和》71上稱“史子”。《論語・衛靈公》稱史魚。史氏，名鰌，字子魚，衛大夫。

祝鮀

“祝鮀”見於《定州・論語・雍也》簡125，今本同。衛大夫，字子魚。

南子

“南子”見於《定州・論語・雍也》簡134，衛靈公夫人，宋人，子姓。

孟賁

“孟賁”見於《銀一・孫臏》簡351、《馬王堆・五行》68、《北四・

---

[1]　參看王利器、王貞珉《漢書古今人表疏證》第655—656頁，齊魯書社1988年。

[2]　參看王利器、王貞珉《漢書古今人表疏證》第309頁，齊魯書社1988年。

[3]　參看王利器、王貞珉《漢書古今人表疏證》第310頁，齊魯書社1988年。

安稽》簡3等。《漢書・東方朔傳》"勇若孟賁",顔師古注:"孟賁,衛人,古之勇士也。"

四、燕

子□　子車

《馬王堆・春秋》7"燕大夫子□率師以禦晉人,勝之。歸而飲至,而樂。其弟子車曰",子□、子車均待考。

子之

"子之"見於《馬王堆・戰國》133,燕王噲時相。

燕昭王

《馬王堆・戰國》205"報惠王之恥,成昭襄王之功",原注指出昭襄王即燕昭王,昭、襄雙字謚(《馬王堆叁》第63頁)。燕王噲之子,名平。《史記・燕召公世家》:"燕人共立太子平,是爲燕昭王。"司馬貞《索隱》:"《趙世家》云武靈王聞燕亂召公子職於韓,立以爲燕王,使樂池送之,裴駰亦以此《世家》無趙送公子職之事,當是遥立職而送之,事竟不就,則昭王名平,非職明矣。"

田伐　使孫　弘　田賢　趙弘　蔡鳥

《馬王堆・戰國》8"田伐"(31作"田代"),8—9、11"使孫""弘",64"田賢""勺弘",274—275、275—276"蔡鳥",皆燕使臣,古書似未見。"勺弘"讀爲"趙弘","代""伐"未知孰誤。

盛慶

"盛慶"見於《馬王堆・戰國》14,10等稱"慶"。燕臣,古書似未見。

繰去疾

"繰去疾"見於《馬王堆・戰國》31。原注指出爲燕臣,《戰國策・燕策二》作"參去疾",古書从"參"之字常誤作从"喿"(《馬王堆叁》第29頁)。

張庫

“張庫”見於《馬王堆・戰國》34,38稱“庫”。原注指出爲燕將,《吕氏春秋・行論》“張魁”(《馬王堆叁》第29頁)。新注謂“魁”可能是“魋”之誤字(《馬王堆集成》第3册第207頁)。

襄安君

“襄安君”見於《馬王堆・戰國》32、39,原注認爲是燕國王族,可能是燕昭王之弟(《馬王堆叁》第29頁)。《戰國策・趙策四》“襄安君”,鮑彪注:“蓋趙人。”關修齡云:“襄安蓋燕人。”范祥雍已指出關説是,襄安君爲燕之王族貴臣。[1]

燕惠王

《馬王堆・戰國》205“報惠王之恥”,“惠王”即燕惠王,燕昭王子。

燕后

“燕后”見於《馬王堆・戰國》193,赵惠文王之女,燕武成王夫人。

燕王喜

“燕王喜”見於《北三・趙正》簡20—21,燕孝王子。戰國兵器(《集成》11195等)作“郾王喜”,“郾”即燕地專字。

荆軻

《北三・趙正》簡20—21“燕王喜仍[荆]軻之謀而背秦之約”,“荆軻”即荆軻。《史記・刺客列傳》“荆軻者,衛人也,其先乃齊人,徙於衛,衛人謂之慶卿”,司馬貞《索隱》:“軻先齊人,齊有慶氏,則或本姓慶。春秋慶封,其後改姓賀。此下亦至衛而改姓荆。荆慶聲相近,故隨在國而異其號耳。”

---

[1] 參看范祥雍箋證,范邦瑾協校《戰國策箋證》第1188頁,上海古籍出版社2006年。

第五章　楚人物名號

老童

楚先“老童”見於《新蔡》甲三 35 等，甲三 268、乙一 22 作“老嫜”，《望山》1－120、122 作“老褈”，《包山》簡 217、237 作“老僮”。《史記・楚世家》：“楚之先祖出自帝顓頊高陽。高陽者，黄帝之孫，昌意之子也。高陽生稱，稱生卷章，卷章生重黎。”裴駰《集解》：“徐廣曰：‘《世本》云老童生重黎及吴回。’”譙周曰：“老童即卷章。”司馬貞《索隱》：“卷章名老童，故《系本》云‘老童生重黎’。”《山海經・西山經》稱“耆童”，“耆”與“老”形近且同義，[1] 因此二者可互作。“卷章”應爲“老童”之訛，學者多有説。[2]

祝融

楚先“祝融”見於《楚帛》甲、《望山》1－120、《包山》簡 217、《新蔡》乙一 22、《清八・八氣》簡 5 等。“融”作[illegible]、[illegible]。《説文》鬲部“融”小篆作[illegible]，謂“从蟲省”，籀文作[illegible]。簡文左从“墉”之古文，右旁參看第 143 頁“穴熊”條。《北一・倉頡篇》簡 46 作“祝融”，《馬王

[1] 李守奎《論〈楚居〉中季連與鬻熊事迹的傳説特徵》，《清華大學學報（哲學社會科學版）》2011 年第 4 期。

[2] 李學勤《論包山簡中一楚先祖名》，《文物》1988 年第 8 期；李零《楚國族源、世系的文字學證明》，《文物》1991 年第 2 期。

堆·五星占》23 上、《天文後》1.10 作“祝庸”。“庸”(餘—東)、“融”(餘—冬)音近。

《史記·楚世家》:“重黎爲帝嚳高辛居火正,甚有功,能光融天下,帝嚳命曰祝融。共工氏作亂,帝嚳使重黎誅之而不盡。帝乃以庚寅日誅重黎,而以其弟吴回爲重黎後,復居火正,爲祝融。”據安大簡《楚史》,老童生重及黎、吴及韋(回)。黎氏即祝融,有子六人,其六子曰季連。[1]

穴熊

“穴熊”見於《新蔡》甲三 35 等,《新蔡》甲三 83、《清一·楚居》簡 2 等作“穴酓”,《新蔡》乙一 24 等作“空酓”。“空”即“穴”之異體;胡小石較早指出“酓”讀爲“熊”並有論證。[2] “酓”影紐侵部,“熊”或歸入談部,或歸入蒸部,或認爲本在侵部、後轉入蒸部。[3] 《説文》糸部“繃”段注曰:“古蒸侵二部音轉最近也。”可見“酓”“熊”音通並無問題。

《包山》簡 217、237 楚先祖“嬶酓”,李學勤釋爲鬻熊,認爲“嬶”从女蟲聲,“鬻”“蟲”覺冬對轉。[4] 其後學者雖對“蚩”符有不同解釋,[5]但均同意“嬶酓”即鬻熊。《楚世家》謂鬻熊爲熊麗之父,而安

[1] 黄德寬《安徽大學藏戰國竹簡概述》,《文物》2017 年第 9 期。

[2] 胡光煒《壽春新出楚王鼎考釋》,《胡小石論文集三編》第 172—176 頁,上海古籍出版社 1995 年;原載《國風》第 4 卷第 3 期,1934 年。

[3] 參看洪颺《“熊”字的上古讀音之古文字材料補證》,《遼寧師範大學學報(社會科學版)》2010 年第 5 期。

[4] 李學勤《論包山簡中一楚先祖名》,《文物》1988 年第 8 期。

[5] 參看劉釗《讀郭店楚簡字詞札記》,武漢大學中國文化研究院編《郭店楚簡國際學術研討會論文集》第 79—80 頁,湖北人民出版社 2000 年;李天虹《上海簡書文字三題》,《上博館藏戰國楚竹書研究》第 380—381 頁,上海書店出版社 2002 年;顔世鉉《楚簡“流”“讒”字補釋》,謝維揚、朱淵清主編《新出土文獻與古代文明研究》第 150—154 頁,上海大學出版社 2002 年;董蓮池《釋戰國楚系文字中从⿱的幾組字》,《古文字研究》第 25 輯,第 286—289 頁,中華書局 2004 年;曾憲通《再説“蚩”符》,《古文字研究》第 25 輯,第 243—250 頁,中華書 (轉下頁)

大簡《楚史》則明確説穴熊生熊麗,穴熊終,熊麗立;[1]結合祝禱簡中三位楚先既作"老童、祝融、穴熊",又作"老童、祝融、媸酓"(媸,《包山》簡217作,《新蔡》甲三188、197作"⿰礻蚩"),則"媸/⿰礻蚩酓""鬻熊""穴熊"實即一人。《古今人表》作"粥熊"。

"蚩"(或作"⿱口蚩"),古文字用爲"讒""融""流"等字聲符。曾憲通認爲,"媸/⿰礻蚩"與"⿰氵蚩(流)"右旁同爲倒子形,與"⿰言蚩(讒)""⿰鬲蚩(融)"右旁爲"蟲"省有所不同,並指出"⿱口蚩"可以省去圓圈變爲"蚩","蚩"也會增益圓圈而變成"⿱口蚩",兩者是雙向的混同。[2] 從"⿰鬲蚩(融)""媸(㛍)""⿰氵蚩(流)""⿰言蚩(讒)"四字右旁均有和兩種寫法[3]來看,這是很有道理的。"媸(㛍)"即"毓"之異體,"毓""鬻"同爲餘紐覺部;然"穴"爲匣紐質部,聲音遠隔。李家浩對兩者音近可通有詳細論證,[4]可以參看。但是否正確,仍待檢驗。或"穴熊""鬻/毓熊"兩種稱呼來源不同,非音通關係。

《清一・楚居》簡1、2有"季⿲糸車糸",整理者指出"⿲糸車糸"从車䜌省聲,季

(接上頁)局2004年,收入《古文字與出土文獻叢考》,中山大學出版社2005年;劉樂賢《讀楚簡札記(三則)——楚簡的"讒"與秦簡的"靈"》,趙平安等主編《中國古代文明研究與學術史——李學勤教授伉儷七十壽慶紀念文集》第112—113頁,河北大學出版社2006年;李家浩《楚簡所記楚人祖先"㛍(鬻)熊"與"穴熊"爲一人説——兼説上古音幽部與微、文二部音轉》,《文史》2010年第3期,收入《安徽大學漢語言文字研究叢書・李家浩卷》,安徽大學出版社2013年;禤健聰《戰國楚系簡帛用字習慣研究》第204—205頁,科學出版社2017年;蔡一峰《出土文獻與上古音若干問題探研》第39—42頁,中山大學博士學位論文2018年。

[1] 黄德寬《安徽大學藏戰國竹簡概述》,《文物》2017年第9期。

[2] 曾憲通《再説"蚩"符》,《古文字研究》第25輯,第243—250頁,中華書局2004年。

[3] 《上七・凡甲》簡2"流"作,"虫"訛作"它"。

[4] 李家浩《楚簡所記楚人祖先"㛍(鬻)熊"與"穴熊"爲一人説——兼説上古音幽部與微、文二部音轉》,《文史》2010年第3輯;收入《安徽大學漢語言文字研究叢書・李家浩卷》,安徽大學出版社2013年。

緐即季連(《清華壹》第 182 頁)。《楚世家》:“季連生附沮,附沮生穴熊……季連之苗裔曰鬻熊。”安大簡《楚史》則明確記載季連、穴熊爲一人,文曰:

> “融乃使人下請季連,求之弗得。見人在穴中,問之不言,以火爨其穴,乃懼,告曰:酓(熊)。”使人告融,融曰:“是穴之熊也。”乃遂名之曰穴酓(熊),是爲荆王。[1]

可見穴熊即季連另一名號。

妣隹

“比隹”見於《清一·楚居》簡 1,楚先季連(即穴熊)之妻。整理者讀“比”爲“祖妣”之“妣”,與下文“妣戭”同例(《清華壹》第 183 頁)。李學勤謂“妣隹”即是新蔡簡中的“𠟭道”,《新蔡》甲三 11、24“昔我先出自𠟭道,宅兹沮、漳,以選遷處”。[2] 趙平安認爲“妣”有配偶的意思,“隹”即鳥,妣隹的意涵是來自以鳥爲圖騰的部落女子。[3] 羅小華疑“比隹”讀爲“仳倠”,引《説文》人部“倠,仳倠,醜面”、《楚辭·九嘆》“西施斥于北宫兮,仳倠倚於彌楹”王逸注“西施,美女也;仳倠,醜女也”爲證,認爲簡文“仳倠”指一位醜女。[4]

按,“比隹”當如整理者所言,與下文“妣戭”同例。“隹”“戭”也可能就是先妣之名,並無深意。類似商周金文所見“妣乙”“妣辛”等稱呼。[5]

妣列

“妣戭”見於《清一·楚居》簡 3,楚先穴熊(即季連)之妻。“戭”

---

[1] 黄德寬《安徽大學藏戰國竹簡概述》,《文物》2017 年第 9 期。

[2] 李學勤《論清華簡〈楚居〉中的古史傳説》,《中國史研究》2011 年第 1 期。

[3] 趙平安《清華簡〈楚居〉妣隹、妣戭考》,《中國文化研究》2012 年第 2 期;收入《新出簡帛與古文字古文獻研究續集》,商務印書館 2018 年。

[4] 羅小華《試論清華簡〈楚居〉中的“比隹”》,《簡帛研究 二〇一五(秋冬卷)》,廣西師範大學出版社 2015 年。

[5] 參看吴鎮烽《商周青銅器銘文暨圖像集成索引》第 517 頁,上海古籍出版社 2019 年。

作,包山簡多見,用爲機構名;[1]又見於《上二・容成》簡16"𢦔役不至",整理者讀爲"癘疫"或"痢疫"(《上博二》第262頁)。異體見於《上三・周易》簡49,从"刃"作,今本作"列",帛書本作"戾"(《周易》簡45又有,今本作"洌",阜陽漢簡本作"厲");又从"刀"作、等,[2]用作人名。

復旦讀書會疑簡文"𢦔"讀爲"厲","妣𢦔"爲古厲國女子。厲國與古部族厲山氏(又作列山氏、烈山氏等)有關。[3] 趙平安亦認爲"𢦔"通厲(古書或作賴、列、烈),是來自厲山氏的女子。[4]

綅伯 遠仲

《清一・楚居》簡2謂楚先季連妻妣隹生"綅白、遠中",整理者指出"綅"即《説文》"縚"字或體。《楚世家》"季連生附沮",《帝繫》作"付祖",與簡文不同(《清華壹》第183頁)。趙平安認爲"綅伯"因訛誤、音轉而爲附沮。[5] 宋華强疑附沮或付祖是兩人之名連稱,綅伯、遠仲分別是他們的字。[6] 或謂綅伯即熊盈,見於《逸周書・作雒》;遠仲之"遠"即"薳",又作"蔿",爲楚人常見之氏稱。[7] 安大簡《楚史》不存在附沮一世,[8]"綅白、遠中"或與之無關。

---

[1] 參看朱曉雪《包山楚簡綜述》第782頁,福建人民出版社2013年。

[2] 參看李守奎、賈連翔、馬楠編著《包山楚墓文字全編》第174頁,上海古籍出版社2012年。

[3] 復旦讀書會《清華簡〈楚居〉研讀札記》,復旦大學出土文獻與古文字研究中心網,2011年1月5日。

[4] 趙平安《清華簡〈楚居〉妣隹、妣𢦔考》,《中國文化研究》2012年第2期;收入《新出簡帛與古文字古文獻研究續集》,商務印書館2018年。

[5] 趙平安《"三楚先"何以不包括季連》,《古文字與古代史》第3輯,"中研院"史語所2012年;收入《新出簡帛與古文字古文獻研究續集》,商務印書館2018年。

[6] 宋華强《清華簡〈楚居〉1—2號釋讀》,簡帛網,2011年1月15日。

[7] 子居《清華簡〈楚居〉解析》,簡帛研究網,2011年3月30日。

[8] 黄德寬《安徽大學藏戰國竹簡概述》,《文物》2017年第9期。

愋叔

《清一・楚居》簡 3 穴熊妻妣𨟻生"愋𦊆",即愋叔,其人待考。

麗季

楚先公熊麗見於《清一・楚居》簡 3,稱"麗季""麗",麗爲名,季爲排行。《包山》簡 246"舉禱荆王,自酓鹿以就武王",何琳儀、李零較早指出當讀爲"熊麗",[1]其説是。

巫咸

《清一・楚居》簡 3"曶戔",復旦讀書會讀爲"巫咸",《楚辭・離騷》"巫咸將夕降兮",洪興祖《補注》:"巫咸,古神巫也。當殷中宗之世。"[2]《王家臺・歸藏》、《馬王堆・陰乙・上朔》18 下等作"巫咸",《陰甲・上朔》1 上作"無戔",3 上作"無鈙",《睡虎地・日甲》簡 27 正貳作"巫減"。"無""巫"並明紐魚部字。"鈙"(群一侵)、"咸"(匣一侵)、"戔"(精一談)音近通用。詛楚文稱"丕顯大神巫咸"。

甲骨文所見"咸戊"(《合集》10902 等)、"咸"(《合集》248 正等),或以爲即巫咸。[3]《書・君奭》"巫咸乂王家",王引之曰:

> 巫咸,今文蓋作巫戊。《白虎通》曰:"殷以生日名子何?殷家質故直,以生日名子也,以《尚書》道殷家大甲帝武丁也。於民臣亦得以生日名子何?不使亦不止也,以《尚書》道殷臣有巫咸有祖己也。"據此,則巫咸當作巫戊。巫戊、祖己皆以生日名也。《白虎通》用《今文尚書》,故與古文不同,後人但知古文之作咸,

[1] 何琳儀《包山竹簡選釋》,《江漢考古》1993 年第 4 期;收入《安徽大學漢語文字研究叢書・何琳儀卷》,安徽大學出版社 2013 年。何文在討論簡 197 [illegible]時,引簡 246 作"酓鹿(麗)",後在《楚王熊麗考》(《中國史研究》2000 年第 4 期)、《説"麗"》(《殷都學刊》2006 年第 1 期,收入《安徽大學漢語文字研究叢書・何琳儀卷》)對此有詳細論證。李零《包山楚簡研究(占卜類)》,《中國典籍與文化論叢》第 1 輯,第 439 頁,中華書局 1993 年。

[2] 復旦讀書會《清華簡〈楚居〉研讀札記》,復旦大學出土文獻與古文字研究中心網,2011 年 1 月 5 日。

[3] 參看陳夢家《殷虚卜辭綜述》第 365 頁,中華書局 1988 年。

> 而不知今文之作戊。故改戊爲咸耳。《太平御覽・人事部三》引《白虎通》已誤作咸。不然則咸非十日之名,何《白虎通》引以爲生日名子之證乎?《漢書・古今人表》巫咸亦當作巫戊。《漢書》多用《今文尚書》也。今本作咸,亦後人所改。[1]

以"巫戊"爲巫咸。《放馬灘・日乙》簡350"巫帝陰",《睡虎地・日甲》簡73、《日乙》簡184"巫堪",王强認爲皆指巫咸。[2]

熊狂

"酓性"見於《清一・楚居》簡4,《史記・楚世家》作"熊狂",熊麗之子。

熊繹

"酓羿"見於《清一・楚居》簡4,《楚世家》作"熊繹",《漢書・古今人表》稱"楚子繹",熊狂之子。《左傳》昭公十二年:"昔我先王熊繹,與吕伋、王孫牟、燮父、禽父,並事康王,四國皆有分,我獨無有。"《史記・楚世家》:"熊繹當周成王之時,舉文、武勤勞之後嗣,而封熊繹於楚蠻,封以子男之田,姓芈氏,居丹陽。楚子熊繹與魯公伯禽、衛康叔子牟、晉侯燮、齊太公子吕伋俱事成王。"

屈約

《清一・楚居》簡4"至熊繹與屈約","約"作[illegible]。整理者指出字見於《集韵・諄韵》,同"紃";或説字从玄从匀,是雙音符字;此人與楚武王後裔屈氏無關(《清華壹》第184頁)。李學勤認爲,從簡文看"屈約"是和熊繹並列的楚人領袖,於史無考。楚國後來的屈氏,據《楚辭・離騷》王逸注,源於楚武王子屈瑕,食采於屈,因以爲氏,時代要晚得多。[3]

---

[1] [清] 王引之《經義述聞》第99—100頁,江蘇古籍出版社2000年。

[2] 王强《秦簡所見"巫咸"兩考》,《簡帛研究 二〇一六(秋冬卷)》第94—100頁,廣西師範大學出版社2017年;劉信芳《秦漢簡日書補説十則》亦認爲"巫堪"即巫咸(《簡帛》第19輯,第172頁,上海古籍出版社2019年)。

[3] 李學勤《論清華簡〈楚居〉中的古史傳説》,《中國史研究》2011年第1期。

若嗌

《清一・楚居》簡4"使若嗌卜徙於夷屯",整理者指出"若嗌"爲鄀人先祖(《清華壹》第185頁)。

熊只

"酓只"見於《清一・楚居》簡5,《史記・楚世家》作"熊艾",《三代世表》作"熊乂"(一本作"熊艾")。整理者指出楚文字"只"與隸書"艾"形體接近,《楚世家》"艾"疑有訛誤(第185頁)。李家浩疑"只"是"孑孓"之"孓"的訛體,簡文把"孓"字頭部寫作"口"字形,跟金文者姛罍"子"寫作□同類;"孓"(見—月)、"艾"(疑—月)音近通用。[1] 白於藍贊同李説。[2] 復旦讀書會認爲"熊艾"對應的是《楚居》後文出現的"酓□",而不是"酓只"。[3] 按,隸書"艾"與楚文字"只"形體不近,"孓"古文字罕見,待考。熊只爲熊繹之子。

熊䵣

熊只子"酓䑽"見於《清一・楚居》簡5,《史記・楚世家》作"熊䵣",司馬貞《索隱》:"一作黮。音土感反。䵣音但,與亶同。字亦作亶。"《三代世表》作"熊黮",《索隱》:"吐感反,又徒感反,又杜減反。鄒氏又作點音。"《漢書・古今人表》作"熊亶"。"䑽""䵣"(端—月)、"亶"(端—元)音近通用。作"黮"(透—侵)者,或亦以音通,待考。

熊樊

"酓䕜"見於《清一・楚居》簡5,"䕜"作□,整理者指出"䕜"即

---

[1] 李家浩《談清華戰國竹簡〈楚居〉的"夷宅"及其它——兼談包山楚簡的"䆪人"等》,《出土文獻》第2輯,第58頁,中西書局2011年。

[2] 白於藍《簡帛古書通假字大系》第796頁,福建人民出版社2017年。

[3] 復旦讀書會《清華簡〈楚居〉研讀札記》,復旦大學出土文獻與古文字研究中心網,2011年1月5日。

"樊"字,《漢書・古今人表》作"熊盤","樊""盤"皆唇音元部字。《史記・楚世家》作"熊勝",疑是"般"字訛誤(《清華壹》第185頁)。《新收》469倗戈有"楚王𩛥","𩛥"作(摹本),[1]从樊、飲,李守奎、程燕已指出即熊盤。[2] 熊䵣子。

熊賜

"酓賜"見於《清一・楚居》簡5,整理者指出"賜"从貝睗聲,"賜"之異體。《史記・楚世家》作"熊楊",《漢書・古今人表》作"熊錫","易""昜"形近訛誤(《清華壹》第185頁)。《楚世家》:"熊勝以弟熊楊爲後。"司馬貞《索隱》:"鄒誕本作'熊錫'。一作'煬'。"《三代世表》作"熊煬"。李家浩指出"錫""鍚"形近易誤,"熊錫"先誤作"熊鍚",再改作"熊楊""熊煬"。[3] 熊賜,熊樊弟。

熊渠

"酓追"見於《清一・楚居》簡5,《史記・楚世家》作"熊渠"。《集成》43、11064等楚公冢鐘、戈所見"楚公冢",張亞初認爲"家"(見—魚)、"渠"(群—魚)音近,即熊渠。[4] 劉彬徽從此説。[5] 熊

---

[1] 河南省文物研究所等《淅川下寺春秋楚墓》第187頁,文物出版社1991年。

[2] 李守奎《〈楚居〉中的樊字及出土楚文獻中與樊相關文例的釋讀》,《文物》2011年第3期;程燕《説樊》,《中國文字學報》第5輯,第146—149頁,商務印書館2014年。

[3] 李家浩《清華戰國竹簡〈楚居〉中的酓脺、酓執、酓綖》,《出土文獻》第3輯,第2頁,中西書局2012年。

[4] 張亞初《論楚公冢鐘和楚公逆鐘的年代》,《江漢考古》1984年第4期。

[5] 劉彬徽《楚系青銅器研究》第287頁,湖北教育出版社1995年。朱德熙認爲該字不當釋爲"家",據"冢"在望山簡中有異文"𧰼",認爲當是从豕或至聲,冢讀爲摯,楚公冢即熊渠之子熊摯(參見《長沙帛書考釋(五篇)》,《朱德熙文集》第5卷,第205—206頁,商務印書館1999年。該意見又見於《望山楚簡》第87頁,中華書局1995年)。李家浩、李天虹均從朱説,參看《安徽大學漢語言文字研究叢書・李家浩卷》第236頁,安徽大學出版社2013年;李天虹《楚國銅器與竹簡文字研究》第13—14頁,湖北教育出版社2012年。按,此説建立在"冢"非"家"字基礎之上,不可從。

賜子，當周夷王、周厲王時期。

熊朔

“酓朔”見於《清一・楚居》簡5，“朔”作，《史記・楚世家》對應作“熊毋康”（《三代世表》作“熊無康”），《索隱》引譙周説作“熊翔”。整理者將隸作“朔”，認爲是雙音符字，與“康”“翔”音通（第186頁）。復旦讀書會根據楚簡“朔”的用字習慣認爲“酓朔”是“熊艾”，《史記》誤將兩位楚先王“熊艾”和“熊只”當成一人，在原本應該是“熊只”的位置寫上了“熊艾”，而遺漏了排在“熊渠”之後真正的“熊艾”。[1]白於藍贊同這個觀點，以“酓朔”讀爲“熊艾”。[2]徐在國認爲即“朔”之寫訛。[3] 按，徐説或有所本，當值得重視。

熊摯

“酓墊”見於《清一・楚居》簡5—6，整理者指出“墊”即“摯”字，“酓墊”即熊摯（《清華壹》第186頁）。繼熊朔之位。《史記・楚世家》作“熊摯紅”，《三代世表》作“熊鷙紅”，所記或有誤。

熊延

“酓繟”見於《清一・楚居》簡6，即《史記・楚世家》“熊延”。“繟”作，李家浩認爲从糸从脡，“綖”字異體。[4]

熊勇

“酓甬”見於《清一・楚居》簡6，《史記・楚世家》作“熊勇”，熊延子。

---

[1] 復旦讀書會《清華簡〈楚居〉研讀劄記》，復旦大學出土文獻與古文字研究中心網，2011年1月5日。

[2] 白於蓝《簡帛古書通假字大系》第810頁，福建人民出版社2017年。

[3] 徐在國《談清華簡楚居中的“酓朔”》，《中國文字學報》第7輯，第115—118頁，商務印書館2017年。

[4] 李家浩《清華戰國竹簡〈楚居〉中的酓脵、酓執、酓綖》，《出土文獻》第3輯，第1—8頁，中西書局2012年。

熊嚴

“酓嚴”見於《清一・楚居》簡 6,即《史記・楚世家》“熊嚴”:“熊勇六年,而周人作亂,攻厲王,厲王出奔彘。熊勇十年卒,弟熊嚴爲後。熊嚴十年卒。”

熊霜

“酓相”見於《清一・楚居》簡 6,即熊嚴長子伯霜,又稱“熊霜”(《史記・楚世家》)。《漢書・古今人表》誤作“熊霸”。

熊雪

“酓霧”見於《清一・楚居》簡 6,即《史記・楚世家》熊雪,熊霜弟。“霧”字詳第 183 頁“熊雪子麻”條。

熊徇

“酓訓”見於《清一・楚居》簡 6,《阜陽・年表》作“熊徇”,與《史記・楚世家》同,《國語・鄭語》作“季紃”,“徇”(邪—真)、“訓”(曉—文)、“紃”(邪—文)音近。熊雪弟。

自熊嚴至熊徇,《楚世家》曰:“熊嚴有子四人,長子伯霜,中子仲雪,次子叔堪,少子季徇。熊嚴卒,長子伯霜代立,是爲熊霜。熊霜元年,周宣王初立。熊霜六年卒。三弟争立。仲雪死;叔堪亡,避難於濮。而少弟季徇立,是爲熊徇。二十二年,熊徇卒。”

熊咢

“酓咢”見於《清一・楚居》簡 6,《史記・楚世家》作“熊咢”,《十二諸侯年表》作“熊鄂”,司馬貞《索隱》曰:“噩音鄂,亦作咢。”可見司馬貞所見本作“熊噩”。《阜陽・年表》亦作“熊噩”。

楚公逆鐘(《集成》106、“通鑑”15500)之“楚公逆”,孫詒讓指出即“熊咢”,[1] 可信。[2] “咢”小篆作𠸶,隸定作“咢”,从吅屰聲(《説

[1] 孫詒讓《古籀拾遺》第 19—20 頁,中華書局 1989 年。

[2] 參見李零《楚國銅器銘文編年匯釋》,《古文字研究》第 13 輯,第 353 頁,中華書局 1986 年。

文》吅部)。

熊儀

“若嚚畬義”見於《清一・楚居》簡6—7。整理者指出“若嚚”之“若”爲地名,即下文之“箬”。簡文中姓氏作“若”,地名作“萶”,或作“箬”“箬郢”,即史書中的“鄀”(《清華壹》第186頁)。《史記・楚世家》作“熊儀”,《十二諸侯年表》稱“若敖”。“嚚”(疑/曉—宵)、“敖”(疑—宵)音近。“敖”當爲國君之稱。[1] 簡10“若嚚起禍”,指若敖氏族。《楚居》謂“畬咢及若嚚畬義”,則若敖爲熊咢弟,與《楚世家》言爲熊咢子不同。

熊帥

“焚冒畬帀”見於《清一・楚居》簡7。“帀”作,又見於《望山》2-6、《清九・命一》簡1(作、),即“帥”字。整理者指出,“焚”或作“蚡”(《史記・楚世家》)、“羒”(《史記索隱》引古本)、“棼”(《戰國策・楚策》)、“坌”(《國語・鄭語》《漢書・古今人表》等);《國語・鄭語》“楚蚡冒於是乎始啓濮”,韋昭注作“熊率”。“焚”“蚡”“羒”“棼”“坌”,“率”“帥”,並音近通用(《清華壹》第186頁)。

《楚世家》作“熊眴”。《玉篇・口部》引作“呴”。今按,當以“呴”爲是。《廣韻》《集韻》均將“呴”與“率”“帥”放於一起,可見“呴”有率音。司馬貞《索隱》曰:“《玉篇》呴在口部,顧氏云:楚之先即蚡冒也。劉音舜。其近代本字有從目者,故劉氏有舜音,非也。”[2] 可見司馬貞所見本亦作“呴”。

梁玉繩曰:“韓子《和氏篇》謂‘厲王薨,武王即位’,《外儲説左上》亦稱‘楚厲王’,《楚辭》東方朔《七諫》云:‘遇厲、武之不察,羌兩

[1] 參看楊樹達《積微居金文説(增訂本)》第185頁,中華書局1997年;方炫琛《左傳人物名號研究》第500—501頁,臺灣政治大學博士學位論文1983年。

[2] 《索隱》此處《史記》各本有所不同,參看瀧川資言、水澤利忠《史記會注考證附校補》第1023頁,上海古籍出版社1986年。此據國家圖書館藏南宋淳熙本。

足以畢斮。'是蚡冒謚厲王矣。"[1]《楚世家》所載世系爲"若敖—霄敖—蚡冒—武王",而據《楚居》則爲"若敖—蚡冒—霄敖—武王",若後者是,則厲王爲霄敖。

熊鹿

"宵囂酓鹿"見於《清一·楚居》簡7。《史記·楚世家》云:"二十七年,若敖卒,子熊坎立,是爲霄敖。"司馬貞《索隱》:"坎,苦感反。一作菌,又作欽。"《漢書·古今人表》作"甯敖",《史記·十二諸侯年表》作"霄敖",《索隱》曰:"此作甯敖,恐是霄字訛變爲甯也。"可見司馬貞所見本亦作"甯敖"。"宵",趙平安等認爲即秦漢簡牘中的"銷"地,在今湖北天門市。[2]

孟蓬生認爲"坎"(溪—談)、"欽"(溪—侵)、"菌"(群—文)與簡文"鹿"(來—屋)四字音通。[3] 王寧認爲"鹿"作"菌""坎""钦"可能是文字輾轉書寫所致:"鹿"写作音近的"宍","宍"又轉寫作同義的"菌","菌"音轉爲"坎""欽"。[4] 李家浩認爲"坎""欽""菌"音近可通,"鹿""麕"的省寫,與"菌"通用。[5] 按,《國語·吴語》"市無赤米,而囷鹿空虚",韋昭注:"員曰囷,方曰鹿。""囷""鹿"均指糧倉,二

[1] [清]梁玉繩《史記志疑》第1008頁,中華書局1981年。

[2] 趙平安《試釋〈楚居〉中的一組地名》,《中國史研究》2011年第1期;陳偉《秦至漢初銷縣地望補説》,簡帛網,2011年4月5日;程少軒《談談〈楚居〉所見古地名"宵"及相關問題》,簡帛網,2011年5月31日;李家浩《談清華戰國竹簡〈楚居〉的"夷宅"及其他——兼談包山楚簡的"㝁人"等》,《出土文獻》第2輯,第57頁注3,中西書局2011年。

[3] 孟蓬生《〈楚居〉所見楚王"宵囂"之名音釋》,復旦大學出土文獻與古文字研究中心網,2011年5月21日;後改爲《〈楚居〉所見楚王名考釋二則》,《清華簡研究》第1輯,第302—307頁,中西書局2012年。

[4] 孟蓬生《〈楚居〉所見楚王"宵囂"之名音釋》文下評論,復旦大學出土文獻與古文字研究中心網,2011年5月21日。

[5] 李家浩《談清華戰國竹簡〈楚居〉的"夷宅"及其他——兼談包山楚簡的"㝁人"等》,《出土文獻》第2輯,第57頁注3,中西書局2011年。

者或是同義换讀。

楚武王

“楚武王”見於《包山》簡246、《上九·陳公》簡2,作“武王”。《清一·楚居》簡7稱“武王酓䣅”,“酓䣅”爲其名。“䣅”作，整理者謂左旁爲“舌”之繁體(《清華壹》第187頁),是。右旁整理者隸定爲“奚”,孟蓬生認爲也可能是“爰”。[1] “”楚簡多見,多用爲“奚”。

武王名《史記·楚世家》作“熊通”。《左傳》文公十六年“先君蚡冒所以服陘隰也”疏及釋文、宣公十二年“訓之以若敖蚡冒”疏、昭公二十三年“若敖蚡冒,至於武文”疏,四處引《楚世家》均作“熊達”。《漢書·地理志下》、《左傳》桓公二年“蔡侯鄭伯會于鄧,始懼楚也”疏、莊公二十三年“荆人來聘”疏亦作“熊達”。孟蓬生認爲簡文“䣅”从䏦聲,即“絬”或“紲”,讀爲“達”或“徹”。楚武王名爲“熊達”或“熊徹”,漢代避武帝諱改“徹”作“通”。[2] 有學者指出,作“熊達”可能是宋代因避宋真宗劉皇后父劉通之諱而改,《史記》“熊通”則與避漢武帝諱有關。[3]

按,“䣅”讀爲“達”可從。“達”或从舌聲,[4]《清三·良臣》簡7“大同”即勾踐之大夫舌庸(參看第246頁“大同”條),“達”“达”異體,是“䣅”“達”可通之證。但避諱説需要虚擬“熊徹”一名,難以遽信。“通”“達”或是同義换讀,《説文》辵部:“通,達也。”《玉篇·辵部》:“達,通也。”二者互訓、異文古書不勝枚舉。

---

[1] 孟蓬生《〈楚居〉所見楚王名考釋二則》,《清華簡研究》第1輯,第308—309頁,中西書局2012年。

[2] 孟蓬生《〈楚居〉所見楚王名考釋二則》,《清華簡研究》第1輯,第308—311頁,中西書局2012年。

[3] 蘇建洲《〈楚居〉簡7楚武王之名補議》文下評論,復旦大學出土文獻與古文字研究中心網,2011年1月13日。

[4] 參看孫剛《試説戰國齊、楚兩系文字中的“達”》,《江漢考古》2018年第6期。

楚文王

“楚文王”見於《清二·繫年》簡 12、24,《清一·楚居》簡 8、《繫年》簡 25、《上九·陳公》簡 2、《新蔡》甲三 5 稱“文王”,《新蔡》甲三 137 等稱“吝王”。“吝”即文之異體,“口”爲羨符。《韓非子·五蠹》等稱“荆文王”。

楚武王之子,名熊貲(《史記·楚世家》)。《淮南子·説山訓》“文王汙膺”高誘注作“熊疵”,“貲”“疵”音近通用。

堵敖

“坓囂”見於《清一·楚居》簡 9、《清二·繫年》簡 29,“坓”作、。整理者指出“坓”从土聲,“堵”字或體,“坓囂”即堵敖熊囏,“堵”古書或作“杜”“壯”“莊”等,古音皆近(《清華壹》第 188 頁)。劉雲認爲“坓”从“土”从“筐”之初文,讀爲“莊”。[1] 這一觀點得到不少學者的贊同。[2] 蘇建洲認爲从甾土聲,讀爲“堵”“杜”。[3] 按,《清六·鄭甲》簡 11“坓之俞瓕”即堵俞彌,且楚簡“莊”多以“臧”字表示,因此仍以讀“堵”爲妥。《史記·楚世家》“莊敖”,王念孫以“莊”“壯”爲“杜”之訛:“其作莊敖者,杜訛爲壯,又訛爲莊耳。《左傳》釋文亦云‘《史記》作杜敖’,《古今人表》亦作杜敖。不得以《左傳》改《史記》也。”[4] 其説是。堵敖名熊囏,楚文王子。

楚成王

“楚成王”見於《清二·繫年》簡 41、《清三·良臣》簡 5,亦見於詛楚文。春秋晚期鄬鎛甲(“通鑑”15797)作“楚城王”。《清一·楚居》

[1] 見於復旦讀書會《清華簡〈楚居〉研讀札記》(復旦大學出土文獻與古文字研究中心網,2011 年 1 月 5 日)一文下的評論,2011 年 1 月 6 日。

[2] 參看單育辰《釋甲骨文“”字》,李守奎主編《清華簡〈繫年〉與古史新探》第 502—504 頁,中西書局 2016 年。

[3] 蘇建洲《〈楚居〉簡 9“坓”字及相關諸字考釋》,《楚文字論集》第 321—342 頁,萬卷樓圖書股份有限公司 2011 年。

[4] [清] 王念孫《讀書雜志》第 84 頁,江蘇古籍出版社 2000 年。

9 稱“成王”,《上九・成甲》簡 1 作“城王”。《繫年》簡 42 稱“楚王”。楚成王,文王之子,名惲(曉—文),又作“頵”(影—文)、“髡”(溪—文),音近通用。

令尹子文

“命君子旻”見於《清三・良臣》簡 5,楚成王令尹。晉系文字“尹”即寫作“君”,楚簡偶有如此作者如《新蔡》零 200、323“陵君”。“旻”作,相同形體見於《新蔡》零 234 作,即《包山》簡 190、《郭店・語一》簡 60 等作、的“旻”字之省,[1] 从民得聲讀爲“文”(“旻”字釋讀參看第 116 頁“臧文仲”條)。《上九・成甲》簡 1、2 稱“子旻”,“旻”作。

令尹子文又稱“鬬穀於菟”,鬬爲其氏。因出生後被遺棄,“虎乳之”,而楚人稱乳爲穀,稱虎爲於菟,得“穀於菟”之名(見《左傳》宣公四年)。《成甲》簡 3 子文自稱“穀麐余”,整理者讀爲“穀於菟”(《上博九》第 148—149 頁),陳劍指出“麐”讀爲“菟”,是“於菟”省稱,“穀菟余”是“人名+同位語第一人稱代詞”的格式,[2] 其説是。《説文》子部:“穀,乳也。”“穀”爲假借字。

《漢書・叙傳上》作“穀於檡”,顔師古曰:“檡字或作菟,並音塗。”《搜神記》卷一四作“穀烏菟”,《名疑集》卷二謂一作“穀烏䖘”,“於”“烏”一字之分化,“菟”“䖘”(透—魚)、“檡”(定—鐸)音近通用。

令尹子玉

《清二・繫年》簡 43“命尹子玉”,《上九・成甲》簡 1 等稱“子玉”,即楚成王令尹成得臣,成氏名得臣,字子玉。

薳伯嬴

《上九・成甲》簡 3“遠白珵”,簡 4 稱“白珵”,即孫叔敖之父,薳

[1] 參看宋華强《新蔡葛陵楚簡初探》第 142—143 頁,武漢大學出版 2010 年。

[2] 陳劍《〈成王爲城濮之行〉的“受”字和“穀菟余”》,復旦大學出土文獻與古文字研究中心網,2013 年 10 月 21 日。

氏,名賈,字伯嬴。《吕氏春秋·恃君覽·知分》“孫叔敖三爲令尹而不喜”,高誘注:“蔿賈伯盈之子。”“盈”“嬴”(餘—耕)、珵(定—耕)音近可通。《漢書·古今人表》稱“楚蔿賈”,《吕氏春秋·仲春紀·情欲》“孫叔敖”高誘注作“遠賈”,《左傳》僖公二十年作“蔿賈”,“蔿”“遠”“蔿”並匣紐歌部字。

王引之曰:“嬴當讀爲贏。《説文》:‘贏,賈有餘利也。’昭元年《左傳》:‘賈而欲贏,而惡囂乎?’”[1]

楚穆王

“楚穆王”見於《清二·繫年》簡56,《清一·楚居》簡10、《繫年》簡57、58作“穆王”。《漢書·古今人表》作“楚繆王”。“穆”(明—覺)、“繆”(明—幽)音近通用。楚成王之子,名商臣。

楚莊王

“楚莊王”見於《清二·繫年》簡61,作“楚臧王”,楚簡“臧”多用爲“莊”;《銀二·論政·君臣》《阜陽牘·春秋》作“楚莊王”。《馬王堆·繆和》68上稱“荕莊王”,“荕”爲“荆”之異體,與《韓非子·有度》等作“荆莊王”同。《漢書·古今人表》作“楚嚴王”,係避漢明帝劉莊之諱。

《郭店·窮達》簡8稱“楚臧”,與《淮南子·繆稱》作“楚莊”同。《隸續·嚴訢碑》作“楚壯”,“壯”讀爲“莊”。《馬王堆·繆和》18上稱“荕莊”,與《韓非子·有度》作“荆莊”同。《繆和》64上稱“荕王”,《清一·楚居》簡10、《清二·繫年》簡58、《上六·莊王》簡1等稱“臧王”。

《左傳》宣公十八年稱“楚子旅”,《穀梁傳》作“楚子吕”;《楚世家》稱“莊王侣”。“旅”“吕”“侣”音近通用,爲莊王之名。楚穆王子。

沈尹子桱

《上六·莊王》簡1等“酯尹子桱”,簡2稱“酯尹”。“酯”作[illegible]。

[1] [清]王引之《經義述聞》第540頁,江蘇古籍出版社2000年。

整理者已指出"酷尹"爲官名,"酷尹子桱"即楚沈尹莖(《上博五》第 242—243 頁),但將"酷"隸定爲"醓",則非是。《信陽》2 - 23 的字,李家浩曾釋爲"枕",[1]受此啓發,黄德寬、徐在國將楚簡中的偏旁釋爲"冘"。[2] "沓"及从"沓"之字多見於春秋戰國文字,趙平安作過系統研究,[3]高佑仁有更細緻的梳理,並論證非"臽"字,[4]可參看。"酷尹"又見於《包山》簡 165、177 及天星觀簡,[5]後又爲氏稱。[6]

《馬王堆·繆和》68 上稱"沈尹樹",樹爲其名。楚莊王臣。《上九·邦人》簡 1 稱"寑(寢)尹",爲官稱(詳第九章第四節)。

孫叔敖

《郭店·窮達》簡 8"孫昛三謝期思少司馬","孫昛"讀爲"孫叔",即孫叔敖。"孫叔敖"又見於睡虎地漢簡,《銀二·論政·君臣》簡 1418 等作"孫叔嚻"。"嚻"(疑/曉—宵)、"敖"(疑—宵)音近通用。孫叔敖,蔿氏名敖。《隸釋·楚相孫叔敖碑》:"楚相孫君,諱饒,字叔敖。"孫星衍"孫叔敖名字考"曰:

> 蔿敖,字孫叔,古人名與字配。孫當讀爲遜,與敖相輔也。《左傳·宣十二年》晉隋武子曰:"蔿敖爲宰,擇楚國之令典。"下云:"嬖人伍參欲戰,令尹孫叔敖弗欲。"加字于名上,猶稱孔父嘉

---

[1] 李家浩《信陽楚簡中的"柿枳"》,《簡帛研究》第 2 輯,第 2 頁,法律出版社 1996 年。

[2] 黄德寬、徐在國《郭店楚簡文字考釋》,《新出楚簡文字考》第 8 頁,安徽大學出版社 2007 年;徐在國《讀〈楚系簡帛文字編〉札記》,《新出楚簡文字考》第 338 頁,安徽大學出版社 2007 年。

[3] 趙平安《釋"沓"及相關諸字——論西周時代的職官"醓"》,《新出簡帛與古文字古文獻研究》第 124—130 頁,商務印書館 2009 年。

[4] 高佑仁《上博楚簡莊、靈、平三王研究》第 98—128 頁,成功大學博士學位論文 2011 年。

[5] 參看滕壬生《楚系簡帛文字編(增訂版)》第 1255 頁,湖北教育出版社 2008 年。

[6] 相關論述可參看田成方《東周時期楚國宗族研究》第 90—95 頁,科學出版社 2016 年。

之例。下文參曰:"孫叔爲無謀矣。"下文又云:"孫叔曰:進之。"可証孫叔爲敖之字。[1]

以"敖"爲名,"孫叔"爲字,可從。名"饒"者,孫謂"'饒'與'敖'音相近,當據古書有作'孫叔饒'者而言",[2]"饒"爲日母宵部字。

舊注或謂孫叔敖即艾獵,王引之又謂艾獵即孫叔敖字。[3] 孫星衍曰:

孔穎達引《世本》艾獵爲叔敖之兄,高誘注《吕氏春秋》云"孫叔敖,楚大夫蒍賈之子"是也。蒍賈蓋有二子:一蒍艾獵,一蒍敖,字孫叔。敖既稱叔,宜尚有兄矣。孔穎達又引服虔云:"艾獵,蒍賈之子孫叔敖也。"杜預亦云:"艾獵,孫叔敖也。"服虔、杜預以蒍敖、蒍艾獵爲一人。與《世本》異者,因宣十一年傳"令尹蒍艾獵城沂",孔穎達云:"此年令尹爲艾獵,明年令尹孫叔敖,明一人也。"此徒據傳文推之,其實孫叔敖之爲令尹,《史記》有三去相而三爲相之説,何見二年必是一人?且敖字孫叔,既兩見傳文,何得又名艾獵?以此知《世本》之説最古,可從矣。[4]

可見兩者並非一人,《世本》所記應可信。

令尹子重

"命尹子禣"見於《清二·繫年》簡 85,整理者指出即楚莊王弟令尹子重,又稱公子嬰齊,青銅器中作王子嬰次(《清華貳》第 175 頁)。名嬰齊,字子重。王子嬰次鐘(《集成》52)、王子嬰次爐(《集成》10386)之"嬰次",王國維指出即嬰齊,令尹子重。[5] "次"(清—脂)、"齊"(從—脂)音近通用。

---

[1] [清]孫星衍《問字堂集 岱南閣集》第 107 頁,中華書局 1996 年。

[2] [清]孫星衍《問字堂集 岱南閣集》第 107 頁。

[3] [清]王引之《經義述聞》第 547 頁,江蘇古籍出版社 2000 年。

[4] [清]孫星衍《問字堂集 岱南閣集》第 107 頁。

[5] 王國維《觀堂集林(附别集)》第 899—900 頁,中華書局 1959 年。

邊人

《上七・鄭子》簡1"鄭子家亡,𨛸人來告","𨛸人"即邊人,官稱。《國語・魯語上》"晉人殺厲公,邊人以告",韋昭注:"邊人,疆埸之司也。""𨛸"从邑,即邊境之專字。

連尹襄老

"連尹襄老"見於《清二・繫年》簡76,同簡又稱"連尹"。楚莊王臣,連尹爲楚官名。《左傳》成公二年又稱"襄老",方炫琛謂"襄老蓋其名也"。[1]

黑要

連尹襄老之子"黑要",見於《左傳》成公二年。《清二・繫年》簡77作"墨要也"。"黑"(曉—職)、"墨"(明—職)音義並近。"要"爲腰之初文,黑腰當與黑肩、黑臀、黑肱等名同類。其後加"也",詳第194頁"雍子"條。

楚共王

楚共王,《清二・繫年》簡85作"楚龍王","龍"作。《清三・良臣》簡11作"楚恭王"。《清一・楚居》簡11等作"龏王","龏"作。《清二・繫年》簡87作"䶮王","䶮"作;簡90作"𢍰王","𢍰"作。右旁作"兄",或是變形聲化,"𢍰""龏"異體。《吕氏春秋・慎大覽・權勳》稱"荆龔王"。"龍"(來—東)與"共""恭""龏""龔"(見—東)音近通用。

楚莊王之子,名熊審(《左傳》襄公十三年等),見於楚王熊審盞(《新收》1809)。《國語・楚語上》稱"太子葴",宋庠《補音》:"按《左傳》《史記》皆作審,楚共王名也。今諸本多作葴,疑非是。又葴、審音相近,楚夏語或然。"明道本作"箴",韋昭注作:"審,恭王名也。"黄丕烈曰:"此當是'箴或作審,恭王名也',與前第十二卷《晉語解》同脱三

[1] 方炫琛《左傳人物名號研究》第483頁,臺灣政治大學博士學位論文1983年。

字耳。箴、審音相近。"[1]

伯州犁

《清三・良臣》簡 11"郘州利",《左傳》成公十五年、《史記・吴太伯世家》等作"伯州犁",《國語・晉語五》稱"州犁",《國語・越語上》"納之太宰嚭"韋昭注、《潛夫論・志氏姓》作"州黎",[2]"郘""伯","犁""黎""利",並音近通用。伯氏,名州犁。整理者謂"郘"爲其氏本字(《清華叁》第 162 頁)。

司馬子反

"司馬子反"見於《清二・繫年》簡 77,簡 78 稱"司馬"。楚共王司馬,名側,字子反。楚穆王子,又稱公子側(《左傳》成公十六年)。

共夫人

《包山》簡 41、48"龏夫人",即共夫人,楚共王夫人。

王子晨

《清二・繫年》簡 87—88"共王使王子脣聘於晉","王子脣",《左傳》成公九年作"公子辰"。成公十年"報大宰子商之使也",杜預注:"子商,楚公子辰。"名辰,字子商。

鄖公儀

"芸公義"見於《清二・繫年》簡 85,簡 86 稱"芸公"。整理者指出《左傳》成公七年作鄖公鍾儀(《清華貳》第 175 頁)。"芸""鄖"並匣紐文部字。方炫琛謂鍾爲氏,儀爲名或字。[3]

---

[1] 《韋昭注國語》第 505 頁,藝文印書館 1964 年。

[2] 《國語》據《宋本國語》(國家圖書館出版社 2017 年,此爲國家圖書館所藏宋公序本)、《國語韋昭注》(藝文印書館 1974 年,此爲黄丕烈據影抄宋明道本校刻),《潛夫論》據國家圖書館所藏黄丕烈跋本(善本號 03457)、《四部叢刊》所收述古堂舊藏影明抄本(原書謂"景宋寫本",張覺已有辨析,見《王符〈潛夫論〉考》,《古籍整理研究學刊》1998 年第 4、5 期合刊)。今中華書局本《潛夫論箋校正》第 443 頁、《國語集解》第 569 頁均作"犁"。

[3] 方炫琛《左傳人物名號研究》第 545—546 頁,臺灣政治大學博士學位論文 1983 年。

王子罷

《清二・繫年》簡88—89“楚王子波會晉文子燮及諸侯之大夫”，整理者指出“王子波”《左傳》作“公子罷”（《清華貳》第175頁）。《左傳》成公十二年：“晉士燮會楚公子罷、許偃。”杜預注：“二子，楚大夫。”

楚康王

“楚康王”見於《清二・繫年》簡96，《清一・楚居》簡11、《清二・繫年》簡97稱“康王”。楚共王之子，名昭（《左傳》襄公二十八年），《史記・楚世家》作“招”。

令尹子木

《清二・繫年》簡96“命尹子木會趙文子武及諸侯之大夫”，“命尹子木”即楚康王時令尹子木。屈氏名建，字子木。《上六・景公》簡4稱“屈木”。

乳子王

楚康王子郟敖，《清一・楚居》簡11、《清二・繫年》簡97、98稱“乳子王”。“乳子”合文，“乳”作、、。[1] 趙平安認爲，在楚王的序列裏，郟敖處於父王和幾位叔王之間，是諸王的子侄輩，因此被稱作孺子王。[2] 方炫琛曰：“由《左傳》人物名號考察，國君、卿大夫

[1] 此從趙平安釋，見《釋戰國文字中的“乳”字》，《中國文字學報》第4輯，第51—55頁，商務印書館2012年。該字相關討論可參看郭永秉《從戰國楚系“乳”字的辨釋談到戰國銘刻中的“乳（孺）”子》，陳致主編《簡帛・經典・古史》第345—352頁，上海古籍出版社2013年。此外，秦簡中的“乳”及戰國銘文中的“孺子”，可參看趙平安《釋睡虎地秦簡中一種古文寫法的“乳”字》，《漢語言文字研究》第1輯，第215—220頁，上海古籍出版社2015年；郭永秉《戰國工官屬吏中的成童——再談三晉銘刻中所見“孺子”的身份》，徐剛主編《出土文獻：語言、古史與思想》（《嶺南學報》復刊第10輯）第109—128頁，上海古籍出版社2018年。

[2] 趙平安《釋戰國文字中的“乳”字》，《中國文字學報》第4輯，第51—55頁，商務印書館2012年。

之子被定爲繼承者,或父死嗣位不久者,時人皆可呼之爲孺子。”[1]

郟敖,《史記・吴太伯世家》作“夾敖”。《左傳》昭公元年:“葬王於郟,謂之郟敖。”名麇。昭公元年“楚子麇”,《公羊傳》《穀梁傳》作“楚子卷”。《楚世家》“子員立”,司馬貞《索隱》:“《左傳》作麐。”《玉篇・鹿部》麐,“同麇”。“麇”(見一文)、“卷”(見一元)、“員”(匣一文)音近。

楚靈王

“楚靈王”見於《清二・繫年》簡104,《清一・楚居》簡11、《繫年》簡80、《上七・君甲》簡9、《上九・靈王》簡1、《阜陽牘・春秋》等稱“靈王”。

名圍(《左傳》襄公二十六年),《上六・莊王》簡5稱“王子回”。《史記・楚世家》“康王寵弟公子圍”,裴駰《集解》:“徐廣曰:《史記》多作‘回’。”“回”“圍”均匣紐微部字。《論衡・吉驗》作“子圉”,梁玉繩謂“訛也”。[2] 即位後改名“虔”。昭公十一年“楚子虔誘蔡侯般”,孔穎達《正義》曰:“公子圍殺君取國,易名曰虔。”金文有“楚王領”(《集成》53楚王領鐘、“通鑑”03358楚王領甗),嚴志斌根據楚王領甗的形制、紋飾、銘文,結合字體、辭例,舉衛悼公在《史記・衛康叔世家》中作“悼公黚”司馬貞《索隱》引《世本》“黚”作“虔”,證明楚王領當指楚靈王虔。[3] 其説可從。

《楚世家》:“郟敖三年,以其季父康王弟公子圍爲令尹,主兵事。”《清二・繫年》簡97“令尹會趙文子及諸侯之大夫”,此令尹即楚靈王。

申公子皇

《上六・申公》簡4、5“繡公子皇”,簡5等稱“繡公”。“繡”作、

[1] 方炫琛《左傳人物名號研究》第73頁,臺灣政治大學博士學位論文1983年。
[2] 參看王利器、王貞珉《漢書古今人表疏證》第814頁,齊魯書社1988年。
[3] 嚴志斌《楚王領探討》,《考古》2011年第8期。

[illegible],即紳束之“紳”的初文,多讀爲“申”。[1] 整理者認爲“繡公子皇”即申公子靈(《上博六》第247頁),周鳳五、徐少華認爲是申公子亹。[2] 陳偉[3]、李學勤[4]均提到簡文可與《左傳》中的以下内容對讀:

> 楚子、秦人侵吴,及雩婁,聞吴有備而還。遂侵鄭,五月,至于城麇。鄭皇頡戍之,出,與楚師戰,敗。穿封戌囚皇頡,公子圍與之争之。正於伯州犁,伯州犁曰:“請問於囚。”乃立囚。伯州犁曰:“所争,君子也,其何不知?”上其手,曰:“夫子爲王子圍,寡君之貴介弟也。”下其手,曰:“此子爲穿封戌,方城外之縣尹也。誰獲子?”囚曰:“頡遇王子,弱焉。”戌怒,抽戈逐王子圍,弗及。(襄公二十六年)
>
> (楚靈王)使穿封戌爲陳公,曰:“城麇之役,不諂。”侍飲酒於王,王曰:“城麇之役,女知寡人之及此,女其辟寡人乎?”對曰:“若知君之及此,臣必致死禮,以息楚國。”(昭公八年)

陳文據此認爲“繡”讀爲“陳”,陳公子皇即穿封戌,“皇”似爲穿封戌之字。單就文獻比照來看,有其合理之處。不過需要指出的是,古文字中作爲氏稱或國稱的“陳”只用“敶”“塦”“陳”三字表示,而“繡”作爲名詞時則指申國或申氏,不表示陳。《繫年》陳地陳氏用“塦”,申地

[1] 參看裘錫圭、李家浩《談曾侯乙墓鐘磬銘文中的幾個字》,《裘錫圭學術文集·金文及其他古文字卷》第54—60頁,復旦大學出版社2012年。

[2] 周鳳五《上博六〈莊王既成〉〈申公臣靈王〉〈平王問鄭壽〉〈平王與王子木〉新訂釋文注解語釋》,2007年中國簡帛學國際論壇,臺灣大學中國文學系2007年11月10—11日;徐少華《上博簡〈申公臣靈王〉及〈平王與王子木〉兩篇疏正》,《古文字研究》第27輯,第480—481頁,中華書局2008年。但二者思路不同,周文誤將“皇”字釋爲从王六(攀)聲讀爲“亹”,徐文則以史料推論。

[3] 陳偉《讀〈上博六〉條記》,簡帛網,2007年7月9日。

[4] 李學勤《讀上博簡〈莊王既成〉兩章札記》,《通向文明之路》第234頁,商務印書館2010年。

用“繙”,界限分明。前引李文説“傳稱‘穿封戌囚皇頡’,簡文則云申公子皇,傳聞異辭”,並没有認爲被任作陳公的穿封戌與申公子皇是同一人,應該也是考慮到了用字習慣問題。

楚景平王

楚平王見於《清一・楚居》簡 12、《清二・繫年》簡 81、《新蔡》甲三 69、《上六・鄭壽》簡 1 等,作“競坪王”。“競坪王”之稱最早出現在 1973 年 5 月出土於湖北當陽市的楚器秦王鐘(《集成》37),黄錫全、劉森淼指出即楚平王,“競”修飾平王,是强盛、强大的意思;[1]李零認爲“競坪”讀爲“景平”,是楚平王的雙字謚。[2] 李説是。睡虎地漢簡稱“楚平王”。

楚平王爲楚靈王弟,名棄疾,即位後易名熊居。事見《左傳》昭公十三年。

秦景夫人

《包山》簡 132“秦競夫人”,即楚景平王夫人,秦爲國名。

左史倚相

“左史倚相”見於《馬王堆・繆和》64 上、65 上,67 上,稱“倚相”,楚靈王時左史,名倚相。

令尹子西

“命肙子西”見於《清三・良臣》簡 5—6,即令尹子西,楚平王之子公子申。《新蔡》甲一 27 等作“子西君”。《包山》簡 166“子西”,亦指令尹子西。

司馬子期

《清三・良臣》簡 6“司馬子忢”,整理者指出即楚昭王兄司馬子

[1] 黄錫全、劉森淼《“救秦戎”鐘銘文新解》,《古文字與古貨幣文集》第 324—325 頁,文物出版社 2009 年。

[2] 李零《楚景平王與古多字謚——重讀“秦王卑命”鐘銘文》,《待兔軒文存・讀史卷》第 211 頁,廣西師範大學出版社 2011 年。

期(《清華叁》第160頁)。《上九·邦人》簡4"就白公之禍,聞令尹、司馬既死","司馬"即指司馬子期。《史記·楚世家》作"子綦",《吕氏春秋·離俗覽·高義》"嘗有乾谿白公之亂矣"高誘注作"子旗",《越絶書·荆平王内傳》作"子其"。楚簡"亓"多用爲"其","旗""期""綦"並从"其"聲。司馬子期即楚公子結,司馬爲官職,名結,字子期。

左尹宛

《上六·鄭壽》簡3"左尹䖒","䖒"讀爲"宛"(參第49頁"琬"條)。左尹宛即見於《左傳》昭公二十七年的楚左尹郤宛。[1]《漢書·古今人表》稱"楚郄宛"。郄氏名宛,字子惡。另,《吴越春秋·闔閭内傳》載伍子胥曰"白州犁,楚之左尹,號曰郤宛,事平王",《史記·伍子胥列傳》裴駰《集解》引徐廣説郤宛是伯州犁之子,梁玉繩已辨其非。[2]

王子木

楚平王太子名建,字子木。《上六·王子》簡1稱"王子木",簡2、5稱"王子"。《阜陽·春秋》簡53稱"王子建"。

成公乾

《上六·王子》簡5作"城公𠃧",陳偉指出即見於《説苑·臣術》《辨物》的成公乾,[3]《阜陽·春秋》簡9等即作"成公乾"。

《王子》簡2、5稱"城公"。徐少華認爲《説苑》"成公"應理解爲城父縣之縣公,[4]簡文"城公"則是"城父公"之省。[5] 不過,《王

[1] 參看何有祖《讀〈上博六〉札記》,簡帛網,2007年7月9日;凡國棟《〈上博六〉楚平王逸篇初讀》,簡帛網,2007年7月9日;陳偉《新出楚簡研讀》第278—279頁,武漢大學出版社2010年。

[2] 王利器、王貞珉《漢書古今人表疏證》第745頁,齊魯書社1988年。

[3] 參看陳偉《新出楚簡研讀》第282頁,武漢大學出版社2010年。

[4] 徐少華《周代南土歷史地理與文化》第278頁,武漢大學出版社1994年。

[5] 徐少華《上博簡〈申公臣靈王〉及〈平王與王子木〉兩篇疏正》,《古文字研究》第27輯,第482頁,中華書局2008年。

子》篇成公之“成”與地名城父之“城”雖都用“城”字表示，但這並不能説明二者完全對等，楚簡中的“成”一詞很多都寫作“城”，高佑仁已經指出了這一點，並據阜陽簡“成公”“城父”用字不同，且古有“成公”複姓見於《璽彙》4053—4056、5585，對徐説持保留看法，[1]是謹慎而正確的。

景公

《阜陽・春秋》簡9“[成公]乾曰：‘殆於屈春。’京公怒曰”，《説苑・臣術》作“景公”。楚臣，景氏。

少師無極

《上六・鄭壽》簡3“少帀亡惎”，整理者讀爲“少師無忌”，指出少師爲官名，無忌即楚大夫費無忌（《上博六》第259頁）。《清二・繫年》簡81作“少帀亡䛴”。“惎”从心从“期”之古文，或即“忌”之異體。“䛴”从其聲。“費無忌”古書又作“費無極”（《左傳》昭公十五年）。“極”（群—職）、“忌”（群—之）、“其”（群—之）音近可通。

伍奢

伍子胥之父伍奢，《清二・繫年》簡81作“連尹額”，連尹爲其職。《廣韻・麌韻》“五”下作“五奢”。睡虎地漢簡稱“五子奢”，《淮南子・人間》作“伍子奢”。

鄭壽

“奠壽”見於《上六・鄭壽》簡1等，即鄭壽。整理者指出該名典籍未見，疑即做過楚卜尹的觀從（《上博六》第256—257頁），何有祖認爲是見於《左傳》昭公二十七年與左尹郤宛“帥師至于潛”的工尹壽，[2]

---

[1] 高佑仁《上博楚簡莊、靈、平三王研究》第529—530頁，成功大學博士學位論文2011年。

[2] 何有祖《讀〈上博六〉札記》，簡帛網，2007年7月9日。

大西克也懷疑是《左傳》襄公二十四年所記的沈尹壽。[1] 高佑仁對以上三説有詳細分析，認爲整理者説更合理。[2] 但觀從何以又稱鄭壽不好解釋，從《鄭壽》篇鄭壽建議楚平王殺左尹宛，而《左傳》中又與左尹（郤）宛同時出現，何説的可能性似更大。

伍子尚

"五子尚"見於睡虎地漢簡，即伍子尚，伍子胥之兄。《越絶書·荆平王内傳》作"伍子尚"。《左傳》昭公二十年稱"伍尚"，《廣韻·唐韻》"堂"字下引作"五尚"。昭公二十年又稱"棠君尚"，杜預注："棠君，奢之長子尚也。爲棠邑大夫。"陸德明《釋文》："君或作尹。"

楚昭王

《清二·繫年》簡102作"楚卲王"。《包山》簡200、《新蔡》甲一5、《清一·楚居》簡12、《清二·繫年》簡82、《上四·昭王》簡1、《上九·邦人》簡2等稱"卲王"，"卲"作。《包山》簡203作，"刀"作"刃"。《北三·周訓》簡54等作"昭王"。睡虎地漢簡稱"昭公"。《清三·良臣》簡5作"楚軺王"，"軺"三晉文字多見，[3] 吴振武認爲可釋爲"朝"，用"召"代替"朝"原聲符"舟"。[4]

楚平王子。《左傳》昭公二十六年稱"太子壬"，《太平御覽》卷一四七《皇親部一三》引《左傳》作"太子任"；《史記·楚世家》作"太子珍"；《左傳》哀公六年稱"楚子軫"。"壬"、"任"（日—侵）、"珍"（端—文）、"軫"（章—文）或以音近通用。

葉公子高

葉公子高，《上八·命》簡1、《上九·邦人》簡7等作"鄴公子

[1] 大西克也《上博六〈平王〉兩篇故事中的幾個問題》，復旦大學出土文獻與古文字研究中心網，2010年4月21日。

[2] 高佑仁《上博楚簡莊、靈、平三王研究》第420—423頁，成功大學博士學位論文2011年。

[3] 參看湯志彪編著《三晉文字編》第1025—1026頁，作家出版社2013年。

[4] 吴振武《〈古璽文編〉校訂》第96—97頁，人民美術出版社2011年。

高”,《清三・良臣》簡6作“郿公子壽”,“鄴”“郿”異體,均是葉地的專字。“壽”从上高聲,讀爲“高”。

葉公子高,食采於葉,因稱葉公,字子高。又稱“沈諸梁”,沈氏名諸梁,沈尹莖之子。《上四・柬大》簡19“君聖人叡良長子,將正於君”,劉信芳認爲“叡良”即諸梁;[1]曹錦炎《鳥蟲書通考(增訂版)》有戈銘曰“者梁之用”,[2]李家浩認爲“者梁”即沈諸梁。[3] 均待考。

雈人

《上四・昭王》簡1—2“有一君子,喪服曼廷,將迈閨。雈人止之”,簡2“雈人弗敢止”。“雈人”,整理者讀爲“侏人”,指宮中御侍(《上博四》第183頁)。董珊釋作“集人”,讀爲“宗人”並存疑;[4]魏宜輝讀爲“閽人”;[5]鄭玉姍讀爲“雉人”,即把守雉門之人;[6]孟蓬生讀爲“寺人”,即宮中供使喚的小臣;[7]曹方向讀爲“誰人”,類似漢代職官“大誰卒”“大誰”或“大誰長”。[8] 從簡文看,雈人守於閨門之前,其職似與寺人同,但具體相當於哪個詞,仍待考。

陳眚

“陳眚”見於《上四・昭王》簡3“让命尹塦眚爲視日”,簡4稱“让命尹”,爲其職。整理者疑掌占卜(《上博四》第184頁),劉信芳認爲

[1] 劉信芳《上博藏竹書〈柬大王泊旱〉聖人諸梁考》,《中國史研究》2007年第4期。
[2] 曹錦炎《鳥蟲書通考(增訂版)》第485頁圖版376,上海辭書出版社2014年。
[3] 李家浩《者梁戈小考》,《中國文字學報》第10輯,第44—46頁,商務印書館2020年。
[4] 董珊《讀〈上博藏戰國楚竹書(四)〉雜記》,簡帛研究網,2005年2月20日。
[5] 魏宜輝《讀上博楚簡(四)劄記》,簡帛研究網,2005年3月10日。
[6] 鄭玉姍《〈上博四・昭王毀室〉劄記》,簡帛研究網,2005年3月31日。
[7] 孟蓬生《〈上博竹書四〉閒詁》,《簡帛研究 二〇〇四》第71頁,廣西師範大學出版社2006年。
[8] 曹方向《上博簡〈昭王毀室〉“誰人”的官稱問題》,《簡帛》第7輯,第25—26頁,上海古籍出版社2012年。

是代楚王處理當日事務，接待訴訟者的傳令官員。[1] 與“让”相關的職官包山簡多見，如簡 51“大让尹”、簡 74“让大令”“让御”、簡 194“让令史”等，王穎認爲“让”似爲設立在地方的機構或官職，[2]范常喜疑可能是一種司法部門的分支機構，朝廷中的“让令尹”可能會由宫廷内豎充任。[3]

大尹

“大尹”見於《上四・昭王》簡 6“大尹遇之”“大尹入告王”等，爲官稱。作爲官名又見於《包山》簡 187、《曾侯》簡 211。《左傳》哀公二十六年“因大尹以達，大尹常不告，而以其欲稱君命以令”，杜預注：“大尹，近官有寵者。六卿因之以自通達於君。”

龏之脽

“龏之脽”見於《上四・昭王》，自稱“脽”，爲楚昭王馭車。“脽”作形，“脽”之異體。[4] 鄂君啓節（《集成》12110—12113）大攻尹之名亦爲脽（）。龏氏名脽，董珊認爲以楚共王之謚號“龔”爲其族，[5]可信。

昭夫人

《上九・邦人》簡 5“卲夫人”，即昭夫人，楚昭王夫人。《史記・伍子胥列傳》“負楚惠王亡走昭夫人之宫”，司馬貞《索隱》曰：“昭王夫人，即惠王母，乃越女是也。”《列女傳・節義傳》稱“楚昭越姬”，曰：“越王勾踐之女，楚昭王之姬也。”

---

[1] 劉信芳《楚系簡帛釋例》第 16 頁，安徽大學出版社 2011 年。

[2] 王穎《包山楚簡詞彙研究》第 261 頁，厦門大學出版社 2008 年。

[3] 范常喜《讀〈上博四〉札記四則》，簡帛研究網，2005 年 3 月 31 日。

[4] 參看李守奎《楚文字考釋三組》，《簡帛研究》第 3 輯，第 27 頁，廣西教育出版社 1998 年。

[5] 董珊《出土文獻所見“以謚爲族”的楚王族——附説〈左傳〉“諸侯以字爲謚因以爲族”的讀法》，《出土文獻與古文字研究》第 2 輯，第 112 頁，復旦大學出版社 2008 年。

蔡大祝

《上九・邦人》簡8—9“鄵大祝”，“鄵”作、，即蔡大祝，蔡或爲其氏，大祝爲其官。

接輿

“接輿”見於《定州・論語・微子》簡555，今本同。《經典釋文・莊子》“接輿”：“本又作與。”《高士傳》卷上：“陸通字接輿，楚人也。好養性，躬耕以爲食。楚昭王時，通見楚政無常，乃佯狂不仕，故時人謂之楚狂。”

梁公弘

“梁公弘”見於《阜陽・春秋》簡43，亦見於《説苑・權謀》。楚昭王臣。

楚獻惠王

“獻惠王”見於《清一・楚居》簡13、《清二・繫年》簡106、《新蔡》甲一21等，《新蔡》甲三213等又稱“惠王”。“獻”作、，“惠”作、、，上部或訛作“艸”。

《墨子・貴義》：“子墨子南游於楚，見楚獻惠王。獻惠王以老辭，使穆賀見子墨子。”畢沅、孫詒讓、于省吾等據《文選・和伏武昌登孫權故城》李善注等引《墨子》有“墨子獻書惠王，王受而讀之，曰：良書也”，謂“獻惠王”應作“獻書惠王”，[1]非是。二者明顯非同一故事。蘇時學曰：“獻惠王即楚惠王也。蓋當時已有兩字之謚。”其説是。[2]

楚昭王之子，名章。

惠夫人

“惠夫人”見於《包山》簡167，即楚惠王夫人。

白公勝

“白公”見於《清一・楚居》簡13、《上九・邦人》簡4，《阜陽牘・

[1] 參看王焕鑣《墨子集詁》第1044—1045頁，上海古籍出版社2005年。

[2] 參看王焕鑣《墨子集詁》第1044頁，上海古籍出版社2005年。

儒家》稱“白公勝”。楚平王之孫，太子建之子，名勝。《左傳》哀公十六年“（子木）其子曰勝，在吴。子西欲召之……使處吴竟，爲白公”，杜預注：“白，楚邑也。汝陰褒縣西南有白亭。”《史記・伍子胥列傳》作“楚太子建之子勝者在於吴，吴王夫差之時，楚惠王欲召勝歸……使居楚之邊邑鄢，號爲白公”。

《國語・楚語下》《孔叢子・詰墨》稱“王孫勝”。

楚柬大王

楚簡王，《清二・繫年》114 稱“楚柬大王”。《上四・柬大》、《清一・楚居》簡 15、《望山》1－10、《新蔡》甲一 21 等稱“柬大王”。“簡”“柬”並見紐元部字。

董珊認爲“大”可讀爲謚法之“厲”。[1] 按，蘇洵《謚法》卷 2 有“大”字謚，謂“則天法堯曰大”，[2]《大金集禮》卷 3《追加謚號》亦有“大”謚，曰“充實輝光，廣被弘覆謂之大”，三國吴孫權謚大皇帝。《詩・周頌・天作》《魯頌・閟宫》稱古公亶父爲“大王”，《漢紀・前漢孝昭皇帝紀》稱“周大王”。

楚惠王子，《清一・楚居》簡 14、15 稱“王大子”。名“中”（《史記・楚世家》），又作“仲”（《六國年表》）。

令尹子春

“命尹子𦣻”見於《上八・命》簡 1，《王居》簡 5 作“命尹子萅”，《北五・揕輿》簡 63 貳作“令尹子春”。《王居》《命》又稱“命（令）尹”。

《命》簡 7 令尹子春對葉公子高之子説“子謂昜爲賢於先大夫”，袁金平認爲“昜爲”是子春自稱，與《曾侯》簡 1“大莫囂𣃽爲[3]”及

[1] 董珊《出土文獻所見“以謚爲族”的楚王族——附説〈左傳〉“諸侯以字爲謚因以爲族”的讀法》，《出土文獻與古文字研究》第 2 輯，第 120 頁，復旦大學出版社 2008 年。

[2] 曾棗莊、舒大剛主編《三蘇全書》第 3 册，第 310 頁，語文出版社 2001 年。

[3] “爲”作[illegible]形，裘錫圭、李家浩已經指出同墓出土的鐘銘中“爲”即有作此形者（湖北省博物館《曾侯乙墓》上册，第 501 頁，文物出版社 1989 年），參 （轉下頁）

《新蔡》甲三 36“大莫囂鴋爲”(甲三 296 作“[大]莫囂昜爲”)爲一人,[1]可從。《清二·繫年》簡 114—115 載楚簡王七年(前 425 年),“王命莫囂昜爲率師以定公室”,又簡 116 楚簡王八年“王命莫囂昜爲率師侵晉”,此“昜爲”亦是同一人。《命》篇之“陽爲”疑先爲大莫敖之職,後爲楚令尹,《上四·柬大》簡 22 記楚簡王時有“令尹子林”,若此子林爲宰輔,則陽爲(令尹子春)或爲其繼任者。葉公子高卒年約在公元前 470 年,其子與令尹子春在時代上也正好相當。[2]《包山》簡 200 等“罷禱文坪夜君、郚公子萅”,黄浩波最早認爲“敔公子春”即令尹子春,[3]待考。[4]

李學勤認爲“陽爲”是楚之陽氏,出於穆王。[5] 田成方從兩方面提出質疑:第一,陽氏爲大莫敖,不僅違背屈氏貴族襲任大莫敖一職的慣例,也與陽氏宗族在春秋晚期以後的政治地位不相符(陽匄死後,他的三個兒子陽令終、陽完和陽佗被令尹子常誅殺,陽匄一系幾乎退出了楚政壇);第二,用作姓氏的陽一般寫作“鄝”和“墬”,未見有確切的用“昜”“鴋”之例。並指出“大莫敖陽爲”與《戰國策·楚策一》“莫敖子華”“莫敖大心”是一樣的稱謂方式,省略氏稱。[6] 其説是。陽爲當是屈氏,名陽爲,字子春,“陽”“春”意義相關,《朱子實

(接上頁)看李守奎編著《楚文字編》第 77 頁,華東師範大學出版社 2003 年。

[1] 參看復旦吉大讀書會《上博八〈命〉校讀》(復旦大學出土文獻與古文字研究中心網,2011 年 7 月 17 日)文下袁金平評論,陳志向評論認爲“陽”是子春之名,非是。《曾侯》及《新蔡》之“大莫敖”李學勤認爲即一人(《論葛陵楚簡的年代》,《文物》2004 年第 7 期),其説是。

[2] 參看李守奎《清華簡〈繫年〉“莫囂昜爲”考論》,《中原文化研究》2014 年第 2 期。

[3] 黄浩波《試説令尹子春即敔公子春》,簡帛網,2011 年 10 月 27 日。

[4] 蘇建洲不同意此觀點,詳《也論清華簡〈繫年〉“莫囂昜爲”》,《中原文化研究》2014 年第 5 期。

[5] 李學勤《有紀年楚簡年代的研究》,《文物中的古文明》第 433 頁,商務印書館 2008 年。

[6] 田成方《東周時期楚國宗族研究》第 50 頁,科學出版社 2016 年。

紀》卷 8 有許景陽字子春者。

《阜陽・春秋》簡 9 等有“屈春”,所述故事見於《説苑・臣術》:

> 楚令尹死,景公遇成公乾,曰:“令尹將焉歸?”成公乾曰:“殆於屈春乎。”景公怒曰:“國人以爲歸於我。”成公乾曰:“子資少,屈春資多。子義獲,天下之至憂也,而子以爲友;鳴鶴與芻狗,其知甚少,而子玩之。鴟夷子皮日侍於屈春,損頗爲友,二人者之智足以爲令尹,不敢專其智,而委之屈春,故曰政其歸於屈春乎。”

若屈春爲令尹,從名號看很可能是令尹子春。然成公乾曾與楚平王(公元前 516 年去世)出現在同一故事中,公元前 425 年令尹子春仍任莫敖,能否與成公乾有交集,尚不可知。

《包山》簡 7“齊客陳豫賀王之歲,八月乙酉之日,王廷於藍郢之游宫,焉命大莫囂屈昜爲命邦人入其弱典”,王紅星認爲此事發生在公元前 321 年,[1] 則此“大莫敖屈陽爲”與前述非一人。

令尹子林

《上四・柬大》簡 22“命尹子林”,即楚簡王時令尹,子林或爲字。同簡省稱“命(令)尹”。古書似未見。

龜尹羅

“黽尹羅”見於《上四・柬大》簡 1,楚文字用“黽”爲龜。[2] 整理者指出龜尹是官名,掌卜大夫,在楚亦稱卜尹、開卜大夫(《上博四》第 195 頁)。名羅。《柬大》簡 2 省名稱“龜尹”。龜尹又見於《新蔡》乙

[1] 王紅星《包山簡牘所反映的楚國曆法問題》,《包山楚墓》上册,第 529 頁,文物出版社 1991 年。

[2] 參看李家浩《楚墓竹簡中的“昆”字及从“昆”之字》,《著名中年語言學家自選集・李家浩卷》第 309 頁注①,安徽教育出版社 2002 年;馮勝君《戰國楚文字“黽”字用作“龜”字補議》,《漢字研究》第 1 輯,第 477—479 頁,學苑出版社 2005 年。禤健聰認爲所謂“黽”形應當直接釋爲“龜”(《釋楚文字的“龜”和“譽”》,《考古與文物》2010 年第 4 期)。

四141等,馮勝君認爲可能是見於《周禮》《左傳》等書中的龜人,[1]宋華强指出龜人爲中士,龜尹地位似應稍高,大概是龜人之長。[2]

贅尹高

“贅尹高”見於《上四・柬大》簡8,簡2等稱“贅尹”,“高”爲名或字。“贅”作,亦見於金文作、,[3]多以爲《説文》貝部“賚”之異體。[4] 徐國銅器中的“尹”(《集成》2766)周波認爲當釋爲“贅尹”,[5]可從。

贅尹爲官名,又見於《包山》簡28、《曾侯》簡165、《馬王堆・陰甲・堪輿神煞表》7。《北五・揕輿》簡42作“贅尹”,“贅”作,“贅”之誤字。上博簡整理者認爲贅尹司卜筮、祭祀(《上博四》第197頁);周鳳五釋爲“賚尹”,認爲其地位、職掌與大宗伯類似,掌建邦之天神、人鬼、地示之禮;[6]陳劍釋爲“釐尹”;[7]陳偉引“釐,福也”認爲釐尹可能取義於祈神求福。[8]

太宰晉侯

《上四・柬大》簡10:“君王當以問<u>大宭晉侯</u>,彼聖人之子孫。”又稱“大宭”,多見。簡14作“大宰”,即太宰,官稱。簡19—20:“君聖人叡良倀子,將正於君。”劉信芳讀“叡良”爲諸梁,即葉公子高,進而

[1] 馮勝君《戰國楚文字“黽”字用作“龜”字補議》,《漢字研究》第1輯,第477頁,學苑出版社2005年。
[2] 宋華强《新蔡葛陵楚簡初探》第137頁,武漢大學出版社2010年。
[3] 參看董蓮池編著《新金文編》第391頁,作家出版社2011年。
[4] 參看周法高主編《金文詁林》第1947—1957頁,香港中文大學1975年。
[5] 周波《試説徐器銘文中的官名“賚尹”》,《出土文獻與古文字研究》第4輯,第93—101頁,上海古籍出版社2011年。
[6] 周鳳五《上博四〈柬大王泊旱〉重探》,《簡帛》第1輯,第122頁,上海古籍出版社2006年。
[7] 陳劍《上博竹書〈昭王與龔之脽〉和〈柬大王泊旱〉讀後記》,《戰國竹書論集》第129頁,上海古籍出版社2013年。
[8] 陳偉《新出楚簡研讀》第193—194頁,武漢大學出版社2010年。

讀"晉侯"爲"葉侯",[1]似不可信(詳第169頁"葉公子高"條)。劉樂賢認爲"晉侯"可能是太宰之名。[2] 待考。

太宰子步

《上四·柬大》簡22"令尹子林問於大宭子步","步"作,陳斯鵬釋。[3] 又稱"大宭",即太宰,官稱。劉信芳認爲太宰子步與太宰晉侯爲一人,"子步"是名,"晉侯"是爵稱。[4] 然文中並未有二者爲一人之證,或是兩人,同爲太宰之職。

安君

《上四·柬大》簡7"王入,以告安君與陵尹子高",安君爲楚簡王臣。鄭威疑"安"即包山簡中多次出現的"郊"地,讀爲"鄢"。《左傳》昭公十三年"王沿夏,將欲入鄢",服虔注:"鄢,楚別都也。"[5]

陵尹子高

"陸尹子高"見於《上四·柬大》簡7。"陸"即"陵"字。整理者注:"陵尹,楚官名……一曰掌山陵之官,一曰陵爲地名,以爲陵縣縣令。"(《上博四》第201頁)"陵尹"作爲官名又見於《包山》簡179、《新蔡》甲三216等。《柬大》又單稱其官名"陸尹","子高"或爲其字。

中余

"中余"見於《上四·柬大》簡9、10、15,爲官稱。作爲職官名《清一·楚居》簡16作"宔醽",《包山》簡18作"中酴",簡145作"宔

---

[1] 劉信芳《上博藏竹書〈柬大王泊旱〉聖人諸梁考》,《中國史研究》2007年第4期。

[2] 劉樂賢《讀上博〈四〉札記》,簡帛研究網,2005年2月5日。

[3] 陳斯鵬《〈柬大王泊旱〉編聯補議》,簡帛研究網,2005年3月9日;收入《卓廬古文字學叢稿》,中西書局2018年。

[4] 劉信芳《竹書〈柬大王泊旱〉試解五則》,簡帛研究網,2005年3月14日。

[5] 鄭威《楚國封君研究》第58—59頁,湖北教育出版社2012年。

豁”，陳斯鵬[1]、劉信芳[2]指出與“中余”同。周鳳五認爲即中舍，爲楚王宫中近侍之官，秦漢以下稱作舍人。[3] 陳偉指出中舍即古書中的中謝或中射，侍御之官。[4] 肖從禮對楚漢簡牘所見“中舍”職掌有詳細分析，[5]可參看。

相徙

“梘𨓚”見於《上四・柬大》簡9、10、15，官稱。“梘”即“相”字異構。陳劍釋文作“相徙”。[6] 周鳳五釋爲“相沙”。[7] “𨓚”即《説文》辵部“徙”字古文“𡲬”之異體，“相徙”具體執掌待考。

五連小子

“五連少子”見於《上四・柬大》簡15。五連，整理者引《管子・乘馬》“五家而伍，十家而連，五連而暴，五暴而長，命之曰某鄉”作解(《上博四》第208頁)；陳偉指出《包山》簡155“且政五連之邑于葬王士”，或與五連小子有關。[8] 包山簡有“五師”，如“五師士尹”(簡185)，五連與之相類。劉信芳認爲“小子”即《周禮・夏官・司馬》掌祭祀之官。[9]

---

[1] 陳斯鵬《〈柬大王泊旱〉編聯補議》，簡帛研究網，2005年3月9日。

[2] 劉信芳《竹書〈柬大王泊旱〉試解五則》，簡帛研究網，2005年3月14日。

[3] 周鳳五《包山楚簡〈集箸〉〈集箸言〉析論》，《中國文字》新21期，第40頁，藝文印書館1996年；《上博四〈柬大王泊旱〉重探》，《簡帛》第1輯，第129頁，上海古籍出版社2006年。

[4] 陳偉《新出楚簡研讀》第201—202頁，武漢大學出版社2010年。

[5] 肖從禮《楚漢簡牘所見“中舍”考》，《簡帛研究 二〇〇九》第88—96頁，廣西師範大學出版社2011年。

[6] 陳劍《上博竹書〈昭王與龔之脽〉和〈柬大王泊旱〉讀後記》，《戰國竹書論集》第130頁，上海古籍出版社2013年。

[7] 周鳳五《上博四〈柬大王泊旱〉重探》，《簡帛》第1輯，第129頁，上海古籍出版社2006年。

[8] 陳偉《新出楚簡研讀》第203頁，武漢大學出版社2010年。

[9] 劉信芳《楚系簡帛釋例》第47頁，安徽大學出版社2011年。

楚聲王

《清二·繫年》簡119、126稱“楚聖趄王”,《新蔡》甲三137稱“聖趄王”,《望山》1-109作“聖逗王”,《繫年》簡127、《望山》1-88等稱“聖王”。曾姬無卹壺(《集成》9710)“聖趄之夫人”,“聖趄”亦即楚聲王。

楚簡王子,《清一·楚居》簡15“王大子以邦居鄘郢”即指楚聲王。名當。

聲夫人

《包山》簡84、179“聖夫人”,即聲夫人,楚聲王夫人。

楚悼王

楚悼王,《望山》1-88等作“悤王”,即悼王。《清一·楚居》簡16、《夕陽》簡2、《望山》1-112等作“悤𣃁王”,即悼哲王(《清華壹》第192頁)。《清二·繫年》簡127作“刎𣃁王”,“刎”作,整理者認爲“刎”在楚簡多爲“間”字異體“閒”的省形,當从刀聲,讀爲“悼”(《清華貳》第198頁);董珊認爲應是从卪、刀聲的字。[1] 不過,此用爲“悼”之字與楚簡用字習慣不同。大西克也提出“刎”是錯别字;[2]郭永秉認爲“叨”是“卲”字不寫“口”的省體,馬王堆帛書《春秋事語·衛獻公出亡章》的“寧召子”即寧悼子,可見“召”可以用爲“悼”。[3]

稱“悼哲”者,董珊認爲“哲”有兩種可能的解釋:一是文獻失載的楚悼王謚法第二字,先秦謚字也許本有“哲”字,但文獻失載;二是

[1] 董珊《清華簡〈繫年〉所見的“衛叔封”與“悼折王”》,復旦大學出土文獻與古文字研究中心網,2011年4月1日。

[2] 大西克也《清華簡〈繫年〉爲楚簡説——從楚王謚號用字探討》,楊榮祥、胡敕瑞主編《源遠流長:漢字國際學術研討會暨AEARU第三屆漢字文化研討會論文集》第41—42頁,北京大學出版社2017年。

[3] 郭永秉《清華簡〈繫年〉抄寫時代之估測——兼從文字形體角度看戰國楚文字區域特徵形成的複雜過程》,李守奎主編《清華簡〈繫年〉與古史新探》第275頁,中西書局2016年。

對先王的尊美之稱。[1] 周有"考哲王",見《帝王世紀》:"考哲王元年辛丑崩,乙卯,考哲王封弟揭於河南,續周公之官,是爲西周桓公。"[2]

楚悼王,楚聲王之子。名熊疑(《史記・楚世家》),《六國年表》作"熊類"。"疑"(疑一之)、"類"(來一物)關係待考。

中余

《清一・楚居》簡16作"中䜌起禍",爲悼哲王時事。"中䜌"爲官稱,參第177頁"中余"條。

昭之竢

《清二・繫年》簡135"右尹卲之迎",整理者指出右尹爲楚官,"迎"即《説文》"竢"之古文,"卲(昭)之迎",楚昭王之後(《清華貳》第200頁)。

陽城洹恶君

《清二・繫年》簡127—128"㫚城洹恶君",簡135作"昜城洹恶君",整理者指出陽城是封地,"洹恶"爲謚,讀爲"桓定"(《清華貳》第198頁)。楚封君。

景之賈

"競之賈"見於《清二・繫年》簡128,整理者指出爲楚公族,楚平王謚競(景)平,競之賈爲平王之後,亦即楚之景氏(《清華貳》第198頁)。

舒子共

《清二・繫年》簡128"䣄子共",整理者讀爲"舒子共",舒滅於楚,其後人以舒爲氏(《清華貳》第198頁)。

---

[1] 董珊《出土文獻所見"以謚爲族"的楚王族——附説〈左傳〉"諸侯以字爲謚因以爲族"的讀法》,《出土文獻與古文字研究》第2輯,第120頁,復旦大學出版社出版2008年。

[2] 徐宗元輯《帝王世紀輯存》第98頁,中華書局1964年。

魯陽公

魯陽公,《曾侯》簡162作"魯旟公",簡195作"遊旟公"。《包山》簡2作"魯昜公",簡4、《清二・繫年》簡129、134、135作"遊昜公"。裘錫圭、李家浩指出,"旅""魯"音近可通,《説文》㫃部謂古文之"旅","古文以爲魯衛之魯"(《曾侯乙墓》第529頁)。包山簡"魯陽公以楚師後城鄭",清華簡"魯陽公率師以邀晉人""魯陽公率師救武陽",《淮南子・覽冥》"魯陽公與韓構難",三者年代接近,可能是同一人。曾侯簡魯陽公是否亦爲同一人,尚有不同意見。[1]

郎莊平君

《清二・繫年》簡130"郎臧平君率師侵鄭",整理者指出即楚之封君,莊平是其謚,郎爲其封地(《清華貳》第199頁)。董珊疑"郎"讀爲"梁",可能即《左傳》哀公四年"爲一昔(夕)之期,襲梁及霍"之"梁",先爲蠻子之邑,後屬楚,"郎莊平君"即該地封君。[2]

平夜悼武君

"坪亦武君"見於《清二・繫年》簡133,簡135作"坪亦悫武君",簡137作"坪亦悼武君"。整理者指出悼武君可能是新蔡葛陵墓主平夜君成之子(《清華貳》第199頁)。陳穎飛認爲悼武君就是平夜君成。[3]待考。"悼""武"雙字謚。坪夜,裘錫圭讀爲"平輿",楚邑名。[4]

平夜君成

平夜君,《新蔡》零66、甲三234作"坪郙君",甲三246作"坪夜

---

[1] 相關討論可以參看蘇建洲等《清華二〈繫年〉集解》第893—896、917—921頁,萬卷樓圖書股份有限公司2013年。

[2] 董珊《讀清華簡〈繫年〉》,復旦大學出土文獻與古文字研究中心網,2011年12月26日;又收入氏著《簡帛文獻考釋論叢》第102—110頁,上海古籍出版社2014年。

[3] 陳穎飛《楚國封君制的形成與初期面貌新探》,《出土文獻》第3輯,第222—224頁,中西書局2012年。

[4] 裘錫圭《談談隨縣曾侯乙墓的文字資料》,《裘錫圭學術文集・金文及其他古文字卷》第356頁,復旦大學出版社2012年。

君”。名成,《新蔡》零 189 稱“坪夜君城”;又見於戰國平夜君成鼎(《集成》2305)等。“坪”或作“平”( )(《新蔡葛陵楚墓》彩版九、第 66—68 頁)。《新蔡》甲三 16 又稱“少臣成”,即小臣成。《曾侯》簡 67 等亦見“坪夜君”,與此非一人。

楚宣王

《包山》簡 58、191“宣王”,即楚宣王,楚肅王之子,名良夫。

楚威王

《包山》簡 183、166、192“悳王”,即楚威王,楚宣王子熊商。

昭甲　屈恒　司馬昭叚　司馬子位　子期　許尚

《北五·揕輿》簡 50 貳“昭甲以三月辛卯亡”、54 貳“昭甲以九月戊寅起衆,作事西北”;簡 59 貳“王令城父將郢徒從陳至郢”,簡 62 貳稱“城父公屈恒”,簡 60 貳稱“城父公”;簡 55 貳“司馬昭叚以五月甲辰聚衆於北方”,“叚”作段;簡 63 貳“令尹子春、司馬子位臨祠”;簡 68“焦工尹子期以入國之日客”。“昭甲”“屈恒”“昭叚”“子位”“子期”似均未見於古書。該篇“楚十三年天一在卯”“楚五年天一在未”爲楚悼王時紀年(《北大伍》第 131 頁),因此將所見楚人名置於此。簡 50 貳等“許尚”,爲主占卜之人。

范戊

“軞戊”見於《上七·君甲》簡 1 等,簡 2 等又稱“軞乘”。整理者疑“乘”讀爲“申”,即楚大夫范申,又稱范無宇(《上博七》第 192、197 頁),董珊認爲也有可能是范無宇之子申亥,[1]似均不可信。簡 8 自稱“戊”,則“戊”爲其名,“乘”或是其字。復旦讀書會疑“戊”讀爲“茂”,“乘”讀爲勝,“勝”有盛義,與茂同。[2]

---

[1] 董珊《讀〈上博七〉雜記(一)》,復旦大學出土文獻與古文字研究中心網,2008 年 12 月 31 日。

[2] 復旦讀書會《〈上博七·君人者何必安哉〉校讀》,《出土文獻與古文字研究》第 3 輯,第 270 頁,復旦大學出版社 2010 年。

彭徒　郘昌　觀無畏

“彭徒”見於《上八·王居》簡1、7,彭氏名徒,簡2稱“徒”。“郘昌”見於《王居》簡1,郘氏名昌。簡2稱“昌”。“觀無愄”見於《王居》簡1,觀氏名無愄。“無畏”爲古之常見名,“愄”即畏懼之“畏”的專字。《上八·志書》簡2楚王稱之“無愄”。三人似均未見於古書。

屈咢

“屈嘚”見於《上九·陳公》簡3,“嘚”作,即“咢”字。楚將,屈氏名咢,與鄗令尹戰於堬。其人似未見於古書。

陳公狂

“陳公悜”見於《上九·陳公》,“悜”楚簡或用爲“狂”,如《清一·楚居》簡4“熊狂”即寫作“熊悜”。又稱“陳公”。簡6陳公對楚王自稱“悜”,則“悜”爲其名。其人似未見於古書。

熊雪子麻

《上九·陳公》簡3“畬霝子梀與鄗人戰於駱州”,整理者以“畬霝”“子梀”爲二人(《上博九》第172頁),非是。“畬霝”見於《清一·楚居》簡6,即楚先公熊雪。《包山》簡185有人名作“熊霝适”,許全勝最先將“霝”字隸定爲从雨从毳,讀爲“雪”,並以熊雪爲氏。[1] 類似以楚先公名爲氏者楚簡有“熊相(霜)䨣”(《包山》簡85)、“熊相(霜)瘠”(《包山》簡171)、“熊相(霜)虘”(《包山》簡196)、“熊相(霜)之敬”(《新蔡》乙四134)、“熊鹿(麗)秏”(《包山》簡179)、“熊鹿(麗)启”(《包山》簡181),《左傳》宣公十二年有“熊相宜僚”,昭公二十五年有“熊相禖”。“梀”,戰國文字多用爲麻。熊雪子麻,即熊雪之族人,以熊雪之名爲氏,字子麻。

竃

《上七·吳命》簡1“䢅來告曰”,“䢅”作。字又見於公子土斧

[1] 許全勝《包山楚簡姓氏譜》第30頁,北京大學碩士學位論文1997年。

壺(《集成》9709),作,銘文“公孫竃”即齊公孫竈,“竃”是“竈”之異體。“通鑑”15180、15761 公孫潮子鎛、鐘“竃器”,讀爲“造器”。簡文“竈”爲報告者之名,或是楚人。

江君奚洫

《馬王堆·戰國》315、317,整理者注:“江君奚洫,當即昭奚恤,是楚宣王時楚國的相。封於江地,在今河南省正陽縣。”(《馬王堆叁》第84 頁)

昭陽

《包山》簡 103、105“大司馬卲鄝敗晉師於襄陵之歲”,“大司馬卲鄝”又見於鄂君啓節(《集成》12110—12113),即楚昭陽,見於《史記·楚世家》。“通鑑”41576 著録昭陽劍,銘曰“卲旟”,未知是否與此昭陽有關。

屈原

“屈原”見於《北四·反淫》簡 44。屈氏,字原,名平。

景差

《史記·屈原列傳》:“屈原既死之後,楚有宋玉、唐勒、景差之徒者,皆好辭而以賦見稱。”司馬貞《索隱》:“揚子《法言》及《古今人表》皆是景瑳。今作差,是字省耳。”裴駰《集解》引徐廣曰:“差或作慶。”《北四·反淫》簡 44 作“景瑣”,《漢書·古今人表》作“景瑳”。“差”(初—歌)、“瑳”(清—歌)、“瑣”(心—歌)音近通用。依“瑣”“瑳”可知,“差”當讀倉何切(《集韻》)。作“慶”(溪—陽)待考。

唐勒

“唐革”見於《北四·反淫》簡 44、《銀二·唐勒》簡 2113 正,即唐勒,見於《史記·屈原賈生列傳》。

宋玉

“宋玉”見於《北四·反淫》簡 44、《銀二·唐勒》簡 2113 正,見於《史記·屈原賈生列傳》。

悼滑

《包山》簡 226“大司馬恖𩪣將楚邦之師徒以救郙之歲”，簡 267 作“恖戠”，牘 1 正作“郘𢡃”，整理者指出即楚卓滑(《包山》第 57 頁)。卓滑古書異文多見，《戰國策・楚策四》“齊明説卓滑以伐秦，滑不聽也”，《趙策三》“楚、魏憎之，令淖滑、惠施之趙”，《史記・甘茂列傳》“且王嘗用召滑於越”，《新書・過秦論》“齊明周最陳軫召滑”，《秦始皇本紀》“齊明周最陳軫昭滑(或作召滑)”，[1] 或謂“卓”“淖”“召”“昭”音近通用，[2] 可從。楚簡悼、昭兩氏用字區別嚴格，《秦始皇本紀》作“昭滑”似非是，當從一本作“召”。

豎

“豎”見於《馬王堆・戰國》114 等，原注謂應是楚人，《戰國策・韓策三》有公疇豎，不知是否爲一人(《馬王堆叁》第 48 頁)。

唐䓡

“唐䓡”見於《銀一・孫臏》簡 454，整理者指出即楚將唐蔑(《銀雀山壹》第 73 頁)。《史記・秦本紀》作“唐眛”，《漢書・古今人表》作“唐蔑”。“眛”(明—物)、“蔑”(明—月)音近。《戰國策・趙策四》作“唐明”，鮑彪注：“明豈眛之字邪?”“眛”“明”(明—陽)義相反，其説或可從。

春申君

“春申君”見於《馬王堆・戰國》248，即楚人黄歇。《史記・春申君列傳》：“春申君者，楚人也。名歇，姓黄氏。游學博聞，事楚頃襄王……考烈王元年，以黄歇爲相，封爲春申君。”張守節《正義》曰：“然四君封邑檢皆不獲，唯平原有地，又非趙境，並蓋號謚。而孟嘗是謚。”以爲“春申”是號謚。中井積德曰：“四君皆封號，非謚。《吴志》

---

[1] 參看水澤利忠《史記會注考證校補》第 60 頁，廣文書局 1972 年。

[2] 參看諸祖耿《戰國策集注彙考(增補本)》第 739—740 頁，鳳凰出版社 2008 年。

云:'建興二年,有鳥見於春申。'春申之爲地名决矣。"[1]童書業亦認爲"春申"是地名,並謂本在淮北,爲黄歇原封的都城所在地。[2]

李園

《馬王堆·戰國》272"李園憂之",楚將,見於《史記·楚世家》。

韋非

"韋非"見於《馬王堆·戰國》102、104,原注指出爲楚國使者(《馬王堆叁》第44頁)。

洫子

《馬王堆·戰國》114—115:"臣使蘇厲告楚王曰:豎之死也,非齊之命也,洫子之私也。"原注指出"洫子"爲人名(《馬王堆叁》第48頁)。楚人。

蘇脩

《馬王堆·戰國》18、99"蘇脩在齊",原注認爲蘇脩是楚國使者(《馬王堆叁》第27頁)。"蘇脩"亦見於《戰國策·魏策二》,鮑彪謂"三晉之吏也",范祥雍謂鮑注誤,蘇脩疑是楚使在趙謀合齊、趙以攻魏者。[3]

昌平君

《睡虎地·編年記》簡28貳"昌平君居其處",《史記·秦始皇本紀》:"王知之,令相國昌平君、昌文君發卒攻毐。"司馬貞《索隱》曰:"昌平君,楚之公子,立以爲相,後徙於郢,項燕立爲荆王,史失其名。昌文君名亦不知也。"

昌文君

《睡虎地·編年記》簡30貳"昌文君死",見上條。

---

[1] 參看瀧川資言《史記會注考證》第3110頁,上海古籍出版社2015年。

[2] 童書業《春申君的封邑》,《童書業著作集》第2卷,第593頁,中華書局2008年。

[3] 范祥雍箋證,范邦瑾協校《戰國策箋證》第1332頁,上海古籍出版社2006年。

陽文

“陽文”見於《北四・反淫》簡19。整理者指出見於《文選・七發》，李善注引《淮南子》許慎注：“楚之好人也。”（《北大肆》第127頁）即楚美女。

第六章　晉韓趙魏人物名號

一、晉

晉文侯

“晉文侯”見於《清二・繫年》簡9。晉穆侯子，名仇。《繫年》簡8稱“晉文侯𢦏”，“𢦏”作，楚簡多用爲“仇”。

晉獻公

晉武公之子“晉獻公”見於《清二・繫年》簡31、《馬王堆・春秋》28、《北三・周訓》簡77。《繫年》簡32、《清七・趙簡》簡7稱“獻公”。名詭諸（《史記・晉世家》等），或作“佹諸”（《左傳》僖公九年）。《左傳》莊公十六年：“晉武公伐夷，執夷詭諸。”杜預注：“夷詭諸，周大夫。夷，采地名。”與獻公名同。

驪姬

“驪姬”見於《清二・繫年》簡31。又作麗姬（《左傳》宣公三年）、孋姬（《淮南子・説林》）。驪戎之人，姬姓。晉獻公妃。

奚齊

晉獻公之子奚齊，《清二・繫年》簡31、32作“勬資”，“勬”作，“資”作、。整理者認爲“勬”“資”分別从奚、次得聲，“勬資”讀爲“奚齊”（《清華貳》第151頁）。宋華强疑“勬”即“傒”字，右側的可能就是“傒”字所从“人”旁的變體。[1] 孟蓬生疑右半即“奐”“夐”等字所从的聲符“[illegible]”,古音“[illegible]”與“奚”通,“[illegible]”是雙聲符字。[2]《北三・周訓》簡 77 作“奚齊”,“奚”作[illegible]。

太子共君

《清二・繫年》簡 31“乃讒大子龍君而殺之”,整理者讀“大子龍君”爲“太子共君”,即申生(《清華貳》第 151 頁),晉獻公子。《國語・晉語二》:“申生受賜以至於死,雖死何悔。是以謚爲共君。”《禮記・檀弓》稱“恭世子”。“龍”(來—東)、“共”、“恭”(見—東)音近。

卓子

晉獻公子“悼子”見於《清二・繫年》簡 33,《北三・周訓》簡 78 作“綽子”,即晉獻公子卓子(《左傳》莊公二十八年)。《史記・晉世家》作“悼子”,《齊太公世家》作“淖子”,《秦本紀》“荀息立卓子”,裴駰《集解》引徐廣曰:“一作倬。”諸字並从“卓”聲。

里克

晉獻公大夫“里克”,見於《馬王堆・春秋》1、2,《清二・繫年》簡 32、33 作“里之克”。里氏名克。

荀息

“荀息”見於《銀一・孫臏》簡 300,晉獻公大夫。《潛夫論・志氏姓》作“郇息”。又稱荀叔(《左傳》僖公九年),《馬王堆・春秋》47 作“均叔”。“荀”(心—真)、“均”(見—真)基本聲符都是“匀”。

晉惠公

“晉惠公”見於《清二・繫年》簡 38、《北三・周訓》簡 94,《繫年》簡 32 等,《周訓》簡 97 稱“惠公”。晉獻公之子,名夷吾。“夷吾”見於《周訓》簡 79。

---

[1] 宋華强《清華簡〈繫年〉奚齊之“奚”的字形》,簡帛網,2011 年 12 月 21 日。

[2] 孟蓬生《釋“[illegible]”——歌支通轉例説之一》,李守奎主編《清華簡〈繫年〉與古史新探》第 421—432 頁,中西書局 2016 年。

梁由靡

晉惠公大夫梁由靡,《北三・周訓》簡94作"梁囚靡",整理者指出《史記・晉世家》作"梁繇靡"(《北大叁》第131頁)。《馬王堆・春秋》6存"靡"字。"由""繇""囚"音近通用(參看第40頁"皋陶"條)。《元和姓纂》卷五《十陽》以"梁由"爲複姓,曰:"晉有梁由靡,漢有將軍梁由先,安帝時人。"

路石

《北三・周訓》簡94—95"晉惠公之右路石奮梃擊穆公之左袂",路石,晉惠公臣,見於《吕氏春秋・仲秋紀・愛士》。

慶鄭

"慶鄭"見於《馬王堆・春秋》6。晉惠公大夫,見於《史記・晉世家》等。

晉懷公

"晉懷公"見於《清二・繫年》簡35等,作"褱公"。晉惠公之子,名圉,亦稱子圉。《北三・周訓》簡80稱"圉子"。"子"均爲敬稱。

晉文公

"晉文公"見於《清二・繫年》簡41、《清三・良臣》簡4、《清七・晉文》簡1、《銀二・論政・君臣》、《定州・論語・憲問》簡378、《阜陽牘・春秋》等,《繫年》簡32稱"文公",《馬王堆・繆和》18上稱"晉文",《阜陽牘・春秋》《馬王堆・繆和》6、《北三・周訓》簡101等稱"晉文君",《北三・周訓》簡102等稱"文君"。

名重耳。《清七・子犯》簡13作"公子褈耳","褈"从"童"聲,讀爲"重"。《阜陽・春秋》簡91稱"晉公子重耳"。"重耳"又見於《北三・周訓》簡82、《阜陽・春秋》簡95等。《左傳》定公四年稱"晉重"。[1]

---

[1] 參看楊樹達《古書疑義舉例續補・二字之名省稱一字例》,《楊樹達文集・馬氏文通刊誤　古書句讀釋例　古書疑義舉例續補》第213—214頁,上海古籍出版社2007年。

子犯

晉文公臣狐偃,狐氏名偃,字子犯。《清三・良臣》簡 5 作“子軋”,《清七・子犯》簡 1 等作“子軛”。晉文公舅,又稱“舅犯”。《北三・周訓》簡 102 作“咎犯”,《阜陽・春秋》簡 33 作“臼犯”,“舅”“臼”“咎”均群紐幽部字。

咎季子犯

《清三・良臣》簡 4—5:“晉文公有子軋,有子余,有咎軋。”整理者認爲咎犯與子犯,簡文誤分爲二人(《清華叁》第 160 頁)。羅小華認爲咎犯、子犯是兩個人:子犯即狐偃,咎犯是臼季。《史記・晉世家》“咎季子犯”是咎季和咎犯雜糅而成,清華簡咎犯與之有關,也是兩者相混造成的。[1] 郭永秉認爲晉文公臣有兩人以子犯爲字,一是狐偃,二是臼季,又稱胥臣、司空季子;簡文子犯是臼季,咎犯即狐偃。[2]

按,《晉世家》“咎季子犯”,梁玉繩引盧文弨曰:“子犯或是臼季字。”[3]其説可從。從地位與影響看,《良臣》中排在最前的“子犯”似仍以狐偃爲妥,而“臼犯”是以臼季之封地“臼”加字的稱法。

中行林父

“中行林父”見於《清二・繫年》簡 63,即荀林父,荀氏。《左傳》僖公二十八年:“晉侯(文公)作三行以禦狄,荀林父將中行,屠擊將右行,先蔑將左行。”因將中行之軍,後世子孫又以中行爲氏。又稱中行桓子,桓爲謚。

左行蔑

《清二・繫年》簡 51、54“左行瘻”,整理者指出即晉先蔑,《公羊

[1] 羅小華《試論清華簡〈良臣〉中的“咎犯”》,《古文字研究》第 31 輯,第 361—365 頁,中華書局 2016 年。

[2] 郭永秉《春秋晉國兩子犯——讀清華簡隨札之一》,《文匯報・文匯學人》,2017 年 2 月 3 日。

[3] [清] 梁玉繩《史記志疑》第 990 頁,中華書局 1981 年。

傳》文公七年作“先眛”(《清華貳》第 158 頁)。“先眛”,陸德明《釋文》:“音蔑,左氏作蔑。”

郭偃

“郭偃”見於《銀二·論政·郭偃》。掌占卜,又稱“卜偃”。《左傳》閔公元年“卜偃曰”,杜預注:“晉掌卜大夫。”僖公二十五年“使卜偃卜之”。

古書又稱“高偃”“郄偃”。《墨子·所染》“晉文染於舅犯、高偃”,《吕氏春秋·仲春紀·當染》“晉文公染於咎犯、郄偃”。王念孫曰:“‘高’當爲‘𩫏’,即城郭之‘郭’,形與‘高’相近,因訛爲‘高’……《吕氏春秋》作郤偃,‘郤’即‘郭’之訛,非‘郤’氏之‘郤’也。《太平御覽》治道部一引《吕氏春秋》正作郭偃。”[1]

介之推

晉文公臣介之推,《馬王堆·繆和》49 上、《阜陽牘·春秋》作“介子隼”。《説文》鳥部“鵻”,“从鳥隹聲”,或體作“隼”。《荆楚歲時記》引《琴操》作“介子綏”。“綏”(心—微)、“隼”(心—文)、“推”(透—微)音近通用。傳世文獻介之推名號有多種,方炫琛總結曰:

> 先秦文獻中,介之推之名號作“介之推”者有《左傳》;作“推”者有《左傳》《史記·晉世家》;作“介推”者有《史記·晉世家》;作“子推”者有《莊子·盜跖篇》;作“介子推”者有《莊子·盜跖篇》《史記·晉世家》;作“介子”者有《楚辭·惜往日》;作“介山子推”者有《大戴禮》。由以上資料分析,吾人可知:作推者,當稱其名也;作介推者,蓋名上冠氏也;作子推者,蓋名上冠以男子美稱子字,此爲春秋男子稱謂之通例……作介子推者,氏配子配名;作介子者,氏殿以子字,此亦春秋男子稱謂之通

[1] [清]王念孫《讀書雜志》第 560 頁,江蘇古籍出版社 2000 年。

例……作介山子推者,《史記·晉世家》云:"文公環緜上山中,而封之爲介推田,號曰介山。"介山由介之推而得名,後人復以所封之介山名其人也。然則介之推氏介,名推,"之"字爲語助也。[1]除此之外,尚有作"介山子然""介子山"。《史記·孔子弟子列傳》:"孔子之所嚴事:於周則老子,於衛蘧伯玉,於齊晏平仲,於楚老萊子,於鄭子産,於魯孟公綽。稱臧文仲、柳下惠、銅鞮伯華、介山子然,孔子皆後之,不並世。"《集解》引《大戴禮記》曰:"孔子云:'國家有道,其言足以興。國家無道,其默足以容,蓋銅鞮伯華之所行。觀於四方,不忘其親,苟思其親,不盡其樂,蓋介山子然之行也。'"(今本《大戴禮記》作"介山子推",《孔子家語·弟子行》作"介子山")梁玉繩引錢馥曰:"《史記·弟子傳》稱'介山子',裴注作'介山子然',誤也。《史》本文'然'字屬下句,《家語·弟子行》作'介子山',又誤倒耳。"[2]

《列仙傳》卷上:"介子推者,姓王名光。"

孫軫

《銀一·孫臏》簡300"子言晉邦之將荀息、孫軫之於兵也",整理者認爲"先""孫"音近,孫軫即晉將先軫(《銀雀山壹》第57頁)。"先""孫"皆心紐文部字。又稱"原軫",梁玉繩謂"蓋食采於原"。[3]

晉襄公

"晉襄公"見於《清二·繫年》簡50、51,《清七·趙簡》簡8稱"襄公"。晉文公之子,名驩(《左傳》文公六年),或作讙(《國語·晉語四》)、歡(《史記·晉世家》)。

---

[1] 方炫琛《左傳人物名號研究》第140—141頁,臺灣政治大學博士學位論文1983年。

[2] 參看王利器、王貞珉《漢書古今人表疏證》第185頁,齊魯書社1988年。

[3] 參看王利器、王貞珉《漢書古今人表疏證》第186頁,齊魯書社1988年。

雍子

《清二・繫年》簡51"左行蔑與隨會召襄公之弟癕也于秦",簡54"秦康公率師以送癕子",整理者疑"也"爲"子"之誤,雍子即當時爲秦亞卿的公子雍,晉襄公庶弟(《清華貳》第158頁)。蘇建洲謂"也"可能是語助詞。[1] 李守奎也認爲將"也"理解爲與簡77"墨要也"相同的用法比較合理。[2] 人名後加"子"古書多見,如晉獻公子"公子卓",亦稱卓子,方炫琛有總結。[3]

陽處父

"陽處父"見於《阜陽・春秋》簡33,晉襄公太傅,陽氏名處父。

襄夫人

"襄天人"見於《清二・繫年》簡51,即晉襄公夫人,"天"爲"夫"之誤字。《史記・晉世家》稱"穆嬴""繆嬴",嬴姓,穆爲謚。

晉靈公

晉襄公子晉靈公,《清二・繫年》簡51、53作"霝公"。《北三・周訓》簡115稱"晉靈公",簡116作"靈公"。《説文》玉部:"靈,靈巫以玉事神。从玉、霝聲。靈,靈或从巫。"名"夷皋"(《左傳》宣公二年),《公羊傳》作"夷獋",《清二・繫年》簡50、55稱"霝公高","高"(見—宵)、"皋"(見—幽)音近通用。鄔可晶認爲人名"夷吾""夷眛""夷皋"之"夷"可能是語助詞,故《繫年》可省稱"高"。[4]

范武子

《上六・景公》簡4"軋武子"即晉大夫范武子。士氏,名會,字

---

[1] 蘇建洲《〈清華大學藏戰國竹簡(貳)・繫年〉考釋七則》,《中國文字研究》第19輯,第72頁,上海書店出版社2014年。

[2] 李守奎《清華簡〈繫年〉"也"字用法與攻吾光劍、繇書缶的釋讀》,《古文字研究》第30輯,第374—380頁,中華書局2014年。

[3] 方炫琛《左傳人物名號研究》第71頁,臺灣政治大學博士學位論文1983年。

[4] 鄔可晶《銀雀山漢簡"陰陽時令、占候之類"叢札》,《出土文獻》第7輯,第221頁注9,中西書局2015年。

季,謚武。《國語·晉語八》載其受晉之隨、范二邑,故有隨會、范會、士會、士季、隨季等多種稱呼。《漢書·古今人表》上中有“范武子”,中上有“士會”,有誤。

《清二·繫年》簡51等作“陊會”,“陊”作,即《説文》𨸏部“隓”,篆文作“𡐦”,與“隨”通。《馬王堆·春秋》28作“遀會”,29作“陏會”。“隨”小篆作,“从辵𡐦省聲”,即“遀”。“陏”讀爲“隨”。

《清六·子儀》簡4—5:“(秦穆公)禮子儀,亡禮槷貨,以贛。”整理者謂“槷貨”即隨會(《清華陸》第128頁)。馬楠結合《左傳》相關記載,認爲不能讀作“隨會”,全篇簡文也與隨會無關。[1]

魏州餘

“䰈州餘”見於《馬王堆·春秋》28等,29作“毳州餘”。原注指出州餘是魏邑大夫,《左傳》文公十三年作“魏壽餘”,《史記·秦本紀》作“魏讎餘”(《馬王堆叁》第7頁)。“䰈”“毳”讀爲“魏”,“州”(章—幽)、“壽”、“讎”(禪—幽)音近。

晉成公

“晉成公”見於《清二·繫年》簡61—62,晉文公庶子。名黑臀。《國語·周語中》:“且吾聞成公之生也,其母夢神規[2]其臀以墨……故名之曰黑臀。”

晉景公

“晉競公”見於《清二·繫年》簡66等,簡72等稱“競公”,即景公。晉成公之子。名“獳”(《左傳》成公十年),《史記·晉世家》作“據”。梁玉繩曰:“疑《史》誤。或曰:是二名也。”[3]“獳”(泥—

[1] 馬楠《清華簡〈子儀〉相關史事與簡文編連釋讀》,《簡帛》第20輯,第34頁,上海古籍出版社2020年。

[2] 韋昭注:“規,畫也。”

[3] [清]梁玉繩《史記志疑》第347頁,中華書局1981年。

侯)、“據”(見—魚)或是形訛。[1]

郇之克

“郇之克”見於《清二・繫年》簡 66 等。整理者指出即晉郤克、郤獻子,或稱駒伯,“駒”爲其封邑(《清華貳》第 168 頁)。郤氏名克謚獻,簡文“郇”或爲其封邑之專字。

糴之茷

“翟之伐”見於《清二・繫年》簡 87,整理者指出即見於《左傳》成公十年的“糴茷”(《清華貳》第 175 頁),杜預注:“晉大夫。”

晉厲公

晉厲公,《清二・繫年》簡 87 等作“柬公”,《上五・姑成》簡 1 等作“剌公”。《馬王堆・二三子》10 上作“晉厲公”(參看第 87 頁“周厲王”條)。“柬”“剌”“厲”均來母月部字。

晉景公子。名壽曼(《史記・晉世家》),《左傳》成公十年:“晉立太子州蒲爲君。”陸德明《釋文》:“州蒲,本或作州滿。”“壽”(禅—幽)、“州”(照—幽),“曼”(明—元)、“滿”(明—元),音近通用。“蒲”或爲“滿”之誤字。[2]

姑成家父

“姑成豦父”見於《上五・姑成》,“成”又作[illegible]。整理者指出即見於《左傳》《國語》的苦成叔,前爲尊稱,後以排行,“父”同甫(《上博五》第 240 頁)。苦成,舊或以爲郤犫采邑,或以“苦”爲采邑、“成”爲謚。[3] 方炫琛據《左傳》成公十四年及《國語・魯語上》有生稱“苦

---

[1] 李春桃對“獳”字古文有研究,亦提及“據”“獳”異體之例(《古文異體關係整理與研究》第 89—90 頁,中華書局 2016 年)。

[2] 參看[清]劉文淇等《春秋左氏傳舊注疏證》第 863 頁,科學出版社 1959 年。

[3] 參看方炫琛《左傳人物名號研究》第 443 頁,臺灣政治大學博士學位論文 1983 年。

成”之例,認爲“成”非謚,[1]其説是。《璽彙》4049—4052 著録的三晉璽有複姓“枯成”,吴振武讀爲“苦成”,[2]可從,苦成當是以地爲氏。《潛夫論·志氏姓》:“苦成,城名也,在鹽池東北。後人書之或爲‘枯’;齊人聞其音,則書之曰‘庫成’;燉煌見其字,呼之曰‘車成’;其在漢陽者,不喜‘枯’‘苦’之字,則更書之曰‘古成氏’。”[3]可見“苦成”一詞形式較多,多以音近相通。

苦成叔又稱郤犨,郤氏、名犨,“犨”或作“州”(《公羊傳》成公十一年),古音並昌紐幽部。“家父”,王輝認爲是苦成叔字,金文有伯家父、叔家父等。[4] 陳偉則以“家”爲字;又據郤犨之犨或作“州”,州作爲一種居民組織由若干家組成,認爲郤犨字“家”或與此有關。[5] 顔世鉉認爲“犨”讀爲“醜”,“家”讀爲“嘉”,名字義相反。[6]《左傳》成公十四年“苦成家其亡乎”,阮元《校勘記》謂“石經家字上旁增叔字,與《初學記》所引合”,[7]《藝文類聚》卷三九、《北堂書鈔》卷八二均引作“苦成叔家”,《國語·魯語上》也説“夫苦成叔家欲任兩國而無大德”,則苦成叔又稱苦成叔家。如此,則“家”爲字,“犨”爲名,諸説是。

苦成叔(郤犨)與郤錡、郤至並稱“三郤”。

郤奇

《上五·姑成》簡 2、10“垰奇”,即晉郤克之子郤錡(《左傳》成公

[1] 方炫琛《左傳人物名號研究》第 443 頁,臺灣政治大學博士學位論文 1983 年。

[2] 吴振武《〈古璽彙編〉釋文訂補及分類修訂》,《古文字論集(初編)》第 520 頁,香港中文大學 1983 年。

[3] 參看彭鐸《潛夫論箋校正》第 462—463 頁,中華書局 1985 年。

[4] 王輝《〈上博楚竹書(五)〉讀記》,《中國文字》新 32 期,第 29 頁,藝文印書館 2006 年。

[5] 陳偉《新出楚簡研讀》第 237、238 頁,武漢大學出版社 2010 年。

[6] 顔世鉉《上博楚竹書“苦成家父”名字解詁——兼釋三則“讎”和“醜”通假的文獻》,《古文字與古代史》第 3 輯,第 385—389 頁,“中研院”史語所 2012 年。

[7] [清] 阮元校刻《十三經注疏》第 1916 頁,中華書局 1980 年。

十三年)。整理者指出"坓"从丯(見一鐸),與"郤"(溪一鐸)通(《上博五》第241頁)。《漢書·古今人表》作"郄錡","郄""郤"異體。亦稱駒伯(《左傳》成公十七年)。

郤至

《上五·姑成》簡1"坓至",即《左傳》成公二年"郤至",杜預注:"郤克族子。"《漢書·古今人表》作"郄至"。《國語·晉語八》稱"郤昭子",昭爲其謚。食采於温,又稱"温季",季爲排行。

欒書

晉景公、晉厲公臣欒書,《上五·姑成》簡6、7作"鑾箸",簡10"鑾"省作"鍂"。書也缶(《集成》10008)作"緣書"。"欒""鑾""緣","書"(審一魚)、"箸"(端一鐸),並音近通用。欒書又稱欒武子,武爲謚。

長魚矯

長魚矯,晉厲公臣,見於《左傳》成公十七年,"長魚"爲複姓,"矯"爲名或字。《上五·姑成》簡8作"長魚翯",《國語·晉語六》等作"長魚蟜","矯""蟜""翯"音近通用。

强門大夫

"强門大夫"見於《上五·苦成》簡9、10。陳劍指出,古書所記諸侯宫門有庫門、雉門和路門等名目,"强門"當即晉厲公宫中某門之名,"强門大夫"即主管此門之人。[1] 李天虹認爲"强門"或與見於《清一·皇門》簡1的"耇門"有關。[2]

晉文子燮

"晉文子燮"見於《清二·繫年》簡88—89,即士會之子,名燮。

[1] 陳劍《〈上博(五)〉零札兩則》,《戰國竹書論集》第191頁,上海古籍出版社2013年。

[2] 李天虹《由清華簡〈皇門〉"耇門"談上博簡〈姑成家父〉的"强門"》,《古文字研究》第30輯,第365—368頁,中華書局2014年。

又稱文子、范文子。

晉悼公

“晉悼公”見於《清二・繫年》簡 108,同簡又稱“悼公”。晉襄公曾孫。名周,《左傳》襄公十五年稱“晉侯周”。《史記・晉世家》“公子周”,裴駰《集解》引徐廣曰:“一作糾。”《公羊傳》襄公十五年“晉侯周卒”,陸德明《釋文》:“一本作雕。”“周”(定—幽)、“雕”(端—幽)與“糾”(見—幽)或是音近通用。

叔向

叔向,《清三・良臣》簡 5 作“弔向”,《阜陽・春秋》簡 28 等作“叔鄉”,《銀一・晏子》簡 587 作“叔鄉”。晉羊舌肸,字叔向。《國語・魯語下》等作“叔嚮”,《逸周書・太子晉解》《禮記・檀弓下》等作“叔譽”。王引之謂“向”讀爲“蠁”,肸蠁者,布寫之皃也,即聲響的散布傳播;譽之言旟也,亦振起之義。[1]

晉莊平公

晉悼公之子“晉平公”,見於《阜陽・春秋》簡 28 等。《清七・趙簡》簡 10 作“坪公”。《清二・繫年》簡 91 等稱“晉臧坪公”,即晉莊平公。莊、平雙字謚。名彪。

欒盈

欒書之孫欒盈,《清二・繫年》簡 93 作“緣綎”,簡 94 作“緣綎”。《史記・齊太公世家》“晉大夫欒盈”,裴駰《集解》引徐廣曰:“《史記》多作逞。”“盈”(喻—耕)、“呈”(定—耕)音近。

《左傳》襄公二十三年稱“欒孺子”,方炫琛曰:“時人稱欒盈爲欒孺子,以其父死繼立不久也。”[2]

欒王鮒

晉大夫“欒王鮒”見於《阜陽・春秋》簡 80。又稱王鮒(《左傳》襄

---

[1]　[清]王引之《經義述聞》第 541 頁,江蘇古籍出版社 2000 年。

[2]　方炫琛《左傳人物名號研究》第 665 頁,臺灣政治大學博士學位論文 1983 年。

公二十一年)、"樂桓子"(襄公二十三年)。樂氏、名王鮒、謚桓。

晉昭公

晉平公子晉昭公,名夷。《清二・繫年》簡 99 稱"卲公","卲"讀爲"昭"。

晉頃公

晉昭公子晉頃公,《清二・繫年》簡 99 作"同公","頃"(溪—耕)、"同"(見—耕)音近通用。名去疾(《史記・晉世家》),《六國年表》作棄疾。

成鱄

《清七・趙簡》簡 5、7 作"成剸","剸"作[illegible]。整理者指出"剸"爲"剸"之異體,《左傳》昭公二十八年作"成鱄",杜預注:"晉大夫。"《説苑・善説》作"成摶"(《清華柒》第 109 頁)。成爲其氏;"剸""鱄""摶"音近通用,爲其名(《善説》自稱"臣摶")。

晉簡公

"晉柬公"見於《清二・繫年》簡 109、110,簡 100、103 作"柬公"。整理者讀爲"晉簡公",並指出即晉定公(《清華貳》第 187 頁)。傳世文獻未見簡公,蘇建洲認爲可能是傳聞有異,或是"簡"(見—元)、"定"(端—耕)通假。[1] 王輝認爲"簡""定"或爲複謚,更有可能"簡"是"定"之誤。[2] 陳美蘭認爲"簡""定"雙字謚,或是傳世文獻與《繫年》文本來源不同。[3] 李松儒謂或因曾改謚所致。[4] 晉定公,晉頃公子,名午。

---

[1] 參看蘇建洲等《清華二〈繫年〉集解》第 713—714 頁,萬卷樓圖書股份有限公司 2013 年

[2] 王輝《一粟居讀簡記(七)》,《出土文獻與古文字研究》第 6 輯,第 237—238 頁,上海古籍出版社 2015 年。

[3] 陳美蘭《戰國竹簡東周人名用字現象研究——以郭店簡、上博簡、清華簡爲範圍》第 115 頁,藝文印書館 2014 年。

[4] 李松儒《清華簡〈繫年〉集釋》第 259 頁,中西書局 2015 年。

范獻子

“范獻子”見於《清七・趙簡》簡1,作“軋獻子”。士氏,名鞅,又稱士鞅、范鞅。范宣子之子。

中行文子

《阜陽・春秋》簡47“文子出亡”,文子即中行文子,名寅,荀、中行皆氏。其先祖荀林父將中行之軍,因以“中行”爲氏。

智伯

“知伯”見於《馬王堆・春秋》14、《戰國》154,《阜陽・春秋》簡17、19作“智柏”。知伯即晉六卿之一荀瑶。知、荀皆氏。其先祖荀首“别食智邑,又爲智氏”(《通志・氏族略第三》)。

智赫

“智赫”見於《馬王堆・春秋》15,新注謂當是知氏族人(《馬王堆集成》第3册第174頁)。

晉敬公

“晉敬公”見於《清二・繫年》簡111,整理者曰:“晉敬公,見《竹書紀年》:‘出公二十三年奔楚,乃立昭公之孫,是爲敬公。’(《晉世家》索隱)據《史記》,晉敬公名驕,又别謚哀公、懿公。”(《清華貳》第187頁)不過敬公、哀公、懿公名號世系文獻多有牴牾。梁玉繩於《史記・六國年表》“晉哀公忌”下曰:

> 繼出公而立者,《晉世家》謂昭公曾孫哀公驕,《趙世家》謂昭公曾孫懿公驕,《竹書紀年》謂昭公孫敬公,無哀、懿二公。此又作哀公忌,其不同一也。《晉世家》謂哀公十八年,《紀年》謂敬公二十二年,此又作哀公二年,懿公十七年,其不同二也。且《表》以爲哀公忌,而《晉世家》言忌早死,立忌子驕爲君,何牴牾若是乎?考《索隱》《正義》引《世本》云:“昭公生桓子雍,雍生忌,忌生懿公驕。”與晉、趙兩《世家》稱驕爲哀公曾孫合。則忌是哀公,驕是懿公,忌與驕乃父子。《晉世家》誤以懿爲哀耳。《紀年》謂

> 立昭公孫敬公,蓋懿又謚敬,特誤以曾孫爲孫也。余疑忌既早死未嘗爲君,哀公之稱當是其子追謚之。繼出公者必懿公驕,非哀公忌矣。[1]

依梁説,則晉敬公又謚懿,名驕。

晉幽公

晉哀公之子"晉幽公"見於《清二・繫年》簡 112,名柳。

踵余

《清二・繫年》簡 129"晉踵余率晉師與鄭師以入王子定","踵"作[illegible],右旁整理者釋爲"重"(《清華貳》第 198 頁),蘇建洲釋爲"甫",[2]李松儒釋爲"東"。[3] 此暫從整理者釋。楚簡"陳"或作[illegible](《上九・陳公》簡 9)、[illegible](《上七・吴命》簡 8),第二形除去阜、土,與[illegible]右旁同。"踵余"古書似未見。

晉烈公

晉烈公,晉幽公子,名止。《清二・繫年》簡 119 稱"晉公止",簡 119、124 稱"晉公"。《漢書・古今人表》稱"晉列侯"。《史記・晉世家》:"魏文侯以兵誅晉亂,立幽公子止,是爲烈公。"司馬貞《索隱》引《世本》稱"烈成公"。烈、成蓋雙字謚。

二、韓

韓簡

晉韓萬之孫韓簡,《馬王堆・春秋》6 作"韓閒"。謚定,《史記・韓世家》"武子後三世有韓厥",司馬貞《索隱》引《世本》稱"定伯簡"。

---

[1] [清]梁玉繩《史記志疑》第 393 頁,中華書局 1981 年。

[2] 蘇建洲《〈清華大學藏戰國竹簡(貳)・繫年〉考釋四則》,《清華二〈繫年〉集解》"附録"第 59—60 頁,萬卷樓圖書股份有限公司 2013 年。

[3] 李松儒《清華簡〈繫年〉集釋》第 323 頁,中西書局 2015 年。

韓宣子

“韓宣子”見於《阜陽牘・春秋》,即韓厥之子韓起,晉大夫。

韓啓章

“倝啓章”見於《清二・繫年》簡 115、116—117,即韓君啓章。“啓章”又見於温縣盟書。[1]《史記・韓世家》“康子卒,子武子代”,司馬貞《索隱》:“武子名啓章。”晉韓萬亦稱韓武子。《阜陽牘・春秋》“韓武子田”,指韓萬。

韓虔

“倝虔”見於《清二・繫年》簡 119,即韓武子之子韓景侯,名虔。《韓世家》“子景侯立”,司馬貞《索隱》:“《紀年》及《世本》皆作景子,名處。”整理者謂“處”爲“虔”之誤字(《清華貳》第 193 頁)。

韓緅

“倝緅”見於《清二・繫年》簡 133—134,即韓景侯之子韓烈侯,名取。温縣盟書所見盟主名“踿”“竢”“鯫”,魏克彬認爲即韓取。[2]《史記・韓世家》:“景侯卒,子列侯取立。”司馬貞《索隱》:“《世本》作武侯也。”《資治通鑑・周紀・安王》作“韓烈侯”。[3]

成陽君

“成陽君”,見於《馬王堆・戰國》68“身率梁王與成陽君北面而朝奉陽君於邯鄲”。《戰國策・秦策三》“秦王欲爲成陽君求相韓、魏”,鮑彪注:“以趙、魏策知爲韓人。”《史記・秦本紀》昭襄王十七年,“城陽君入朝”,張守節《正義》曰:“《括地志》云:‘濮州雷澤縣本漢郕陽

---

[1] 參看魏克彬《温縣盟書 T4K5、T4K6、T4K11 盟辭釋讀》,《出土文獻與古文字研究》第 5 輯,第 294 頁,上海古籍出版社 2013 年。

[2] 參看魏克彬《温縣盟書 T4K5、T4K6、T4K11 盟辭釋讀》,《出土文獻與古文字研究》第 5 輯,第 293—296 頁,上海古籍出版社 2013 年。

[3] 梁玉繩謂“韓烈侯”見於《戰國策・韓策》,參看王利器、王貞珉《漢書古今人表疏證》第 565 頁,齊魯書社 1988 年。查《韓策》所見“烈侯”,實爲鮑彪改編時所加之王侯世系,實未見於《戰國策》正文。

縣,古郟伯姬姓之國,周武王封弟季載於郟,其後遷城之陽也。'"

暴鳶

"虣子"見於《馬王堆·戰國》136、139,即韓將暴鳶,見於《史記·秦本紀》。"虣"見於《説文》夲部,段玉裁曰:"此與暴二篆形義皆殊,而今隸不别。"《史記·穰侯列傳》稱"暴子",《戰國策·魏策三》作"罣子"。[1] 王念孫認爲《戰國策》原當作"虣",省作"皋",形與"皋"同;俗書"皋"作"睾",故"虣子"訛爲"睾子"。[2]

韓倗

《馬王堆·戰國》238 等作"韓倗",240 稱"倗"。整理者注:"韓倗,人名,韓相。又名公仲倗(倗也寫作朋,或誤作明)。《田敬仲完世家》作韓馮(音凴),倗馮音近。倗或作侈,是字形之誤。"(《馬王堆叁》第 253 頁)。《敦煌漢簡》496 作"榦倗",[3] "榦"讀爲韓。《戰國策·秦策二》作"韓侈",《韓策一》作"韓明""韓朋","侈"即"倗"之訛,王念孫已有論。[4] "明"即"朋"之訛。"馮""朋"均並紐蒸部字。韓倗又稱"公仲朋"(《韓非子·十過》)。《馬王堆·戰國》256、257 作"公中倗"。《史記·甘茂列傳》等作"公仲侈",裴駰《集解》引徐廣曰:"一作馮。"《漢書·古今人表》"公中用","用"即"朋"之訛。《戰國》266 又稱"公中",與《戰國策·西周策》同,即"公仲"。趙烈侯時相名公仲連,公仲應爲氏,與公孟氏、公叔氏同。韓爲國,名朋。

韓王

"韓王"見於《睡虎地·編年記》簡 27 貳、28 貳,即韓桓惠王之子

[1] 姚宏校本作"睾"(《宋本戰國策》第 3 册,第 28 頁,國家圖書館出版社 2017 年。該書版權頁誤以爲"鮑彪"本)。

[2] [清] 王念孫《讀書雜志》第 60 頁,江蘇古籍出版社 2000 年。

[3] 參看裘錫圭《漢簡中所見韓朋故事的新資料》,《裘錫圭學術文集簡牘帛書卷》第 319—325 頁,復旦大學出版社 2015 年。

[4] 參看[清] 王念孫《讀書雜志》第 39 頁,江蘇古籍出版社 2000 年。

韓王安。

三、趙

趙衰

“趙衰”見於《阜陽・春秋》簡33、《馬王堆・繫辭至昭力殘片》83。字子餘,《清三・良臣》簡5、《清七・子犯》簡1背等作“子余”。謚稱趙成子。

趙盾

《北三・周訓》簡111“宣孟”,即趙盾。宣爲謚,名盾,《左傳》成公八年亦稱“宣孟”。孟爲行次,又稱趙孟。趙衰之子。

趙旃

“邻睘”見於《清二・繫年》簡64,“睘”作,整理者指出即“單”(禪—元),讀爲“旃”(章—元)(《清華貳》第166頁)。“睘”即“單”字繁體。[1] 趙旃是弒晉靈公的趙穿之子。

趙文子武

晉趙武,謚文,稱“趙文子”,見於《阜陽・春秋》簡60。《清二・繫年》簡97作“郊文子”,簡96稱“邻文子武”,“郊”“邻”均讀爲“趙”。《上六・景公》簡4、《阜陽・春秋》簡61稱“文子”。又稱趙孟,因其祖父趙盾行次爲孟,而後其家宗子多稱孟。[2]

趙簡子

“盄柬子”見於《清七・趙簡》簡1等,即趙簡子。《阜陽・春秋》簡16等作“趙簡子”,《北三・周訓》簡167、《馬王堆・繆和》70上作“趙閒子”,《阜陽牘・春秋》稱“簡子”,《北三・周訓》簡171、《馬王堆・繆和》70下等作“閒子”。“閒”讀爲“簡”。趙武之孫。

---

[1] 參看陳劍《據郭店簡釋讀西周金文一例》,《甲骨金文考釋論集》第28—29頁,綫裝書局2007年。

[2] 方炫琛《左傳人物名號研究》第568頁,臺灣政治大學博士學位論文1983年。

趙簡子名鞅,《北三·周訓》簡176稱“趙閒鞅”,整理者指出趙簡鞅是將族氏、謚號、私名連稱,較爲罕見(《北大叁》第140頁)。又名志父。《左傳》哀公二年趙簡子曰“志父無罪,君實圖之”,杜預注:“志父,趙簡子之一名也。”孔穎達《正義》曰:“《牧誓》武王誓衆,尚自稱名,況以人臣誓衆,固當自稱名矣。知志父是簡子名也。簡子名鞅,又名志父者,服虔云:‘趙鞅入于晉陽以叛,諸侯之策書曰晉趙鞅以叛。既復,更名志父。’或當然也。”

犢主

《定州·儒家》十一:“犢主、澤鳴,晉國之賢。”此二人之名古書異寫頗多。《説苑·權謀》作“澤鳴、犢犨”。《史記·孔子世家》“至於河而聞竇鳴犢、舜華之死也”,裴駰《集解》引徐廣曰:“或作鳴鐸、竇犨;又作竇犨、鳴犢、舜華也。”司馬貞《索隱》:“《家語》云‘聞趙簡子殺竇犨、鳴犢及舜華’,《國語》云‘鳴鐸、竇犨’,則竇犨字鳴犢,聲轉字異,或作鳴鐸。”《孔子家語·困誓》作“竇犨、鳴犢”。《漢書·劉輔傳》“昔趙簡子殺其大夫鳴犢”,顔師古曰:“《戰國策》説二人姓名云鳴犢、鐸犨,而《史記》及《古今人表》並以爲鳴犢、竇犨,蓋鐸、犢及竇其聲相近,故有不同耳。”《三國志·劉廙傳》注引《新序》作“犢犨、鐸鳴”。據簡文,“澤鳴”“鐸鳴”與“犢犨”“竇犨”是,“主”(章—侯)、“犨”(昌—幽)音近通用。餘者或倒、或脱,均有誤。

澤鳴

《定州·儒家》十一“犢主、澤鳴,晉國之賢”,詳“犢主”條。

佛肸

《定州·論語·陽貨》簡511—512“……惠則足以使人。膉召,子欲往。子路曰:‘昔者由也聞諸夫子’”,按照凡例,簡511前殘,簡512完整。與“膉”對應處,今本《論語》作“佛肸”。整理者謂“膉,今本作‘肸’”,[1]

---

[1] 河北省文物研究所定州漢墓竹簡整理小組《定州漢墓竹簡·論語》第86頁,文物出版社1997年。

然簡本並無“佛”字,不知是排版漏掉還是原本即抄漏。“佛膉”,今《論語》整理本多作“佛肸”。宋本作**肹**或**肸**,[1]即“肹”“肸”。唐石經作**肟**,[2]即“肹”。皇侃《論語義疏》本作“胇肹”。[3]《漢書·古今人表》作“茀肹”。阮元曰:“佛、胇、茀三字皆以音近通借。《五經文字》云:‘肸、肹,上《説文》,下經典,相承隸省。’”[4]按,謂“相承隸省”,非是。《説文》十部“肸”(曉—物)从十从㐸(小徐本作“從十㐸聲”),與簡文“膉”(影—錫)古音較遠,難以相通。而“肹”之右旁即“兮”(匣—支),“膉”“肹”韻部支、錫陰入對轉,音近可通。由此可見古書作“肸”者應是“肹”即“肹”之形近誤字。

《史記·孔子世家》:“孔子行,佛肸爲中牟宰。”裴駰《集解》:“孔安國曰:晉大夫趙簡子之邑宰。”

史黑

《馬王堆·繆和》70“趙簡子欲伐衛,使史黑……史黑曰”,史黑,張政烺指出《吕氏春秋·召類》作“史默”,《淮南子·主術》《説苑·奉使》作“史黯”,[5]《左傳》昭公三十一年作“史墨”,《説苑·尊賢》作“史黶”。又稱蔡墨、蔡史墨(《左傳》昭公二十九年)。蔡爲氏。“黑”(曉—職)與“墨”“默”(明—職),“黯”(影—侵)與“黶”(影—談),並音近。方炫琛曰:“《解詁》:‘晉蔡黯,字墨。’……《左通補釋》二十八則謂‘蔡其氏,墨其名’。然何者爲名、何者爲字,尚難定耳。”[6]

王良

“王良”見於《定州·六韜》簡 2203,《銀二·唐勒》簡 2121 作“王

---

[1] 參見中華再造善本所收四種宋元本《論語》。

[2] 《景刊唐開成石經》第 2661 頁,中華書局 1997 年。

[3] 德懷堂本作“胇盻”,參看皇侃撰,高尚榘校點《論語義疏》第 450 頁,中華書局 2013 年),應是誤刻。

[4] [清] 阮元校刻《十三經注疏》第 2527 頁,中華書局 1980 年。

[5] 張政烺《張政烺文集·論易叢稿》第 282 頁,中華書局 2012 年。

[6] 方炫琛《左傳人物名號研究》第 595—596 頁,臺灣政治大學博士學位論文 1983 年。

梁”,“良”“梁”均來母陽部字。王良即伯樂,又稱“郵無卹”“郵無恤”“郵亡卹”“郵無正”“孫無政”“郵良”“王子期”等,梁玉繩謂“蓋郵其氏,初名無恤,後改無正,字子良,一字子期也”。[1] 北大秦簡《從政之經》作“王華梁”,朱鳳瀚引李零意見謂“華”是“郵”之誤,郵是郵驛之官,與馬政有關,此是以官爲氏;又提出簡文“華”不誤,而傳世本“郵”是誤字。[2]

尹淖

《阜陽牘·春秋》“(趙)簡子有臣尹淖[3]”,整理者指出《説苑·臣術》作“尹綽”,《吕氏春秋·恃君覽·達鬱》作“尹鐸”(《阜陽》第187頁)。《説苑·貴德》《國語·晉語九》亦作“尹鐸”。“綽”(昌—藥)、“淖”(定/泥—藥)與“鐸”(定—鐸)古音不近,馬驌謂“尹綽”爲“尹鐸”之誤。[4]

趙伯魯

趙簡子長子趙伯魯,《北三·周訓》簡170作“柏魯”,簡171稱“魯”。“柏”讀爲“伯”,爲行次。趙簡子後廢伯魯,而以趙襄子無恤爲太子。事見《史記·趙世家》。

趙襄子

“趙襄子”見於《馬王堆·春秋》14、《阜陽·春秋》簡83、《北三·周訓》簡177等。《定州·儒家》十、《阜陽·春秋》簡16稱“襄子”。襄爲謚,趙簡子之子,名無恤(《左傳》哀公二十年),《史記·趙世家》作“毋恤”,《淮南子·道應》作“無䘏”。《北三·周訓》簡173等亦作“無䘏”,簡170作“無郖”( )。 左旁爲“血”之訛。諸字並从“血”聲。

[1] 參看王利器、王貞珉《漢書古今人表疏證》第423—424頁,齊魯書社1988年。
[2] 朱鳳瀚《北大藏秦簡〈從政之經〉述要》,《文物》2012年第6期。
[3] 此字右旁殘去,暫從整理者釋。
[4] [清]馬驌撰,王利器整理《繹史》第2158頁,中華書局2002年。

王子餘唯

“王子餘唯”見於《阜陽・春秋》簡 83,與趙襄子對話。整理者指出《新序・雜事五》作“王子維”,《太平御覽》卷六三三引《説苑》佚文作“王離”。[1] 石光瑛謂“離”乃誤字。[2]

趙桓子

《清二・繫年》簡 111—112“晉敬公立十又一年,⿰少勺趄子會[諸]侯之大夫以與戉命尹宋盟于鞏”,整理者指出“⿰少勺趄子”即趙桓子,“⿰少勺”爲少、勺雙聲符字。《趙世家》“襄子弟桓子,逐獻侯,自立於代,一年卒”,司馬貞《索隱》:“《世本》云襄子子桓子,與此不同。”(《清華貳》第 187 頁)趙桓子,名嘉。侯馬盟書盟主“嘉”,又稱“子趙孟”,唐蘭認爲即趙嘉。[3]

趙浣

“⿰少勺龹”見於《清二・繫年》簡 115、116,“龹”作。《繫年》簡 46 用爲“管”之字作,所从與此同。整理者指出“龹”見於《説文》廾部,“⿰少勺龹”即趙獻侯,名浣(《清華貳》第 190 頁)。楚簡“龹”常作形,爲訛形;“龹”(見—元)、“浣”(匣—元)音近。侯馬盟書宗盟類四中有“變改助及奂俾不守二宫”這樣的表述,“奂”作、等,[4] 裘錫圭認爲“奂”(曉—元)讀爲“浣”,指趙浣。[5]

《趙世家》:“(趙)襄子爲伯魯之不立也,不肯立子,且必欲傳位與伯魯子代成君。成君先死,乃取代成君子浣立爲太子。襄子立三十

---

[1] 韓自强《阜陽漢簡〈周易〉研究(附:〈儒家者言〉章題〈春秋事語〉章題及相關竹簡)》第 203 頁,上海古籍出版社 2004 年。

[2] 石光瑛校釋,陳新整理《新序校釋》第 719 頁,中華書局 2001 年。

[3] 唐蘭《侯馬出土晉國趙嘉之盟載書新釋》,《文物》1972 年第 8 期。

[4] 參看山西省文物工作委員會編《侯馬盟書(增訂本)》第 218—267 頁,山西古籍出版社 2006 年。

[5] 裘錫圭《説侯馬盟書“變改助及奂俾不守二宫”》,李守奎主編《清華簡〈繫年〉與古史新探》第 6—18 頁,中西書局 2016 年;石小力《據清華簡考證侯馬盟書的“趙尼”》引及諸家觀點(《中山大學學學報》2018 年第 1 期)。

三年卒,浣立,是爲獻侯。”

趙狗

《清二·繫年》簡112—113“晉幽公立四年,⿰少勺狗率師與戉公株句伐齊”,整理者指出趙狗爲晉趙氏人名(《清華貳》第188頁),其人似未見於古書。

趙烈侯籍

“⿰少勺蘆”見於《清二·繫年》簡119,整理者指出即趙烈侯籍,趙浣之子(《清華貳》第193頁)。“蘆”(從—魚)、“籍”(從—鐸)音近,爲其名。

邯鄲君

《馬王堆·戰國》318等“邯鄲君”,即趙成侯,趙敬侯之子。《史記·趙世家》稱“成侯種”,《水經注·沁水》引《竹書紀年》稱“趙成侯偃”。“種”“偃”或爲其二名。

奉陽君

“奉陽君”見於《馬王堆·戰國》2等,即趙相李兑,奉陽君爲封號。《戰國》3作“兗”,105作“挩”。105、107作“筞”,字形爲,原注謂“筞”即“彗”字,與“兑”音近;新注釋爲“槥”(《馬王堆集成》第3册第222頁)。新注説是,“槥”(邪—月)、“兑”(定—月)音近通用。

韓徐爲

《馬王堆·戰國》35、46“乾徐爲”,7等稱“徐爲”,3、65稱“徐”。“韓”“乾”並从倝聲,即趙將韓徐爲,見於《史記·趙世家》,《戰國策·東周策》稱“徐爲”。

周納

“周納”見於《馬王堆·戰國》16、17,奉陽君使者。

長安君

“長安君”見於《馬王堆·戰國》“觸龍説趙太后”篇,趙惠文王之子。《史記·趙世家》“必以長安君爲質”,張守節《正義》曰:“長安君者,以長安善,故名也。”

趙太后

《馬王堆・戰國》186“趙大后”,即趙惠文王夫人惠文后。同篇多稱“大后”,即太后。

左師觸龍

“左師觸龍”見於《馬王堆・戰國》188 等,趙惠文后時臣。

舒祺

《馬王堆・戰國》191“老臣賤息訏旗”,“訏旗”即左師觸龍之子舒祺。“舒”“訏”並从予聲。

趙王鉅

《北三・趙正》簡 20“夫趙王鉅殺其良將李徵而用顔聚”,《史記・蒙恬列傳》作“趙王遷”。“鉅”(見一魚)、“遷”(清一元)形音均不相近,關係待考。趙悼襄王子,《史記・趙世家》“幽繆王遷”,裴駰《集解》引徐廣曰:“又云滑王。”

李微

《北三・趙正》簡 20“夫趙王鉅殺其良將李徵而用顔聚”,“徵”作[illegible],秦漢文字多用爲“微”。《史記・蒙恬列傳》作“故趙王遷殺其良臣李牧而用顔聚”。《戰國策・趙策》“武安君曰緆”,高誘注:“緆,李牧名。”“微”(明一微)、“牧”(明一職)、“最”(精一月)形音不近。《春秋名字解詁》謂“趙李緆字牧”,“緆”爲“椒”之訛,“椒”即古“藪”字,名“藪”字“牧”者,《周禮・天官・大宰》“四曰藪牧,養蕃鳥獸”鄭注“澤無水曰藪牧”,牧田在遠郊,皆畜牧之地。[1] 顔世鉉認爲“微”讀爲“湄”,指水草交接之處,與“藪”義近;又謂“牧”或爲“枚”之形訛,“枚”“微”音近可通。[2] 是否正確尚未可知。趙國兵器中的“吏敚”(“通鑑”17993、

---

[1] [清]王引之《經義述聞》第 560—561 頁,江蘇古籍出版社 2000 年。

[2] 顔世鉉《戰國名將“李牧”名字解詁——兼論一人兩名的現象》,《簡帛》第 21 輯,第 91—101 頁,上海古籍出版社 2020 年。

18585),劉樂賢認爲與簡文"李微"爲一人,即李牧。[1]

趙足

"趙足"見於《馬王堆·戰國》1,12作"勺足","勺"讀爲"趙"。原注指出爲趙臣(《馬王堆叁》第23頁)。

麛皮

"麛皮"見於《馬王堆·戰國》318等,"麛"即"麛"字異體。字又見於《新蔡》甲三251,作。麛皮,趙國使者,古書似未見。

四、魏

魏文侯

《清二·繫年》簡115"晉㝵臾"、簡116"㝵臾"、簡121"晉㝵文侯臾","臾"作。整理者釋爲"畀",指出"㝵畀"即魏斯。《説文》廾部"畀","杜林以爲麒麟字","畀""麒"均群母之部字;楊樹達《弭仲簠跋》謂"弭仲畀壽"之"畀"讀爲其,《説文》"斯"从其聲(《清華貳》第190頁)。劉雲認爲是"畀",在後世演變與"其"相似,又轉寫爲"斯"。[2] 陳劍認爲上部或爲"囟","囟/思"與"斯"通多見。[3] 整理者所説似有問題。楚簡"斯"所从均非"其"字,弭仲簠所謂"畀"亦非確釋。[4]《馬王堆·繆和》59下、《北三·周訓》簡124稱"㝵文侯",《阜陽牘·春秋》作"魏文侯",《繆和》60上、61上稱"文侯"。

《史記·魏世家》"桓子之孫曰文侯都",裴駰《集解》引徐廣曰:

---

[1] 參看劉樂賢《出土文獻中的戰國名將李牧》,《文物》2020年第3期。

[2] 劉雲《清華簡中的"畀"字》,復旦大學出土文獻與古文字研究中心網,2011年12月21日。

[3] 復旦讀書會《清華(貳)討論記録》,復旦大學出土文獻與古文字研究中心網,2011年12月23日。另,居爾汗《清華簡〈繫年〉劄記一則》亦持相同觀點,簡帛網,2012年5月19日。

[4] 參看高中正《弭仲簠考釋》,《文史》2021年第3期。

“《世本》曰斯也。”司馬貞《索隱》:“《世本》云‘桓子生文侯斯’,其傳云‘孺子痶,是魏駒之子’,與此世代亦不同也。”瀧川資言曰:“文侯名斯,見《六國表》,都當作斯。”[1]

段干木

“段干木”見於《馬王堆·繆和》59 下、60 上。《史記·老子韓非列傳》“老子之子名宗,宗爲魏將,封於段干”,裴駰《集解》:“此云封於段干,段干應是魏邑名也。而《魏世家》有段干木、段干子,《田完世家》有段干朋,疑此三人是姓段干也。本蓋因邑爲姓,《左傳》所謂‘邑亦如之’是也。《風俗通·氏姓》注云‘姓段,名干木’,恐或失之矣。天下自别有段姓,何必段干木邪。”《淮南子·氾論》:“段干木,晉國之大駔[2]也,而爲文侯師。”

田子方

“田子方”見於《阜陽牘·春秋》及《阜陽·春秋》簡 40,魏文侯師。名無擇(《莊子·田子方》)。

吴起

“吴起”見於《銀二·論政·選卒》簡 1236,衛人,《史記》有列傳。

魏頎

“頎”見於《北三·周訓》簡 124 等,魏文侯長子。整理者指出,《韓詩外傳》卷八作“訴”,一本作“訢”;[3]《説苑·奉使》作“摯”。“頎”(群—文)、“訢”(曉—文)、“摯”(章—緝)音近通用,“訴”爲“訢”之誤(《北大叁》第 137 頁)。

魏擊

《清二·繫年》簡 119—120“嚣繫”,簡 134 作“嚣縶”,即魏武侯擊,魏文侯子。“縶”即“繫”之異體,讀爲“擊”。《北三·周訓》簡 124

---

[1] 瀧川資言《史記會注考證》第 2297 頁,上海古籍出版社 2015 年。

[2] 大駔,指買賣的中間人、經紀人。

[3] 參看許維遹《韓詩外傳集釋》第 279 頁,中華書局 1980 年。

作“擊”,簡 125 作“𣪊”,簡 125—126 稱“中山之君”,因其封於中山。

魏惠王

《馬王堆・戰國》133“惠王伐趙”,“惠王”即魏惠王,因徙治大梁,又稱梁惠王。名罃(《史記・魏世家》),又作瑩(《莊子・則陽》)、嬰(《戰國策・魏策二》),“罃”“嬰”(影—耕)、“瑩”(匣—耕)音近通用。

龐涓

“龐涓”見於《銀一・孫臏》簡 234 等。龐氏名涓,簡 235、245 等稱“龐子”,與《易林・艮之》同。

魏卬

《馬王堆・戰國》184“公孫鞅之欺魏卬也”,《史記・秦本紀》等稱“魏公子卬”,《劉子・履信》作“公子昂”。

襄疵

“襄疵”見於《馬王堆・戰國》185,同行又稱“襄子”。魏臣,見於《吕氏春秋・慎行論・無義》等。襄氏,名疵。

楊朱

“陽朱”見於《北四・反淫》簡 44,《阜陽牘・儒家》稱“陽子”。《韓非子・説林下》等作“楊朱”,《説林上》等作“楊子”。《吕氏春秋・審分覽・不二》作“陽生”,松臯圓謂“生”爲“朱”之形訛;蔣維喬補充《文選・述祖德詩二首》注引作“陽朱”;陳奇猷謂“生”或是尊稱。[1]

魏襄王

“魏襄王”見於《銀二・論政・君臣》,即魏襄王。《唐勒》簡 2113 正稱“襄王”。魏惠王子。《史記・趙世家》“梁惠[2]王與太子嗣”,

[1] 參看陳奇猷《吕氏春秋新校釋》第 1138—1139 頁,上海古籍出版社 2002 年。

[2] 此“惠”原誤爲“襄”。

《魏世家》“子襄王立”,司馬貞《索隱》引《世本》曰:“襄王名嗣。”《魏世家》又載惠王三十一年,“以公子赫爲太子”,《戰國策・魏策二》惠王又有太子鳴。梁玉繩、王先謙均謂襄王有“赫”之名。[1] 三者是否一人,待考。

杜子

“杜子”見於《銀二・論政・君臣》,與魏襄王對話。整理者謂“當爲魏襄王文臣,待考”(《銀雀山貳》第180頁)。

孟卯

《馬王堆・戰國》132“走孟卯”,孟卯,魏將,《史記・穰侯列傳》作“芒卯”。《史記・秦本紀》“擊芒卯”,司馬貞《索隱》曰:“芒卯,魏將。譙周云:孟卯也。”《淮南子・氾論訓》“孟卯妻其嫂,有五子焉。然而相魏,寧其危,解其患”,高誘注:“孟卯,齊人也。及爲魏臣,能安其危國類其勳也。《戰國策》曰芒卯也。”“芒”“孟”並明母陽部字。

《韓非子・外儲説左下》作“昭卯”,俞樾曰:“昭當作明,明卯即孟卯也,又作芒卯。明、孟、芒古音俱同。孟卯之爲明卯,猶孟津之爲盟津,芒卯之爲明卯,猶民甿之爲民萌。今作昭者,蓋與明形似義同,因而致誤。”[2]《吕氏春秋・審應覽・應言》作“孟卬”,“卬”即“卯”之形訛。

須賈

“須賈”見於《馬王堆・戰國》132。魏臣。《史記・范雎列傳》“范雎……乃先事魏中大夫須賈”,司馬貞《索隱》:“《漢書・百官表》中大夫,秦官。此魏有中大夫,蓋古官也。姓須,名賈,蓋密須氏之後。”

田僕

“田僕”見於《馬王堆・戰國》283等。原注指出當是魏將(《馬王

[1] 王利器、王貞珉《漢書古今人表疏證》第573頁,齊魯書社1988年。
[2] 參看陳奇猷《韓非子新校注》第726頁,上海古籍出版社2000年。

堆叁》第 81 頁）。其人似未見於古書。

宜信君

“宜信君”見於《馬王堆・戰國》309。原注指出當是魏國貴族（《馬王堆叁》第 82 頁）。其人待考。

第七章　秦鄭吴越人物名號

一、秦

秦仲

《清二・繫年》簡16"秦中焉東居周地",整理者指出秦中(仲)即秦襄公,秦莊公子,《史記・秦本紀》載秦莊公長子,"讓其弟襄公,襄公爲太子"(《清華貳》第143頁)。或以爲即秦莊公之父,或認爲竹簡記録有錯謬,[1]均不可從。牛鵬濤認爲,蓋秦襄公爲莊公次子而即位,故《繫年》也以"秦仲"稱之,[2]其説是。

秦穆公

"秦穆公"見於《清二・繫年》簡33、《清三・良臣》簡7、《北三・周訓》簡93等。《馬王堆・繆和》18上作"秦褩公",《銀一・孫臏》簡303等作"秦繆公";《郭店・窮達》簡7稱"秦穆";詛楚文、《北三・周訓》簡93等稱"穆公",《銀二・論政・君臣》作"繆公";《清二・繫年》簡33、《清七・子犯》簡1、《馬王堆・春秋》6稱"秦公"。《郭店・窮達》簡7"爲敀牧牛",裘錫圭指出"敀"讀爲"伯",《韓詩外傳》卷七

[1] 子居《清華簡〈繫年〉1—4章解析》,孔子網,2012年1月6日;張天恩《清華簡〈繫年(三)〉與秦初史事略析》,《考古與文物》2014年第2期。

[2] 牛鵬濤《清華簡〈繫年〉與銅器銘文互證二則》,《深圳大學學報(人文社會科學版)》2012年第2期。

言百里奚"爲秦伯牧牛"(《郭店簡》第146頁),[1]即指秦穆公。

穆公名任好,秦德公子。

百里奚

《銀二·論政·君臣》簡1406、1407"柏里傒",整理者指出即百里奚,柏與百,傒與奚,古音相近可通(《銀雀山貳》第178頁)。古書又作"百里徯"(《管子·小問》)、"百里傒"(《史記·秦本紀》)、"伯里奚"(《淮南子·脩務》)。"百""伯""柏"音近通用。《玉篇·人部》"傒","本作徯"。

"百里"爲氏,《通志·氏族略》第三:"百里氏。《風俗通》:秦大夫百里奚之後,其先虞人,家于百里,因氏。""奚"或爲名。《鶡冠子·世兵》"百里奚官奴",陸佃注:"百里奚,虞人也。虞亡,晉主辱之,以媵穆姬而飯牛於秦。豈此所謂官奴者乎?""奚"有奴隸之意,或由此得名。

《郭店·窮達》簡7稱"白里",爲氏稱。古書稱"百里"多見。

《清三·良臣》簡7稱"胥夫₌",即"羖大夫"。《秦本紀》:"繆公聞百里傒賢,欲重贖之,恐楚人不與,乃使人謂楚曰:'吾媵臣百里傒在焉,請以五羖羊皮贖之。'楚人遂許與之……繆公大悅,授之國政,號曰五羖大夫。"

蹇叔

秦穆公大夫蹇叔,《清七·子犯》簡7等作"邗啻","邗"(匣—元)、"蹇"(見—元)音近通用。《公羊傳》僖公三十三年又稱"蹇叔子",《清七·子犯》簡9、10重耳稱之爲"啻(叔)"。

秦康公

"秦康公"見於《清二·繫年》簡54,簡55稱"秦公"。秦穆公之

---

[1] 劉洪濤認爲"攷"的意思應相當於牛馬圈舍,參看《郭店〈窮達以時〉所載百里奚史事考》,《簡帛》第19輯,第67—69頁,上海古籍出版社2019年。

子,名罃。《公羊傳》昭公五年"其名何? 嫡得之也",何休注:"據秦伯嬰、稻名。獨嬰、稻以嫡得立之。"徐彦疏:"文十八年春'秦伯罃卒',宣四年春'秦伯稻卒'是也。然則文十八年經作'罃'字,今此'嬰'字者,誤也。寧知非彼誤者,正以文十八年'秦伯罃卒'之下,賈氏云'《穀梁傳》云: 秦伯匽',不道'《公羊》曰嬰',知《公羊》與《左氏》同,皆作'罃'字矣。注獨嬰、稻以嫡得立之者,'嬰'字亦誤,宜爲'罃'字矣。"然"罃""嬰"並影紐耕部字,或是音近通用。

曉朝

"曉朝"見於《馬王堆・春秋》29 等。《左傳》文公十三年作繞朝,秦大夫。

秦異公

《清二・繫年》簡 105"秦異公命子甫、子虎率師救楚",整理者指出,《左傳》定公四年、《史記・秦本紀》作"哀公",司馬貞《索隱》謂《始皇本紀》作"㻶公",今本《始皇本紀》作"畢公"(《清華貳》第 185 頁)。梁玉繩曰:"《謚法》無畢,當依《春秋》作'哀公',《秦紀》不誤,此與《十二侯表》稱'襄公'、《吴越春秋・闔閭内傳》作'栢公'同誤。司馬貞《索隱》於《秦紀》引此作'㻶',尤妄。"[1]

王輝認爲簡文"異"讀爲"翼",《逸周書・謚法》:"剛克爲伐曰翼。思慮深遠曰翼。"《史記》"畢公"之"畢",當爲"異"字之誤;"秦異公"全稱可能是"秦異哀公"。[2] 按,此説當是。簡文"異"作,與楚簡"異"或作(《上四・曹沫》簡 7)全同。《清一・耆夜》簡 1"縪"作,所从"畢"與"異"形近。

子甫　子虎

《清二・繫年》簡 105"秦異公命子甫、子虎率師救楚",《左傳》定

[1] [清] 梁玉繩《史記志疑》第 194 頁,中華書局 1981 年。

[2] 王輝《一粟居讀簡記(六)》,《古文字研究》第 30 輯,第 362—363 頁,中華書局 2014 年。

公五年作子蒲、子虎,秦將,《吴越春秋·闔閭内傳》稱"公子子蒲、子虎"。

秦獻公

"秦獻公"見於《北三·周訓》簡136,秦靈公之子。《史記·秦本紀》"靈公卒,子獻公不得立",司馬貞《索隱》曰:"獻公名師隰。"《吕氏春秋·不苟論·當賞》"公子連亡在魏""公子連立,是爲獻公",高誘注:"公子連,一名元。"陳奇猷謂"連""元"通假。[1]《秦本紀》"獻公享國二十三年",《索隱》謂《世本》稱"元獻公"。《越絶書·越絶外傳記地》稱"秦元王"。

仲敬子

"中敬子"見於《北三·周訓》簡136等,秦獻公之子,似未見於古書。

秦孝公

《馬王堆·戰國》249"秦孝王死,公孫鞅殺",秦孝王即秦孝公,《越絶書·越絶外傳記地》稱"平王"。《秦本紀》"獻公卒,子孝公立",司馬貞《索隱》:"名渠梁。"

公孫鞅

《天星觀》12-1、《秦家嘴》M99-15等稱"秦客公孫紻",《馬王堆·戰國》184、249作"公孫鞅",249—250作"公孫央"。衛人,公孫氏,秦孝公封之於商,又稱商鞅、衛鞅。秦金文稱"大良造鞅"(《集成》10372、11279)、"大良造庶長鞅"(《集成》11911),大良造、庶長均爲其官名。

秦孝文王

《睡虎地·編年記》簡4貳"孝文王元年",秦昭襄王子秦孝文王,名柱。

---

[1] 陳奇猷《吕氏春秋新校釋》第1623頁,上海古籍出版社2000年。

辛梧

“辛梧”見於《馬王堆・戰國》271—272，秦將。其人似未見於古書。

張儀

秦相張儀，《馬王堆・戰國》238等作“張羛”，《北四・反淫》簡43作“張義”，《戰國》241稱“羛”。“羛”所从之“弗”爲“我”之訛。楚銅量(《銘圖三編》1673)“秦客張義迈楚之歲”，“張義”亦即張儀。

秦惠王

《馬王堆・戰國》249“惠王死，襄子殺”，“惠王”即秦惠王，又稱秦惠文王。秦孝公子，名駟(《史記・秦本紀》索隱)。秦駰玉版“有秦曾孫小子駰”，李學勤認爲“駟”“駰”字形相似，作“駟”者應爲“駰”之誤字。[1] 其説可從。

秦昭王

“秦昭王”見於《馬王堆・十問》簡94，簡91、《睡虎地・編年記》簡1壹、《里耶二》9-947稱“昭王”，《編年記》簡3貳稱“昭”。即秦昭襄王，《嶽麓四》簡344即稱“昭襄王”。秦武王弟。《史記・秦本紀》“族孟説武王取魏女爲后，無子，立異母弟，是爲昭襄王”，司馬貞《索隱》：“名則，一名稷。”《甘茂列傳》“其弟立，爲昭王”，《索隱》：“《趙世家》昭王名稷，《世本》云名側。”梁玉繩曰：“《索隱》引《世本》名側，蓋音相近。若齊稷門之爲側門矣。”[2]可從。“則”“稷”皆精紐職部字，音近相通，非昭王有二名。

涇陽君　高陵君

《馬王堆・戰國》217“如經陽君，如高陵君”，即秦昭王弟涇陽君、高陵君。

《史記・秦本紀》秦昭王六年“涇陽君質於齊”，司馬貞《索隱》：

---

[1] 李學勤《秦玉牘索隱》，《故宫博物院院刊》2000年第2期。

[2] [清] 梁玉繩《史記志疑》第149頁，中華書局1981年。

"名市。"秦昭王十六年,"封公子市宛,公子悝鄧",《索隱》:"悝號高陵君,初封於彭,昭襄王弟也。"則涇陽君名市,高陵君名悝。然《蘇秦列傳》"令涇陽君、高陵君先於燕趙",《索隱》:"二人秦王母弟也。高陵君名顯,涇陽君名悝。"又"齊請以宋地封涇陽君,秦必不受",張守節《正義》曰:"涇陽君,秦王弟,名悝也。"《穰侯列傳》:"昭王同母弟曰高陵君、涇陽君。"《索隱》亦謂高陵君名顯,涇陽君名悝。《漢書·項籍列傳》"高陵君顯",顔師古注引張晏曰:"名顯,封於高陵。"則涇陽君名悝,高陵君名顯。此存疑。

蒙驁

《馬王堆·戰國》276—277"胡不解君之璽以佩蒙勢、王齮也","蒙勢"即秦將蒙驁。《史記·秦始皇本紀》"蒙驁、王齮、麃公等爲將軍",司馬貞《索隱》:"孟驁,齊人蒙武之父,蒙恬之祖。"

起賈

"起賈"見於《馬王堆·戰國》170,秦昭襄王大夫,見於《戰國策·趙策四》等。

穰侯

"穰侯"見於《馬王堆·戰國》132 等,即秦昭襄王舅魏冉。《史記·穰侯列傳》:"穰侯魏冉者,秦昭王母宣太后弟也。"司馬貞《索隱》:"宣太后之異父長弟也。姓魏,名冉,封之穰。"249、250 稱"襄子",讀爲"穰子"。《戰國策·楚策四》等又稱"冉子"。

王期

"王期"見於《馬王堆·十問》簡 94、95,與秦昭王對話。其人似未見於古書,或是虚構人物。

張禄

"張禄"見於《睡虎地·編年記》簡 52 壹,即范雎,後更名張禄(見《史記·范雎列傳》)。

王稽

《睡虎地·編年記》簡 52 壹“王稽、張禄死”,“王稽”見於《史記·范雎列傳》,張禄即范雎,王稽是范雎入秦的引薦人。

秦莊襄王

《睡虎地·編年記》簡 5 貳、《里耶一》8-461 等“莊王”,即秦莊襄王。《漢書·古今人表》作“秦嚴襄王”,係避漢明帝劉莊諱改字。秦孝文王之子,初名異人,後更名子楚。《戰國策·秦策五》:“異人至,不韋使楚服而見。王后悦其狀,高其知,曰:‘吾楚人也。’而自子之,乃變其名曰楚。”《里耶二》9-704“□壹度明瀌莊襄壹”,此“莊襄”應即莊襄王。《嶽麓四》簡 289、325、329“泰上皇”,整理者已指出,《史記·秦始皇本紀》“二十六年……追尊莊襄王爲太上皇”(《嶽麓(肆)》第 226 頁)。

秦始皇

秦始皇,《馬王堆·五星占》76 上等稱“秦始皇帝”,90 上、《銀雀山》簡 3937[1] 等稱“秦始皇”,《阜陽·年表》稱“始皇帝”。《史記·秦始皇本紀》:“以秦昭王四十八年正月生於邯鄲。及生,名爲政,姓趙氏。”裴駰《集解》引徐廣曰:“一作正。宋忠云:以正月旦生,故名正。”司馬貞《索隱》:“《世本》作政,又生於趙,故曰趙政。一曰秦與趙同祖,以趙城爲榮,故姓趙氏。”《北三·趙正》簡 1 稱“秦王趙正”,簡 14 作“趙正”。

文信侯

“文信侯”見於《馬王堆·戰國》275 等,即秦相吕不韋,戰國兵器(《集成》11395 等)稱“相邦吕不韋”。文信侯爲秦莊襄王時所封,相邦之稱在秦王嬴政時。

井忌

《馬王堆·戰國》274“將軍不見井忌乎”,279—280“趙不能聽,逐

[1] 吴九龍《銀雀山漢簡釋文》第 190 頁,文物出版社 1985 年。

井忌,誅於秦",整理者注:"井忌,人名,當是秦將。"(《馬王堆叁》第78頁)井忌似未見於傳世文獻。

王齮

"王齮"見於《馬王堆·戰國》277,即秦將王齕。《史記·秦始皇本紀》"蒙驁、王齮、麃公等爲將軍",裴駰《集解》引徐廣曰:"齮,一作齕。"《說文》齒部"齮"(疑一歌)、"齕"(匣一物)均訓作"齧也",或是同義换讀。

馮去疾

《北三·趙正》簡15"丞相斯、御史臣去疾昧死頓首言曰",去疾即秦右丞相馮去疾。秦高奴禾石權(《集成》10384)等亦見,稱"去疾"。《里耶一》8-159"御史丞去疾"、《里耶二》9-644"御史丞臣去疾",陳偉等認爲或即馮去疾。[1]

李斯

秦始皇丞相李斯多見於《北三·趙正》,稱"斯"。秦金文亦多見,稱"丞相斯"(《近出》1189丞相斯戈等)。

蒙恬

秦將蒙恬見於《北三·趙正》簡17、27,作"中尉恬"。整理者指出,《漢書·百官公卿表》:"中尉,秦官,掌徼循京師。"據《史記·蒙恬列傳》,始皇二十六年蒙恬拜爲内史,始皇死時在外爲將軍,簡文則言蒙恬官爲"中尉",有所不同(《北大叁》第191頁)。

章邯

秦將"張邯"見於《北三·趙正》簡47、49,《史記·秦始皇本紀》等作"章邯"。

趙高

秦相趙高,《北三·趙正》簡17等稱"高"。

---

[1] 陳偉主編《里耶秦簡校釋》第一卷,第97頁,武漢大學出版社2012年。

扶蘇

扶蘇爲秦始皇長子,古書多稱"公子扶蘇"。《北三・趙正》簡17、26—27作"夫胥","胥""蘇"並心紐魚部字。

胡亥

秦二世"胡亥"見於《北三・趙正》簡16等,簡26等稱"秦王胡亥","胡亥"爲其名。甘肅敦煌玉門花海出土的西漢七棱觚作"胡侅"。[1]《史記・秦始皇本紀》:"始皇巡北邊,從上郡入。燕人盧生使入海還,以鬼神事,因奏録圖書,曰'亡秦者胡也'。始皇乃使將軍蒙恬發兵三十萬人北擊胡,略取河南地。"裴駰《集解》引鄭玄曰:"胡,胡亥,秦二世名也。秦見圖書,不知此爲人名,反備北胡。"

子嬰

"子嬰"見於《北三・趙正》簡18、45,即秦三世。其身世有三種説法。《史記・秦始皇本紀》"立二世之兄子公子嬰爲秦王",以子嬰爲秦二世兄之子。《李斯列傳》:"乃召始皇弟,授之璽。子嬰即位,患之,乃稱疾不聽事。"《集解》引徐廣曰:"一本曰:召始皇弟子嬰,授之璽。"以子嬰爲秦始皇弟。《六國年表》"高立二世兄子嬰",以子嬰爲秦二世兄。

二、鄭

鄭桓公

"奠軭公"見於《清三・良臣》簡8—9,即鄭桓公,《清六・鄭甲》簡4稱"逗公"。鄭始封之君,周厲王子,名友。

史伯

"史全"見於《清三・良臣》簡8,整理者指出"全"即"百"字,即西周末年人史伯,列《漢書・古今人表》"中上",任周大史,與鄭桓公對

---

[1] 參看宋振豪主編《中國法書全集1 先秦秦漢》第192頁,文物出版社2009年。

話，見《國語・鄭語》(《清華叁》第161頁)。《史記・鄭世家》"桓公問太史伯"，裴駰《集解》引虞翻曰："周大史。"《國語・鄭語》"桓公爲司徒，甚得周衆與東土之人，問於史伯曰"，韋昭注："史伯，周太史。"

宦中

"宦中"見於《清三・良臣》簡8，整理者讀爲"宦仲"(《清華叁》第161頁)。文獻似未見。

虢叔

"虍弔"見於《清三・良臣》簡8，即虢叔。整理者疑是《國語・周語上》宣王卿士虢文公，韋昭注："虢叔(文王之弟)之後。"(《清華叁》第161頁)

杜伯

"土白"見於《清三・良臣》簡9，整理者指出即周宣王時臣杜伯(《清華叁》第161頁)。《太平廣記》卷一一九《報應》謂"杜伯名横"。《史記・鄭世家》"唐人是因，服事夏商"，張守節《正義》："至周成王時，唐人作亂，成王滅之而封大叔。遷唐子孫於杜，謂之杜伯。"此是簡文杜伯先祖，見於《漢書・古今人表》。

鄭武公

"奠武公"見於《清二・繫年》簡10、《清六・鄭武》簡1，亦見於春秋良夫盤、良夫匜("通鑑"14521、15000)，即鄭武公。《繫年》簡10、《清六・鄭甲》簡7、《鄭乙》簡6稱"武公"。其名異文有三。《史記・鄭世家》："犬戎殺幽王於驪山下，並殺桓公。鄭人共立其子掘突，是爲武公。"司馬貞《索隱》："譙周云'名突滑'，皆非也。蓋古史失其名，太史公循舊失而妄記之耳。何以知其然者？按下文其孫昭公名忽，厲公名突，豈有孫與祖同名乎？當是舊史雜記昭、厲'忽''突'之名，遂誤以掘突爲武公之字耳。"《國語・周語中》"鄭武、莊有大勳力於平、桓"，韋昭注："武乃鄭桓公之子武公滑突也。"

武夫人

“武夫人”見於《清六・鄭武》簡1，即鄭武公夫人武姜，謚武姜姓。

邊父

“𦣻父”見於《清六・鄭武》簡12等。“𦣻”，整理者讀爲“邊”（《清華陸》第104頁）。邊父，或謂是鄭臣祭仲，[1]或謂是以邊地得稱，[2]或謂即鄭莊公時重臣公子吕。[3] 待考。

鄭莊公

《清二・繫年》簡10、《清六・鄭甲》簡8、《鄭乙》簡7“臧公”，即鄭莊公。鄭武公之子，名寤生。《左傳》隱公元年：“莊公寤生，驚姜氏，故名曰寤生。”春秋晚期金文鄭莊公之孫鼎（“通鑑”02408）、鄭莊公之孫缶（“通鑑”14096）“余奠臧公之孫”，“奠臧公”即鄭莊公。《清六・鄭武》簡1等稱“乳子”，合文作（參看第163頁“乳子王”條）。

鄭厲公

《清二・繫年》簡12“朿公”，《清六・鄭甲》簡9作“剌公”，字形分别爲、（參看第87頁“周厲王”條），《鄭乙》簡8作“公”，形有訛誤，整理者隸定作“制”（《清華陸》第125頁），非是。其左旁與“殺”作（《清九・成人》簡28）之左旁同。即鄭厲公，鄭莊公子，名突。

鄭昭公

《清二・繫年》簡10、11，《清六・鄭甲》簡8，《鄭乙》簡8“卲公”，即鄭昭公，鄭莊公子，名忽。《説文》曰部作鄭太子“曶”。

子眉壽

“子釁壽”見於《清二・繫年》簡11、12，“釁”作，金文多見，用爲眉壽之眉。整理者指出“釁壽”《左傳》桓公十七年作“公子亹”，

---

[1] 陳偉《鄭伯克段“前傳”的歷史叙事》，中國社會科學網，2016年5月30日。

[2] 子居《清華簡〈鄭武夫人規孺子〉解析》，中國先秦史網，2016年6月7日。

[3] 程浩《清華簡新見鄭國人物考略》，《文獻》2020年第1期。

“釁”“亹”音通(《清華貳》第140頁)。王寧認爲名壽,字子亹(眉),猶楚史老名老字子亹(《國語・楚語上》)。[1] 袁金平謂“子”爲美稱,《春秋》經傳中兩字之名可稱其一,如嬰齊稱嬰、巫臣稱巫、展與稱展、重耳稱重、富獵稱獵等,眉壽因此可以稱作眉。[2]

《左傳》桓公十一年“三公子,皆君也”,杜預注:“子突、子亹、子儀之母皆有寵。”陸德明《釋文》謂亹“本或作斖”。《廣韻・尾韻》以“斖”爲“亹”之俗體。《韓非子・難四》作“子亶”,盧文弨謂“亶”爲“亹”之形近誤字。[3] 子眉壽爲鄭昭公弟。

高之渠彌

《清二・繫年》簡11、12“高之巨爾”,即鄭大夫高渠彌。《史記・秦本紀》作“高渠眯”。“眯”“彌”並明母脂部字。

鄭文公

《清六・鄭甲》簡1、《鄭乙》簡1“吝公”,即鄭文公。“吝”作[illegible],爲“文”字繁構。鄭厲公子,名捷(《左傳》僖公三十二年),《公羊傳》作“接”,《鄭世家》作“踕”。“踕”、“捷”(從—葉)、“接”(精—葉)音近。

詹父

“贍父”見於《清六・鄭甲》簡12、《鄭乙》簡10。“贍”作[illegible],即“瞻”之異體。整理者指出即叔詹,《韓非子・喻老》作“叔瞻”,《吕氏春秋・上德》作“被瞻”(《清華陸》第124頁)。“被”爲其氏。《史記・鄭世家》叔詹對鄭君自稱“詹”,則“詹”“瞻”爲其名。鄭文公弟。

孔叔

《清六・鄭甲》簡11、《鄭乙》簡10“孔吾”,即孔叔,見於《左傳》

[1] 王寧《“录子聖”之名臆解》,復旦大學出土文獻與古文字研究中心網,2014年6月4日。

[2] 袁金平《由清華簡〈繫年〉“子眉壽”談先秦人名冠“子”之例》,李守奎主編《清華簡〈繫年〉與古史新探》第213—219頁,中西書局2016年。

[3] 參看陳奇猷《韓非子新校注》第931頁,上海古籍出版社2000年。

僖公三年:“楚人伐鄭,鄭伯欲成,孔叔不可。”杜預注:“孔叔,鄭大夫。”

佚之夷

“[illegible]之层”見於《清六・鄭甲》簡 11、《鄭乙》簡 10,整理者指出,《左傳》僖公三十年佚之狐薦燭之武,以退秦師,事在鄭文公四十三年,與簡文之“佚之夷”不知是否一人(《清華陸》第 124 頁)。

師之佢鹿

“帀之佢鹿”見於《清六・鄭甲》簡 11、《鄭乙》簡 10。整理者指出,《左傳》僖公七年管仲稱“鄭有叔詹、堵叔、師叔三良爲政”,當與簡文之詹父、堵俞彌、師之佢鹿有關(《清華陸》第 124 頁)。“師之佢鹿”即師叔。

堵之俞彌

“𡍬之俞瓕”見於《清六・鄭甲》簡 11、《鄭乙》簡 10。整理者指出即見於《左傳》僖公二十四年的“堵俞彌”(《清華陸》第 123 頁)(“𡍬”參看第 156 頁“堵敖”條)。僖公二十四年“鄭公子士洩堵俞彌帥師伐滑”,杜預注:“堵俞彌,鄭大夫。”而僖公二十年“鄭公子士洩堵寇帥師入滑”,杜預注:“公子士,鄭文公子。洩堵寇,鄭大夫。”又以“洩”屬下讀。梁履繩《左通補釋》曰:“建安本公子士洩讀,岳珂本公子士讀。案僖二十年注‘公子士,鄭文公子;洩堵寇,鄭大夫’,此注云‘堵俞彌鄭大夫’者,洩氏見前,不須更舉也。宜從岳本。”[1]以簡本觀之,則“堵俞彌”爲一人名,似不得連“洩”讀。[2]“堵寇”“堵俞彌”是否一人,待考。

子人成子

“子人成子”見於《清六・鄭甲》簡 1、《鄭乙》簡 1,“子人成子既

---

[1]［清］梁履繩《左通補釋》,《續修四庫全書》第 123 册,第 302 頁,上海古籍出版社 2002 年。

[2] 侯尉凱對此有詳辨,參《左傳“公子士洩”新考》,《殷都學刊》2017 年第 1 期。

死,太伯當邑。太伯有疾,(鄭)文公往問之”。整理者指出“子人”爲氏,“成”爲謚,疑即見於《左傳》桓公十四年的鄭文公叔父子人語(《清華陸》第120頁)。

太伯

“太白”見於《清六・鄭甲》簡1、《鄭乙》簡1等,即太伯。鄭文公稱之“白父”,即“伯父”(《鄭甲》簡1等)。或謂“太”讀爲“洩”,太伯即鄭洩駕,又稱洩伯,[1]或謂即鄭桓公之孫公孫閼之長子。[2]待考。

鄭穆公

《清二・繫年》簡74“奠穆公”,簡57稱“奠伯”,即鄭穆公,《公羊傳》宣公三年、《漢書・古今人表》作“鄭繆公”。鄭文公之子,名蘭。《左傳》宣公三年:“初,鄭文公有賤妾曰燕姞,夢天使與己蘭,曰:‘余爲伯鯈。余,而祖也,以是爲而子。以蘭有國香,人服媚之如是。’既而文公見之,與之蘭而御之。辭曰:‘妾不才,幸而有子,將不信,敢徵蘭乎?’公曰:‘諾。’生穆公,名之曰蘭。”

弦高

《清二・繫年》簡46—47“鄭之賈人弦高將西市”,“弦”作□,相關字形學者或釋爲“幻”,非是。單育辰有詳細辨析。[3]弦高見於《左傳》僖公三年等,弦氏。《淮南子・説林》“尾生之信不如隨牛之誕”,梁玉繩謂隨牛爲弦高之號。[4]

子良

“子良”見於《上七・鄭甲》簡5、《鄭乙》簡6,即鄭公子棄疾,鄭穆

---

[1] 王寧《清華簡六〈鄭文公問太伯〉之“太伯”爲“洩伯”説》,簡帛網,2016年5月8日。

[2] 程浩《清華簡新見鄭國人物考略》,《文獻》2020年第1期。

[3] 單育辰《楚地戰國簡帛與傳世文獻對讀之研究》第113—115頁,中華書局2014年。

[4] 王利器、王貞珉《漢書古今人表疏證》第187頁,齊魯書社1988年。

公庶子，名棄疾，字子良。

子家

“子豭”見於《上七・鄭子》，即鄭靈公時大夫子家，“豭”即家之異體。又稱公子歸生（《左傳》文公二年），名歸生，字子家。

鄭成公

“奠成公”見於《清二・繫年》簡61，即鄭成公，鄭襄公子，鄭悼公弟，名睔（《史記・鄭世家》），《漢書・古今人表》作“綸”。

子産

“子産”簡帛多見，如《清三・良臣》簡9、《馬王堆・春秋》41等。名僑（《左傳》襄公二十五年），鄭穆公之孫，又稱公孫僑，或作公孫喬，《吕氏春秋・慎大覽・下賢》“子産相鄭”，高誘注：“鄭大夫子國之子公孫喬也。”

桑丘仲文

“喪坓中旻”見於《清六・子産》簡21。“旻”作[illegible]，與《清三・良臣》簡5“令尹子旻”之“旻”同。整理者讀爲“桑丘仲文”（《清華陸》第138頁）。羅小華指出桑丘本爲地名，簡文爲複姓，[1]或謂桑丘即《左傳》習見的魯地“乘丘”。[2] 其人待考。

王子伯願

“王子白忎”見於《清三・良臣》簡9—10、《清六・子産》簡21，整理者讀爲“王子伯願”，指出鄭有王子氏，如《左傳》宣公六年“王子伯廖”，襄公八年、十一年“王子伯駢”（《清華叁》第162頁）。王子伯願似未見於古書。

肥仲

“肥中”見於《清三・良臣》簡10、《清六・子産》簡21，“子産之

[1] 羅小華《試論清華簡中的幾個人名——兼論“卞”字的産生》，《出土文獻》第12輯，第119頁，中西書局2018年。

[2] 程浩《清華簡新見鄭國人物考略》，《文獻》2020年第1期。

師”。王輝疑“肥”讀爲“賁”，“仲”爲排行，“肥仲”即見於《左傳》的“苗賁皇”，“苗”爲封地，“賁”氏名“皇”。[1] 待考。

杜逝

《清三・良臣》簡10“子産之師”有“土畜”，《清六・子産》簡21謂子産乃有“坔譬”，兩者是一人。整理者讀爲“杜逝”（《清華叁》第158頁，《清華陸》第138頁）。“畜”“譬”作、。《郭店・老甲》簡22“大曰”，今本作“大曰逝”；《上三・周易》簡33“陸宗膚”，今本作“厥宗噬膚”。相關字楚簡多見，多讀爲“逝”“噬”“澨”。然字形尚待研究。[2]

“杜逝”不見於古書，王輝疑爲見於《左傳》昭公四年等的杜洩。[3] 待考。

斷厈

《清三・良臣》簡10子産之師有，整理者隸定爲“斷厈”。周飛疑“厈”爲罕字異體，“斷厈”即子展，《左傳》襄公八年“子展欲待秦”，杜預注：“子展，子罕子。”[4] 袁金平、趙艷莉認爲，若“斷”从斤得聲，則“斷厈”可能是與子産同時的渾罕，見於《左傳》，爲鄭國大夫，又名游速、子寬。[5] 王寧認爲“斷厈”很可能是桑丘仲文，只是稱謂格式不同。[6] 劉洪濤同意袁説，並對之左旁有分析。[7] “斷”是

[1] 王輝《一粟居讀簡記（八）》，《古文字研究》第31輯，第356—357頁，中華書局2016年。

[2] 參看單育辰《楚地戰國簡帛與傳世文獻對讀之研究》第64—66頁，中華書局2014年。

[3] 王輝《一粟居讀簡記（八）》，《古文字研究》第31輯，第358—359頁，中華書局2016年。

[4] 周飛《清華簡〈良臣〉篇劄記》，清華網，2013年1月8日。

[5] 袁金平、趙艷莉《清華簡校讀散劄（三則）》，《三峽論壇》2017年第4期。

[6] 王寧《清華簡〈良臣〉〈子産〉中子産師、輔人名雜識》，復旦大學出土文獻與古文字研究中心網，2016年6月27日。

[7] 劉洪濤《清華簡“斷”與甲骨文“黽”合證》，《語言研究》2019年第3期。

否从斤聲，尚未可知，此人待考。

子羽

"子羽"見於《清三·良臣》簡 10、《清六·子産》簡 21，即鄭子産之輔公孫揮，字子羽。又稱"行人子羽"，行人爲其官職，掌賓客。

子人子羽

《上五·君子》簡 11："行[1]子人子羽問於子貢曰：仲尼與吾子産孰賢？"陳劍指出，"行子人"的"子"有可能是衍文，此即鄭國行人子羽。[2] 王寧認爲"行"蓋爲職官"行人"的簡稱，子人子羽是人名，即子人氏，字子羽。[3] 此簡首完整，前一支簡未知，"行"字是否屬前讀尚未可知，暫以"子人子羽"爲人名。

子剌

"子剌"見於《清三·良臣》簡 10、《清六·子産》簡 21，字形分别作、（參看第 87 頁"周厲王"條）。王輝認爲剌讀爲"礪"，即鄭臣印段，字子石。[4] 王寧疑當作"子列"，"剌""列"通用，蓋即鄭國的列氏之祖。[5] 羅小華認爲"剌"（來一月）讀爲"蠆"（透一月），子剌即鄭公孫蠆，字子蟜，"子剌"屬子+名的稱謂方式。[6] 春秋晚期銅器鄭莊公之孫鼎（"通鑑"2408）"余鄭莊公之孫，余剌之疫子"，程浩指

[1] 行，整理者原釋爲"非"，此從陳劍改釋，斷句亦從其説，參《談談〈上博（五）〉的竹簡分篇、拼合與編聯問題》，《戰國竹簡論集》第 176—177 頁，上海古籍出版社 2013 年。

[2] 陳劍《談談〈上博（五）〉的竹簡分篇、拼合與編聯問題》，《戰國竹簡論集》第 176—177 頁，上海古籍出版社 2013 年。

[3] 王寧《清華簡六〈鄭文公問太伯〉（甲本）釋文校讀》，復旦大學出土文獻與古文字研究中心網，2016 年 5 月 30 日。

[4] 王輝《一粟居讀簡記（八）》，《古文字研究》第 31 輯，第 359—360 頁，中華書局 2016 年。

[5] 王寧《清華簡〈良臣〉〈子産〉中子産師、輔人名雜識》，復旦大學出土文獻與古文字研究中心網，2016 年 6 月 27 日。

[6] 羅小華《試論清華簡〈良臣〉中的"子剌"》，《出土文獻》第 6 輯，第 198—200 頁，中西書局 2015 年。

出簡文“子剌”或可與此“剌”建立關聯。[1] 待考。

蔑明

《清三·良臣》簡10,子産之輔有“蔑明”,“蔑”作。整理者釋爲“蔑”,並指出蔑明即鬷蔑,或稱鬷明、然明(《清華叁》第162頁)。《清六·子産》簡22作“覕明”,“覕”作。有學者指出“蔑”中的“丯”爲叠加聲符。[2] 王寧認爲“蔑”即“瞢”字,以聲符“丯”替换了義符“目”;“覕”从見滅聲,即“瞢”之或體,或作“矆”。[3] 蘇建洲認爲“覕”字右旁應爲古文字中釋爲“察”“淺”“竊”的字。[4]

“然”“鬷”皆氏。[5]《左傳》襄公二十五年“他日吾見蔑之面而已”,杜預注:“蔑,然明名。”襄公三十一年“然明曰:蔑也今而後知吾子之信可事也”,自稱“蔑”,則名爲蔑可以確定。《春秋名字解詁》“鄭鬷蔑字明”:“《説文》:‘蔑,勞目無精也。’《檀弓》鄭注曰:‘明,目精也。’名蔑故字明也。”[6] 如此則“蔑明”是“名+字”的稱謂方式,與先秦常見的“字+名”不同。

卑登

“卑登”見於《清三·良臣》簡10、《清六·子産》簡22,鄭子産之輔。《論語·憲問》作“裨諶”(或作“卑諶”)。[7]《左傳》襄公二十九年“裨諶曰”,陸德明《釋文》:“諶,本亦作湛。”《漢書·古今人表》

[1] 程浩《清華簡新見鄭國人物考略》,《文獻》2020年第1期。

[2] 見《清華簡三〈良臣〉劄記》,簡帛網簡帛論壇,2013年1月9日,第6樓“苦行僧”發言、第7樓“海天游蹤”發言。

[3] 王寧《清華簡〈良臣〉〈子産〉中子産師、輔人名雜識》,復旦大學出土文獻與古文字研究中心網,2016年6月27日。

[4] 蘇建洲《〈清華(六)〉零釋》,《中國文字》新43期,第27—29頁,藝文印書館2017年。

[5] 參看方炫琛《左傳人物名號》第513頁,臺灣政治大學博士學位論文1983年。

[6] [清] 王引之《經義述聞》第535頁,江蘇古籍出版社2000年。

[7] 參看黄懷信等《論語彙校集釋》第1244頁,上海古籍出版社2008年。

作“卑湛”。《太平御覽》卷二六四《職官部六十二》引《魏略》作“諀諶”。[1] “卑”“裨”“諀”,“湛”“諶”,並以音通。《良臣》整理者謂簡文“登”(端一蒸)與“諶”(禪一侵)、“湛”(定一侵)係通轉(《清華叁》第162頁)。

《左傳》有人名“裨竈”,或謂即裨諶。襄公二十八年“裨竈曰”,杜預注:“裨竈,鄭大夫。”《論語・憲問》“裨諶草創之”,江聲曰:“裨諶,鄭大夫裨竈也。諶讀爲‘卬烘于煁’之煁,古字同聲,輒叚借也。《毛詩》傳云:‘煁,烓竈也。’《説文解字》曰:‘煁,烓也。’‘烓,行竈也。’名竈,故字煁也。”[2] 段玉裁《説文》注亦謂“《春秋傳》裨諶字竈”。[3] 從名字相應角度看,此説當可從。

富之厇

《清三・良臣》簡10子産之輔有“畐之厇”,《清六・子産》簡22作“佰之支”。“畐”作,“厇”“支”作、。《良臣》整理者認爲,“富”所从“畐”訛作“酉”,“富之厇”當即《左傳》昭公十六年諫子産的富子(《清華叁》第162頁)。據《子産》作“佰”(幫一之),可知釋“富”(滂一職)可從。然將隸定爲“便”(《清華叁》第158頁)則不可信。有學者認爲“厇”从厂从鞭之古文,[4] 可從。《子産》整理者將隸作“支”(《清華陸》第138頁)。

“富子”之名古書似未見,“厇”“支”讀法尚待考。

王子百

“王子全”見於《清三・良臣》簡10,《清六・子産》簡22作“王子百”,子産之輔。晉系文字“百”寫作“全”形。王輝引湯餘惠意見,認

[1] [宋]李昉等《太平御覽》第1236頁,中華書局1960年。
[2] [清]江聲《論語竢質》,《叢書集成初編》本,第35—36頁,商務印書館1936年。
[3] [清]段玉裁《説文解字注》第482頁,上海古籍出版社1988年。
[4] 參看《清華簡三〈良臣〉劄記》,簡帛網簡帛論壇,2013年1月9日,第5樓“苦行僧”發言。

爲"全"是"白"之訛,可讀爲"百",此處讀爲"伯",王子伯也有可能是王子伯某之省,可能是王子伯駢。[1] 待考。

皇頡

《上六・申公》簡4"繡公子皇箐(捷)[2]皇子",《左傳》襄公二十六年"鄭皇頡戍之,出,與楚師戰,敗。穿封戌囚皇頡",陳偉據此認爲皇子即皇頡。[3] 楚悼王三年亦有稱"鄭皇子"者(《清二・繫年》簡130),可見"皇子"應即鄭卿皇武子之宗子的通稱。高佑仁謂"子"爲敬稱,[4]趙苑夙謂"子"是男子通稱,[5]似均不合適。

伯有

"伯有"見於《馬王堆・春秋》35、36等,鄭公子去疾之孫。《左傳》襄公十一年稱"行人良霄""良霄",良氏,名霄,字伯有。方炫琛謂公子去疾字子良,伯有因以"良"爲氏。[6]

鄭定公

"奠定公"見於《清三・良臣》簡9,即鄭定公,鄭簡公之子,名寧。

子大叔

《清三・良臣》簡9鄭定公之相有"子大弔",即子大叔。游氏名吉,字子大叔。《春秋名字解詁》:"鄭游吉,字子大叔,取大吉之義也。大當如字讀。二十二年、二十四年傳,陸德明《釋文》並音泰,非也。

---

[1] 王輝《一粟居讀簡記(八)》,《古文字研究》第31輯,第361頁,中華書局2016年。

[2] "箐"讀爲"捷"參看陳劍《簡談〈繫年〉的"戠"和楚簡部分"箐"字當釋讀爲"捷"》,《安徽大學學報》2013年第6期。

[3] 陳偉《讀〈上博六〉條記》,簡帛網,2007年7月9日。

[4] 高佑仁《上博楚簡莊、靈、平三王研究》第327頁,成功大學博士學位論文2011年。

[5] 趙苑夙《上博簡楚王"語"類文獻研究》第83頁,中興大學博士學位論文2013年。

[6] 方炫琛《左傳人物名號研究》第295頁,臺灣政治大學博士學位論文1983年。

大叔,《論語·憲問篇》作世叔,世、大聲相近,大,正字也;世,借字也。"[1]

子皮

《清三·良臣》簡9曰鄭定公之相有"子皸","皸"从韋皮聲,即子皮。罕氏名虎,字子皮。《公羊傳》昭公元年作"軒虎","軒""罕"並从干聲,音近通用。

鄭伯駘

"奠白怠"見於《清二·繫年》簡124、126。整理者指出即鄭繻公駘(《清華貳》第195頁)。《史記·鄭世家》:"幽公元年,韓武子伐鄭,殺幽公。鄭人立幽公弟駘,是爲繻公。"裴駰《集解》:"《年表》曰鄭立幽公子駘。繻或作繚。"《漢書·古今人表》即作"鄭繚公駘"。

梁玉繩謂"繚""繻"皆謚法所無,疑是"繆"之訛。[2]

皇子　子馬　子池　子封子

《清二·繫年》簡130"鄭<u>皇子</u>、<u>子馬</u>、<u>子沱</u>、<u>子垰子</u>率師以邀楚人",鄭四將軍。整理者指出鄭有皇氏,如《左傳》僖公二十四年皇武子、宣公十二年皇戌、成公十八年皇辰等(《清華貳》第199頁)。蘇建洲認爲"皇子"是以氏配子,爲春秋戰國時卿大夫稱謂的通例。[3] 董珊指出,鄭帥子馬見於《集成》1798子馬氏鼎。[4]"垰"即"封"字,蘇建洲認爲"子封"爲氏,《左傳》襄公二十八年"子服子"可相類比。[5]

太宰欣

《清二·繫年》簡131—132"鄭<u>大窬惞</u>亦起禍於鄭",整理者指出

---

[1] [清]王引之《經義述聞》第524頁,江蘇古籍出版社2000年。

[2] 王利器、王貞珉《漢書古今人表疏證》第765頁,齊魯書社1988年。

[3] 蘇建洲等《清華二〈繫年〉集解》第898頁,萬卷樓圖書股份有限公司2013年。

[4] 董珊《讀清華簡〈繫年〉》,復旦大學出土文獻與古文字研究中心網,2011年12月26日。

[5] 蘇建洲等《清華二〈繫年〉集解》第898頁,萬卷樓圖書股份有限公司2013年。

即太宰欣,見於《韓非子·説難》(《清華貳》第199頁)。太宰欣其人,馬衛東有辨,[1]可參看。

子陽

《清二·繫年》簡132“奠子旟用滅”,整理者指出“奠子旟”即鄭子陽(《清華貳》第199頁)。《史記·六國年表》:“鄭殺其相駟子陽。”駟爲其氏,鄭穆公子騑字子駟,其後代以駟爲氏。

郲公涉𦈡

《清二·繫年》簡133“(楚悼)王命平夜武君率師侵鄭,逾郜,止郲公涉𦈡[2]以歸,以復長陵之師”,整理者疑“郲公”即滕公,“涉𦈡”爲滕公之名(《清華貳》第200頁)。待考。似是鄭人。

三、吴

壽夢

《清二·繫年》簡109“吴王壽夢”,整理者指出即吴子乘,“乘”是“壽夢”合音(《清華貳》第199頁)。《左傳》襄公十年“吴子壽夢”,杜預注:“壽夢,吴子乘。”孔穎達《正義》云:“服虔云:‘壽夢,發聲。吴蠻夷言,多發聲,數語共成一言。壽夢,一言也。經言乘,傳言壽夢,欲使學者知之也。’然壽夢與乘,聲小相涉。服以經、傳之異,即欲使同之。然則餘祭、戴吴,豈復同聲也?當是名字之異,故未言之。”“壽夢”又見於吴王劍(《新收》1407)。

其名又作“孰姑”。《史記·吴太伯世家》“二十五年,王壽夢卒”,司馬貞《索隱》:“《襄十二年經》曰‘秋九月,吴子乘卒’。《左傳》曰‘壽夢’。計從成六年至此,正二十五年。《世本》曰‘吴孰姑徙句吴’。宋忠曰:‘孰姑,壽夢也。’代謂祝夢乘諸也。壽、

[1] 馬衛東《清華簡〈繫年〉與鄭子陽之難新探》,《古代文明》2014年第2期。

[2] 整理者原隸定爲“𦈡”,此從蘇建洲説,參《清華二〈繫年〉集解》第912頁,萬卷樓圖書股份有限公司2013年。

孰音相近，姑之言諸也。《毛詩傳》讀姑爲諸，知孰姑、壽夢是一人，又名乘也。"

延陵季子

"娗陸季子"見於《上五・弟子》簡1、2，即吴王壽夢少子延陵季子。"娗"作，原釋文作"前"（《上博五》第268頁），此從劉洪濤釋作"娗"。[1]"陸"作，楚文字用作"陵"。學者多從鄭剛説認爲字从來聲，[2]李學勤、何琳儀等曾認爲字右上爲"夌"，[3]郭永秉對此説有詳細論證，[4]可參看。

延陵季子，名札，又稱季札、吴季札。《史記・吴太伯世家》："季札封於延陵，故號曰延陵季子。"又稱延州來季子（《左傳》襄公三十一年），杜預注："延州來，季札邑。"《集成》11640"吴季子之子逞之元用劍"，一般認爲吴季子即季札。董珊認爲也有可能是季札後代稱季子者。[5]

慶忌

"慶忌"見於《馬王堆・明君》7—8。《漢書・司馬相如傳下》"力稱烏獲，捷言慶忌"，顔師古注："慶忌，吴王僚子也。射能捷矢也。"

闔廬

吴王闔廬，《清二・繫年》簡84作"吴王盍虜"，《清一・楚居》簡12作"盍虜"，《清七・越公》簡11作"盍膚"，《北三・周訓》簡59稱

[1] 此説原以《説〈上博五・弟子問〉"延陵季子"的"延"字》爲題首發於簡帛網（2006年5月22日），署名"小蟲"；後爲《上博竹簡〈弟子問〉考證二則》第一則"延陵季子"，正式刊發於《古文字研究》第32輯，中華書局2018年，第424—425頁。

[2] 鄭剛《戰國文字中的"陵"和"李"》，《楚簡道家文獻辨證》第61—75頁，汕頭大學出版社2004年。

[3] 李學勤《楚國夫人璽和戰國時的江陵》，《江漢論壇》1982年第7期；何琳儀《長沙帛書通釋》，《江漢考古》1986年第1期。

[4] 郭永秉《續説戰國文字中的"夌"和从"夌"之字》，《古文字與古文獻論集續編》第85—102頁，上海古籍出版社2015年。

[5] 董珊《吴越題銘研究》第23頁，科學出版社2014年。

“吴闔廬”,《銀一・孫子》簡 192 等、《張家山・蓋廬》作“蓋廬”。“廬”“哼”“盧”“膚”並以“虍”爲基本聲符,音近通用。《墨子・所染》等作“闔閭”,“閭”(來—魚)、“虍”(曉—魚)音亦近。

《北三・周訓》簡 59“至于干王之所”,“干(邗)王”即指闔廬。

闔廬名光,《清三・良臣》簡 7 稱“吴王光”。金文多見,如《集成》10298 等稱“吴王光”;又稱“吴王子光”;[1] 又稱“攻吾王光”(“通鑑”17915),或作“攻敔王光”(《集成》11151)、“攻敔王光”(《集成》11620)、“攻敔王光”(“通鑑”17918)、“工𫊸王光”(“通鑑”31388)(“攻”詳第 243 頁“夫差”條)。《集成》11255、11256、11257 有“[illegible]王光”,李家浩認爲[illegible]即“虡”所从之“𠔏”,讀爲“吴”。[2]

《集成》223、11256、11257 稱“吴王光逭”,或作“吴王光趄”(《吴越題銘》29)。容庚曰:“光,吴王名……此稱光逭,未見於他書。”[3]《集成》11666:“攻敔王光自作用劍,逭余允至,克戕多攻。”李家浩認爲“逭”即“趄”異體,“趄余”是吴王光自稱之語,“趄”是名,“光”是字。[4] 董楚平認爲“光”是名,“趄”可能是自取的别號。[5]

“通鑑”17921:“攻吾王光[illegible]以吉金自作用劍。”[6][illegible]字陳夢家隸

---

[1] 該名號見於吴王子光戈,著録於湖北省文物考古研究所編《三苗與南土:湖北省文物考古研究所十二五期間重要考古收穫》(《江漢考古》編輯部,2016 年);釋文參看馬曉穩《吴越文字資料整理及相關問題研究》第 43 頁,吉林大學博士學位論文 2017 年。

[2] 李家浩《攻五王光韓劍與虡王光趄戈》,《古文字研究》第 17 輯,第 140—144 頁,中華書局 1989 年。

[3] 容庚《鳥書考》,《中山大學學報(哲學社會科學版)》1964 年第 1 期;收入《容庚文集》,中山大學出版社 2004 年。

[4] 李家浩《攻敔王光劍銘文考釋》,《文物》1990 年第 2 期;收入氏著《著名中年語言學家自選集・李家浩卷》,安徽教育出版社 2002 年。

[5] 董楚平《吴越徐舒金文集釋》第 122 頁,浙江古籍出版社 1992 年。

[6] 字形采自張光裕《錯金“攻敔王劍”銘獻疑》,《漢語言文字研究》第 1 輯,第 118 頁,上海古籍出版社 2014 年;收入《澹煙疏雨:張光裕問學論稿》,上海古籍出版社 2018 年。

定爲“旂”,[1]李家浩釋爲“釻(韓)”,與“超”音近,“光韓”和“光超”是同一人名的不同寫法。[2] 李守奎認爲與中山王器用作“也”之爲一字,人名後加“也”之例多見。[3]

“通鑑”17946:“攻敔王者伋虘虏劍自作元用劍。”李家浩、陳斯鵬、吴振武均認爲“者伋虘虏”即闔廬。[4] 李文謂劍銘與“闔廬”相當的字作“伋”“虏”,“者”“虘”是附加語。

《集成》193—202者減鐘“工(攻)獻(吴)王皮難之子者瀘”,“皮難”所指争議較大,李家浩認爲是闔廬,“皮”用爲“彼”,係襯字,“難”與闔廬一名超、韓讀音相合。[5]

王子蹶由

《清二・繫年》簡80“執吴王子鱥繇”,整理者指出“鱥繇”《左傳》昭公五年作“蹶由”,《韓非子・説林下》作“蹶融”,《漢書・古今人表》作“厥由”。“鱥”即“鱖”字,“歲”“厥”均在月部,可相通假(《清華貳》第172頁)。蹶由爲吴王壽夢之子。

《韓非子・説林下》“荆王伐吴,吴使沮衛蹶融犒於荆師”,《左傳》昭公五年作“吴子使其弟蹶由犒師”,“由”(餘—幽)、“融”(餘—冬)音近,“蹶融”似即“蹶由”。然《韓非子》文《北堂書鈔》卷一二一

[1] 陳夢家《壽縣蔡侯墓銅器》,《考古學報》1956年第2期;收入《陳夢家學術論文集》,中華書局2016年。

[2] 李家浩《攻五王光韓劍與虡王光超戈》,《古文字研究》第17輯,第140、144頁,中華書局1989年。

[3] 李守奎《清華簡〈繫年〉“也”字用法與攻吾王光劍、繺書缶的釋讀》,《古文字研究》第30輯,中華書局2014年。

[4] 李家浩《攻敔王者伋叡虜劍與者減鐘》,《古文字與古代史》第3輯,第216—221頁,“中研院”史語所2012年;陳斯鵬《吴王闔廬劍小考》,復旦大學出土文獻與古文字研究中心網,2012年1月15日;吴振武《者伋叡虏即吴王闔廬説》,《古文字研究》第29輯,第384—385頁,中華書局2012年。

[5] 李家浩《攻敔王者伋叡虜劍與者減鐘》,《古文字與古代史》第3輯,第222—231頁,“中研院”史語所2012年。

《武功部・鼓》引作"吴使沮衛獻蟲蠹於荆師",《太平御覽》卷三三八《兵部・金鼓》引作"吴使沮衛獻虫蠹於荆師",其後均有"衛曰",則往荆師之人即"詛衛",《韓非子》或有訛誤,待考。

伍鷄

伍奢之子,伍子胥之弟,《清二・繫年》簡81作"五之鷄""五鷄"。《繫年》簡82"是鷄父之洍",整理者認爲"鷄父"是地名(《清華貳》第173頁),非是。李守奎指出伍之鷄在吴人圍困州來戰役中發揮了重要作用,後人爲了紀念他,把他修建的水利工程稱作"鷄父之洍",[1]可從。《清七・越公》簡12"唯彼鷄父之遠荆","鷄""鷄"異體,整理者指出即《繫年》"鷄父""五之鷄"(《清華柒》第120頁)。

《左傳》昭公二十三年"吴敗頓、胡、沈、蔡、陳、許之師於鷄父",杜預注:"鷄父,楚地。安豐縣南有鷄備亭。"《穀梁傳》作"鷄甫"。《吕氏春秋・先職覽・察微》"吴公子光又率師與楚人戰於鷄父"。此"鷄父"爲地名,與簡文"鷄父"之關係待考。

孫武

孫武,即吴孫子,見於《銀一・孫子》,稱"孫子"。

伍子胥

伍子胥,伍氏,字子胥。《上五・鬼神》簡3作"五子疋",睡虎地漢簡、《馬王堆・繆和》49上作"五子胥"。[2]《郭店・窮達》簡9稱"子疋",睡虎地漢簡作"子胥"。《清三・良臣》簡7稱"五之疋","之"爲結構助詞。《史記・伍子胥列傳》稱"伍胥"。睡虎地漢簡又稱"胥"。[3]名員。《清二・繫年》簡81、83作"五員",與《吕氏春

---

[1] 李守奎《清華簡中的伍之鷄與歷史上的鷄父之戰》,《中國高校社會科學》2017年第2期。

[2] 後者"胥"字殘去。

[3] 李天虹《清華簡〈良臣〉"五之疋"補説》對此有詳細討論(《新果集(二)——慶祝林澐先生八十華誕論文集》第580—583頁,科學出版社2018年)。

秋・孟冬紀・異實》同。

伍子胥去楚適吴，吴予之申地，又稱“申胥”（《國語・吴語》）。《清七・越公》簡 9、14 作“繡（申）疋”，《張家山・蓋盧》簡 1 等作“申胥”。

王子晨

《清二・繫年》簡 84“吴王子脣將起禍於吴”，整理者指出，《左傳》定公四年“闔廬之弟夫槩王晨請於闔廬”，據簡文知晨爲夫槩王名（《清華貳》第 173 頁）。《馬王堆・繆和》62 上“吴王夫差攻荆，大子辰饋冰八管”，或謂“大子辰”即簡文“王子晨”。[1]

《左傳》定公五年：“九月，夫槩王歸，自立也。”杜預注：“自立爲吴王，號夫槩。”《廣韻・唐韻》“棠”字下作“夫溉”，《未韻》“既”下作“吴王夫既”。

夫差

“夫秦王”見於《清二・繫年》簡 110，整理者指出即吴王夫差，“秦”（從一真）、“差”（初一歌）音近通假（《清華貳》第 187 頁）。[2]《北三・周訓》簡 68 作“夫䰸”，“䰸”作，从髟从工，“工”爲“左”或“差”之省。《説文》髟部“鬊”，“从髟差”（小徐本作“從髟差聲”）。《馬王堆・繆和》62 上“吴王夫䰄”，“䰄”作，从髟，右下爲“差”之上部，亦是省寫。

夫差多見於金文，作“吴王夫差”（《集成》10294）、“敔王夫差”（“通鑑”14758）、“歒王夫差”（“通鑑”17930）；又稱“攻吴王夫差”（《集成》10296 等），或作“攻敔王夫差”（《集成》11288）、“攻敔王天〈夫〉差”（《集成》11639）、“工歒王元〈夫〉差”（《吴越題銘》56）。“五”“吴”並疑紐魚部字。稱“工”“攻”者，《左傳》宣公八年“盟吴越而還”，孔穎達《正義》引杜

[1] 小狐《讀〈繫年〉臆札》，復旦大學出土文獻與古文字研究中心網，2012 年 1 月 3 日。

[2] 按，兩字古音不近，或有其他解釋。

預《世族譜》:"吴,姬姓,周大王之子大伯仲雍之後。大伯仲雍讓其弟季歷,而去之荆蠻,自號句吴。句或爲工,夷言發聲也。"

《集成》9678、9679 趙孟庎壺:"禺邗王于黄池,爲趙孟庎邗王之惕金,以爲祠器。"邗王,唐蘭認爲即吴王夫差,[1]陳夢家讀"禺"爲吴,吴邗王即吴王。[2]《集成》11263:"邗王是埜作爲元用。"董珊認爲是"埜(野)"即夫差,是"差"字的晉方言對音字,又舉《集成》11258"攻敔工〈王〉差,自作用戟",謂夫差可稱爲"差"。[3] 待考。

大夫種

《清七·越公》簡 1、53、61"大夫住",整理者指出即大夫種,住、種均爲舌音,韻部對轉,楚文字"主"聲與"重"聲多相通之例(《清華柒》第 115 頁)。《銀二·論政·富國》簡 1597 作"大夫種"。《馬王堆·繆和》66 作"大夫重",又稱"重"。

大夫種,文氏,名種,字禽。《吕氏春秋·仲春紀·當染》"越王勾踐染於范蠡、大夫種",高誘注:"大夫種,姓文氏,字禽,楚之鄒人。"《史記·越王勾踐世家》"乃令大夫種行成於吴",司馬貞《索隱》:"大夫,官;種,名也。一曰:大夫,姓,猶司馬、司空之比,非也。"張守節《正義》:"《吴越春秋》云:大夫種姓文名種,字子禽。"(《莊子·徐無鬼》"唯種也能知亡之所以存",陸德明《釋文》引《吴越春秋》作"字少禽")。《通志·氏族略·以謚爲氏》引《風俗通義》:"文氏,周文王支庶,以謚爲氏,越大夫文種。"《韓非子·内儲説上》等即稱"大夫文種"。

---

[1] 唐蘭《再跋趙孟庎壺》,《經世日報·讀書周刊》第 16 期,1936 年 11 月 27 日;收入《唐蘭全集》第 2 册,上海古籍出版社 2015 年。

[2] 陳夢家《禺邗王壺考釋》,《燕京學報》第 21 期,1937 年 6 月;收入《陳夢家學術論文集》,中華書局 2016 年。"禺",上引唐蘭文從馬衡讀爲"遇"。

[3] 董珊《吴越題銘研究》第 36 頁,科學出版社 2014 年。

太宰嚭

《馬王堆・春秋》62“大宰喜”“大寧喜”，即吴太宰嚭，字子餘。“寧”即“宰”之誤字。伯氏，又稱“伯嚭”(《史記・伍子胥列傳》)，《論衡・逢遇》作“帛喜”，《吴越春秋・闔閭内傳》作“白喜”，《文選・廣絶交論》“伍員濯溉於宰嚭”注作“帛否”“伯喜”。“白”“帛”讀爲“伯”，“嚭”(滂—之)、“喜”(曉—之)、“否”(並—之)音近。

洩庸

《清二・繫年》簡106“吴縵用以師逆蔡昭侯”，整理者指出“縵用”即《左傳》哀公二年的洩庸，“洩”(喻—月)、“縵”(明—元)音通(《清華貳》第185頁)。

孫伯

“孫伯”見於《阜陽・春秋》簡45、46，又見於《説苑・權術》：“石益謂孫伯曰：‘吴將亡矣，吾子亦知之乎？’孫伯曰：‘晚矣，子之知之也。吾何爲不知？’石益曰：‘然則子何以不諫？’”似是吴人。

四、越

勾踐

越王勾踐，《清三・良臣》簡7作“雩王句賤”，《清七・越公》簡26等作“雩王句戔”，慈利楚簡作“郕王句戔”，[1]《馬王堆・繆和》6上作“戉王句賤”，《繆和》63下、《北三・周訓》簡66作“越王句賤”，《周訓》簡194作“越王奇賤”，《集成》11621作“郕王詨潛”；《清二・繫年》簡110稱“戉公句戔”；又稱勾踐，《清七・越公》簡5等作“句獇”，簡58等作“句戔”，《集成》11594作“詨晉”，11595作“詨戔”。

“雩”(匣—魚)、“戉”(匣—月)，“句”(見—侯)、“吢”(群—幽)，

[1] 參看《文物》1990年第10期；宋鎮豪主編《中國法書全集》第49頁，文物出版社2009年。

或均以音通,《淮南子·墬形》“句嬰民”高誘注:“句嬰讀爲九嬰。”[1]“賤”“賤”“潛”“朁”“踐”並从戔聲。

大同

《清三·良臣》簡7:“越王勾踐有大同。”整理者疑“大”下脱合文符號,“大同”即大夫種(《清華叁》第161頁)。廣瀨薰雄讀爲勾踐之大夫“舌庸”。[2]《清七·越公》簡61:“乃屬邦政於大夫種,乃命范蠡、太甬大歷越民。”整理指出“太甬”即大同(《清華柒》第146頁),顯然是對的。因此,《良臣》“大同”不誤。[3] 胡敕瑞、石小力對“大同”“太甬”即舌庸有詳細補證,[4]可參看。

舌庸,古書又作“后庸”(《左傳》哀公二十六年、《漢書·古今人表》[5]),“后”即“舌”之形近誤字。[6]《國語·吴國》“越王勾踐乃命范蠡、舌庸”,宋庠《補音》:“按《内傳》作后庸,非是。蓋後人讐校者不曉舌姓,妄改之耳。”[7]《文選》收録的西漢王褒《四子講德論》作“渫庸”,《漢書·董仲舒傳》“泄庸”,《吴越春秋·夫差内傳》“洩庸”,《勾踐入臣外傳》“曳庸”,“泄”“洩”“曳”(餘—月),與“渫”(定—盍)、“舌”(船—月)、“大”(定—月)音近通用。

---

[1] 參看高亨纂著,董治安整理《古字通假會典》第337頁,齊魯書社1989年。

[2] 廣瀨薰雄《釋清華大學藏楚簡(叁)〈良臣〉的“大同”——兼論姑馮句鑃所見的“昏同”》,《古文字研究》第30輯,第415—416頁,中華書局2014年。

[3] 以“大同”有誤爲思路的意見均不可信,參看羅小華《試論清華簡良臣中的“大同”》,《管子學刊》2015年第2期。

[4] 胡敕瑞《“太甬”“大同”究竟是誰》,復旦大學出土文獻與古文字研究中心網,2017年4月26日;石小力《據清華簡(柒)補證舊説四則》,《簡帛語言文字研究》第9輯,第12—24頁,巴蜀書社2017年。

[5] 《中華再造善本》所收四種宋本《漢書》均作“后膚”,“膚”應是“庸”之形誤。

[6] [清]王念孫《讀書雜志》第2頁“美女破舌”條對“后”“舌”之訛有論(江蘇古籍出版社2000年)。

[7] [清]黄丕烈《校刊明道本韋氏解國語札記》亦指出明道本《國語》作“后庸”誤(《國語韋昭注》第509頁,藝文印書館1974年)。

姑馮句鑃(《集成》424)中的“昏同”(“昏”作)學者過去多認爲即舌庸,[1]廣瀨薰雄指出與秦篆“昏”可能不是同一字。[2] 待考。

范蠡

“范蠡”見於《清三·良臣》簡7,作“軺羅”;《清七·越公》簡54、61作“軺羅”。“蠡”“羅”並來母歌部字。又稱“鴟夷子皮”,見於《阜陽·春秋》簡12、15。《史記·越王勾踐世家》“范蠡事越王勾踐”,張守節《正義》:“《吴越春秋》云:‘蠡字少伯,乃楚宛三户人也。’《越絶》云:‘在越爲范蠡,在齊爲鴟夷子皮,在陶爲朱公。’又云:‘居楚曰范伯。’”又,“范蠡浮海出齊,變姓名,自謂鴟夷子皮。”司馬貞《索隱》:“范蠡自謂也。蓋以吴王殺子胥而盛以鴟夷,今蠡自以有罪,故爲號也。韋昭曰:‘鴟夷,革囊也。’或曰生牛皮也。”

西施

西施,《北四·反淫》簡20作“西它”。秦漢文字多以“它”爲“也”,如“池”作“沱”等。“施”从也聲。

毛蓯

《北四·反淫》簡19—20“乃使陽文、洛纂,西施、毛蓯”,整理者認爲“毛蓯”即“毛嬙”,“蓯”(精—東)、“嬙”(從—陽)音近可通,引孔廣森《詩聲類》“陽之與東,若魚之與侯,自漢魏之間魚侯溷合爲一,東陽遂溷合爲一”(《北大肆》第127頁)。《莊子·齊物論》:“毛嬙、麗姬,人之所美也。”成玄英疏:“毛嬙,越王嬖妾。”陸德明《釋文》:“司馬云:毛嬙,古美人。一云:越王美姬也。”

---

[1] 參看廣瀨薰雄《釋清華大學藏楚簡(叁)〈良臣〉的“大同”——兼論姑馮句鑃所見的“昏同”》,《古文字研究》第30輯,第416—417頁,中華書局2014年;孟蓬生《姑馮句鑃所謂“馮”字試釋》,《古文字研究》第30輯,第189頁,中華書局2014年。

[2] 廣瀨薰雄《釋清華大學藏楚簡(叁)〈良臣〉的“大同”——兼論姑馮句鑃所見的“昏同”》,《古文字研究》第30輯,第417頁,中華書局2014年。

洛纂

《北四·反淫》簡19—20“乃使陽文、洛纂，西施、毛萣”，整理者引枚乘《七發》“使先施、徵舒、陽文、段干、吴娃、閭娵、傅予之徒”李善注“皆美女也”，認爲“洛纂”即“閭娵”（《北大肆》第127頁），似不可信。“洛”（來—鐸）、“閭”（來—魚）音近，然“纂”（精—元）、“娵”（精—侯）韻部遠隔。《淮南子·齊俗》“待西施、毛嬙而爲配”，《太平御覽》卷八九六《獸部八》引作“待西施、落纂而爲妃”；《群書治要》卷四一引作“絡慕”，日本宫内廳書陵部藏鐮倉時代手寫本《群書治要》作“洛莫”。[1] “落纂”即簡文“洛纂”，作“慕”“莫”皆是訛字。

越公株句

“戉公株句”見於《清二·繫年》簡112—113，簡113稱“戉公”。整理者指出即《越王勾踐世家》“朱句”（《清華貳》第188頁）。金文稱“戉州丩”（“通鑑”17890、17891）、“戉州句”（《集成》11625等）、“戉王州句”（《集成》11622等）、“戉王州丩”（《集成》11627等）。“株”（端—侯）與“州”（章—幽）、“句”（見—侯）與“丩”（見—幽），並音近。

“通鑑”17623“戉王者旮”、《吴越題銘》139“戉王者句”，董珊認爲即越王翳之子諸咎，[2] 馬曉穩據這類劍的劍格樣式獨特，只見於越王州句時期，目前尚無例外，認爲“者旮”“者句”即州句。[3]

越令尹宋

“戉命尹宋”見於《清二·繫年》簡111，即越國令尹，名宋。其人似未見於古書。

---

[1] 以上異文參看蔡偉《北大簡〈反淫〉篇之“洛纂”補證》，復旦大學出土文獻與古文字研究中心網，2016年6月6日。

[2] 董珊《吴越題銘研究》第65頁，科學出版社2014年。

[3] 馬曉穩《吴越文字資料整理及相關問題研究》第514—515頁，吉林大學博士學位論文2017年。

越公殹

《清二・繫年》簡 120“戉公殹”，簡 121 稱“戉公”，整理者指出即越王翳(《清華貳》第 193 頁)。越王朱句之子。金文又稱“戉王旨医”(“通鑑”17873)、“戉王旨殹”(“通鑑”31331)。又稱“者旨不光”(《集成》11704 等)、“戉王不光”(“通鑑”31324)。曹錦炎最先指出“不光”即越王翳，謂“翳”與“不光”是一名一字；又謂《吴越春秋・勾踐伐吴外傳》《越絶書・記地傳》中所稱“不揚”，“揚”(喻—陽)、“光”(見—陽)通假。[1]

《莊子・讓王》：“越人三世弑其君，王子搜患之，逃乎丹穴。而越國無君，求王之搜不得，從之丹穴。王子搜不肯出，越人薰之以艾，乘以王輿。”《吕氏春秋・仲春紀・貴生》所載基本相同。《淮南子・原道》：“越王翳逃山穴，越人熏而出之，遂不得已。”《論衡・命禄》：“越王翳逃山中，至誠不願。自冀得代。越人燻其穴，遂不得免，彊立爲君。”從文意看，王子搜與越王翳爲一人。《吕氏春秋・仲秋紀・審己》“越王授有子四人”，高誘注：“越王授，勾踐五世之孫。”學者或據勾踐五世孫爲越王翳，認爲越王授亦即越王翳。然以“王子搜”“越王授”“越王翳”爲一人之説，與史料有牴牾之處，馬曉穩有詳細辨析，[2]可參看。

越湰君嬴

《夕陽坡》簡 1“邲湰君嬴將其衆以歸楚之歲”，“湰”作，舊多釋爲“湹”，當從劉剛改釋。[3] 據《史記・越世家》《越絶書・越絶外傳記地傳》記載，越王無强之後，越之諸侯多稱君。

---

[1] 曹錦炎《越王嗣旨不光劍銘文考》，《文物》1995 年第 8 期；收入氏著《吴越歷史與考古論叢》，第 71—75 頁，文物出版社 2007 年。

[2] 馬曉穩《吴越文字資料整理及相關問題研究》第 525—530 頁，吉林大學博士學位論文 2017 年。

[3] 劉剛《夕陽坡竹簡新探》，《江漢考古》2018 年第 3 期。

第八章　宋申陳蔡息徐許鄀曹虞及國別待考人物名號

一、宋

長萬

"長萬"見於《馬王堆・春秋》72、73，即宋大夫南宫長萬。南宫氏，名萬，字長。又稱"南宫萬"(《左傳》莊公十二年)；又稱"宋萬"(《左傳》莊公十二年)，係以國爲氏。

左師

《清三・良臣》簡7—8"宋有左帀"，整理者指出"左師"指公子目夷，爲宋襄公庶兄，字子魚，其後世爲左師(《清華叁》第161頁)。

宋司馬

《馬王堆・春秋》78"宋司馬請曰"，宋司馬即宋莊公孫大司馬固，又稱公孫固。《韓非子・外儲説左上》作"右司馬購"。"購"(見—侯)、"固"(見—魚)或以音通。

宋昭公(春秋)

《清二・繫年》簡57、58"宋公"即宋昭公，宋成公之子。《左傳》文公十六年名杵臼，《公羊傳》作處臼。"杵""處"並昌紐魚部字。

華孫元

《清二・繫年》簡56、88"宋右師芋孫元"，簡60"芋孫元"，整理者指出即宋華元,出於宋戴公之後華氏,其父華御事,《左傳》文公十六年疏引《世本》稱華孫御事(《清華貳》第161頁)。“元”作[illegible],非“兀”字。《阜陽·春秋》簡167稱“華元”。文公十六年“於是華元爲右師”,杜注:“華元,督曾孫。”華督之曾孫,故稱華孫。其父稱“華孫御事”。

司城子罕

“司城子罕”見於《阜陽·春秋》簡20。樂氏,名喜,字子罕,司城爲其職。

桓魋

“桓魋”見於《定州·論語·述而》簡165,今本同。宋司馬。《左傳》哀公十四年稱“向魋”。方炫琛謂“向”爲其氏,稱“桓魋”者,以宋桓公之謚稱,非自謚。[1]

子韋

“子韋”見於《阜陽·春秋》簡20等,《吕氏春秋·季夏紀·制樂》“宋景公之時,熒惑在心,公懼,召子韋而問焉”,高誘注:“子韋,宋之太史能占宿度者。”

匡簡子

《定州·儒家》十二“閒子欲殺陽虎”,《説苑·雜言》作“匡簡子”,《孔子家語·困誓》稱“匡人簡子”,匡爲宋邑。

宋朝

“宋朝”見於《定州·論語·雍也》簡125,今本同。宋公子朝,與南子淫。

宋昭公(戰國)

《清二·繫年》簡113“越公、宋公敗齊師于襄平”,宋公即宋昭

[1] 方炫琛《左傳人物名號研究》第279—280頁,臺灣政治大學博士學位論文1983年。

公。《史記·宋微子世家》:"景公卒,宋公子特攻殺太子而自立,是爲昭公。"司馬貞《索隱》:"特,一作得……昭公者,元公之曾庶孫也。"梁玉繩謂"特"乃"得"之誤,[1]"特"(定—職)、"得"(端—職)音近可通。

宋悼公

《清二·繫年》簡114"宋悼公",簡119作"宋殰公"。宋昭公之子,名購由。

司城坡

《清二·繫年》簡114"宋悼公朝于楚,告以宋司城坡之約公室",整理者指出司城即司空,《公羊傳》文公八年何休注:"宋變司空爲司城者,辟先君武公之名也。"(《清華貳》第189—190頁)《曾侯》簡173、176亦見"宋司城",職官名。"坡"或即"坡"之異體,司城之名。

宋公田

"宋公畋"見於《清二·繫年》簡124、126,簡126稱"宋公"。整理者指出即宋休公田,宋悼公之子(《清華貳》第195頁)。

盛公𩣡

《包山》簡125"宋客盛公𩣡聘楚之歲",簡130作"鍼公𩣡",簡201作"盛𩣡",盛公𩣡即宋人聘於楚者。

左師虐

《天星觀》簡15-1"左帀虐聘於楚之歲",宋有左師之官,左師虐(虐)似爲宋人。

墨翟

"墨翟"見於《北四·反淫》簡44,墨氏名翟,即墨子。

---

[1] [清]梁玉繩《史記志疑》第964頁,中華書局1981年。

二、申

申公子儀

《清二・繫年》簡 40"繡公子義",簡 48"繡公義",整理者指出即申公子儀,《左傳》文公十四年之鬭克(《清華貳》第 156 頁)。鬭氏名克。《清六・子儀》簡 5 等作"子義",簡 3 等秦穆公稱之"義父"。《國語・楚語上》稱"申公子儀父"。方炫琛認爲"儀"爲字,古人名"克"多字"儀"。[1]

申公叔侯

《清二・繫年》簡 57"繡公弔侯",整理者指出即"申公叔侯",見《左傳》僖公二十六年,僖公二十八年稱"申叔"(《清華貳》第 161 頁)。《史記・楚世家》稱"申侯"。方炫琛認爲"侯"爲名或字,"叔"或其行次。[2]

孫伯無畏

"孫白亡愄"見於《清二・繫年》簡 58、59,整理者謂"孫"讀爲"申";或説申氏出自楚文王,故稱"孫";申無畏又稱申舟(《清華貳》第 161 頁)。名無畏,《左傳》文公十年稱"文之無畏",宣公五年稱"毋畏",《吕氏春秋・恃君覽・行論》稱"文無畏"。字子舟。又稱申舟(《左傳》宣公十四年),《行論》"文無畏"高誘注作"申周"。田成方指出,申無畏是楚文王之後封於申的可能性很小,"文之無畏"是以謚爲氏,但非指楚文王,而是申文王。[3] 蘇建洲對《繫年》"申"有討論,[4]可參看。

申公屈巫

"繡公屈㭒"見於《清二・繫年》簡 75、108,簡 76 等稱"繡公"。整理

---

[1] 方炫琛《左傳人物名號研究》第 671 頁,臺灣政治大學博士學位論文 1983 年。

[2] 方炫琛《左傳人物名號研究》第 635 頁,臺灣政治大學博士學位論文 1983 年。

[3] 田成方《東周時期楚國宗族研究》第 162 頁,科學出版社 2016 年。

[4] 蘇建洲《〈清華二・繫年〉中的"申"及相關問題討論》,《古文字與古代史》第 4 輯,第 453—490 頁,"中研院"史語所 2015 年。

者指出即申公屈巫,即《左傳》宣公十二年申公巫臣,屈氏别族,成公二年稱“屈巫”,襄公二十六年稱“子靈”(《清華貳》第171頁)。方炫琛曰:“蓋屈巫嘗爲申縣之尹,故稱申公。傳又稱巫臣,巫臣蓋其名也。稱屈巫者,兩字名省其一。”[1]《春秋名字解詁》謂“楚屈巫字子靈”。[2]

申成公

《上九·靈王》簡2“繒城公㝷其子鹿未蓄髮”,“繒城公”即申成公,楚靈王時申國國君。簡4、5稱“城公”。□,整理者隸定爲㝷,認爲是申成公之名(《上博九》第160頁),陳劍隸作“瀙”,認爲申成公即《上六·王子木》中的成公乾。[3] 蘇建洲釋爲“溡”,[4]在此基礎上,或讀爲“待”,意爲認爲、考慮到;或讀爲“時”,意爲趁着;或讀爲“識”,意爲知道。或疑从水、疐省,讀爲“質”。[5] 此字從形體看,當從整理者隸定,究係何字,待考。

鹿

申成公之子,見於《上九·靈王》簡2、3、5,字形作□、□、□、□,此字似“虎”又似“鹿”。侯乃峰結合先秦人名用字,以爲釋“虎”更合適。[6]

三、陳

陳宣公

《清二·繫年》簡30“陳侯”,即春秋陳宣公,名杵臼。《公羊傳》僖公十二年作“處臼”。

---

[1] 方炫琛《左傳人物名號研究》第355頁,臺灣政治大學博士學位論文1983年。
[2] [清]王引之《經義述聞》第546頁,江蘇古籍出版社2000年。
[3] 參看蘇建洲《談上博九〈靈王遂申〉的幾個問題》引陳劍意見,出土文獻的語境國際學術研討會暨第三屆出土文獻青年學者論壇論文,臺灣大學、臺灣清華大學2014年8月。
[4] 蘇建洲《初讀〈上博九〉劄記(一)》,簡帛網,2013年1月6日。
[5] 高榮鴻《〈上博九·靈王遂申〉2號簡“溡”字試讀》,簡帛網,2013年1月10日。
[6] 侯乃峰《讀上博(九)脞録》,《出土文獻》第10輯,第107頁,中西書局2017年。

徵舒

《清二・繫年》簡74、75"陳公子諻郐",簡76作"𡊄余",整理者指出即夏徵舒(《清華貳》第171頁)。"諻""𡊄"作、,前者右旁與楚簡"岦"作(《清一・保訓》簡8)同,是訛誤字。《阜陽牘・春秋》即作"夏徵舒"。其祖父爲陳宣公之子少西,字子夏,後世子孫以夏爲氏。徵舒爲名,字子南。

少孟

"少孟"見於《清二・繫年》簡74等。"孟"作,又見於安大簡《詩經》簡89、90、91,今本對應字作"孟"。可見此處當是"少孟"。整理者指出即《左傳》《國語》等所見的夏姬。《左傳》宣公十一年稱夏徵舒爲"少西氏",杜注"少西,徵舒之祖子夏之名","少孟"之"少"疑爲"少西氏"之省稱,而"孟"是夏姬之名(《清華貳》第171頁)。

《左傳》宣公九年"陳靈公與孔寧、儀行父通於夏姬",杜注:"夏姬,鄭穆公女,陳大夫御叔妻。"

陳靈公

"陳靈公"見於《清二・繫年》簡75"陳公子徵舒殺其君靁公",《阜陽牘・春秋》曰"夏徵舒弑陳靈公"。名平國,陳共公之子。

陳司敗

"陳司敗"見於《定州・論語・述而》簡177"陳司敗問:昭公知禮乎",今本何晏《集解》:"孔曰:司敗,官名,陳大夫。"陸德明《釋文》:"鄭以司敗爲人名,齊大夫。"[1]

世子

《馬王堆・五行》126、128"世子曰",原注曰:"《漢書・藝文志》儒家下有'《世子》二十一篇'。原注:'名碩,陳人也,七十子之弟子。'又《論衡・本性》:'周人世碩,以爲人性有善有惡……性各有陰

[1] 黃懷信等《論語彙校集釋》第643頁,上海古籍出版社2008年。

陽,善惡在所養焉……作《養書》一篇。'世碩,蓋周代陳地人。"(《馬王堆壹》第 27 頁)

四、蔡

蔡哀侯

《清二・繫年》簡 23 等作"鄒哀侯",簡 26 稱"哀侯",簡 26、27 稱"蔡侯"。"鄒"作(簡 23)、(簡 27)。[1] 右旁《説文》以爲古文"殺"(心一月)字,古文字多用爲"蔡"(清一月)。簡文加邑旁即《説文》邑部"鄒"字,蔡地之專字。

蔡哀侯,蔡宣侯子。名獻舞(《左傳》莊公十年、《史記・管蔡世家》),《穀梁傳》作"獻武"。《左傳》桓公十七年稱"蔡季","季"爲排行。

蔡靈侯

"鄒霝侯"即蔡靈侯,見於《清二・繫年》簡 99、《上九・靈王》簡 1,"鄒"分別作、。《史記・管蔡世家》稱"太子般""靈侯般",敦煌本作"斑";《左傳》昭公十一年稱"蔡侯般",《白虎通・誅伐》作"班"。"般""斑""班"並音近通用,爲靈侯之名。

蔡昭侯

蔡昭侯,名申,見於《清二・繫年》簡 106"鄒卲侯紳",簡 107"鄒卲侯"。"鄒"作,"紳"作。傳世蔡侯申器多見,"蔡"作("通鑑"5775),"申"作("通鑑"1580)、("通鑑"5775)。

五、息

賽侯

"賽侯"見於《清二・繫年》簡 24 等。整理者指出,《左傳》莊公十

[1] 隸定參看李松儒《清華簡〈繫年〉集釋》第 111 頁,中西書局 2015 年。

年作息侯,“賽”讀爲“息”,兩字同屬心母職部(《清華貳》第 148 頁)。簡 23 作“賽₌侯”,“賽”後有重文符號,整理者以爲誤衍(《清華貳》第 148 頁),可從。[1] 《上九・靈王》簡 1“靈王即立,申、賽不憖”,亦作“賽”。息,《説文》邑部作“鄎”,“姬姓之國”。

賽媯

“賽爲”見於《清二・繫年》簡 23 等,整理者指出即息媯,息侯夫人,媯姓陳國女子(《清華貳》第 253 頁)。

六、徐

徐公

“郐公”見於《清二・繫年》簡 98,《左傳》昭公四年作徐子。昭公十六年亦有“徐子”,昭公三十年有“徐子章羽”,均是徐之國君,是否爲一人尚未可知。

七、許

吕丁

“吕丁”見於《清五・封許》簡 2、3,簡 7 稱“丁”。整理者注:“吕丁,吕氏名丁,據簡文爲許國始封之君。許慎《説文》叙:‘吕叔作藩,俾侯于許。’同書‘鄦(許)’字下云:‘炎帝太嶽之胤,甫侯所封,在潁川。’甫即吕國。《左傳》隱公十一年《正義》引杜預云:‘許,姜姓,與齊同祖,堯四嶽伯夷之後也。周武王封其苗裔文叔于許。’文叔,《漢書・地理志》潁川郡許縣本注作‘大叔’,簡文‘吕丁’當即其人,但據簡文其受封實晚於武王時。”(《清華伍》第 119 頁)又謂吕丁與封齊的太公望吕尚當有一定關係(《清華伍》第 117 頁)。

---

[1] 或謂即“息息侯”,蘇洵《謚法》卷四有“謀慮不成曰息”。參郭濤《清華簡〈繫年〉讀札之“息息侯”》,復旦大學出土文獻與古文字研究中心網,2012 年 3 月 22 日。

王輝認爲吕爲封國,丁爲其日名。[1] 王寧認爲,吕丁即見於《逸周書・世俘》的"吕他"。[2] 待考。

許公佗

"竧公旃"見於《清二・繫年》簡 100、101,黄錦前認爲即許男斯,"旃"或與"斯"相通,或是一名一字。[3] 蘇建洲謂"旃""斯"相通,俱爲許男之名。[4] 待考。

八、鄁

鄁令尹

"鄁令尹"見於《上九・陳公》簡 3,鄁地之令尹,與屈咢戰於墭。所指暫不可考。"鄁"字作爲地名又見於包山簡 145、226 等,李學勤讀爲巴國之"巴"。[5] 安大簡《詩經・騶虞》"一發五鄁"(簡 40),毛詩"鄁"作"豝"。整理者謂簡文爲李説添一佳證(《安大一》第 97 頁)。

困睯　圁公頌

《望山》1－5"鄁客<u>困睯</u>問王於蔵[郢之歲]",《天星觀》簡 16"鄁客<u>圁公頌</u>迈楚之歲","困睯""圁公頌"均鄁人聘於楚者。

九、曹

僖負羈

《阜陽・春秋》簡 92"淩負羅",《左傳》僖公二十三年作"僖負羈",《史記・曹世家》作"釐負羈","淩"(來—蒸)與"僖""釐"(曉—

[1] 王輝《一粟居讀簡記(九)》,《華學》第 12 輯,第 160 頁,中山大學出版社 2017 年。
[2] 王寧《再説〈封許之命〉的"吕丁"〈世俘〉與的"吕他"》,簡帛網,2015 年 5 月 21 日。
[3] 黄錦前《"許子佗"與"許公佗"——兼談清華簡〈繫年〉的可靠性》,簡帛網,2012 年 11 月 21 日。
[4] 蘇建洲等《清華二〈繫年〉集解》第 716 頁,萬卷樓圖書股份有限公司 2013 年。
[5] 李學勤《包山楚簡鄁即巴國説》,《中國文化》2004 年第 1 期。

之),“羅”(來—歌)與“羈”(見—歌),並音近。郭永秉認爲“鼇(僖)”有“凌”的異讀,與“嫠”去掉“攴”的部分在東周文字中跟“夌”形混同有關。[1]

十、虞

宫之奇

“宫之柯”見於《馬王堆·春秋》48、51,《左傳》僖公二年等作“宫之奇”。“柯”“奇”並見紐歌部字。虞國臣。

十一、國别待考

少連

“少連”見於《定州·論語·微子》簡567,今本同。“逸民”之一。《禮記·雜記下》孔子曰:“少連、大連善居喪,三日不怠,三月不解,期悲哀,三年憂。東夷之子也。”

朱張

“朱張”見於《定州·論語·微子》簡567,今本同,“逸民”之一。

�公

《上五·鬼神》簡3在論及“鬼神有所不明”時説:“及伍子胥者,天下之聖人也,鴟夷天而死;遜盉公者,天下之亂人也,長年而没。”“遜”作[illegible],整理者隸作“遜”,認爲是“縢”字異體或“送”字繁構,讀爲“榮”,“盉”讀爲“夷”,“遜盉公”即周厲王時榮夷公(《上博五》第317頁)。楊澤生贊同“遜”爲“送”字,又指出“盉”从矛聲,讀“遜盉公”爲宋穆公;[2]後在與李家浩合寫的文章中改讀爲“秦穆公”。[3]“盉”

[1] 郭永秉《續説戰國文字中的“夌”和从“夌”之字》,《古文字與古文獻論集續編》第101頁,上海古籍出版社2015年。

[2] 楊澤生《説上博簡“宋穆公者,天下之亂人也”》,簡帛網,2006年3月10日。

[3] 李家浩、楊澤生《談上博竹書鬼神之明中的“送盉公”》,《簡帛》第4輯,(轉下頁)

“夷”古音遠隔,無由相通。讀“邌”爲宋、秦亦成問題: 首先古文字“宋”“秦”用字固定;其次黄人二已經指出,“鬼神有所明”部分,以君爲例,此“鬼神有所不明”部分,以臣爲例,[1]前文以“堯舜禹湯”對應“桀紂幽厲”,此以“邌孟公”對應“伍子胥”,則邌孟公似亦當爲人臣,非君王。如此則秦穆公、宋穆公之説均有可商。王輝認爲“邌”讀爲“申”,“孟”讀爲“牟”,“邌孟公”即楚國公子申公子牟。[2] 或認爲是滕宣公。[3] 待考。

此外,“孟”字又見於《郭店・老乙》簡 13:“閉其門,塞其逸,終身不孟。啓其逸,塞其事,終身不逨。”與“孟”對應之字馬王堆帛書本作“堇”(甲本第 20 行、乙本第 188 行上),北大漢簡本作“僅”(簡 41),今本作“勤”(第 52 章)。“孟”或以爲“敄”之異體,讀爲“務”,與勤義近。[4]

平王

《定州・文子》“平王”,所指有周平王、楚平王、齊平公等多種説法,[5]暫難確定。

文子

“文子”,《定州・文子》多見,所指有老子弟子、大夫種(文種)、

(接上頁)第 179—184 頁,上海古籍出版社 2009 年。

[1] 黄人二《上博五〈鬼神之明〉試釋》,《戰國楚簡研究》第 54—55 頁,上海古籍出版社 2012 年。

[2] 王輝《楚文字柬釋二則》,《高山鼓乘集 王輝學術文存二》第 239—240 頁,中華書局 2008 年。

[3] 參看單育辰《楚地戰國簡帛與傳世文獻對讀之研究》第 244 頁引“一上示三王”2009 年 4 月 14 日發於復旦大學出土文獻與古文字研究中心網“學術論壇”的意見,中華書局 2014 年。

[4] 各家意見參看劉傳賓《郭店楚簡研究綜論(文本研究篇)》“附録”第 32—33 頁,吉林大學博士學位論文 2010 年。

[5] 參看張静《定州漢墓竹簡和上孫家寨漢墓木簡集釋》第 20 頁,吉林大學碩士學位論文 2014 年。

田文等多種説法,[1]暫難確定。

士説

"士説"見於《馬王堆・春秋》42,評論蔡夫人蕩齊桓公舟之事。其人似未見於古書。

紀譆

"紀譆"見於《馬王堆・春秋》85,評論吴伐越之事(事見《左傳》襄公二十九年),似未見於古書。

王子定

"王子定"見於《清二・繫年》簡 129、136,簡 129 稱"王子"。劉全志認爲王子定非周室王子,而是楚王子。[2] 待考。

鄭余穀

《新蔡》乙一 14"句邦公奠余穀大城邺竝之歲","奠"乙一 32、23、1 作"鄭","余"零 222 作"途"。"邦"作,整理者隸定爲"邦"(《新蔡》第 202 頁)。何琳儀認爲左旁並非从"羊",與《集成》4643 王子申盞盂之等上部相同,是"于"之異體,"句邘"讀爲"皐滸"。[3] 金文等形用爲銅器自名,舊釋較多。[4] 上部,趙平安釋爲"寧"字所从之"罗",[5]李家浩從此説,將"句邦"讀爲"句町";[6]董珊認爲从于

[1] 參看張静《定州漢墓竹簡和上孫家寨漢墓木簡集釋》第 18—20 頁,吉林大學碩士學位論文 2014 年。

[2] 劉全志《清華簡〈繫年〉"王子定"及相關史事》,《文史知識》2013 年第 6 期。

[3] 何琳儀《新蔡竹簡地名偶識——兼釋次竝戈》,《中國歷史文物》2003 年 6 期。

[4] 參看趙平安《金文釋讀與文明探索》第 103—111 頁所附湯超文,上海古籍出版社 2011 年。

[5] 趙平安《金文考釋五篇》,《金文釋讀與文明探索》第 97—101 頁,上海古籍出版社 2011 年。

[6] 李家浩《葛陵村楚簡中的"句鄂"》,《古文字研究》第 29 輯,第 505—511 頁,中華書局 2012 年。

丫聲,"句邦"讀爲"朐忍"。[1] 待考。

蔞茖

《新蔡》甲三42"蔞茖受(?)女於楚之歲",待考。

吕脡

《包山》簡155"南陵公郘脡敬陵之行",待考。

范皋

《銀一·孫臏》簡453"……人於罊桑而擒氾皋也",整理者讀爲"范皋"(《銀雀山壹》第72頁),所指待考。

子義

"子義"見於《馬王堆·戰國》200,《戰國策·趙策四》同,評論"趙太后以長安君爲質"之事。

師比

《銀一·孫子》簡153:"周之興也,吕牙在□□□□□衛師比在陘。燕之興也,蘇秦在齊。"嚴曉星認爲《左傳》所記亡邢的衛國大夫禮至可能即簡文"衛師比","衛"也可能是"衛"之訛誤。[2] 待考。[3]

肥叔　季曾　蔡公　淵公

《上九·卜書》簡1"肥弔""季曾",簡2"鄒公",簡7、8"困公",均古占卜家名。整理者指出"肥"可能是以地爲氏,"叔"可能是行輩用字,也可能是私名;"季"是行輩,"曾"是其私名(《上博九》第292—293頁)。"鄒"當讀爲"蔡"(參看第104頁"蔡子"條)。"困"從程少軒釋,[4]

[1] 董珊《釋楚文字中的"汁邡"與"朐忍"》,《簡帛文獻考釋論叢》第124—131頁,上海古籍出版社2014年。

[2] 嚴曉星《漢簡〈孫子〉"率師比在陘"初探》,《書品》2011年第3期。

[3] 衛出公時大夫名褚師比,一般認爲褚師爲氏、比爲名。未知是否與此人有關。

[4] 程少軒《小議上博九〈卜書〉的"三族"和"三末"》,《中國文字》新39期,第111頁,藝文印書館2013年。

“淵”之古文。

繆和　吕昌　吴孟　莊但　張射　李羊　李義　昭力

《馬王堆·繆和》1上“繆和”、15上“翏和”，18下“吕昌”、26上“昌”，30上“吴孟”、31上“吴子”，33“莊但”，38下—39上“張射”，43下“李羊”，59下“李義”“義”；《昭力》1上、12下—13上“昭力”，以上人物問“先生”《易》有關問題，是虚構人名。

周春　妟稽　虞士

“虞士”“周春”“妡稽”見於《北四·妟稽》，虚構人物。

第九章　疑難人物名號考釋

一、説“后稷”

《書·堯典》帝舜曰:“棄,黎民阻飢,汝后稷,播時百穀。”這是“后”“稷”連用的最早例子,之後“后稷”成爲名號,應與此相關。《堯典》“后稷”之義舊注頗有分歧,[1]當以孔穎達《正義》“主此稷事”爲確。顧頡剛、劉起釪及王泗原均從語法角度分析了“后稷”爲動賓結構,[2]即從前後文舜任命職務時所言“汝平水土”“汝作司徒”“汝作士”“汝共工”(僞孔傳:“共”謂供其職事)“汝作朕虞”“汝作秩宗”“命汝典樂”“汝作納言”來看,凡用“作”者,其後爲職官名,如“司徒”“士”“朕虞”“秩宗”“納言”;不用“作”者,如“平水土”“共工”“典樂”,則爲動賓結構。此言“汝后稷”,則“后”爲動詞,“稷”與“水土”“樂”“工”應同爲名詞。“后”義爲主即掌管,如“君”義爲君王,即有動詞義統治。“稷”爲五穀之長,此處泛指農作物或農事。《史記·五帝本紀》言“弃主稷,百穀時茂”,“主稷”“后稷”意思相同。與“后稷”類似者如“后土”,《左傳》昭公二十九年説“土正爲后土”,《上二·容成》簡28也説舜“乃立后稷以爲絰(田)”。田正爲“后稷”,正如土正

[1] 参看顧頡剛、劉起玗《尚書校釋譯論》第223—235頁,中華書局2005年。
[2] 参看顧頡剛、劉起玗《尚書校釋譯論》第223頁,中華書局2005年;王泗原《古語文例釋(修訂版)》第8—9頁,中華書局2014年。

爲"后土"。或謂古文字"司""后"正反無別,《堯典》"后稷"即司稷,[1]亦可通。可見"后稷"最初指棄掌管農事,而後以此爲名號,《史記・周本紀》:"帝舜曰:'弃,黎民始飢,爾后稷,播時百穀。'封弃於邰,號曰后稷。"

《堯典》"后稷"又有異文作"居稷",見於《列女傳・棄母姜嫄》引。[2] 又《詩・周頌・思文》"思文后稷",孔穎達《正義》引《堯典》"汝后稷"鄭玄注作"汝居稷官",俞樾疑鄭所據本作"女居稷"。[3] 王照圓曰:"'居',俗本作'后',形之誤也。今《書・舜典》亦同此誤……夫'后'者君也。舜方命官,君主之號不容施於其臣也。汝居稷,猶言汝作士、汝作司徒耳,何有'后稷'之稱乎?"[4]皮錫瑞曰:"疑作'后'者直是誤字,'后'與'居'形似,又經傳多言'后稷',故因而致誤。"[5]俞樾觀點基本全同。[6] 若以"居"爲正字,則"稷"應與"司徒""士""朕虞""秩宗""納言"一樣解爲職官即稷官。但按照《堯典》文例,應當說"汝作稷"而不是"汝居稷"。然則《棄母姜嫄》之"居"或當爲"后"之誤。

《國語・周語上》祭公謀父勸諫周穆王時說:"昔我先世后稷,以服事虞夏。"[7]韋昭注:"后,君也;稷,官也……謂棄爲舜后稷。"[8]

---

[1] 參看顧頡剛、劉起釪《尚書校釋譯論》第224頁,中華書局2005年。

[2] [清]阮亨輯《文選樓叢書》所收之影刊南宋余氏本、顧之逵重刻南宋余氏本均作"居"。明刻本"居""后"均見。作"后"者,未知是據《堯典》校改還是"居"之形訛。

[3] [清]俞樾《群經平議》,《清經解續編》第5册,第1039頁,上海書店1988年。

[4] [清]王照圓《列女傳補注》第7頁,華東師範大學出版社2012年。

[5] [清]皮錫瑞《今文尚書考證》第76頁,中華書局1989年。

[6] [清]俞樾《群經平議》,《清經解續編》第5册,第1039頁,上海書店1988年。

[7] 此爲公序本。明道本《國語》作"昔我先王世后稷",多"王"字,文意並無區別。此處異文辛德勇有專文討論,參《公序本〈國語〉"我先世后稷"文證是》,《文史》2014年第2輯。

[8] 此句相關舊釋參看俞志慧《〈國語〉韋昭注辨正》第1—2頁,中華書局2009年;辛德勇《公序本〈國語〉"我先世后稷"文證是》,《文史》2014年第2輯。

以爲“后稷”爲稷官之君(長)之意。今按,此“后稷”之義亦當如《堯典》文,“世后稷”即世世掌管農業,《列女傳·棄母姜嫄》在引用上述《堯典》文後説“其後世世居稷”,意思相當。《書·盤庚上》“世選爾勞”僞孔傳“言我世世數女功勤”,《清二·繫年》簡 13—15 謂周成王“西遷商蓋之民于朱圉,以御奴虘之戎,是秦之先,世作周𢀛”,“世”用法均同。

下面討論出土文獻中“后稷”之“稷”的用字及構形。戰國秦漢簡中,“社稷”一詞多見,除《馬王堆·十六經》42 上、53 上、《老乙》42 下的“稷”字寫作从“禾”外,其餘似均从“示”,可見“禝”是“社稷”之“稷”的習用字形,這與“稷”既指穀神又指祭祀穀神有關。不少學者認爲“稷”“禝”異體或“禝”是“稷”的古字,[1]但出土文獻中有專表穀物之義的“稷”,只从“禾”,如《上六·用曰》簡 8“非稷之種,而可飲食”,《睡虎地·日甲》簡 18 叁“禾忌日,稷龍寅、秫丑”,《日乙》簡 65“子麥、丑黍、寅稷、辰麻”。這樣看來“稷”“禝”並非一詞,二者同時但分職不同。李守奎認爲“禝”是社稷之“稷”的專字,[2]是很準確的説法。后稷之“稷”既从“禾”又从“示”,當以“稷”爲本字,這與他被舉爲農師掌百穀(《史記·周本紀》)有關;从“示”則因其被祭祀,《左傳》昭公二十九年“周棄亦爲稷,自商以來祀之”,《禮記·祭法》“夏之衰也,周棄繼之,故祀以爲稷”。

戰國文字“禝”作如下幾種形式:

A 《九店》56-13 《新蔡》甲三 271 《新蔡》甲三 341 《新蔡》乙四 90 《新蔡》零 338

B 《清一·祭公》13

---

[1] 如丁佛言將“禝”置於“稷”字頭下,謂“古稷字亦從示”(《説文古籀補三種》第 129—130 頁,中華書局 2011 年);張守中認爲“禝”是“古文稷字”(《中山王𰯌器文字編》第 70 頁,中華書局 1981 年);四版《金文編》亦置“禝”於“稷”字頭下(第 501 頁,中華書局 1985 年);何琳儀謂“禝”是“稷”之異文(《戰國古文字典:戰國文字聲系》第 98 頁,中華書局 1998 年)。

[2] 李守奎編著《楚文字編》第 19 頁,華東師範大學出版社 2003 年。

C 《集成》10374 子禾子缶　《集成》2840 中山王鼎　《清三・芮良》15

D 《郭店・尊德》7　《上二・容成》28　《上七・吴命》2

E 《上七・吴命》5

F (處理後)《上八・王居》5[1]　詛楚文

G 《上五・姑成》3　《郭店・六德》22"社稷"合文

右旁"畟"A 形作从田从人,B 形在人下加止,C 形田下从人从女,類似這種先在"人"下部加"止","止"又訛成"女"的情況在古文字中是不少見的。D、E、F 形則省去"人",从止、夊或女。G 形從文例看當是"禝"字無疑,左邊所从或以爲"田"之訛。[2] 舊以爲字从示从鬼,[3]非是。單就楚簡來説,"鬼"字上部作,頂呈尖狀,與此判然有别。徐在國認爲"禝"是會意字,右旁應分析爲田或田、人或田、人、止,會田主、穀主或田正、田官之意。[4] 古人或謂"稷"爲原隰之神,如《孝經緯・援神契》"社者五土之總神,稷者原隰之神","稷者原隰之中能生五穀之祇"。《詩・小雅・信南山》:"畇畇原隰,曾孫田之。"若此説可靠,"禝"字从田則有迹可尋。甲骨文中的神祇""或與土(社)、河、岳並卜而祭,劉桓、蔡哲茂以爲即"稷"字初文。[5] 這個釋

[1] 復旦吉大讀書會認爲字右下似爲"女"或"夊"(《上博八〈王居〉、〈志書乃言〉校讀》,復旦大學出土文獻與古文字研究中心網,2011 年 7 月 17 日)。按,當以"夊"爲是。

[2] 學者或謂爲"即",或謂爲"則",或謂爲"田"之寫訛。参看徐在國《上博五"禝(稷)字補説"》,《清華簡研究》第 1 輯,第 361—363 頁,中西書局 2012 年。第三説信者較多,但缺乏"田"訛作彼形的例證。

[3] 参看周法高主編《金文詁林》第 170—174 頁引郭沫若、周名輝、楊樹達對子禾子缶字意見,香港中文大學 1975 年。

[4] 徐在國《上博五"禝(稷)字補説"》,《清華簡研究》第 1 輯,第 363 頁,中西書局 2012 年。

[5] 劉桓《甲骨徵史》第 149—154 頁,黑龍江教育出版社 2002 年;蔡哲茂《從戰國簡牘的"稷"字論殷卜辭的"兇"即是"稷"》,2007 中國簡帛學國際論壇論文集,臺灣大學中國文學系 2007 年 11 月。

讀若可信,則"稷"實爲形聲字,由"畟"派生而出。馬王堆帛書"后稷"或作"后畟",即是其證。

二、伊尹名號彙考

商湯之臣伊尹,《上二・容成》簡37作"泗尹","泗"(心—質)、"伊"(影—脂)音近相通:《清二・繫年》簡102"楚昭王侵泗、洛","泗"即讀爲"伊"。《清三・良臣》簡2作"伊涒","涒"習見於三晉文字,讀爲官稱之"尹"。"伊"作,與下文伊陟之"伊"作同。叔夷鎛(《集成》285)、叔夷鐘(《集成》276)"伊小臣"之"伊"作、,與此同。《繫年》簡102"楚昭王侵洢(伊)、洛",整理者釋作"洢"之字作,魏宜輝認爲此字所从與、右旁爲一字,當是"几"字,以音近讀爲"伊"。[1] 按,魏説似非是。陳劍、黄傑已改釋爲"泗",[2]結合伊尹《上二・容成》作"泗尹"看,所改當是。、之右旁或亦爲"四",或爲"尹"之異體。

漢代簡帛多見伊尹,《銀二・論政・分士》簡1094等合文作。《馬王堆・九主》16作"伊君",疑"君"爲"尹"之誤。伊尹亦多見於商代甲骨,寫作"伊尹"。"尹"偶有寫作即"聿"字(《合集》32791),《甲骨文編》認爲是"尹"之誤刻,[3]"尹""聿"實一字之分化,甲骨文中時有通用。[4]

伊尹名摯。《清一・尹至》簡5、《清一・尹誥》簡2、3作"執"。《名疑集》卷一謂"一名贄"。[5]《孫子・用間》《墨子・尚賢中》《楚辭・天問》等稱"伊摯"。

---

[1] 魏宜輝《古文字中用作"伊"之字考釋》,《中山大學學報(社會科學版)》2014年第6期。

[2] 參看李松儒《清華簡〈繫年〉集釋》第264頁,中西書局2015年。

[3] 中國科學院考古研究所《甲骨文編》第128頁,中華書局1965年。

[4] 參看裘錫圭《讀説文小記》"説'尹'"條,《裘錫圭學術文集・金文及其他古文字卷》第412—414頁,復旦大學出版社2012年。

[5] [明]陳士元《名疑集》第15頁,中華書局1991年。

楚簡或單稱“尹”，見於《郭店·緇衣》簡5、《上一·緇衣》簡3、《清一·尹至》簡1、《尹誥》簡1等。甲骨文或稱“伊”，羅振玉謂“伊尹”之名或“但舉一字曰伊”，[1]王國維也説伊尹“亦單稱伊”，[2]裘錫圭認爲“伊”用作“伊尹”二字。[3] 大部分學者以羅、王説爲是。伊尹稱“伊”，傳世文獻似不見。

《清五·啻門》簡21湯稱伊尹爲“天尹”。整理者指出，“天尹”即天賜之尹，指伊尹；商人有天賜良臣的觀念，《清三·説上》“惟殷王賜説于天”與此相類（《清華伍》第148頁）。

伊尹又稱小臣，爲官稱。《清三·説下》簡2、《清三·赤鵠》、《清五·湯丘》、《清五·啻門》作“少臣”。春秋晚期齊器叔夷鎛（《集成》285）、叔夷鐘（《集成》276）稱“伊少臣”，即伊小臣。

卜辭又有“伊奭[4]”。郭沫若認爲指伊之配偶，[5]陳夢家認爲可能是伊尹，也可能是伊尹配偶；若指伊尹，則“奭”是《説文》林部“橆”字所从之“奭”，訓作女師的“姆”，是官名，與阿、保同義。[6] 蔡哲茂從陳釋，但讀爲“傅”。[7] 唐蘭謂“伊奭”即伊尹，但釋“奭”爲“夾”，夾輔之義。[8] “奭”，《説文》䀠部訓作“目衺”，《詩·小雅·賓

[1] 羅振玉《增訂殷墟書契考釋三種》第363頁，中華書局2006年。

[2] 王國維《古史新證》第50頁，清華大學出版社1994年。

[3] 裘錫圭《甲骨文字考釋（續）》，《裘錫圭學術文集·甲骨文卷》第193頁，復旦大學出版社2012年。

[4] “奭”字從張政烺釋。參看《“奭”字説》，《張政烺文集·甲骨金文與商周史研究》第4—9頁，中華書局2012年。

[5] 郭沫若《殷契粹編》，《甲骨文研究資料彙編》第7册，第543—544頁，北京圖書館出版社2008年。

[6] 陳夢家《殷虛卜辭綜述》第364、363頁，中華書局1988年。陳氏同書後文又説此字仍釋爲“奭”（第379頁）。

[7] 蔡哲茂《殷卜辭“伊尹鼉示”考——兼論它示》，《甲骨文獻集成》第21册，第16頁，四川大學出版社2001年。

[8] 唐蘭《天壤閣甲骨文存考釋》，《甲骨文研究資料彙編》第14册，第587頁，北京圖書館出版社2008年。

之初筵》"賓載手仇"鄭箋"仇讀曰𣁋",張政烺據此讀"奭"爲仇,以爲是伊尹相當於宰相地位的稱呼;[1]後據伊尹爲商湯之婦有莘氏的媵臣,讀"奭"爲舅,指舅親。[2]

又有"伊示""䵼[3]示""伊尹示""伊䵼示""伊尹䵼示"等指稱受祭的伊尹。蔡哲茂受張政烺説影響,謂"䵼"讀爲"舅",[4]則伊尹、伊與示、䵼示是同位語關係。劉宗漢讀爲"舊",意爲源流久長的伊人首領的示。[5]

卜辭又有"伊丁"(《合集》32802)、"伊尹丁"(《屯南》3033)、"伊丁人"(《南・明》497),"丁"或釋爲"方(祊)"。[6] 姚孝遂、肖丁認爲伊尹祭日爲丁,稱"伊丁"當是廟號。[7]

需要指出的是,伊尹雖不是商之先王,但卜辭反映出他所受到的祭祀十分隆重,其地位之尊崇斷非人臣所能比擬。張光直對此有深入探討,[8]可參看。[9]

---

[1] 張政烺《"奭"字説》,《張政烺文集・甲骨金文與商周史研究》第4—9頁,中華書局2012年。

[2] 張政烺《釋"它示"——論卜辭中没有蠶神》,《張政烺文集・甲骨金文與商周史研究》第42—43頁,中華書局2012年。

[3] "䵼"字從蔡哲茂釋。參看《殷卜辭"伊尹䵼示"考——兼論它示》,《甲骨文獻集成》第21册,第10—12頁,四川大學出版社2001年。

[4] 蔡哲茂《殷卜辭"伊尹䵼示"考——兼論它示》,《甲骨文獻集成》第21册,第12頁,四川大學出版社2001年。

[5] 劉宗漢《卜辭伊尹䵼示考》,江蘇紀念甲骨文發現100週年——甲骨文與商代文明國際學術研討會論文選集,1999年。

[6] 參看裘錫圭《説卜辭的焚巫尪與作土龍》,《裘錫圭學術文集・甲骨文卷》第196頁,復旦大學出版社2012年。

[7] 姚孝遂、肖丁《小屯南地甲骨考釋》第65頁,中華書局1985年。

[8] 張光直《談王亥與伊尹的祭日並再論殷商王制》,《中國青銅時代》第211—235頁,生活・讀書・新知三聯書店2013年。

[9] 有關伊尹的文章還有李裕民《伊尹的出身及其姓名考辨》,《山西大學學報》1983年第4期;蔡哲茂《伊尹傳説的研究》,《中國神話與傳説學術研討會論文集》,臺北漢學研究中心1996年;葉懿芳《伊尹的神話與傳説之研究》,中興(轉下頁)

卜辭有“□尹”（《合集》3092—3095、3097）、“□尹丁人”（《合集》3096、3098）等，從文例看當與伊尹爲一人。王國維、楊樹達等釋□爲“寅”讀爲“伊”；[1] 裘錫圭認爲這類□是“黄”字異體，□尹即黄尹。[2] 秦曉華通過對甲骨文中寅和黄形體的縱横向對比，認爲“寅尹”是不存在的，過去釋寅尹的卜辭都應該是黄尹。[3] 卜辭多見的“黄尹”很多學者都認爲是伊尹，[4] 延伸之則與黄尹相關的稱呼如“黄”“黄奭”“黄尹丁人”等也都指伊尹。但也有持不同意見者。[5] 最近林宏明先生綴合的《合集》兩片甲骨（圖見下頁）：

（接上頁）大學碩士學位論文，2000 年；黄若惠《伊尹身分之再探討》，《史學匯刊》第 20 期，蘭臺出版社 2005 年；劉風華《殷墟村南系甲骨卜辭中有關伊尹稱“示”的材料》，《中國文字研究》第 12 輯，大象出版社 2009 年；黄庭頎《論古文字材料所見之“伊尹”稱號》，簡帛網，2013 年 7 月 15 日（原載《東華中文學報》第 5 期，臺灣東華大學中文系，2012 年 12 月）；等等。可以參看。

[1] 王國維《古史新證》第 51 頁，清華大學出版社 1994 年；楊樹達《卜辭瑣記》第 9 頁，上海古籍出版社 2006 年。

[2] 裘錫圭《説卜辭的焚巫尪與作土龍》，《裘錫圭學術文集 · 甲骨文卷》第 196 頁，復旦大學出版社 2012 年。

[3] 秦曉華《甲骨文中黄和寅的關係及其相關問題》，《江漢考古》2008 年第 1 期。

[4] 如王國維、楊樹達（王、楊釋“黄”爲“寅”讀爲伊，詳下）、董作賓（《中國現代學術經典 · 董作賓卷》第 119 頁，河北教育出版社 1996 年）、島邦男（《殷墟卜辭研究》第 470 頁，上海古籍出版社 2006 年）、王維堤（《關於伊尹的姓氏名號及其他》，《中華文史論叢》1982 年第 2 輯，上海古籍出版社 1982 年）、裘錫圭（《説卜辭的焚巫尪與作土龍》，《裘錫圭學術文集 · 甲骨文卷》第 196 頁，復旦大學出版社 2012 年）、蔡哲茂（《殷卜辭“伊尹鼂示”考——兼論它示》，《甲骨文獻集成》第 21 册，第 17 頁，四川大學出版社 2001 年）、王暉（《殷商十干氏族研究》，《中國史研究》2003 年第 3 期）等。

[5] 如丁山（《商周史料考證》第 53 頁，國家圖書館出版社 2008 年）、陳夢家（《殷虚卜辭綜述》第 364 頁，中華書局 1988 年）、温明榮、郭振禄、劉一曼（《試論卜辭分期中的幾個問題》，《中國考古學研究——夏鼐先生考古五十年紀念論文集》第 172 頁，文物出版社 1986 年）、齊文心（《伊尹、黄尹爲二人辨析》，《英國所藏甲骨集》下編上册，第 177—184 頁，中華書局 1992 年）等。

22750

23568

内容作“甲申卜,喜貞:翌乙酉,唐(湯)歲,黄尹其賓”,[1]黄尹與伊尹一樣可以配享先王,又爲黄尹即伊尹增添了證據。本書也傾向於黄尹即伊尹。不過伊尹爲何又稱黄尹,仍然没有合理的解釋。郭沫若認爲“黄”讀爲“衡”,黄尹即阿衡,也就是伊尹。[2]《史記·殷本紀》説“伊尹名阿衡”,但這個意見似乎並没有得到認可,歷代學者都有反對,[3]如司馬貞《索隱》曰:“阿,倚也,衡,平也。言依倚而取平。書曰:惟嗣王弗惠于阿衡。亦曰保衡,皆伊尹之官號,非名也。”此外崔述曾力辯伊尹與阿衡、保衡非一人,[4]王輝亦有補説。[5]唐蘭也認爲“黄尹”“黄奭”即阿衡或保衡,但非伊尹,[6]陳夢家亦持相同意見。[7]《書·君奭》“我聞在昔,成湯既受命,時則有若伊尹,格于皇天。在太甲,時則有若保衡。在太戊,時則有若伊陟、臣扈”,分伊尹、保衡爲二人;《清三·良臣》簡2“湯有伊尹,有伊陟,有臣扈。武丁有

[1] 林宏明《甲骨新綴第325—326例》,先秦史研究網,2012年3月21日。

[2] 郭沫若《卜辭通纂》第314頁,科學出版社1983年。

[3] 參看王維堤《關於伊尹的姓氏名號及其他》,《中華文史論叢》1982年第2輯。

[4] [清]崔述《商考信録》第24—25頁,《叢書集成初編》本,商務印書館1937年。

[5] 王輝《一粟居讀簡記(八)》,《古文字研究》第31輯,第355—356頁,中華書局2016年。

[6] 唐蘭《天壤閣甲骨文存考釋》,《甲骨文研究資料彙編》第14册,第587頁,北京圖書館出版社2008年。

[7] 陳夢家《殷虛卜辭綜述》第363—364頁,中華書局1988年。

傅説,有保衡”,亦不以伊尹、保衡爲一,似非巧合。凡此均待進一步研究。

三、傅説之名解詁及相關問題

據古書所載,商王武丁時重臣傅説於“傅巖”[1]之中被發現從而被舉用,因姓“傅”。新出戰國楚簡《説命》亦言“得説於傅巖”,可見此説當有根據。但傅説何以名“説”,由於典籍缺乏記述,歷來討論者極少。僞古文《書・説命上》孔穎達《正義》引皇甫謐的説法是“武丁悟而推之曰:傅者,相也;説者,歡悦也。天下當有傅我而説民者哉”,顯係無根據的推測,《正義》並不信從這種説法,謂“其言非實事也”。出土文獻爲這一問題的解決提供了綫索。

傅説在《上五・競建》簡4中寫作“㑁[illegible]”,“[illegible]”,陳佩芬釋作“鳶”、讀爲“説”(《上博五》第170頁),顯然是正確的。“鳶”“説”上古音聲紐同爲餘母,韻部元月對轉。正因爲語音可通且文例確定,所以之後似乎很少有學者再對這個字發表過看法。《清三》收録《説命》三篇,上篇簡2—3在談到傅説的外貌時説:“厥説之狀,鵑肩如錐。”“鵑”整理者讀爲“腕”,未作解釋(《清華叁》第123頁)。胡敕瑞指出“腕肩如錐”不好理解,且於古籍無徵。他將“鵑”讀爲“鳶”,並舉出古書中大量用“鳶肩”來描摹人特異相貌之例,認爲即雙肩陡立高聳的樣子。[2] “鳶”“鵑”上古均爲喉音元部字,可相通假。因此這種説法在音義兩方面無疑都很可靠。鳶即鷹,鷹翅收攏時兩邊會凸出來,很像人的肩部上聳。簡文又將“鳶肩”比作錐形,也是很合適的。

傅説的這一特徵還可以從傳世文獻中得到印證。整理者指出,《荀子・非相》在描述“傅説之狀”時説他“身如植鰭”,楊倞注曰:

---

[1] 《史記・殷本紀》“巖”作“險”。

[2] 胡敕瑞《讀〈清華大學藏戰國竹簡(三)〉札記之一》,清華大學出土文獻研究與保護中心網,2013年1月5日。

“植，立也，如魚之立也。”這一解釋並没有把傅説的特徵説清楚，因此不少學者另作别解。[1] 其實“植鰭”也是就傅説的肩部特徵而言。“植”是竪立，“鰭”是魚鰭。因爲魚背部竪起之鰭與所謂“鳶肩”的形狀十分相像，所以都可以用來形容人肩部聳立之狀。或謂此處只説傅説“身若植鰭”未言其“肩若植鰭”，其實這點不難理解。《非相》説“周公之狀，身如斷菑”，“斷菑”指將斷的曲折死木，是就周公背部佝僂這一特徵來説，亦未言“背如斷菑”。事實上，比戴震略早的日本學者物雙松在《讀荀子》中已經指出“植鰭”當就肩部而言，他説：“《正字通》‘鰭’注‘魚脊上鬣’，《荀子》云云，言‘如魚脊之立’。以此觀之，恐脱‘脊’字。意翅亦鬣類，當通呼鰭。豈謂肩軒然歟?”[2] 可謂卓識。

綜上，傅説之名本應寫作“鳶”，本於其肩部上聳如鳶肩。以“鳶”爲名也符合古人取名象物的習慣，《史記・秦本紀》中就有人名“暴鳶”。傅説之“説”《清三・良臣》簡 2 又寫作“鴆”，亦从鳥，可見其名確與鳥類相關。或用“説”、“兑”(《禮記・緇衣》)、“敚”(《清三・説命》)者，應爲“鳶”之假借；並取義於尖鋭之“鋭”，也與“如錐”相合。[3]

“鳶”音“與專切”，上古爲元部字。王念孫認爲其所从之“弋”應

[1] 如郝懿行曰：“鰭在魚之背，立而上見，駝背人似之。然則傅説亦背僂歟?”于鬯曰：“鰭蓋當讀爲楮。《爾雅》云：‘楮，柱也。’植楮者，植柱也，謂直立不動之狀。”帆足萬里曰：“植楮，謂身廣如立魚也。”王天海謂“鰭”爲“鱗”之訛，“身如植鱗”指身上如同布滿魚甲，猶今魚鱗病也。以上各家之説均參見王天海《荀子校釋》第 167 頁，上海古籍出版社 2005 年。

[2] 參見王天海《荀子校釋》第 167 頁，上海古籍出版社 2005 年。

[3] 近期蔡一峰認爲，从“兑”聲諸字與“鳶”並非音近通用關係。作“説、敚、鴆”，讀爲“鋭”，取義於雙肩上聳呈現上細下寬像“錐子”形的體態；作“鳶”則取義自“鳶肩”。“傅鳶”和“傅鋭”着眼有異但所指實一，前者是托類物之名比附，後者直接刻畫其狀，屬於同人異稱(《竹書所見傅説之名辨説》，《中國文字研究》第 32 輯，華東師範大學出版社 2021 年)。

是“戈”的訛寫,戈也在元部,用爲聲符,並列舉不少从戈與从弋混用的字例。[1] 古文字材料也能證實這種看法。甲骨文中的(《合集》5739、5740)、商代晚期銘文中作族徽的、(《集成》1123、1124等),上戈下隹或鳥,于省吾先生均釋爲“鳶”;[2]《楚帛》丙篇的,从鳥从戈,學者多釋爲“鳶”。[3]《古陶文字徵》第271頁“鴆”,陳偉武認爲當釋“鳶”。[4]《郭店·唐虞》簡13“戈”作與簡17“弋”作,形體一致。前面將“傅鳶”之釋爲从弋,主要是因爲横下一筆與“弋”作(天星觀)、(《上二·容成》簡50)、(《上四·曹沬》簡64)等更似,而與戈有所不同。可見在戰國時期“鳶”上之“戈”已有訛爲“弋”者。《睡虎地·日甲》“詰咎”篇“爲芻矢以△之”(簡24背貳)、“△以芻矢”(簡30背貳)、“以芻矢△之”(簡37背叁),△作形,从弋从鳥,整理者釋作“鳶”讀爲“弋”,[5]從形體和文意上講是没問題的。但“鳶”“弋”古音差别較大,無由相通。疑當釋爲“隿”,《説文》隹部:“隿,繳射飛鳥也。从隹弋聲。”“隿”“弋”通用之例多見。[6] “詰咎”篇另有“鳶”字(簡51背貳)表示“鳶”一詞,“鳶”即“鳶”之異體,古書多見,王念孫認爲所从之“戈”是“戈”之增訛。[7]

“鳶”不見於《説文》,但與“鳥部”的“鳶”字有糾葛。《詩·小雅·四月》“匪鶉匪鳶”,《説文》鳥部“鷻”下引“鳶”作“鳶”。後人多根據此處異文認爲“鳶”“鳶”一字,如《玉篇·鳥部》謂“鳶”同“鳶”,《説文》鳥部“鳶”下徐鉉曰:“今俗别作鳶。”不過“鳶”以戈爲聲符古音在元部,“鳶”从屰得聲古在鐸部,二者讀音不同,不可能是一個字。

[1] [清]王引之《經義述聞》第734頁,江蘇古籍出版社2000年。
[2] 于省吾《甲骨文字釋林》第325頁,中華書局1979年。
[3] 参看徐在國編著《楚帛書詁林》第305—308頁,安徽大學出版社2010年。
[4] 陳偉武《古陶文字徵訂補》,《中山大學學報(社會科學版)》1995年第1期。
[5] 睡虎地秦墓竹簡整理小組《睡虎地秦墓竹簡》第217頁,文物出版社1990年。
[6] 参看高亨纂著,董治安整理《古字通假會典》第412頁,齊魯書社1989年。
[7] [清]王引之《經義述聞》第734頁,江蘇古籍出版社2000年。

王引之《經義述聞·通説上》“鳶、鳶不同字”條已有詳細辨析，並指出：“其‘皦’字注引《詩》‘匪皦匪鳶’當作‘匪皦匪鳶’，蓋本作‘鳶’字因下與‘鳶’字篆文相連，寫者遂誤爲‘鳶’耳。”[1]這是一種較爲合理的推測。但如果從字形上來説，《説文》所引《詩》之“鳶”也許是“鳶”的訛寫。戰國文字“逆”或作（《包山》簡71）、（《包山》簡75）、（《清一·祭公》簡9）、（《上九·陳公》簡16），所从之“屰”與“弋”形是十分相似的，將“鳶”誤寫成“鳶”的可能性同樣存在。高亨認爲“鳶从弋，乃象矢形。鳶从屰，乃从矢之訛”，[2]雖未必是，但已注意從形訛角度分析，仍很難得。

四、“沈尹莖”名、字、號考

沈尹莖是葉公子高之父，其名異文甚多。《吕氏春秋》作“莖”“蒸”“巫”“筮”（分别見於《贊能》《當染》《尊師》《察傳》），《新序·雜事》作“竺”。“巫”（明—魚）、“竺”（端—覺）、“筮”（禪—月）、“蒸”（章—蒸）、“莖”（匣—耕）讀音不近，明代人周聖楷《楚寶》卷一謂“沈尹莖吕氏書凡數見，或作蒸作巫，當是傳寫之訛”，較早認爲“莖”是正字，其他爲寫訛。《上六·莊王》作“沈尹子桱”，陳偉據此認爲當以“莖”或“桱”者是，[3]顯然正確。準此，蒸、巫、筮、竺均是“莖”之訛字。沈尹莖在《左傳》昭公十九年中又稱沈尹戌，《吕氏春秋·慎行論·慎行》作沈尹戍。戍、戌形近，必有一誤，梁玉繩即謂戍爲戌之訛。[4] 但其名何以又作“戌”（心—物）、“戍”（書—侯），二者何爲正字，與“莖”有何關係，均需研究。

[1] [清] 王引之《經義述聞》第734—735頁，江蘇古籍出版社2000年。

[2] 参看高亨纂著，董治安整理《古字通假會典》第413頁，齊魯書社1989年。

[3] 陳偉《新出楚簡研讀》第274頁，武漢大學出版社2010年。

[4] [清] 梁玉繩等《史記漢書諸表訂補十種》第793頁，中華書局1982年。

《馬王堆・繆和》85 上載“荆莊王欲伐陳,使沈尹樹往觀之”,[1]沈尹樹亦與楚莊王在同一故事中,張政烺認爲即沈尹筮,樹、筮音近通假,[2]廖名春認爲“樹”(禪—侯)讀爲“戍”(書—侯),[3]鄧球柏疑爲沈尹戌,[4]于豪亮謂“戌”爲“戍”字之誤,戍、樹音近相通。[5]

按,以沈尹樹即沈尹莖是很正確的,但以“樹”讀爲“筮”“戍”則非是。古人常在字加“子”,如顔回字子淵;稱呼時又可省掉“子”,如顔回又稱顔淵。沈尹莖楚簡即可稱爲“沈尹子桱”,則桱或莖當爲其字。根據名、字意思相關,則“樹”當爲其名之本字,方可與桱或莖構成聯繫。這樣,作“戍”應爲樹之音近假借字,“戌”則是誤字。“桱”古有二訓,一爲床前几,一爲木名。前者與樹聯繫不甚緊密,以爲木名又不合古人往往以集合名詞爲字的一般做法,如齊陳瓘字子玉、魏蘧瑗字伯玉,楚羊舌鮒字叔魚、魯孔鯉字伯魚等,玉包含瓘、瑗,魚包括鮒、鯉。因此“莖”當爲本字,指樹木的主幹,“桱”爲假借字。綜上,古書常見的沈尹莖,其名爲樹,或用假借字戍,戍又訛爲戌;字爲子莖,或用假借字桱,莖或訛作竺、筮、蒸、巫。

楚簡中沈尹莖或稱寢尹,尚未有學者提及。《上九・邦人》簡 1“寑尹曰:天加禍於楚邦……”,“寑”即寢之異體。《左傳》宣公十二年“沈尹將中軍”之“沈尹”學者多以爲即沈尹莖。[6] 杜預注:“沈,或作寢,寢縣也,今汝陰固始縣。”孔穎達《正義》:“楚官多名爲尹,沈者或是邑名,而其字或作寢。”“寢”(清—侵)、“沈”(書—侵)音近可

[1] 《吕氏春秋・似順論・似順》《説苑・權謀》載此事説楚莊王欲伐陳,“使人視之”。

[2] 張政烺《張政烺論易叢稿》第 282 頁,中華書局 2011 年。

[3] 廖名春《帛書〈繆和〉、〈昭力〉簡説》,《道家文化研究》第 3 輯,第 214 頁,上海古籍出版社 1993 年。

[4] 鄧球柏《帛書周易校釋(增訂本)》第 531 頁,湖南出版社 1996 年。

[5] 于豪亮《馬王堆帛書〈周易〉釋文校注》第 210 頁,上海古籍出版社 2013 年。

[6] 參看楊伯峻《春秋左傳注(修訂本)》第 728—729 頁,中華書局 1990 年。

通。疑簡文"寢尹"即沈尹莖,與下文其子葉公子高在同一故事中。又,《包山》簡171有官名"寑尹",《左傳》哀公十八年:"寢尹、工尹,勤先君者也。"與《邦人》不同。

此外,古書中與沈尹莖有糾葛的是虞丘子,先看下面兩組句子:

(1) 虞丘名聞於天下,以爲令尹,讓於孫叔敖,則遇楚莊王也。(《韓詩外傳》卷七)

沈尹名聞天下,以爲令尹,而讓孫叔敖,則其遇楚莊王也。(《説苑·雜言》)

(2) 楚莊王罷朝而晏,問其故。莊王曰:"今旦與賢語,不知日之晏也。"樊姬曰:"賢相爲誰?"王曰:"爲虞丘子。"(《新序·雜事一》,《列女傳·賢明傳》基本相同,丘作"邱"。)

楚莊王聽朝罷晏,樊姬下堂而迎之,曰:"何罷之晏也,得無飢倦乎?"莊王曰:"今日聽忠賢之言,不知飢倦也。"樊姬曰:"王之所謂忠賢者,諸侯之客歟,中國之士歟?"莊王曰:"則沈令尹也。" (《韓詩外傳》卷二)

《外傳》卷二又説沈令尹"避席而進孫叔敖",《列女傳·辯通》則謂"楚用虞丘子而得孫叔敖",《史記·循吏列傳》亦言"虞丘相進之(孫叔敖)於楚莊王,以自代也"。單從人物的對應上來看,很容易得出沈尹即沈令尹也即虞丘子的結論,清人不少即持此説,[1] 然亦有不同意見,如梁玉繩謂"虞丘不可考,或是傳聞之誤",[2] 唐代余知古編著的《渚宫舊事·周代上》説"進賢則沈尹筮、虞丘子",即分爲二人。兩者是否爲一人,若是則不同稱呼該作何解釋,均有待研究。

---

[1] 如許維遹引陳喬樅説"虞丘子即沈令尹之號",參《韓詩外傳集釋》第35頁,中華書局1980年;孫詒讓引李惇説"沈尹即虞邱子",參《墨子閒詁》第15頁,中華書局2001年)。

[2] [清]梁玉繩《史記志疑》第1432頁,中華書局1981年。

五、“史蒥”身份考

《上九・史蒥》篇記載了史蒥與孔子之間的對話。史蒥的身份,文中只有一句類似自我介紹的謙語見於簡1:“蒥也,古齊邦敝史之子也。”整理者據此認爲蒥是史官人名(《上博九》第273頁),没有更多説明。

按,《漢書・古今人表》“中上”有人名“史留”。梁玉繩、錢大昕等均曰“未詳”。翟雲升曰:“或曰即史廖,見《史記・秦紀》。廖、留音同也。”周壽昌曰:“即史籀也。《藝文志》周宣王太史。籀之爲留,古字通省耳。”王先謙曰:“周説近之,而《表》次時代稍後。”孫國仁曰:“此即史籀,留爲籀之省寫字。”[1]依據史留在《人表》中所處的位置,可以推測他應當爲春秋中晚期人,不可能是周宣王太史之史籀。疑簡文之“史蒥”與《人表》“史留”是同一人。史蒥既以齊邦史臣身份與孔子對話並被記録下來,地位應該不會很一般,收入《人表》的可能性當然很大;生活年代又跟孔子相當,也正好與他在《人表》中所處的位置相符。因此史留很可能就是“史蒥”。不過文獻中有關此人的記録幾乎找不到,具體身世事迹尚待考證。

西周晚期趞鼎(《集成》2815)有“史留”,即西周宣王時之太史籀,[2]《説文》敘:“及宣王大史籀著大篆十五篇,與古文或異。”段玉裁注:“大史,官名,籀,人名,省言之曰史籀。”與簡文史留非一人。以前唐蘭認爲,《人表》史留就是史籀,之所以次於春秋時代,是因爲他是周元王(公元前476年至公元前469年在位)時人,古書“宣”都是“元”之音近誤字,[3]現在看來這種説法是不可靠的。

---

[1] 諸家意見並參王利器、王貞瑉《漢書古今人表疏證》第319頁,齊魯書社1988年。

[2] 參看陳佩芬《繁卣、趞鼎及梁其鐘銘文詮釋》,《上海博物館集刊》第2期,第19頁,上海古籍出版社1983年。

[3] 唐蘭《中國文字學》第134—135頁,上海古籍出版社2001年。

六、據楚簡周文王之"文"説《詩·清廟》"秉文之德"

《詩·周頌·清廟》是"祀文王"之詩,文曰:"于穆清廟,肅雝顯相。濟濟多士,秉文之德。對越在天,駿奔走在廟。不顯不承,無射於人斯。"其中"秉文之德"一句有兩種代表性的解釋:一是毛傳"執文德之人";二是鄭箋"執行文王之德"。從意思上看二者似均能講通,分歧在對"文"的理解。

按,"秉文之德"一語兩見於《上一·詩論》簡5、6,其中"文"均寫作"这"(、),這爲解決分歧提供了新的綫索。楚簡記録"文"一詞的形體主要有"这""吝""[illegible]"和"文",但它們的分職有所不同。單就《詩論》篇而言,"文王"一詞出現5次,均寫作"文";簡24"文武之德"(非指文王武王)之"文"亦寫作"文";簡1"文無隱意"、簡6及21"《烈文》"、簡3"其言文,其聲善"之"文"則寫作"这";簡28"惡而不文"之"文"寫作"[illegible]"。全面普查楚簡及秦漢簡帛文獻之後就會發現,周文王之"文"只寫作"文"()這個形體,絶不寫成其他。因此從《詩論》"秉文之德"之"文"作"这"來看,這個"文"指文王的可能性是很小的。此外尚有兩點輔證:一是文王、武王省稱爲"文""武"的重要條件是二者合稱或連用;二是,從意思上説,秉持先王德行之人應當是王位繼承者或王室子嗣,如大盂鼎(《集成》02837)康王曰"我唯即型稟于文王正德",《清一·祭公》穆王曰"兹迪襲學于文、武之曼德",没有可能説"與祭執事"之"多士"秉周文王之德。陳斯鵬對楚簡"这"字的音義有詳細辨析,不過他仍以"秉文之德"之"文"爲文王之省稱,[1]則非是。

---

[1] 陳斯鵬《楚系簡帛中字形與音義關係研究》第89—90頁,中國社會科學出版社2011年。

七、據"越公"稱謂説"越公其事"非篇題及其釋讀

《清七》收録《越公其事》篇，其篇題爲整理者所定。該篇最後一支簡末尾處如下：

整理者對最後四字"雩公亓事"注釋説："越公其事，形式上與簡文没有間隔，末端符號很像篇尾標志，但文義與上文不相連屬，當是概括簡文内容的篇題。"(《清華柒》第151頁)該篇的"説明"中也説："本篇原有篇題'越公其事'在篇尾，與正文連屬，無間隔。"(《清華柒》第112頁)學者對"越公其事"爲篇題的説法，未見有異議者。在同意整理者意見的基礎上，魏棟、林少平兩先生對"越公其事"的含義有解釋，[1]可以參看。

不過從上圖竹簡原文看，"越公其事"四字與前文連讀，無間隔，應該屬於正文，而不是篇題。

從内容上看，四字也應該屬於吴王夫差所説的話。該篇第十一章記述了吴王夫差失敗，且求和不成。勾踐提出，"不穀其將王於甬、句東，夫婦三百，唯王所安，以屈盡王年"(簡73—74)，夫差拒絶，説：

> 天加禍于吴邦，不在前後，當役孤身。焉遂失宗廟。凡吴土地民人，越公是盡既有之，<u>孤余奚面目以視于天下？越公其事。</u>
>
> (簡74—75)

[1] 參看石小力整理《清華七整理報告補正》，清華大學出土文獻研究與保護中心網，2017年4月23日；林少平《試説"越公其事"》，復旦大學出土文獻與古文字研究中心網，2017年4月27日。

整理者認爲夫差所説的話至“孤余奚面目以視于天下”爲止。今按,“越公其事”亦爲夫差所言。“越公”一詞在《越公》篇中共出現8次,列舉如下:

(1) 今越公其胡有帶甲八千以敦刃偕死。(伍子胥語,簡10—11)

(2) 君越公不命使人而大夫親辱。(吴王語,簡15下)

(3) 孤用願見越公。(吴王語,簡19)

(4) 孤敢不許諾,恣志於越公。(吴王語,簡24)

(5) 越公告孤請成。(吴王語,簡69)

(6) 余不敢絶祀。許越公成。(吴王語,簡70)

(7) 凡吴土地民人,越公是盡既有之。(吴王語,簡75)

(8) 凡吴土地民人,越公是盡既有之,孤余奚面目以視于天下?越公其事。(簡74—75)

前七次均在對話中。(1)爲伍子胥與吴王對話,稱呼勾踐爲“越公”,其餘是吴王與越國使者對話,稱呼勾踐爲“越公”。而在非對話的叙述性語言中,越王勾踐則被記作“越王”(簡25等)、“越王勾踐”(簡26等)、“王”(簡26等)、“勾踐”(簡58等)四種名稱。簡24—25:“(吴王曰:)‘孤敢不許諾,恣志於越公。’使者返命越王。”由對話變爲叙述,稱呼也隨之由“越公”變爲“越王”,尤能説明問題。

這樣來看,該篇若果以“某某其事”爲篇題,“某某”就不可能是“越公”,而可能是“越王”“越王勾踐”或“勾踐”。較合理的解釋是,(8)和前七例一樣,都是出現在對話中,也即吴王夫差之語中,並非篇題。石小力在一則未刊札記中指出,簡文可與《國語·越語上》相關内容對讀:

> 夫差對曰:“寡人禮先壹飯矣,君若不忘周室,而爲弊邑宸宇,亦寡人之願也。君若曰:‘吾將殘汝社稷,滅汝宗廟。’寡人請死。余何面目以視于天下乎?越君其次也。”遂滅吴。

並將“越公其事”與“越君其次也”對應起來,這是很有見地的意見。

不過有些標點本《國語》認爲“越君其次也”非吴王之語。[1]

查檢《吴語》《越語》,在非對話的敘述性語言中,越王勾踐被記作“越王勾踐”“勾踐”“越王”“王”四種,吴王夫差被記作“吴王夫差”“夫差”“吴王”“王”四種。而被稱作“君”者,包括君、寡君、君王、先君,則均是在對話中。“越君”一詞共出現兩次,一在《吴語》:

> 吴王懼,使人行成。曰:“昔不穀先委制於越君,君告孤請成,男女服從。孤無奈越之先君何,畏天之不祥,不敢絶祀,許君成,以至於今。今孤不道,得罪于君王,君王以親辱於弊邑。孤敢請成,男女服爲臣禦。”

一則在此處。

如此看來,“越君其次也”也應當是在對話中,爲吴王夫差之語,將其與簡文“越公其事”作對比分析是可行的。這就更加證明《越公其事》篇尾四字“越公其事”不是篇題,而是正文内容。

整理者之所以將“越公其事”視作篇題,主要是認爲“文義與上文不相連屬”。今按,“事”可讀爲“使”。簡 15 下“吴王乃出,親見事(使)者”,簡 17“用事(使)徒遽趨聽命於……”,兩“事”均讀爲“使”。“越公其使”,意即越公你役使、驅使(我)吧,也就是任你處置的意思。“其”爲助詞;“使”省略賓語,但用在對話中,不致引起誤會。“事”或可不破讀,本身即有役使之意,《廣韻·志韻》:“事,使也。”

《越語上》“越君其次也”之“次”,韋昭注“舍也”,即駐扎之義。今按,韋説非是,“次”當讀爲“恣”,“越君其恣也”意即越君你請隨意吧。這在意思上剛好能與簡文“越公其使”對應起來,都包含任由越公你處置、發落之意。

---

[1] 如上海師範大學古籍整理研究所點校《國語》第 639 頁,上海古籍出版社 1998 年;陳桐生譯注《國語》第 712 頁,中華書局 2013 年。

結　語

本書結合傳世文獻及其他出土文獻材料，廣泛搜集各家研究成果，對出土戰國至漢初簡帛所見人物名號作彙釋與研究，主要關注名號異文、疑難名號及名號中疑難字的釋讀等問題。

考察人物名號異文之間關係，基本可分爲音通、異體、訛誤三類。音通如"顓頊"或寫作"耑琂""端玉""湍玉""耑玉""顓玉""顓畜"，顓、耑、端、湍，頊、琂、玉、畜，並音近相通；"皋陶"或寫作"咎繇""咎采""咎咎""咎秀""咎囡"，皋、咎、咎，陶、繇、采、咎、秀、囡，亦音近通用。異體如"蚩蚘"或作"蝨蚘"，"蚩""蝨"異體；"皋陶"之"陶"或作"埱""陆"，並爲"陶"之異體。訛誤如后稷之"稷"或寫作"椶"，"宰我"或寫作"宰我"。這種總結尤其是大量音近通用的例子，能够爲出土文獻中疑難字的破讀提供積極證據。除以上三類之外，尚有少數需另作解釋，如管夷吾又作"龠夷吾"，楚先公熊菌又寫作"熊鹿"。"管"與"龠"、"菌"與"鹿"形音均不相近，但有相同義項，疑係同義换讀。

根據名號異文的用字，可以判斷該人物得名由來或名號的本字。如傅説之説或寫作"鳶""鴆"，从鳥。據《清三・説上》"厥説之狀，鳶肩如錐"、《荀子・非相》"身如植鰭"，可知傅説之名本應寫作"鳶"，本於其肩部上聳如鳶肩。或用"説""兑""敓"者，應爲"鳶"之假借。

又如神農氏之神《上二・容成》簡1作“慎”，或疑“神農”最初應爲“慎農”，因“治農”而得名。

根據名號的用字習慣能够判斷以往釋讀的正確與否或校讀古書。如夏禹之“禹”楚文字多見，絶大多數寫作“墨”，作“禹”者僅見4例。《楚帛》甲篇□字或釋爲“禹”，不僅字形難以論定，也與楚文字用“墨”表示{禹}的用字習慣不合，非是。又如周文王之“文”，楚簡只用“文”字記録，《上一・詩論》“秉文之德”之“文”寫作“忟”，可以證明《詩・周頌・清廟》“濟濟多士，秉文之德”應如毛傳説爲“執文德之人”，非鄭箋“執行文王之德”。

人物的某些名號不見於傳世文獻，如黄帝稱“皇后”，商湯稱“湯后”，周公旦稱“周公叔旦”，召公稱“召公保奭”，苦成叔稱“苦成家父”，沈尹莖稱“沈尹子莖”“沈尹樹”，楚簡王稱“簡大王”等等。這一方面與傳世古書形成了互補，更爲重要的是，通過這些前所未見的名稱能够更進一步地分析出該人物的名、字、號等。如根據沈尹桱稱沈尹子莖、沈尹樹，能够判斷字爲子莖而名爲樹；從“簡大王”的稱號能够看出，楚簡王又有簡、大雙字謚。

根據有關文例並結合史實，能够將以往不識的名號與古書中的人物對應起來。如指出《上九・史蒥》與孔子對話的“古齊邦敝史之子”的史蒥應即《漢書・古今人表》中上所見之“史留”，《上九・邦人》簡1“寢尹”、馬王堆帛書《繆和》85上“沈尹樹”即沈尹莖。

最後要指出的是，戰國至漢初簡帛中的人物名號仍然有不少疑難問題，如《上五・鬼神》簡3的“邃砳公”、《上二・容成》簡1“墉遅氏”“杭氏”相當於傳世文獻中的哪個人物，表示瞽叟的“宊寘”“宔寍”應如何解釋等，都有待繼續探討。

參考文獻

A

安徽大學古文字研究室《上海楚竹書(二)研讀記》,《上博館藏戰國楚竹書研究續編》,上海書店出版社 2004 年。

B

白川静《金文的世界:殷周社會史》,聯經出版社 1989 年。

白海燕《"居延新簡"文字編》,吉林大學博士學位論文 2014 年,指導教師:馮勝君。

白顯鳳《戰國楚簡人名異寫研究》,吉林大學碩士學位論文 2012 年,指導教師:李守奎。

白顯鳳《出土楚文獻所見人名研究》,吉林大學博士學位論文 2017 年,指導教師:李守奎。

白於藍《釋褎——兼談秀、采一字之分化》,《中國古文字研究》第 1 輯,吉林大學出版社 1999 年。

白於藍《簡帛古書通假字大系》,福建人民出版社 2017 年。

北京大學出土文獻研究所編《北京大學藏西漢竹書[壹]—[伍]》,上海古籍出版社 2012—2015 年。

C

蔡麗利《新蔡簡"𨛭追"綜論》,《清華大學藏戰國竹簡》與儒家經典專題國際學術研討會論文,煙臺大學 2014 年 12 月。

蔡偉《北大簡〈反淫〉篇之"洛纂"補證》,復旦大學出土文獻與古文字研究中心網,2016 年 6 月 6 日。

蔡一峰《出土文獻與上古音若干問題探研》,中山大學博士學位論文 2018 年,指導教師: 陳偉武。

蔡哲茂《殷卜辭"伊尹鼉示"考——兼論它示》,《甲骨文獻集成》第 21 册,四川大學出版社 2001 年。

蔡哲茂《論殷卜辭中的"[illegible]"字爲成湯之"成"——兼論"[illegible]""[illegible]"爲咸字説》,復旦大學出土文獻與古文字研究中心網,2010 年 7 月 22 日。

蔡哲茂《從戰國簡牘的"稷"字論殷卜辭的"兇"即是"稷"》,先秦史研究室網,2013 年 4 月 23 日。

曹定雲《從甲骨文、金文論傅説、傅邑和傅氏源流》,《考古學集刊》18,科學出版社 2010 年。

曹方向《上博簡〈昭王毁室〉"誰人"的官稱問題》,《簡帛》第 7 輯,上海古籍出版社 2012 年。

曹峰《〈三德〉所見"皇后"爲"黄帝"考》,《齊魯學刊》2008 年第 5 期。

曹錦炎《楚簡文字中的"兔"及相關諸字》,謝維揚、朱淵清主編《新出土文獻與古代文明研究》,上海大學出版社 2004 年。

曹錦炎《吴越歷史與考古論叢》,文物出版社 2007 年。

曹書傑《后稷傳説與稷祀文化》,社會科學文獻出版社 2006 年。

曾憲通《出土文獻與古文字叢考》,中山大學出版社 2005 年。

曾憲通、陳偉武主編《出土戰國文獻字詞集釋》,中華書局

2018 年。

陳邦懷《戰國楚帛書文字考證》,《古文字研究》第 5 輯,中華書局 1981 年。

陳秉新《楚系文字釋叢》,《楚文化研究論集》第 5 集,黄山書社 2003 年。

陳復澄《咸爲成湯説》,《遼寧文物》1983 年第 5 期。

陳高志《〈郭店楚墓竹簡·緇衣篇〉部分文字隸定檢討》,《張以仁先生七秩壽慶論文集》,學生書局 1999 年。

陳劍《甲骨金文考釋論集》,綫裝書局 2007 年。

陳劍《戰國竹書論集》,上海古籍出版社 2013 年。

陳劍《釋"疌"及相關諸字》,《出土文獻與古文字研究》第 5 輯,上海古籍出版社 2013 年。

陳劍《〈成王爲城濮之行〉的"受"字和"縠菟余"》,復旦大學出土文獻與古文字研究中心網,2013 年 10 月 21 日。

陳劍《簡談〈繫年〉的"戠"和楚簡部分"戠"字當釋讀爲"捷"》,《安徽大學學報》2013 年第 6 期。

陳劍《簡談對金文"蔑懋"問題的一些新認識》,《出土文獻與古文字研究》第 7 輯,上海古籍出版社 2018 年。

陳美蘭《戰國竹簡東周人名用字現象研究——以郭店簡、上博簡、清華簡爲範圍》,藝文印書館 2014 年。

陳夢家《西周年代考》,商務印書館 1945 年。

陳夢家《殷虚卜辭綜述》,中華書局 1988 年。

陳夢家《陳夢家學術論文集》,中華書局 2016 年。

陳佩芬《繁卣、趞鼎及梁其鐘銘文詮釋》,《上海博物館集刊》第 2 期,上海古籍出版社 1983 年。

陳奇猷《韓非子新校注》,上海古籍出版社 2000 年。

陳奇猷《吕氏春秋新校釋》,上海古籍出版社 2002 年。

[明] 陳士元《名疑集》,中華書局 1991 年。

陳斯鵬《楚系簡帛中字形與音義關係研究》,中國社會科學出版社 2011 年。

陳斯鵬《卓廬古文字學叢稿》,中西書局 2018 年。

陳偉《〈語叢〉一、三中有關“禮”的幾條簡文》,武漢大學中國文化研究院編《郭店楚簡國際學術研討會論文集》,湖北人民出版社 2000 年。

陳偉《郭店竹書别釋》,湖北教育出版社 2002 年。

陳偉等《楚地出土戰國簡册[十四種]》,經濟科學出版社 2009 年。

陳偉《新出楚簡研讀》,武漢大學出版社 2010 年。

陳偉《秦至漢初銷縣地望補説》,簡帛網,2011 年 4 月 5 日。

陳偉《讀清華簡〈繫年〉札記》,《江漢考古》2012 年第 3 期。

陳偉主編《秦簡牘合集》,武漢大學出版社 2014 年。

陳偉《鄭伯克段“前傳”的歷史叙事》,中國社會科學網,2016 年 5 月 30 日。

陳偉武《簡帛兵學文獻探論》,中山大學出版社 1999 年。

陳偉武《愈愚齋磨牙集——古文字與漢語史研究叢稿》,中西書局 2014 年。

陳偉武《愈愚齋磨牙二集——古文字與古文獻研究叢稿》,中西書局 2018 年。

陳英傑《文字與文獻研究叢稿》,社會科學文獻出版社 2011 年。

陳穎飛《楚國封君制的形成與初期面貌新探》,《出土文獻》第 3 輯,中西書局 2012 年。

陳穎飛《清華簡〈良臣〉散宜生與西周金文中的散氏》,《出土文獻》第 9 輯,中西書局 2016 年。

陳直《讀金日札 讀子日札》,中華書局 2008 年。

程浩《君陳、君牙臆解》,《深圳大學學報》2013 年第 1 期。

程浩《由清華簡〈良臣〉論初代曾侯"南宫夭"》,《管子學刊》2016 年第 1 期。

程少軒《談談〈楚居〉所見古地名"宵"及相關問題》,簡帛網,2011 年 5 月 31 日。

程少軒《小議上博九〈卜書〉的"三族"和"三末"》,《中國文字》新 39 期,藝文印書館 2013 年 12 月。

[清] 程樹德《論語集釋》,中華書局 1990 年。

程燕《説樊》,《中國文字學報》第 5 輯,商務印書館 2014 年。

[清] 崔述《商考信録》,《叢書集成初編》本,商務印書館 1937 年。

[清] 崔述撰著,顧頡剛編訂《崔東壁遺書》,上海古籍出版社 2013 年。

D

大庭脩《居延漢簡索引》,(日本)關西大學出版部 1995 年。

大西克也《戰國楚簡文字中讀作舌根音的幾個章組字》,《古文字研究》第 27 輯,中華書局 2008 年。

大西克也《上博六〈平王〉兩篇故事中的幾個問題》,復旦大學出土文獻與古文字研究中心網,2010 年 4 月 21 日。

島邦男著,濮茅左、顧偉良譯《殷墟卜辭研究》,上海古籍出版社 2006 年。

鄧球柏《帛書周易校釋(增訂本)》,湖南出版社 1996 年。

丁山《商周史料考證》,國家圖書館出版社 2008 年。

丁山《説㠱》,《"中研院"歷史語言研究所論文集刊類編・語言文字編・文字卷》,中華書局 2009 年。

董楚平《吴越徐舒金文集釋》,浙江古籍出版社 1992 年。

董蓮池《釋戰國楚系文字中从毛的幾組字》,《古文字研究》第 25 輯,中華書局 2004 年。

董蓮池編著《新金文編》,作家出版社 2011 年。

董珊《簡帛文獻考釋論叢》,上海古籍出版社 2014 年。

董珊《吴越題銘研究》,科學出版社 2014 年。

董作賓《中國現代學術經典・董作賓卷》,河北教育出版社 1996 年。

杜澤遜主編《尚書注疏彙校》,中華書局 2018 年。

[清] 段玉裁《説文解字注》,上海古籍出版社 1988 年。

F

凡國棟《〈上博六〉楚平王逸篇初讀》,簡帛網,2007 年 7 月 9 日。

范常喜《簡帛探微——簡帛字詞考釋與文獻新證》,中西書局 2016 年。

范常喜《清華簡〈虞夏殷周之治〉所記夏代樂名小考》,簡帛網,2018 年 9 月 24 日。

范祥雍箋證,范邦瑾協校《戰國策箋證》,上海古籍出版社 2006 年。

方詩銘、王修齡《古本竹書紀年輯證(修訂本)》,上海古籍出版社 2005 年。

[明] 方以智《通雅》,文淵閣四庫全書本。

方炫琛《左傳人物名號研究》,臺灣政治大學博士學位論文 1983 年,指導教師: 周何。

馮勝君《戰國楚文字"黽"字用作"黿"字補議》,《漢字研究》第 1 輯,學苑出版社 2005 年。

馮時《天亡簋銘文補論》,《出土文獻》第 1 輯,中西書局 2010 年。

傅修才《東周山東諸侯國金文整理與研究》,復旦大學博士學位論文 2017 年,指導教師：裘錫圭。

復旦讀書會《〈上博(七)·凡物流形〉重編釋文》,《出土文獻與古文字研究》第 3 輯,復旦大學出版社 2010 年。

復旦讀書會《〈上博七·君人者何必安哉〉校讀》,《出土文獻與古文字研究》第 3 輯,復旦大學出版社 2010 年。

G

甘肅省文物考古研究所《天水放馬灘秦簡》,中華書局 2009 年。

高亨纂著,董治安整理《古字通假會典》,齊魯書社 1989 年。

高榮鴻《〈上博九·靈王遂申〉2 號簡"滸"字試讀》,簡帛網,2013 年 1 月 10 日。

高文《漢碑集釋(修訂本)》,河南大學出版社 1997 年。

高佑仁《上博楚簡莊、靈、平三王研究》,成功大學博士學位論文 2011 年,指導教師：沈寶春。

顧實《穆天子傳西征講疏》,商務印書館 1934 年。

顧鐵符《夕陽芻稿——歷史考古述論彙編》,紫禁城出版社 1988 年。

顧頡剛、顧廷龍輯《尚書文字合編》,上海古籍出版社 1996 年。

顧頡剛、劉起釪《尚書校釋譯論》,中華書局 2005 年。

廣瀨薰雄《釋清華大學藏楚簡(叁)〈良臣〉的"大同"——兼論姑馮句鑃所見的"昏同"》,《古文字研究》第 30 輯,中華書局 2014 年。

郭長江等《嬭加編鐘銘文的初步釋讀》,《江漢考古》2019 年第 3 期。

郭沫若《〈屭敖簋銘〉考釋》,《考古》1973 年第 2 期。

郭沫若《卜辭通纂》,科學出版社 1983 年。

郭沫若《郭沫若全集·考古編第八卷·兩周金文辭大系圖録考釋(二)》,科學出版社 2002 年。

郭沫若《殷契粹編》,《甲骨文研究資料彙編》第 7 册,北京圖書館出版社 2008 年。

［清］郭慶藩《莊子集釋》,中華書局 1961 年。

郭永秉《帝系新研：楚地出土戰國文獻中的傳説時代古帝王系統研究》,北京大學出版社 2008 年。

郭永秉《古文字與古文獻論集》,上海古籍出版社 2011 年。

郭永秉《古文字與古文獻論集續編》,上海古籍出版社 2015 年。

郭永秉《清華簡〈繫年〉抄寫時代之估測——兼從文字形體角度看戰國楚文字區域特徵形成的複雜過程》,李守奎主編《清華簡〈繫年〉與古史新探》,中西書局 2016 年。

郭永秉《春秋晉國兩子犯——讀清華簡隨札之一》,《文匯報·文匯學人》,2017 年 2 月 3 日。

郭永秉《近年出土戰國文獻給古史傳説研究帶來的若干新知與反思》,《出土文獻與古文字研究》第 7 輯,上海古籍出版社 2018 年。

郭永秉《戰國工官屬吏中的成童——再談三晉銘刻中所見"孺子"的身份》,徐剛主編《出土文獻：語言、古史與思想》(《嶺南學報》復刊第 10 輯),上海古籍出版社 2018 年。

國家文物局古文獻研究室《馬王堆漢墓帛書［壹］》,文物出版社 1980 年。

H

韓巍《北大藏秦簡〈魯久次問數于陳起〉初讀》,《北京大學學報(哲學社會科學版)》2015 年第 3 期。

韓巍等《北大秦簡〈魯久次問數於陳起〉今譯、圖版和專家筆談》,《自然科學史研究》2015 年第 2 期。

韓自强《阜陽漢簡〈周易〉研究》,上海古籍出版社 2004 年。

漢語大字典字形組編《秦漢魏晉篆隸字形表》,四川辭書出版社

1985 年。

何琳儀《戰國古文字典：戰國文字聲系》，中華書局 1998 年。

何琳儀《安徽大學漢語文字研究叢書・何琳儀卷》，安徽大學出版社 2013 年。

何淑媛《戰國楚簡中的楚國人名研究》，臺灣師範大學碩士學位論文 2009 年，指導教師：季旭昇。

何泳《秦、漢祭祀五色帝初探》，《寶鷄師院學報（哲學社會科學版）》1985 年第 1 期。

何有祖《讀〈上博六〉札記》，簡帛網，2007 年 7 月 9 日。

何有祖《上博六〈景公瘧〉初探》，簡帛網，2007 年 7 月 11 日。

河北省文物研究所定州漢墓竹簡整理小組《定州漢墓竹簡・論語》，文物出版社 1997 年。

河南省文物考古研究所編著《新蔡葛陵楚墓》，大象出版社 2003 年。

河南省文物研究所《信陽楚墓》，文物出版社 1986 年。

河南省文物研究所等《淅川下寺春秋楚墓》，文物出版社 1991 年。

洪颺《"熊"字的上古讀音之古文字材料補證》，《遼寧師範大學學報（社會科學版）》2010 年第 5 期。

侯乃峰《楚竹書〈周易〉釋"溫"之字申説》，《周易研究》2009 年第 1 期。

侯乃峰《讀清華（伍）雜志》，《中國文字》新 43 期，藝文印書館 2017 年。

胡敕瑞《"太甬""大同"究竟是誰》，復旦大學出土文獻與古文字研究中心網，2017 年 4 月 26 日。

胡光煒《胡小石論文集三編》，上海古籍出版社 1995 年。

胡平生、韓自強《阜陽漢簡詩經研究》，上海古籍出版社 1988 年。

湖北省荊沙鐵路考古隊編《包山楚墓》《包山楚簡》,文物出版社 1991 年。

湖北省博物館《曾侯乙墓》,文物出版社 1989 年。

湖北省文物考古研究所、北京大學中文系編《望山楚簡》,中華書局 1995 年。

湖北省文物考古研究所、北京大學中文系編《九店楚簡》,中華書局 1999 年。

湖北省文物考古研究所、隨州市考古隊《隨州孔家坡漢墓簡牘》,文物出版社 2006 年。

湖北省文物考古研究所編著《江陵九店東周墓》,科學出版社 1995 年。

湖北省文物考古研究所《江陵望山沙塚楚墓》,文物出版社 1996 年。

湖北省文物考古研究所編《三苗與南土:湖北省文物考古研究所十二五期間重要考古收穫》,《江漢考古》編輯部 2016 年。

湖南省博物館等編著《長沙楚墓》,文物出版社 2000 年。

湖南省常德市文物局等編著《沅水下游楚墓》,文物出版社 2010 年。

湖南省楚史研究會主編《楚史與楚文化研究》,《求索》雜誌社 1987 年。

湖南省文物管理委員會《長沙仰天湖第 25 號木槨墓》,《考古學報》1957 年第 2 期。

華師讀書小組《讀〈清華大學藏戰國竹簡(貳)·繫年〉書後(二)》,簡帛網,2011 年 12 月 30 日。

黄焯《經典釋文彙校》,中華書局 2006 年。

黄德寬等《新出楚簡文字考》,安徽大學出版社 2007 年。

黄德寬主編《古文字譜系疏證》,商務印書館 2007 年。

黄德寬《安徽大學藏戰國竹簡概述》,《文物》2017 年第 9 期。

黄德寬主編《清華大學藏戰國竹簡(玖)(拾)》,中西書局 2019、2020 年。

黄鳳春、劉國勝《記荆門左塚楚墓漆梮》,第四届國際中國古文字學研討會論文,香港中文大學 2003 年。

黄鳳春、胡剛《再説西周金文中的"南公"——二論葉家山西周曾國墓地的族屬》,《江漢考古》2014 年第 5 期。

黄浩波《試説令尹子春即敔公子春》,簡帛網,2011 年 10 月 27 日。

黄懷信《鶡冠子彙校集注》,中華書局 2004 年。

黄懷信等《逸周書彙校集注(修訂本)》,上海古籍出版社 2007 年。

黄懷信等《論語彙校集釋》,上海古籍出版社 2008 年。

黄錦前《"許子佗"與"許公佗"——兼談清華簡〈繫年〉的可靠性》,簡帛網,2012 年 11 月 21 日。

[南朝] 皇侃《論語義疏》,中華書局 2013 年。

黄若惠《伊尹身分之再探討》,《史學匯刊》第 20 期,蘭臺出版社 2005 年。

黄尚明《論銅器銘文中的"南公"與"南宫"》,《楚文化研究論集》第 13 集,上海古籍出版社 2018 年。

[清] 黄生撰,黄承吉合按《字詁義府合按》,中華書局 1984 年。

黄庭頎《論古文字材料所見之"伊尹"稱號》,簡帛網,2013 年 7 月 15 日。

黄文傑《秦至漢初簡帛文字研究》,商務印書館 2008 年。

黄錫全《古文字與古貨幣文集》,文物出版社 2009 年。

黄錫全《由清華簡〈繫年〉的"廉"字説到金文的"蔑廉"》,紀念徐中舒先生誕辰 120 週年國際學術研討會論文,四川大學 2018 年 10 月。

黄益飛《曾侯膴鐘銘文研究》,《南方文物》2015 年第 4 期。

J

季旭昇《讀郭店、上博簡五題：舜、河滸、紳而易、墻有茨、宛丘》,《中國文字》新 27 期,藝文印書館 2001 年。

季旭昇《由上博詩論“小宛”談楚簡中幾個特殊的從肙的字》,《漢學研究》第 20 卷第 2 期,2002 年 12 月。

季旭昇主編《〈上海博物館藏戰國楚竹書(二)〉讀本》,萬卷樓圖書股份有限公司 2003 年。

季旭昇《上博五芻議(上)》,簡帛網,2006 年 2 月 18 日。

季旭昇《上博五芻議(下)》,簡帛網,2006 年 2 月 18 日。

季旭昇、高佑仁主編《〈上海博物館藏戰國楚竹書(九)〉讀本》,萬卷樓圖書股份有限公司 2017 年。

賈連翔《“攝命”即〈書序〉“臩命”“囧命”説》,《清華大學學報(哲學社會科學版)》2018 年第 5 期。

[清] 江聲《論語竢質》,《叢書集成初編》本,商務印書館 1936 年。

金祥恒《楚繒書“䨓虘”解》,《中國文字》第 28 册,臺灣大學中國文學系 1968 年。

荊門市博物館編《郭店楚墓竹簡》,文物出版社 1998 年。

K

孔仲温《郭店楚簡〈緇衣〉字詞補釋》,《古文字研究》第 22 輯,中華書局 2000 年。

L

[宋] 李昉等《太平御覽》,中華書局 1960 年。

李家浩《攻五王光韓劍與虡王光趄戈》,《古文字研究》第 17 輯,中華書局 1989 年。

李家浩《從曾姬無卹壺銘文談楚滅曾的年代》,《文史》第 33 輯,中華書局 1990 年。

李家浩《庚壺銘文及其年代》,《古文字研究》第 19 輯,中華書局 1992 年。

李家浩《信陽楚簡中的"柿枳"》,《簡帛研究》第 2 輯,法律出版社 1996 年。

李家浩《包山竹簡所記楚先祖名及其相關的問題》,《文史》第 42 輯,中華書局 1997 年。

李家浩《讀〈郭店楚墓竹簡〉瑣議》,《中國哲學》第 20 輯,遼寧教育出版社 1999 年。

李家浩《著名中年語言學家自選集·李家浩卷》,安徽教育出版社 2002 年。

李家浩《談包山楚簡"歸鄧人之金"一案及其相關問題》,《出土文獻與古文字研究》第 1 輯,復旦大學出版社 2006 年。

李家浩、楊澤生《談上博竹書鬼神之明中的"送盄公"》,《簡帛》第 4 輯,上海古籍出版社 2009 年。

李家浩《清華戰國竹簡〈楚居〉中的酓胖、酓執、酓綎》,《出土文獻》第 3 輯,中西書局 2012 年。

李家浩《安徽大學漢語言文字研究叢書·李家浩卷》,安徽大學出版社 2013 年。

李家浩《上博楚簡〈容成氏〉的"有虞迵"》,《戰國文字研究》第 1 輯,安徽大學出版社 2019 年。

李零《楚國銅器銘文編年匯釋》,《古文字研究》第 13 輯,中華書局 1986 年。

李零《楚國族源、世系的文字學證明》,《文物》1991 年第 2 期。

李零《包山楚簡研究(占卜類)》,《中國典籍與文化論叢》第 1 輯,中華書局 1993 年。

李零《長臺關楚簡〈申徒狄〉研究》,《揖芬集——張政烺先生九十華誕紀念文集》,社會科學文獻出版社 2002 年。

李零《待兔軒文存·讀史卷》,廣西師範大學出版社 2011 年。

李零《讀清華簡筆記: 禼和竊》,《清華簡研究》第 1 輯,中西書局 2012 年。

李鋭《讀楚簡札記(四則)》,《古文字研究》第 27 輯,中華書局 2008 年。

李鋭《上博簡〈慎子曰恭儉〉管窺》,《中國哲學史》2008 年第 4 期。

李守奎《楚文字編》,華東師範大學出版社 2003 年。

李守奎《出土楚文獻姓氏用字異寫現象初探》,中國文字博物館第二届文字發展論壇會議論文,安陽 2010 年 10 月。

李守奎《包山楚簡姓氏用字考釋》,《簡帛》第 6 輯,上海古籍出版社 2011 年。

李守奎《〈楚居〉中的楚先祖與楚族姓氏》,《出土文獻研究》第 10 輯,中華書局 2011 年。

李守奎《〈楚居〉中的樊字及出土楚文獻中與樊相關文例的釋讀》,《文物》2011 年第 3 期。

李守奎《根據〈楚居〉解讀史書中熊渠至熊延世序之混亂》,《中國史研究》2011 年第 1 期。

李守奎、張峰《説楚文字中的“桀”與“傑”》,《簡帛》第 7 輯,上海古籍出版社 2012 年。

李守奎、賈連翔、馬楠編著《包山楚墓文字全編》,上海古籍出版社 2012 年。

李守奎《清華簡〈繫年〉“莫囂昜爲”考論》,《中原文化研究》2014

年第 2 期。

李守奎《系統釋字法與古文字考釋——以“厂”、“石”構形功能的分析爲例》,《吉林大學社會科學學報》2015 年第 4 期。

李守奎《清華簡中的伍之鷄與歷史上的鷄父之戰》,《中國高校社會科學》2017 年第 2 期。

李松儒《清華簡〈繫年〉集釋》,中西書局 2015 年。

李天虹《釋楚簡文字“廈”》,《華學》第 4 輯,紫禁城出版社 2000 年。

李天虹《清華簡〈良臣〉“五之疋”補説》,《新果集(二)——慶祝林澐先生八十華誕論文集》,科學出版社 2018 年。

李學勤《中國古代文明研究》,華東師範大學出版社 2005 年。

李學勤《文物中的古文明》,商務印書館 2008 年。

李學勤《通向文明之路》,商務印書館 2010 年。

李學勤主編《清華大學藏戰國竹簡(壹—捌)》,中西書局 2010—2018 年。

李學勤《三代文明研究》,商務印書館 2011 年。

李學勤《初識清華簡》,中西書局 2013 年。

李裕民《伊尹的出身及其姓名考辨》,《山西大學學報》1983 年第 4 期。

李振宏、孫英民《居延漢簡人名編年》,中國社會科學出版社 1997 年。

連佳鵬《釋古文字中的“聶”》,《簡帛》第 12 輯,上海古籍出版社 2016 年。

[清] 梁履繩《左通補釋》,《續修四庫全書》第 123 册,上海古籍出版社 2002 年。

梁静《出土〈蒼頡篇〉“姓名簡”研究》,《簡帛》第 8 輯,上海古籍出版社 2013 年。

［清］梁玉繩《史記志疑》，中華書局 1981 年。

林宏明《甲骨新綴第 325—326 例》，先秦史研究網，2012 年 3 月 21 日。

林小安《殷王卜辭傳説考芻議》，《古文字研究》第 29 輯，中華書局 2012 年。

林小安、李鳳英《殷武丁宰輔傳説考補證》，《古文字研究》第 32 輯，中華書局 2018 年。

林志鵬《戰國竹書〈鮑叔牙與隰朋之諫〉譯注》，《簡帛研究 二〇〇八》，廣西師範大學出版社 2010 年。

劉彬徽《楚系青銅器研究》，湖北教育出版社 1995 年。

劉彬徽《早期文明與楚文化研究》，嶽麓書社 2001 年。

劉波《〈楚帛書·甲篇〉集釋》，吉林大學碩士學位論文 2009 年，指導教師：李守奎。

劉傳賓《郭店楚簡研究綜論（文本研究篇）》，吉林大學博士學位論文 2010 年，指導教師：馮勝君。

劉鳳華《殷墟村南系甲骨卜辭中有關伊尹稱"示"的材料》，《中國文字研究》第 12 輯，大象出版社 2009 年。

劉剛《清華叁〈良臣〉爲具有晉系文字風格的抄本補證》，《中國文字學報》第 5 輯，商務印書館 2014 年。

劉剛《夕陽坡竹簡新探》，《江漢考古》2018 年第 3 期。

劉國忠《從清華簡〈繫年〉看周平王東遷的相關史實》，《簡帛·經典·古史》，上海古籍出版社 2013 年。

劉國忠《也談清華簡〈厚父〉的撰作時代和性質》，《揚州大學學報（人文社會科學版）》2017 年第 6 期。

劉洪濤《郭店竹簡〈唐虞之道〉"瞽瞍"補釋》，《江漢考古》2010 年第 4 期。

劉洪濤《釋"肙"》，《簡帛》第 12 輯，上海古籍出版社 2016 年。

劉洪濤《上博竹簡〈弟子問〉考證二則》,《古文字研究》第32輯,中華書局2018年。

劉洪濤《清華簡"斵"與甲骨文"黽"合證》,《語言研究》2019年第3期。

劉桓《關於殷代武丁的輔弼之臣傅説的考證》,《傅聖文化》2007年第4期。

劉傑《戰國文字所見姓氏整理與疏證》,中山大學博士學位論文2009年,指導教師:陳偉武。

劉全志《清華簡〈繫年〉"王子定"及相關史事》,《文史知識》2013年第6期。

[清]劉文淇等《春秋左氏傳舊注疏證》,科學出版社1959年。

劉信芳《楚帛書解詁》,《中國文字》新21期,藝文印書館1996年。

劉信芳《上博藏竹書〈柬大王泊旱〉聖人諸梁考》,《中國史研究》2007年第4期。

劉雨、汪濤撰《流散歐美殷周有銘青銅器集録》,上海辭書出版社2007年。

劉樂賢《馬王堆天文書考釋》,中山大學出版社2004年。

劉樂賢《釋孔家坡漢簡〈日書〉中的幾個古史傳説人物》,《中國史研究》2010年第2期。

劉樂賢《戰國秦漢簡帛叢考》,文物出版社2010年。

劉釗《郭店楚簡校釋》,福建人民出版社2003年。

劉釗《古文字構形學(增訂本)》,福建人民出版社2011年。

劉釗主編《新甲骨文編(增訂本)》,福建人民出版社2014年。

劉宗漢《卜辭伊尹考》,《西周文明論集》,朝華出版社2004年。

瀧川資言、水澤利忠《史記會注考證附校補》,上海古籍出版社1986年。

［清］盧文弨《經典釋文考證》，中華書局 1985 年。

陸平《試釋孔家坡漢簡〈日書〉之“緰”“禹”“女過”》，簡帛網，2007 年 8 月 25 日。

羅小華《試論清華簡〈良臣〉中的“子剌”》，《出土文獻》第 6 輯，中西書局 2015 年。

羅小華《試論清華簡〈良臣〉中的“咎犯”》，《古文字研究》第 31 輯，中華書局 2016 年。

羅小華《清華簡〈良臣〉中的“女和”》，《考古與文物》2018 年第 2 期。

羅運環《新出金文與西周曾侯》，《陝西師範大學學報（哲學社會科學版）》2015 年第 6 期。

羅振玉、王國維編著《流沙墜簡》，中華書局 1993 年。

吕思勉、童書業編著《古史辨》第 7 册，上海古籍出版社 1982 年。

M

馬承源主編《上海博物館藏戰國楚竹書（一——九）》，上海古籍出版社 2001—2012 年。

［清］馬瑞辰《毛詩傳箋通釋》，中華書局 1989 年。

［清］馬驌撰，王立器整理《繹史》，中華書局 2002 年。

馬王堆漢墓帛書整理小組《馬王堆漢墓帛書［叁］［肆］》，文物出版社 1983、1985 年。

馬衛東《清華簡〈繫年〉與鄭子陽之難新探》，《古代文明》2014 年第 2 期。

馬曉穩《吴越文字資料整理及相關問題研究》，吉林大學博士學位學位論文 2017 年，指導教師：吴振武。

麥耘《“黽”字上古音歸部説》，《著名中年語言學家自選集・麥耘卷》，上海教育出版社 2012 年。

毛遠明《漢魏六朝碑刻異體字典》,中華書局2014年。

孟蓬生《楚簡所見舜父之名音釋——談魚通轉例説之二》,《簡帛》第6輯,上海古籍出版社2011年。

孟蓬生《〈楚居〉所見楚王名考釋二則》,《清華簡研究》第1輯,中西書局2012年。

孟蓬生《姑馮句鑃所謂"馮"字試釋》,《古文字研究》第30輯,中華書局2014年。

N

牛鵬濤《清華簡〈繫年〉與銅器銘文互證二則》,《深圳大學學報(人文社會科學版)》2012年第2期。

O

歐波《曾侯與編鐘"君匕淮夷"探討》,《武陵學刊》2018年第4期。

P

彭鐸《潛夫論箋校正》,中華書局1985年。

彭浩、陳偉、工藤元男主編《二年律令與奏讞書》,上海古籍出版社2007年。

彭裕商《西周青銅器年代綜合研究》,巴蜀書社2003年。

[清]皮錫瑞《今文尚書考證》,中華書局1989年。

Q

齊文心《伊尹、黄尹爲二人辨析》,《英國所藏甲骨集》,中華書局1992年。

强晨《清華簡與西周開國史研究》,河北師範大學碩士學位論文

2014 年，指導教師：白國紅。

秦曉華《甲骨文中黄和寅的相互關係及其相關問題》，《江漢考古》2008 年第 1 期。

裘錫圭《裘錫圭學術文集》，復旦大學出版社 2012 年。

裘錫圭《説从“𡿧”聲的从“貝”與从“辵”之字》，《文史》2012 年第 3 輯。

裘錫圭《文字學概要（修訂本）》，商務印書館 2013 年。

裘錫圭主編《長沙馬王堆漢墓簡帛集成》，中華書局 2014 年。

裘錫圭《説侯馬盟書“變改助及奂俾不守二宫”》，李守奎主編《清華簡〈繫年〉與古史新探》，中西書局 2016 年。

R

容庚《容庚文集》，中山大學出版社 2004 年。

［清］阮元校刻《十三經注疏》，中華書局 1980 年。

S

山西省文物工作委員會編《侯馬盟書（增訂本）》，山西古籍出版社 2006 年。

單育辰《戰國簡帛文字雜釋（十一則）》，《簡帛》第 7 輯，上海古籍出版社 2012 年。

單育辰《楚地戰國簡帛與傳世文獻對讀之研究》，中華書局 2014 年。

單育辰《釋甲骨文“𠙹”字》，李守奎主編《清華簡〈繫年〉與古史新探》，中西書局 2016 年。

［宋］邵思《姓解》，《古逸叢書》之十七。

商承祚編著《戰國楚竹簡匯編》，齊魯書社 1995 年。

沈長雲《談曾侯銅器銘文中的“南公”——兼論成康時期周人對

南土的經營》,《中國史研究》2017 年第 1 期。

沈培《卜辭“雉衆”補釋》,《語言學論叢》第 26 輯,商務印書館 2002 年。

施謝捷《説上博簡〈緇衣〉中用爲“望(朢)”“湯”的字》,《華學》第 11 輯,中山大學出版社 2014 年。

石光瑛校釋,陳新整理《新序校釋》,中華書局 2001 年。

石小力《據清華簡考證侯馬萌叔的“趙尼”》,《中山大學學學報》2018 年第 1 期。

史樹青《長沙仰天湖出土戰國楚簡研究》,群聯出版社 1955 年。

舒之梅、劉信芳《包山楚簡人名研究六則》,《長江文化論集》第 1 輯,湖北教育出版社 1995 年。

睡虎地秦墓竹簡整理小組《睡虎地秦墓竹簡》,文物出版社 1990 年。

宋華强《新蔡葛陵楚簡初探》,武漢大學出版社 2010 年。

宋華强《清華簡〈楚居〉1—2 號釋讀》,簡帛網,2011 年 1 月 15 日。

宋華强《清華簡〈繫年〉奚齊之“奚”的字形》,簡帛網,2011 年 12 月 21 日。

蘇建洲《〈楚居〉簡 7 楚武王之名補議》,復旦大學出土文獻與古文字研究中心網,2011 年 1 月 13 日。

蘇建洲《楚文字論集》,萬卷樓圖書股份有限公司 2011 年。

蘇建洲等《清華二〈繫年〉集解》,萬卷樓圖書股份有限公司 2013 年。

蘇建洲《〈清華大學藏戰國竹簡(貳)·繫年〉考釋七則》,《中國文字研究》第 19 輯,上海書店出版社 2014 年。

蘇建洲《也論清華簡〈繫年〉“莫囂昜爲”》,《中原文化研究》2014 年第 5 期。

蘇建洲《〈清華二·繫年〉中的“申”及相關問題討論》,《古文字與古代史》第 4 輯,“中研院”史語所 2015 年。

蘇建洲《〈清華(六)〉零釋》,《中國文字》新 43 期,藝文印書館 2017 年。

蘇建洲《試論“离”字源流及其相關問題》,《古文字與古代史》第 5 輯,“中研院”史語所 2017 年。

孫剛《東周齊系題銘研究》,上海古籍出版社 2019 年。

[清] 孫星衍《問字堂集 岱南閣集》,中華書局 1996 年。

[清] 孫詒讓《古籀拾遺》,中華書局 1989 年。

[清] 孫詒讓《墨子閒詁》,中華書局 2001 年。

孫占宇《放馬灘秦簡日書整理與研究》,西北師範大學博士學位論文 2008 年,指導教師: 張德芳。

T

唐蘭《唐蘭全集》,上海古籍出版社 2015 年。

滕壬生、黄錫全《江陵磚瓦廠 M370 楚墓竹簡》,《簡帛研究 二〇〇一》,廣西師範大學出版社 2001 年。

滕壬生《楚系簡帛文字編(增訂版)》,湖北教育出版社 2008 年。

田成方《東周時期楚國宗族研究》,科學出版社 2016 年。

童書業著,童教英校訂《春秋左傳研究(校訂本)》,中華書局 2006 年。

W

[清] 汪繼培輯校《尸子 尸子存疑》,《續修四庫全書》第 1121 册,上海古籍出版社 2002 年。

汪受寬《謚法研究》,上海古籍出版社 1995 年。

汪濤《陝西周原甲骨刻辭中的“太保”》,《遠望集——陝西省考古研究所華誕四十週年紀念文集》,陝西人民美術出版社 1998 年。

王國維《觀堂集林(附別集)》,中華書局 1959 年。

王國維《古史新證》,清華大學出版社 1994 年。

王紅星《包山簡牘所反映的楚國曆法問題》,《包山楚墓》,文物出版社 1991 年。

王焕鑣《墨子集詁》,上海古籍出版社 2005 年。

王暉《殷商十干氏族研究》,《中國史研究》2003 年第 3 期。

王輝《高山鼓乘集——王輝學術文存二》,中華書局 2008 年。

王輝主編,楊宗兵、彭文、蔣文孝編著《秦文字編》,中華書局 2015 年。

王利器、王貞珉《漢書古今人表疏證》,齊魯書社 1988 年。

王明欽《王家臺秦墓竹簡概述》,艾蘭、邢文編《新出簡帛研究》,文物出版社 2004 年。

[清] 王念孫《讀書雜志》,江蘇古籍出版社 2000 年。

王寧《"录子聖"之名臆解》,復旦大學出土文獻與古文字研究中心網,2014 年 6 月 4 日。

王寧《清華簡〈良臣〉〈子産〉中子産師、輔人名雜識》,復旦大學出土文獻與古文字研究中心網,2016 年 6 月 27 日。

王强《秦簡所見"巫咸"兩考》,《簡帛研究 二〇一六(秋冬卷)》,廣西師範大學出版社 2017 年。

王天海《荀子校釋》,上海古籍出版社 2005 年。

王維堤《關於伊尹的姓氏名號及其他》,《中華文史論叢》1982 年第 2 輯。

[清] 王先謙《漢書補注》,上海古籍出版社 2008 年。

[清] 王先謙編《清經解續編》,上海書店 1988 年。

[清] 王引之《經義述聞》,江蘇古籍出版社 2000 年。

王穎《包山楚簡詞彙研究》,厦門大學出版社 2008 年。

王占奎《由伯懋父説西周成王到穆王前期的銅器斷代》,《紀念徐中舒先生誕辰 110 週年國際學術研討會論文集》，巴蜀書社 2010 年。

［清］王照圓《列女傳補注》，華東師範大學出版社 2012 年。

王志平《“蜚廉”的音讀及其他》，李守奎主編《清華簡〈繫年〉與古史新探》，中西書局 2016 年。

尉侯凱《左傳“公子士洩”新考》，《殷都學刊》2017 年第 1 期。

尉侯凱《〈史蒥問於夫子〉之“史蒥”非“史鰌”辨》，簡帛網，2018 年 4 月 24 日。

魏克彬《温縣盟書 T4K5、T4K6、T4K11 盟辭釋讀》，《出土文獻與古文字研究》第 5 輯，上海古籍出版社 2013 年。

魏宜輝、周言《讀〈郭店楚墓竹簡〉札記》，《古文字研究》第 22 輯，中華書局 2000 年。

魏宜輝《古文字中用作“伊”之字考釋》，《中山大學學報（社會科學版）》2014 年第 6 期。

巫雪如《包山楚簡姓氏研究》，臺灣大學碩士學位論文 1996 年，指導教師：周鳳五。

鄔可晶《〈上博（九）·舉治王天下〉“文王訪之於尚父舉治”篇編連小議》，簡帛網，2013 年 1 月 11 日。

鄔可晶《孔家坡漢簡〈日書〉短札四則》，《簡帛研究 二〇一六（秋冬卷）》，廣西師範大學出版社 2017 年。

吴良寶《楚地“鄴昜”新考》，張光裕、黄德寬主編《古文字學論稿》，安徽大學出版社 2008 年。

吴毅强《北大簡〈蒼頡篇〉“丹勝誤亂”解》，《出土文獻》第 13 輯，中西書局 2018 年。

吴則虞《晏子春秋集釋》，中華書局 1962 年。

吴振武《〈古璽彙編〉釋文訂補及分類修訂》，《古文字論集（初編）》，香港中文大學 1983 年。

吴振武《假設之上的假設——金文“𩰫公”的文字學解釋》,《吉林大學古籍研究所建所二十週年紀念文集》,吉林文史出版社 2003 年。

吴振武《〈古璽文編〉校訂》,人民美術出版社 2011 年。

吴振武《者彶𪊟虜即吴王闔廬説》,《古文字研究》第 29 輯,中華書局 2012 年。

吴鎮烽《金文人名彙編(修訂版)》,中華書局 2006 年。

吴鎮烽《商周青銅器銘文暨圖像集成索引》,上海古籍出版社 2019 年。

武漢大學簡帛研究中心、荆門市博物館編著《楚地出土戰國簡册合集(一)》,文物出版社 2011 年。

武漢大學簡帛研究中心、河南省文物考古研究所編著《楚地出土戰國簡册合集(二)》,文物出版社 2013 年。

X

向宗魯《説苑校證》,中華書局 1987 年。

蕭聖中《曾侯乙墓竹簡釋文補正暨車馬制度研究》,科學出版社 2011 年。

肖從禮《楚漢簡牘所見“中舍”考》,《簡帛研究 二〇〇九》,廣西師範大學出版社 2011 年。

肖良瓊《卜辭中的伊尹和伊尹放太甲》,《古文字研究》第 21 輯,中華書局 2001 年。

謝明文《釋“顛”字》,《古文字研究》第 30 輯,中華書局 2014 年。

謝明文《讀〈清華簡(叁)〉札記二則》,《簡帛》第 12 輯,上海古籍出版社 2016 年。

邢義田《漢簡、漢印與〈急就〉人名互證》,《地不愛寶:漢代的簡牘》,中華書局 2011 年。

熊北生《雲夢睡虎地 77 號西漢墓出土簡牘的清理與編聯》,《出土文獻研究》第 9 輯,中華書局 2010 年。

徐少華《周代南土歷史地理與文化》,武漢大學出版社 1994 年。

徐少華《上博簡〈申公臣靈王〉及〈平王與王子木〉兩篇疏正》,《古文字研究》第 27 輯,中華書局 2008 年。

徐錫臺《周原出土的甲骨文所見人名、官名、方國、地名淺釋》,《古文字研究》第 1 輯,中華書局 1979 年。

徐旭升《中國古史的傳説時代(增訂本)》,文物出版社 1985 年。

徐在國編《傳抄古文字編》,綫裝書局 2006 年。

徐在國編著《楚帛書詁林》,安徽大學出版社 2010 年。

徐在國《上博五"褉(稷)字補説"》,《清華簡研究》第 1 輯,中西書局 2012 年。

徐在國《安徽大學漢語言文字研究叢書・徐在國卷》,安徽大學出版社 2013 年。

徐在國《談清華簡楚居中的"酓朔"》,《中國文字學報》第 7 輯,商務印書館 2017 年。

徐正考《漢代文字編》,作家出版社 2016 年。

徐宗元輯《帝王世紀輯存》,中華書局 1964 年。

許富宏《慎子集校集注》,中華書局 2013 年。

許全勝《包山楚簡姓氏譜》,北京大學碩士學位論文 1997 年,指導教師:高明、葛英會。

許維遹《韓詩外傳集釋》,中華書局 1980 年。

許哲娜《試論傳統五色帝文化》,《中國社會歷史評論》第 12 卷,天津古籍出版社 2011 年。

禤健聰《戰國楚系簡帛用字習慣研究》,科學出版社 2017 年。

Y

顔世鉉《楚簡"流""讒"字補釋》,謝維揚、朱淵清主編《新出土文獻與古代文明研究》,上海大學出版社 2002 年。

顏世鉉《上博楚竹書“苦成家父”名字解詁——兼釋三則“讎”和“魗”通假的文獻》,《古文字與古代史》第 3 輯,“中研院”史語所 2012 年。

嚴曉星《漢簡〈孫子〉“率師比在陘”初探》,《書品》2011 年第 3 期。

嚴志斌《楚王領探討》,《考古》2011 年第 8 期。

晏昌貴《孔家坡漢簡〈日書〉中的五行配物問題》,簡帛網,2006 年 10 月 15 日。

晏昌貴《簡帛數術與歷史地理論集》,商務印書館 2010 年。

楊伯峻《列子集釋》,中華書局 1979 年。

楊伯峻《春秋左傳注(修訂本)》,中華書局 1990 年。

楊蒙生《清華簡(叁)〈良臣〉篇管見》,《深圳大學學報(人文社會科學版)》2014 年第 2 期。

楊樹達《積微居金文説(增訂本)》,中華書局 1997 年。

楊樹達《卜辭瑣記》,上海古籍出版社 2006 年。

楊筠如《尚書覈詁》,陝西人民出版社 2005 年。

楊澤生《戰國竹書研究》,中山大學出版社 2009 年。

姚孝遂、肖丁《小屯南地甲骨考釋》,中華書局 1985 年。

銀雀山漢墓竹簡整理小組《銀雀山漢墓竹簡(壹)(貳)》,文物出版社 1985、2010 年。

[清] 俞樾《群經平議》,《清經解續編》第 5 册,上海書店 1988 年。

于省吾《穆天子傳新證》,《考古社刊》第 6 期,1937 年。

于省吾《利簋銘文考釋》,《文物》1977 年第 8 期。

于省吾《甲骨文字釋林》,中華書局 1979 年。

于省吾主編《甲骨文字詁林》,中華書局 1999 年。

袁國華《江陵望山楚簡"青帝"考釋》,《華學》第 5 輯,中山大學出版社 2001 年。

袁金平《由清華簡〈繫年〉"子眉壽"談先秦人名冠"子"之例》,李守奎主編《清華簡〈繫年〉與古史新探》,中西書局 2016 年。

Z

詹鄞鑫《卜辭傅説事迹考》,《華夏考: 詹鄞鑫文字訓詁論集》,中華書局 2006 年。

張純一《晏子春秋校注》,中華書局 2014 年。

張富海《説"𧍬""冤"》,《古文字研究》第 28 輯,中華書局 2010 年。

張光裕《澹煙疏雨: 張光裕問學論稿》,上海古籍出版社 2018 年。

張光遠《春秋晚期齊莊公時庚壺考》,《金文文獻集成》第 29 册,綫裝書局 2005 年。

張光直《商王廟號新考》,《中國青銅時代》,生活・讀書・新知三聯書店 1983 年。

張光直《談王亥與伊尹的祭日並再論殷商王制》,《中國青銅時代》,生活・讀書・新知三聯書店 1983 年。

張頷《〈成皋丞印〉跋》,《古文字研究》第 14 輯,中華書局 1986 年。

張家山二四七號漢墓竹簡整理小組《張家山漢墓竹簡[二四七號墓]》,文物出版社 2001 年。

張靜《定州漢墓竹簡和上孫家寨漢墓木簡集釋》,吉林大學碩士學位論文 2014 年,指導教師: 吴良寶。

張利軍《清華簡〈厚父〉的性質與時代》,《管子學刊》2016 年第 3 期。

張雙棣《淮南子校釋(增訂本)》,北京大學出版社 2013 年。

張新俊《華孟子鼎小考》,簡帛網,2012 年 9 月 18 日。

張涌泉主編《敦煌經部文獻合集》,中華書局 2008 年。

張政烺《馬王堆帛書〈周易〉經傳校讀》,中華書局 2008 年。

張政烺《張政烺文集·甲骨金文與商周史研究》,中華書局 2012 年。

張政烺《張政烺文集·論易叢稿》,中華書局 2012 年。

趙平安《金文釋讀與文明探索》,上海古籍出版社 2011 年。

趙平安《新出簡帛與古文字古文獻研究續集》,商務印書館 2018 年。

趙苑夙《上博簡楚王"語"類文獻研究》,中興大學博士學位論文 2013 年,指導教師:林清源。

趙振鐸《集韻校本》,上海辭書出版社 2012 年。

鄭剛《戰國文字中的"陵"和"李"》,《楚簡道家文獻辨證》,汕頭大學出版社 2004 年。

鄭威《楚國封君研究》,湖北教育出版社 2012 年。

周波《試説徐器銘文中的官名"賫尹"》,《出土文獻與古文字研究》第 4 輯,上海古籍出版社 2011 年。

周法高《周秦名字解詁彙釋》,中華叢書委員會 1958 年。

周法高主編《金文詁林》,香港中文大學 1975 年。

周法高《金文詁林補》,"中研院"史語所 1982 年。

周鳳五《朋齋學術文集:戰國竹書卷》,臺灣大學出版中心 2016 年。

[清] 周廣業《經史避名彙考》,北京圖書館出版社 1999 年。

周忠兵《説古文字中的"戴"字及相關問題》,《出土文獻與古文字研究》第 5 輯,上海古籍出版社 2013 年。

周祖謨《廣韻校本》,中華書局 2004 年。

朱曉雪《包山楚簡綜述》,福建人民出版社 2013 年。

朱曉雪《天星觀卜筮祭禱簡文整理》,簡帛網,2018 年 2 月 2 日。

諸祖耿《戰國策集注彙考(增補本)》,鳳凰出版社 2008 年。

祝總斌《史佚非作册逸、尹逸考》,《文史》2009 年第 1 輯。

簡帛人物名號索引

説明

1. 索引將相同名號放在一起,包含人物名號所在文例及較典型字形。
2. 同一名號的相同文例且用字相同者,只選取一個文例作爲代表。
3. 出現頻次高的名號如“孔子”等,注明“多見”,並選取若干文例作爲代表。
4. 人物名號後數字爲其所在正文頁碼。文例中人物名號加下劃綫。

伯夷　64

禹有白𡰥【清三・良臣1】

伯邑考　65

周文王使伯邑巧【定州・六韜2264】

伯有　236

鄭伯有【馬王堆・春秋35】

伯有亦弗芒【馬王堆・春秋36】

伯有閉室【馬王堆・春秋36】

[伯]有必及矣【馬王堆・春秋37】

伯州犁　162

楚恭王有郘州利【清三・良臣11】

卜奇　120

共中使卜奇賊閔公于武諱【馬王堆・春秋91】

C

蔡哀侯　250

鄒哀侯取妻於陳【清二・繫年23】

鄒哀侯命止之【清二・繫年23】

鄒哀侯妻之【清二・繫年24】

鄒哀侯率師以救賽【清二・繫年25—26】

鄒侯與從【清二・繫年26】

獲哀侯以歸【清二・繫年26】

鄒侯以文王飲酒【清二・繫年26—27】

鄒侯知賽侯之誘己也【清二・繫年27】

蔡大祝　172

鄒大祝止【上九・邦人8—9】

出就鄒大祝【上九・邦人9】

蔡公　262

𨛜公曰【上九・卜書2】

蔡靈侯　256

王敗鄒霝侯於吕【上九・靈王1】

殺鄒霝侯【清二・繫年99】

蔡夫人　103

齊桓公與蔡夫人乘舟【馬王堆・春秋42】

蔡鳥　140

燕使蔡鳥股符胠倂【馬王堆・戰國274—275】

蔡鳥明日見【馬王堆・戰國275—276】

蔡昭侯申　256

鄒卲侯繡懼【清二・繫年106】

吴緮用以師逆鄒卲侯【清二・繫年106—107】

蔡子　104

齊三嬖大夫南郭子、𨛜子、晏子率師以會于斷道【清二・繫年69—70】

郇之克乃執南郭子、𨛜子、晏子以歸【清二・繫年70】

倉頡氏　17

倉頡是……之有天下也【上二・容成1】

曹熬　　22

黄帝問於曹熬曰【馬王堆・十問 15】

曹熬之接陰治神氣之道【馬王堆・十問 22】

曹劌　　117

敆薉内見【上四・曹沫 1】

敆蔑之陣【上四・曹沫 2 背】

敆蔓曰【上四・曹沫 5、7、22】

還年而問於敆歲曰【上四・曹沫 12—13】

薣蔵答曰【上四・曹沫 13、20、64】

薉【上四・曹沫 64】

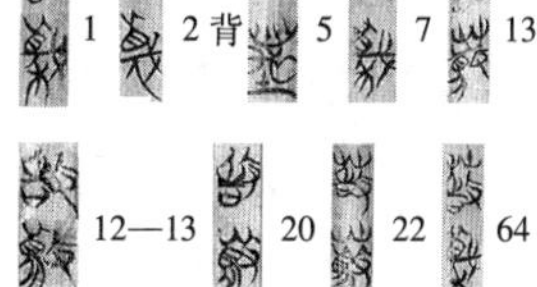

昌平君　　186

昌平君居其處【睡虎地・編年記 28 貳】

昌文君　　186

昌文君死【睡虎地・編年記 30 貳】

長安君　　216

有復言令長安君質者【馬王堆・戰國 187】

老臣竊以爲媪之愛燕后賢長安君【馬王堆・戰國 193】

●本篇“長安君”多見。

長駟　　113

王又使周濕、長駟重命兑【馬王堆・戰國 105】

長萬　　250

長萬，宋之第士也【馬王堆・春秋 72】

長萬生止焉【馬王堆・春秋 72】

長萬病之【馬王堆・春秋 73】

長魚矯　　198

乃命長魚翯【上五・姑成 8】

長魚翯自公所【上五・姑成 9】

姑成家父捕長魚翯【上五・姑成 9】

强門大夫率，以釋長魚翯【上五・姑成 10】

臣扈　　57

湯有伊尹，有伊陟，有臣瓜【清三・良臣 2】

陳臣　　96

臣將令陳臣、許翦以韓、梁問之齊【馬王堆・戰國 59—60】

陳公狂　　183

君王不知恇之無栽，命恇相執事人敎師徒【上九・陳公 6—7】

王謂陳公【上九・陳公 8】

陳公乃就軍執事人【上九・陳公 9】

陳公復聽命於君王【上九・陳公 10】

陳公恇焉選楚邦之固車爲主焉【上九・陳公 12—13】

君王喜之，焉命陳公恇寺＝。陳公恇【上

九・陳公 14】

陳淏 110

盟陳和與陳淏於溋門之外【清二・繫年 123】

使人於齊陳淏求師【清二・繫年 137】

陳和 109

盟陳和與陳淏於溋門之外【清二・繫年 123】

陳恒 109

陳恒弒其君【定州・論語 387—388・憲問】

陳成子弒蕑公【定州・論語 387・憲問】

陳疾目 110

陳疾目率車千乘【清二・繫年 137】

陳塵子牛 109

齊人且有陳塵子牛之禍【清二・繫年 122】

陳亢 130

［陳］亢問於伯魚曰【定州・論語 495・季氏】

陳子禽謂子貢【定州・論語 593・子張】

陳靈公 255

夏徵舒弑陳靈公【阜陽牘・春秋】

陳公子徵余殺其君靁公【清二・繫年 75】

陳司敗 255

陳司敗問：昭公知禮乎【定州・論語 177・述而】

陳眚 170

辶命尹陳眚爲視日【上四・昭王 3】

辶命尹不爲之告【上四・昭王 4】

辶命尹爲之告【上四・昭王 4】

陳宣公 254

取邺以贛陳侯【清二・繫年 30】

陳異 110

齊客陳異致福於王之歲【新蔡・甲三 20】

陳豫 110

齊客陳豫賀王之歲【包山 7】

陳軫 113

謂陳軫曰【馬王堆・戰國 237】

陳軫曰【馬王堆・戰國 240】

召陳軫而告之【馬王堆・戰國 258】

此必陳軫之謀也【馬王堆・戰國 268】

過聽於陳軫【馬王堆・戰國 271】

成公乾 167

埅公軌遇【上六・王子 1】

埅公起【上六・王子 2】

王子問埅公【上六・王子 5】

埅公答曰【上六・王子 5】

［成］公乾曰【阜陽・春秋 9】
成公乾【阜陽・春秋 54】

成孫弋　　135

城孫弋見【郭店・魯穆 2】
城孫弋曰【郭店・魯穆 4】

成陽君　　203

身率梁王與成陽君北面而朝奉陽君於邯鄲【馬王堆・戰國 68】

成鱄　　200

趙簡子問於成剸曰【清七・趙簡 5】
成剸答曰【清七・趙簡 5、7】

蚩尤　　22

●多見。
蚩蚘作兵【上五・鬼神 7】
蚩又旗【馬王堆・天文 6・40】
尤又之旌【馬王堆・天文 6・10】
黄帝身遇之尤【馬王堆・十六經 27 上】
名曰之尤之旍【馬王堆・十六經 27 下】
五日寺蠘【馬王堆・陰甲・上朔 1 上】

赤狄王留吁　　93

赤鄱王峁虐起師伐衛【清二・繫年 19】

赤庸　　25

願稱王喬、赤庸之道【北四・反淫 1】

楚成王　　150

楚成王率諸侯以圍宋伐齊【清二・繫年 41】
楚成王有命尹子文【清三・良臣 5】
城王爲城濮之行【上九・成甲 1】
至成王自都郢徙襲湫郢【清一・楚居 9】
是生堵囂及成王【清二・繫年 29】
楚王舍圍歸【清二・繫年 42】

楚悼王　　179

聖王、悼王既賽禱【望山 1－88】
聖逗王、悼王各佩玉一環【望山 1－109】
聖王、悼王、東邧公各戠牛【望山 1－110】
［悼］折王各戠牛【望山 1－112】
上與悼折王之威【夕陽坡 2】
至悼折王猶居鄘郢【清一・楚居 16】
劮折王即位【清二・繫年 127】

楚共王　　161

楚恭王有郘州利【清三・良臣 11】
楚龍王立七年【清二・繫年 85】
至龏王、康王、乳子王皆居爲郢【清一・楚居 11】
龏王即位【清二・繫年 77】
龍王使芸公聘於晉【清二・繫年 86—87】
龏王使王子晨聘於晉【清二・繫年 87—88】
龏王亦率師圍鄭【清二・繫年 90】

楚柬大王　　173

楚柬大王立七年【清二・繫年 114】
祈福於柬大王【新蔡・甲一 21】
舉禱柬大王【望山 1－10】

歸佩玉一環柬大王【望山 1－28】

歸玉柬大王【望山 1－106】

歸玉於柬[大王]【望山 1－107】

賽禱於柬大[王]【望山 1－108】

柬大王泊旱【上四・柬大 1】

柬大王自疆郢徙居藍郢【清一・楚居 15】

王大子以邦復於湫郢【清一・楚居 14】

王大子自湫郢徙居疆郢【清一・楚居 14—15】

楚景平王　　166

賡於競坪王【新蔡・甲三 69】

脠祭競坪王以逾至吝君【新蔡・甲三 201】

競坪王大牢【新蔡・甲三 209】

競坪王就奠壽【上六・鄭壽 1】

競坪王命王子木迈城父【上六・王子 1】

競坪王即世【清二・繫年 82 　100、104】

競坪王即位【清一・楚居 12 　81、99 　104】

楚平王令曰【睡虎地漢簡】

昔者楚平王殺臣父【睡虎地漢簡】

平王乃令人召五子尚【睡虎地漢簡】

楚康王　　163

楚康王立十又四年【清二・繫年 96】

至龏王、康王、乳子王皆居爲郢【清一・楚居 11】

康王即世【清二・繫年 97】

楚靈王　　164

楚霝王立【清二・繫年 104】

先君霝王幹溪云薾【上七・君甲 9;君乙 9】

霝王既立【上九・靈王 1】

至霝王自爲郢徙居秦溪之上【清一・楚居 11】

以至霝₌王₌伐吴【清二・繫年 80】

霝王即世【清二・繫年 80】

以至霝王【清二・繫年 80】

霝王爲令尹【清二・繫年 97】

霝王即位【清二・繫年 98】

霝王先起兵【清二・繫年 98】

霝王見禍【清二・繫年 99】

靈王[會]諸侯【阜陽牘・春秋】

王子回奪之【上六・莊王 5】

王子回立爲王【上六・莊王 5】

令尹會趙文子及諸侯之大夫【清二・繫年 97】

楚穆王　　158

楚穆王立八年【清二・繫年 56】

至穆王自睽郢徙襲爲郢【清一・楚居 10】

穆王使驅孟渚之麋【清二・繫年 57】

穆王即世【清二・繫年 58】

楚聲王　　179

楚聖趄王即位【清二・繫年 119】

楚聖趄王立四年【清二・繫年 126】

册告自吝王以就聖趄王【新蔡・甲三 137】

舉禱柬大王、聖[逗王]【望山 1－10】

聖逗王、悤王各佩玉一環【望山 1－109】

聖王、悤王既賽禱【望山 1－88】

聖王、悳王、東邸公各戠牛【望山1－110】

聖王【望山1－111】

聖王即世【清二・繫年127】

王大子以邦居鄘郢【清一・楚居15】

王子晨(楚)　　162

共王使王子晨聘於晉【清二・繫年87—88】

楚威王　　182

愄王偖室【包山173、192】

愄王殔【包山166】

愄王之殔人【包山172】

愄王殔人【包山183】

楚文王　　156

楚文王以啓于漢陽【清二・繫年12】

乃使人于楚文王曰【清二・繫年24—25】

册告自吝王以就聖趄王【新蔡・甲三137】

訓至文王以逾【新蔡・甲三5】

至文王自疆郢徙居湫郢【清一・楚居8】

文王起師伐賽【清二・繫年25】

文王敗之於莘【清二・繫年26】

文王爲客於賽【清二・繫年26】

蔡侯以文王飲酒【清二・繫年26—27】

亦告文王曰【清二・繫年27】

文王命見之【清二・繫年27—28】

文王以北啓出方城【清二・繫年29】

先君文[王]【上九・陳公2】

楚武王　　155

自酓鹿以就武王【包山246】

先君武王與鄖人戰於蒲騷【上九・陳公2】

至武王酓䱷自宵徙居免【清一・楚居7】

楚獻惠王　　172

祈福於獻惠王【新蔡・甲一21】

至獻惠王自媺郢徙襲爲郢【清一・楚居13】

獻惠王立十又一年【清二・繫年106】

有祟見於惠王【新蔡・甲三213】

就禱卲王、惠王【新蔡・乙四12】

楚宣王　　182

宣王之殔市之客【包山58】

宣王殔市客【包山191】

楚昭王　　169

楚卲王侵伊、洛以復方城之師【清二・繫年102】

楚䣊王有命尹子西【清三・良臣5—6】

有祟見於卲王【新蔡・甲一5】

祈福於卲王【新蔡・甲一21】

賡於競坪王、卲王【新蔡・甲三69】

祭卲王大牢【新蔡・甲三212、199—3】

舉禱於卲王【新蔡・乙一29、30】

就禱卲王【新蔡・乙四12】

罷禱於卲王【包山203】

罷禱於卲王【包山205】

賽禱卲王【包山214】

舉禱卲王【包山243】

邵王爲室於死沍之游【上四・昭王 1】
邵王迈逃珤【上四・昭王 5—6】
就邵王之亡【上九・邦人 2】
至邵王自秦溪之上徙居㜽郢【清一・楚居 12】
邵王即位【清二・繫年 82—83、100、104—105】
邵王歸隨【清二・繫年 83—84】
邵王焉復邦【清二・繫年 84】
邵王既復邦【清二・繫年 106】
邵王即世【清二・繫年 106】
昭王垂泣以辭其民曰【北三・周訓 54】
謂昭王曰【北三・周訓 58】
以從昭王【北三・周訓 58】
昭王有失郢之行【北三・周訓 61】
其後子曰昭公【睡虎地漢簡】
昭公率千人以亡【睡虎地漢簡】
昭公乃令人告五子胥【睡虎地漢簡】

楚莊王 158

楚臧王立十又四年【清二・繫年 61】
楚臧王立【清二・繫年 74】
楚莊王問孫叔嚚曰【銀二 1418・論政・君臣】
楚莊王【阜陽牘・春秋】
遇楚臧也【郭店・窮達 8】
荕莊王欲伐陳【馬王堆・繆和 68 上】
秦䍜公、荕莊、晉文、齊桓是也【馬王堆・繆和 18 上】
荕王聞之【馬王堆・繆和 64 上】
臧王既成【上六・莊王 1 背】
臧王既成無射【上六・莊王 1】
臧王迈河雝之行【上六・王子 3】
臧王就大夫而與之言【上七・鄭甲 1】
臧王就大夫而與之言【上七・鄭乙 1】
至臧王徙襲樊郢【清一・楚居 10】
臧王即位【清二・繫年 58】
臧王率師圍宋九月【清二・繫年 59】
臧王遂加鄭亂【清二・繫年 61】
[臧]王圍鄭三月【清二・繫年 63】
臧王遂北【清二・繫年 63】
臧王立十又五年【清二・繫年 74】
臧王率師圍陳【清二・繫年 75】
臧王即世【清二・繫年 77】
莊王【阜陽牘・春秋】

篚 39

循鲧、禹、皋陶、羿、篚之巧【北大秦・魯久次 10】

春申君 185

謂春申君曰【馬王堆・戰國 248】

淳于髡 110

敦于髡【北四・反淫 44】

崔杼 105

齊蓑芋殺其君莊公【清二・繫年 95】
崔子舍之【定州・儒家十九】
崔杼果弒壯公【銀一 592・晏子】
晏子立於崔子之門【銀一 592・晏子】
崔子曰【銀一 595・晏子】

D

大司馬𢛁髓以將楚邦之師徒以救郙之歲【包山245】

大司馬𢛁髓將楚邦之師徒以救郙之歲【包山226】

糴之茷　　196

景公使翟之伐聘於楚【清二・繫年87】

地典　　20

地典【銀二1105背・論政・地典】

黄帝召地典而問焉【銀二1108・論政・地典】

地典對曰【銀二1108・論政・地典】

地典曰【銀二1138・論政・地典】

帝乙　　62

帝乙歸妹【馬王堆・周易37下】

帝允　　30

帝身乃爲日月之行【楚帛甲】

東門襄仲　　118

東門襄中殺嫡而佯以［君］命召惠［伯］【馬王堆・春秋20】

東門襄中殺而埋□路□□中【馬王堆・春秋27】

東野　　136

昔衛士東壬之駕也【銀一534・晏子】

犢主　　206

犢主、澤鳴，晉國之賢【定州・儒家十一】

堵敖　　156

至𡋾嚚自福丘徙襲鄀郢【清一・楚居9】

是生𡋾嚚及成王【清二・繫年29】

堵之俞彌　　229

君如由彼孔叔、逵之夷、帀之佢鹿、𡋾之俞彌【清六・鄭甲11；鄭乙10】

杜伯　　226

鄭桓公與周之遺老：土白【清三・良臣9】

杜逝　　232

乃有坵謷【清六・子產21】

子產之師：土䛒【清三・良臣10】

杜子　　215

魏襄王問杜子爲國……【銀二1426・論政・君臣】

杜子曰【銀二1432・論政・君臣】

段干木　　213

過段干木之閭而軾【馬王堆・繆和59下】

段干木富乎［義］【馬王堆・繆和60上】

段干木富乎德【馬王堆・繆和60上】

F

樊遲　　130

樊遲問智【定州・論語129・雍也】

范皋　　262

……人於罊桑而擒氾皋也。【銀一453・

孫臏】

范蠡 247

雩王勾踐有軦羅【清三・良臣 7】

畀以授軦羅【清七・越公 54】

乃命軦羅、太甬大歷越民【清七・越公 61】

鴟夷子皮【阜陽・春秋 12、15】

范武子 194

王命屈木問軦武子之行焉【上六・景公 4】

左行蔑與隰會召襄公之弟雍也于秦【清二・繫年 51】

左行蔑、隰會不敢歸【清二・繫年 54】

隰會率師【清二・繫年 66】

晉獻公欲得遹會也【馬王堆・春秋 28】

殆□□遹會也【馬王堆・春秋 29】

魏州餘果與隋會出【馬王堆・春秋 29】

范戊 182

軦戊曰【上七・君甲 1;君乙 1】

軦乘【上七・君甲 2;君乙 2】

軦乘曰【上七・君甲 2;君乙 2】

范獻子 201

軦獻子進諫曰【清七・趙簡 1】

方惟 56

方惟聞之乃箴【清五・湯丘 4】

方惟曰【清五・湯丘 9】

飛廉 78

飛曆東逃于商盍氏【清二・繫年 14】

殺飛曆【清二・繫年 14】

肥叔 262

肥罟曰【上九・卜書 1】

肥中 231

乃有肥中【清六・子産 21】

子産之師：肥中【清三・良臣 10】

馮去疾 224

御史丞去疾【里耶一 8－159】

御史丞臣去疾【里耶二 9－644】

丞相斯、御史臣去疾昧死頓首言曰【北三・趙正 15】

奉陽君 210

奉陽君盡以爲臣罪【馬王堆・戰國 13】

奉陽君使周納告寡人曰【馬王堆・戰國 16】

●本篇“奉陽君”多見。

筭有私議【馬王堆・戰國 105—106】

不棄筭而返矕也【馬王堆・戰國 107】

令秦與筦【馬王堆・戰國 3】

王又使周濕、長駟重命挩，挩也敬受命【馬王堆・戰國 105】

佛肸 206

［佛］脇召【定州・論語 512・陽貨】

墉遅氏　　29

墉遅是之有天下也【上二・容成 1】

郙令尹　　258

屈嘄與郙命尹戰於塊【上九・陳公 3】

夫差　　243

夫秦王即位【清二・繫年 110】

以與夫秦王相見于黄池【清二・繫年 110】

而勉毋效其置夫跍也【北三・周訓 67—68】

吴王夫嗟攻［荆］【馬王堆・繆和 62 上】

伏羲　　25

曰故有□龕雹虘【楚帛甲】

古者［□聿］戲是之王天下也【馬王堆・繫辭 32 下】

□聿戲是没【馬王堆・繫辭 33 下】

勝大罿【馬王堆・刑德丙・天地陰陽 4】

乙卯大罿【馬王堆・刑德甲・小游圖;刑德乙・小游圖】

辛酉大罿【馬王堆・刑德乙・小游圖】

其帝大浩【馬王堆・五星占 1 上】

東方昊【孔家坡 436 壹】

青啻主歲【孔家坡 427 貳】

扶蘇　　225

即殺其兄夫胥、中尉恬【北三・趙正 16—17】

殺其兄夫胥、中尉恬【北三・趙正 26—27】

傅説　　59

高宗命仪鳶熼之以祭【上五・競建 4+3】

尃敚之命【清三・説上 7 背;説中 7 背;説下 10 背】

武丁有坟鴝【清三・良臣 2】

唯殷王賜敚于天【清三・説上 1】

●本篇“敚”多見。

富之支　　235

子産之輔：窗之庋【清三・良臣 10】

乃設六輔：佸之支【清六・子産 22】

G

甘固　　94

周客監匿逅楚之歲【包山 120】

甘匿之歲【包山 90】

甘固之爨月【包山 125】

高厚　　103

齊高厚自師逃歸【清二・繫年 91—92】

高陵君　　221

如經陽君,如高陵君【馬王堆・戰國 217】

高子　　107

高子、或子答曰【上六・景公 3】

若其告高子【上六・景公 3】

高子問晏子【銀一 611・晏子】

高之渠彌　　228

其大夫高之巨爾殺卲公而立其弟子眉壽【清二・繫年 11】

車轄高之巨爾【清二・繫年 12】

高之固　103

且召高之固曰【清二・繫年 66】

高之固至莆池【清二・繫年 69】

皋陶　40

咎采内用五刑【郭店・唐虞 12】

叴繇卒胳褐【郭店・窮達 3】

少命咎繇下爲之卿事【清五・厚父 2】

禹有咎囡【清三・良臣 1—2】

乃立咎埪以爲理【上二・容成 29】

咎埪既已受命【上二・容成 29】

見叴咎之賢也【上二・容成 33—34】

叴秀乃五讓以天下之賢者【上二・容成 34】

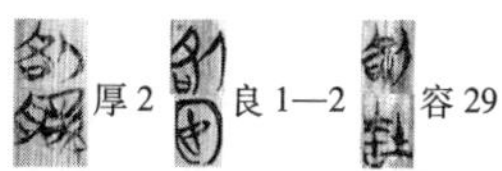

皋陶出令【放馬灘・日乙 266】

皋陶所出【放馬灘・日乙 284、285】

睪匋【北大秦・魯久次 10】

夸陆【王家臺・歸藏】

葛戲含　133

萦戲含語肥也以處邦家之術【上五・季庚 8】

且夫戲含之先人【上五・季庚 14】

共夫人　162

龏夫人之大夫【包山 41、48、188】

龏之脽　171

龏之脽馭王【上四・昭王 6】

龏之脽披之【上四・昭王 7】

王命龏之脽毋見【上四・昭王 7—8】

焉命龏之脽見【上四・昭王 10】

脽⺌趣君王【上四・昭王 6】

僕見脽之寒也【上四・昭王 8】

今君王或命脽毋見【上四・昭王 8—9】

大尹之言脽【上四・昭王 9】

脽既與吾同車【上四・昭王 10】

公孟子高　131

公孟子高見顓孫子莫【阜陽牘・儒家】

公山不擾　133

［公］山不擾以費畔【定州・論語 507・陽貨】

公孫朝　137

［衛公孫］朝問於子貢曰【定州・論語 587・子張】

公孫鞅　220

秦客公孫紻問王於蒧郢之歲【天星觀 12－1;13－1、14、57】

秦客公孫［紻］聘於楚之歲【秦家嘴 M99－15】

公孫央功臣也【馬王堆・戰國 249—250】

公孫鞅之欺魏卬也，公孫鞅之罪也【馬

王堆・戰國 184】

秦孝王死,公孫鞅殺【馬王堆・戰國 249】

公西華　130

公西華曰【定州・論語 184・述而】

子路曾晳冉有公西華侍坐【定州・論語 297・先進】

赤也何如【定州・論語 84・公冶長】

赤之適齊也【定州・論語 112・雍也】

赤也惑【定州・論語 288・先進】

雖赤則非國耶【定州・論語 308—309・先進】

赤也爲之小【定州・論語 309・先進】

公襄目人　120

其宰公襄目人曰【馬王堆・春秋 21】

其宰公襄貿人曰【馬王堆・春秋 21】

公玉丹　113

公玉丹之趙致蒙【馬王堆・戰國 35—36】

故冒趙而欲説丹與得【馬王堆・戰國 2】

丹若得也【馬王堆・戰國 18】

公子段　136

獻公使公子段謂寧召子【馬王堆・春秋 54】

公子浮　138

衛公子浮【馬王堆・春秋 54】

君浮【馬王堆・春秋 60】

公子揮　115

公子簞謂隱公曰【馬王堆・春秋 66】

公[子簞]果以其言詐之【馬王堆・春秋 70—71】

公子糾　103

桓公殺公子糾【定州・論語 381・憲問】

昔管夷吾爲公子起射齊桓公【北三・周訓 156—157】

公子彭生　97

齊侯使公子彭生載公【馬王堆・春秋 92—93】

今彭生近君【馬王堆・春秋 94】

彭生其不免[乎]【馬王堆・春秋 95】

彭生必爲説【馬王堆・春秋 96】

豈[及]彭生而能貞之乎【馬王堆・春秋 96】

齊侯果殺彭生以悦魯【馬王堆・春秋 97】

公子慶父　118

慶父材【馬王堆・春秋 87】

公子慶父殺子煩而立公子啓方【馬王堆・春秋 88】

夫共中【馬王堆・春秋 89】

共中使卜奇賊閔公于武諱【馬王堆・春秋 91】

公子牙　119

訊公子牙曰【馬王堆・春秋 87】

公子侑　119

訊公子侑【馬王堆・春秋 87】

公子侑俱入【馬王堆・春秋 88】

而公子侑俱入【馬王堆・春秋 90】

宮之奇　259

且宮之柯在焉【馬王堆・春秋 48】

宮之柯【馬王堆・春秋 51】

共伯和　88

龍白和立【清二・繫年 3】

龏白和歸于宗【清二・繫年 3】

共工氏　28

共攻夸步十日【楚帛甲】

共工以□江□【王家臺・歸藏】

共工　36

伐共工【銀一 251・孫臏】

堯伐共工【銀一 255・孫臏】

共工亡【銀二 2089・占書】

共工徒也【北五・揕輿 72】

視蚩尤共工【馬王堆・十六經 29 上】

共太子　94

龔大子朝【北三・周訓 1】

大子用茲念【北三・周訓 24】

大子以六王五伯之念【北三・周訓 210】

泰子用茲念【北三・周訓 40】

勾踐　245

戉公句戔克吴【清二・繫年 110—111】

雩王句賤有大同【清三・良臣 7】

雫王句戔將惎復吴【清七・越公 26】

雫王句戔焉始作紀五政之律【清七・越公 29】

雫王句戔乃命邊人聚怨【清七・越公 62】

雫王句戔乃以其私卒六千竊涉【清七・越公 67】

郕王句戔乃命諸稽……【慈利楚簡】

郕王句戔將欲……【慈利楚簡】

戉王句賤困於［會稽］【馬王堆・繆和 6 上】

越王句賤既已克吴【馬王堆・繆和 63 下】

昔越王敂賤過闔廬之丘【北三・周訓 194】

昔越王句賤有疾【北三・周訓 66】

亦使句殘繼燎於雫邦【清七・越公 5—6】

勿使句殘繼燎於雫邦巳【清七・越公 7】

以觀句殘之以此八千人者死也【清七・越公 8】

犮畏句戔【清七・越公 58】

句戔弗許【清七・越公 71】

句［戔］【清七・越公 72】

句戔不許吴成【清七・越公 72】

句戔不敢弗受【清七・越公 72—73】

句淺棲會稽【馬王堆・戰國 213】

越王曰【馬王堆・繆和 65 下】

狗老　58

狗老問于彭祖曰【上三・彭祖 1】

狗老曰【上三・彭祖 3】

狗老二拜稽首【上三・彭祖8】

帝磐庚問於耇老曰【馬王堆・十問60】

耇老答曰【馬王堆・十問61】

耇老接陰食神氣之道【馬王堆・十問64—65】

姑成家父　196

姑成豕父事剌公【上五・姑成1】

姑成豕父以其族三郤正百豫【上五・姑成1】

●本篇"姑成豕父"多見。

瞽叟　41

古者虞舜篤事宖寞【郭店・唐虞9】

故其爲宖寞子也甚孝【郭店・唐虞24】

有虞氏之樂正宫䆾之子也【上二・子羔1】

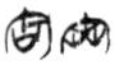

關龍逢　49

關龍逢、王子比干、五子[胥、介]子隼是也【馬王堆・繆和49上】

觀無畏　183

觀無愄【上八・王居1正】

無愄【上八・志書2】

管叔　80

官弔及其群兄弟【清一・金縢7】

管仲　98

关寺虗拘囚梏縛【郭店・窮達6】

齊桓公有龠寺虗【清三・良臣6】

而知其莫能及管夷吾也【北三・周訓157—158】

昔管夷吾爲公子赳射齊桓公【北三・周訓156—157】

於是召管夷吾於魯而授之相【北三・周訓158】

夷吾之罪大矣【北三・周訓158—159】

齊趄公問於筦中曰【清六・管仲1】

且筦中有言曰【上五・季庚4】

筦中答曰【清六・管仲1】

筦中曰【清六・管仲30】

管中之器小哉【定州・論語58・八佾】

管中不死【定州・論語379・憲問】

管中非仁者與【定州・論語381・憲問】

管中善制割【阜陽・春秋71】

於是遂用管中【北三・周訓160—161】

則管中之力也【北三・周訓161—162】

管仲儉乎【定州・論語58・八佾】

桓公謂管仲曰【定州・儒家五】

菅中之力也【定州・論語380・憲問】

據於筦中【馬王堆・繫辭至昭力殘35】

中父【清六・管仲1】

●本篇"中父"多見。

桓公往問中父【阜陽・春秋35】

管子曰【北三・儒家3;銀二1380・論政・君臣】

桓公召管子而問之曰【北三・儒家2—3】

齊桓公問管子曰【銀二1373・論政・君臣】

管子善制割【阜陽・春秋68—69】

綰子之請貴【馬王堆・戰國79】

韓王死【睡虎地·編年記28貳】

韓無　　94

周客韓無［問］王於宋東之歲【秦家嘴M1－1】

韓徐爲　　210

薛公、乾徐爲與王約攻齊【馬王堆·戰國35】

王謂乾徐爲【馬王堆·戰國46】

願王之使趙弘急守徐爲【馬王堆·戰國64】

持我其從徐【馬王堆·戰國3】

非是毋有使於薛公、徐之所【馬王堆·戰國65】

●本篇多見。

韓宣子　　203

晉韓宣子【阜陽牘·春秋】

韓㬥　　112

慮返乾㬥【馬王堆·戰國62】

乾㬥獻書於齊曰【馬王堆·戰國110】

使㬥返【馬王堆·戰國111】

●本篇多見。

韓緅　　203

䡅緅、魏擊率師圍武陽【清二·繫年133—134】

杭丨是　　29

杭丨是……之有天下也【上二·容成1】

河伯　　51

昔微假中于河【清一·保訓8】

乃歸中于河【清一·保訓8】

闔廬　　239

我先君盍［盧］【上七·吴命9】

盍虜入郢【清一·楚居12】

盍虜即世【清二·繫年110】

昔吾先王盍膚所以克入郢邦【清七·越公11】

吴王盍虜乃歸【清二·繫年84】

與吴王盍虜伐楚【清二·繫年109—110】

蓋廬六日不自【銀一211·孫子】

蓋廬【銀一232·孫子、233】

蓋廬問申胥曰【張家山·蓋盧1】

蓋廬曰【銀一192·孫子;張家山·蓋盧9】

令吴闔廬一夜未嘗不三徙臥【北三·周訓59—60】

闔廬無聊【北三·周訓60】

務若闔廬之自令佁也【北三·周訓67】

其孰闔廬【北三·周訓69】

闔廬入地乃十于餘年【北三·周訓72】

而若闔廬朽而已【北三·周訓74】

昔越王勾踐過闔廬之丘【北三·周訓194】

汝試往視闔廬之丘【北三·周訓198】

至于干王之所【北三·周訓59】

吴王光有五之疋【清三·良臣7】

赫胥氏　　17

莕疋是……之有天下也【上二·容成1】

黑要　161

其子墨要也又室少孟【清二·繫年 77】

墨要也死【清二·繫年 77】

弘　140

王之賜使使孫與弘來【馬王堆·戰國 11】

弘夭　66

文王有⿱厷心夭【清三·良臣 2】

如文王之施諸弘夭、散宜生也【馬王堆·五行 176—177】

不得如散宜生、弘夭者也【馬王堆·五行 177】

昔周文王問於閎夭曰【北三·周訓 43】

夭對曰【北三·周訓 44】

侯濡　113

宋竅、侯濡謂臣曰【馬王堆·戰國 56】

厚父　64

厚父【清五·厚父 1】

厚父拜手稽首【清五·厚父 4—5】

欽之哉厚父【清五·厚父 7】

厚父曰【清五·厚父 9】

厚父【清五·厚父 13 背】

后稷　36

后禝治土【郭店·唐虞 10】

句禝之藝地【郭店·尊德 7】

句稷之見貴也【上一·詩論 24】

句稷之母，有郃氏之女也【上二·子羔 12】

是句稷之母也【上二·子羔 13】

乃立句禝以爲田【上二·容成 28】

句禝既已受命【上二·容成 28】

丕惟句禝之受命是永厚【清一·祭公 13】

后畟也【馬王堆·天文後 1·10】

后⿰木畟播耰【馬王堆·十問 77】

后勝　114

齊王建逐殺其故世之忠臣仍后勝之議【北三·趙正 21】

后羿　35

笄作弓弩【銀一 350·孫臏】

羿【北大秦·魯久次 10】

胡公　77

⿱耂古公見太公望於呂隧【上九·舉治 1】

⿱耂古公【上九·舉治 2、3】

胡亥　225

請立子胡亥爲代後【北三·趙正 16】

王死而胡亥立【北三·趙正 16】

秦王胡亥弗聽【北三·趙正 26、38—39、45、48】

而果殺胡亥【北三·趙正 49】

胡亥，所謂不聽諫者也【北三·趙正 49—50】

胡侅自圮【甘肅玉門西漢七棱觚】

華孟子　102

擁芋倗子以馳於倪市【上五·競建 9—10】

華孫元　250

宋右币芋孫元欲勞楚師【清二・繫年56】

以芋孫元爲質【清二・繫年60】

王又使宋右币芋孫元行晉楚之成【清二・繫年88】

華元【阜陽・春秋167】

讙收　43

舜擊讙收【銀一252・孫臏】

桓魋　251

桓魋其如予何【定州・論語165・述而】

黄帝軒轅氏　18

軒緩是……之有天下也【上二・容成1】

不知黄帝顓頊堯舜之道在乎【上七・武王1】

●"黄帝"多見。

黄啻主歲【孔家坡431貳】

黄啻【孔家坡435壹;北大秦・禹九策】

皇句曰【上五・三德10】

皇后屯歷吉凶之常【馬王堆・十六經35上】

皇頡　236

申公子皇耆皇子【上六・申公4】

皇子　237

鄭皇子、子馬、子池、子封子率師以邀楚人【清二・繫年130】

惠夫人　172

惠夫人之文賭【包山167】

會譴　106

割疾與梁丘據言於公曰【上六・景公1】

今内寵有割疾【上六・景公9】

命割疾不敢監祭【上六・景公13】

宦中　226

鄭桓公與周之遺老：宦中【清三・良臣8】

J

箕子　64

箕子【銀一742・六韜】

戮箕子胥餘【銀二1517・論政・聽有五患】

祭公　82

《窣公之顧命》云【上一・緇衣12】

且攙公【清一・祭公1】

攙公拜手稽首【清一・祭公2—3】

我亦惟有若且攙公【清一・祭公7】

攙公之顧命【清一・祭公21】

卦父朕疾惟不瘳【清一・祭公3、9—10】

季騧　69

季潉【定州・論語574・微子】

季桓子　132

季逗子使中弓爲宰【上三・中弓1】

季桓子受之【定州・論語554・微子】

自季宣子賜我【阜陽牘・儒家】

子見季趄【上六・季桓 1】
趄子曰【上六・季桓 2、6、22】
季是使雍也從於宰夫之後【上三・中弓 1+4】
夫季是河東之盛家也【上三・中弓 2】
鼂聞之【上六・季桓 1】
鼂【上六・季桓 3、4】
鼂不佞【上六・季桓 22】

季康子　133
季庚子問於孔子曰【上五・季庚 1】
季康子問【定州・論語 27・爲政】
［季］康子問【定州・論語 114・雍也】
季康子謂子游【阜陽牘・儒家】
孔子見季康子【阜陽牘・儒家】
庚子曰【上五・季庚 2、11、14】
肥從有司之後【上五・季庚 1】
寧㡯肥也【上五・季庚 6】
萦毆含語肥也以處邦家之術【上五・季庚 8】
毋乃肥之問也是左乎【上五・季庚 11】
故如吾子之疏肥也【上五・季庚 11】
魯哀公有季孫【清三・良臣 8】

季隨　69
季隨【定州・論語 574・微子】

季文子　121
季文子三思而後行【定州・論語 100・公冶長】

季子然　134
季子然問【定州・論語 291・先進】

季曾　262
季曾曰【上九・卜書 1】

紀譆　261
紀譆曰【馬王堆・春秋 85】

蹇叔　218
公乃問於邗害【清七・子犯 7】
公乃問於邗害曰：害【清七・子犯 9】
公子重耳問於邗害曰【清七・子犯 13】
邗害答曰【清七・子犯 8、10、14】
猶害是聞遺老之言【清七・子犯 10】

江君奚洫　184
工君奚洫曰【馬王堆・戰國 315、317】

接輿　172
接輿歌而過孔子曰【定州・論語 555・微子】

桀　48
●多見。
傑以人道亂其民【郭店・尊德 5】
傑不易禹民而後亂之【郭店・尊德 5—6】
傑乃逃【上二・容成 40】
亦唯聞夫禹、康、傑、受矣【上四・曹沫 65】

傑、受、幽、萬【上七·君甲8—9;君乙8】
代傑敷佑下方【清五·三壽23—24】
傑之疾【清五·湯丘14】
桀乃逃【上二·容成40】
及桀、受、幽、萬【上五·鬼神2正】
此以桀折於鬲山【上五·鬼神2背】
不當桀、紂【馬王堆·戰國204】
夏桀氏已夫【馬王堆·九主41】
既放夏桀以君天[下]【馬王堆·九主1】
頣句有疾【清三·赤鵠6】
虽王不得其圖【清五·湯丘13】

介之推　　192

關龍逢、王子比干、五子[胥、介]子隼是也【馬王堆·繆和49上】
介子[隼]【阜陽牘·春秋】

晉成公　　195

晉成公會諸侯以救鄭【清二·繫年61—62】
晉成公卒于扈【清二·繫年62】

晉悼公　　199

以至晉悼公【清二·繫年108】
悼公立十又一年【清二·繫年108—109】

晉懷公　　190

惠公焉以其子褱公爲質于秦【清二·繫年35】
褱公自秦逃歸【清二·繫年37】
褱公即位【清二·繫年38】
使襲褱公之室【清二·繫年38】
晉人殺褱公而立文公【清二·繫年38—39】
圉子莅事【北三·周訓80】

晉惠公　　189

晉惠公卒【清二·繫年38】
晉惠公之右【北三·周訓94】
又讒惠公及文公【清二·繫年31—32】
惠公奔于梁【清二·繫年32】
秦穆公乃納惠公于晉【清二·繫年33】
惠公賂秦公曰【清二·繫年33】
惠公既入【清二·繫年34】
秦公率師與惠公戰于韓【清二·繫年34—35】
止惠公以歸【清二·繫年35】
惠公焉以其子褱公爲質于秦【清二·繫年35】
虜惠公以歸【北三·周訓96—97】
夷吾乃代【北三·周訓79】

晉簡公　　200

晉柬公立五年【清二·繫年109】
晉柬公會諸侯【清二·繫年110】
柬公即位【清二·繫年100】
晉公以弱【清二·繫年103】

晉景公　　195

晉競公立八年【清二·繫年66】
齊同公朝于晉競公【清二·繫年72】
晉競公會諸侯以救鄭【清二·繫年85】
晉競公立十又五年【清二·繫年108】
郇之克走援齊侯之帶獻之競公【清二·

晉人殺懷公而立文公【清二・繫年 38—39】
以邀文公【清二・繫年 43】
文公率秦、齊、宋及群戎之師【清二・繫年 43—44】
文君問於咎犯曰【北三・周訓 102】
文君曰【北三・周訓 103、106】
[公子襄]耳自楚迈秦【清七・子犯 1】
公子襄耳問於蹇叔曰【清七・子犯 13】
晉公子重耳亡之曹【阜陽・春秋 91】
及重耳反晉國【阜陽・春秋 95】
重耳乃置【北三・周訓 82】

晉文侯　188

晉文侯戕乃殺惠王于虢【清二・繫年 8】
晉文侯乃逆坪王于少鄂【清二・繫年 9】

晉文子燮　198

楚王子罷會晉文子燮及諸侯之大夫【清二・繫年 88—89】

晉獻公　188

晉獻公之婢妾曰驪姬【清二・繫年 31】
晉獻公欲得適會也【馬王堆・春秋 28】
晉獻[公]欲襲虢【馬王堆・春秋 47】
昔晉獻公有子四人【北三・周訓 77】
獻公卒【清二・繫年 32】
昔吾先君獻公是尻【清七・趙簡 7】
獻公之師襲虢【馬王堆・春秋 52】

晉襄公　193

晉襄公卒【清二・繫年 50】
襄公親率師禦秦師于崤【清二・繫年 47—48】
左行蔑與隨會召襄公之弟癕也于秦【清二・繫年 51】
焉葬襄公【清二・繫年 53】
就吾先君襄公【清七・趙簡 8】

晉幽公　202

晉幽公立四年【清二・繫年 112】

晉昭公　200

卲公、同公皆早世【清二・繫年 99—100】

晉莊平公　199

晉臧坪公即位元年【清二・繫年 91】
晉臧坪公立十又二年【清二・繫年 96】
晉臧坪公即世【清二・繫年 99】
[晉平]公使[叔]鄬聘於吳【阜陽牘・春秋】
晉平公【阜陽牘・春秋】
晉平公問於叔鄬曰【阜陽・春秋 28、33、66】
晉平公過於九原【阜陽・春秋 75】
坪公率師會諸侯【清二・繫年 92】
坪公立五年【清二・繫年 92—93】
坪公率師會諸侯【清二・繫年 94】
就吾先君坪公【清七・趙簡 10】

荆軻　341

燕王喜仍[荆]軻之謀而背秦之約【北三・趙正 20—21】

孔甲　47

弗用先哲王孔甲之典刑【清五・厚父 6】

孔鯉　131

鯉也死【定州・論語 267・先進】

鯉退而學詩也【定州・論語 496—497・季氏】

鯉趨而過庭【定州・論語 497・季氏】

鯉退而學禮【定州・論語 498・季氏】

［陳］亢問於伯魚曰【定州・論語 495・季氏】

子謂伯魚【定州・論語 522・陽貨】

孔叔　228

君如由彼孔胄【清六・鄭甲 11;鄭乙 10】

孔文子　138

孔文子何以謂之文也【定州・論語 92・公冶長】

子贛見文子【阜陽牘・儒家】

孔子　124

●多見。

孔=【上一・詩論 1】

孔=【上二・民之 1】

孔=【上二・民之 8】

孔=【上三・中弓 1】

孔=【上四・相邦 4】

孔=【上八・顔淵 10】

孔=【馬王堆・二三子 1 上】

孔=曰【馬王堆・二三子 12 上】

孔子【上二・民之 1】

孔子【定州・儒家十二】

夫子【上五・君子 1】

孔𡍮【清三・良臣 8】

孔丘【銀一 620・晏子】

丘【北三・儒家 6】

丘【上二・魯邦 3】

𡍮【上五・季庚 9】

𡍮【清八・邦政 12】

中尼【上三・中弓 8】

中尼【定州・儒家十】

中泥【銀一 617・晏子】

匡簡子　251

閒子欲殺陽虎【定州・儒家十二】

困𥃝　258

鄗客困𥃝問王於葴［郢之歲］【望山 1－5】

夔　41

䰠守樂【郭店・唐虞 12】

L

郎莊平君　181

郎臧平君率師侵鄭【清二・繫年 130】

老童　142

［老］童【新蔡・甲三 35】

舉禱楚先老童【新蔡・甲三 188、197】

老童【新蔡・零 429】

連尹襄老　161

連尹襄老與之争【清二・繫年 76】

連尹止於衡澭【清二・繫年 76—77】

梁公弘　172

梁公弘【阜陽・春秋 43】

梁丘據　106

割疾與梁丘虡言於公曰【上六・景公 1】

外=有梁丘㙧【上六・景公 9】

梁丘虡不敢監正【上六・景公 13】

梁由靡　190

［梁由］靡、韓閒午秦公【馬王堆・春秋 6】

晉梁囚靡已扣穆公之左驂矣【北三・周訓 94】

林放　130

［林］放問禮之本【定州・論語 38・八佾】

陵尹子高　177

以告安君與陵尹子高【上四・柬大 7】

陵尹、釐尹皆綯其言以告大宰【上四・柬大 19】

大宰謂陵尹【上四・柬大 20】

陵尹與釐尹【上四・柬大 20—21】

令尹子春　173

葉公子高之子見於命尹子=昚=謂之曰【上八・命 1】

命尹子春猷【上八・王居 5】

令尹子春、司馬子位臨祠【北五・揕輿 63 貳】

命尹曰【上八・命 6、10】

命尹少進於此【上八・王居 2】

命尹答【上八・王居 6】

命尹許諾【上八・王居 7】

殆於屈春【阜陽・春秋 9】

屈春【阜陽・春秋 11】

令尹不敢專其智而委之屈春【阜陽・春秋 13】

故曰歸於屈春乎【阜陽・春秋 13—14】

大莫囂牖爲戰於長城之［歲］【新蔡・甲三 36】

［大］莫囂昜爲、晉師戰於長［城之歲］【新蔡・甲三 296】

大莫𨟻牖爲適郙之春【曾侯 1】

王命莫囂昜爲率師以定公室【清二・繫年 114—115】

王命莫囂昜爲率師侵晉【清二・繫年 116】

令尹子林　176

命尹子林問於大宰子步【上四・柬大 22】

命尹謂大宰【上四・柬大 23】

令尹子重　160

命尹子褈伐鄭【清二・繫年 85】

令尹子文　157

楚成王有命君子薷【清三・良臣 5】

王使子𡕥校子玉【上九・成甲 1】

子𡕥師於【上九・成甲 1】

司寇將見我【上八・子道 4—5】
而司寇不至【上八・子道 5】

魯文公　120
魯文公卒【馬王堆・春秋 20】

魯陽公　181
魯昜公以楚師後城鄭之歲【包山 2】
以乘魯𦞦公之㾜車【曾侯 162】
遊𦞦公之路車三乘【曾侯 195】
遊昜公以楚師後城鄭之歲【包山 4】
遊昜公率師以邀晉人【清二・繫年 129】
遊昜公率師救武陽【清二・繫年 134】
遊昜公【清二・繫年 135】

魯隱公　115
公子籗謂隱公曰【馬王堆・春秋 66】
隱公弗聽【馬王堆・春秋 66】
隱公立以奉孤【馬王堆・春秋 66】
公使人攻隱公【馬王堆・春秋 71】

魯昭公　121
陳司敗問昭公智禮乎【定州・論語 177・述而】

魯莊公　116
魯臧公將爲大鐘【上四・曹沫 1】
魯壯公有疾【馬王堆・春秋 87】
𣸟公又問【上四・曹沫 23】
𣸟公曰【上四・曹沫 40】
臧公曰【上四・曹沫 33】
臧公又問曰【上四・曹沫 55】

鹿　254
申城公𡧍其子鹿未蓄髮【上九・靈王 2】
鹿三徒出【上九・靈王 2】
鹿乘一鞏₌駟【上九・靈王 2】
鹿秉策以歸【上九・靈王 3】
鹿不答【上九・靈王 5】
鹿答曰【上九・靈王 5】
城公與鹿歸【上九・靈王 5】

路石　190
晉惠公之右路石奮殳擊穆公之左袂【北三・周訓 94—95】

禄子耿　78
殺三監而立㝅子耿【清二・繫年 13】
殺㝅子耿【清二・繫年 14】

欒書　198
鑾箸欲作難【上五・姑成 6】
鑾箸乃退【上五・姑成 7—8】
鑾箸弒剌公【上五・姑成 10】

欒盈　199
齊莊公光率師以逐𨞏縕【清二・繫年 93】
𨞏縕出奔齊【清二・繫年 93】
𨞏縕襲巷而不果【清二・繫年 93】
晉人既殺𨞏縕于曲沃【清二・繫年 94】

公孟問之【阜陽牘・儒家】

孟軻　135

孟柯【北四・反淫 43—44】

孟卯　215

走孟卯【馬王堆・戰國 132】

孟武伯　123

武伯問孝【定州・論語 9・爲政】

子武伯問【定州・論語 82・公冶長】

孟懿子　123

孟孫【定州・論語 6・爲政】

孟獻子　121

魯孟獻子聘於晉【阜陽牘・春秋】

孟者昃　122

丘聞之孟者昊曰【上五・季庚 6】

孟之反不伐【定州・論語 123・雍也】

麛皮　212

麿皮歸【馬王堆・戰國 318】

麿皮曰【馬王堆・戰國 319】

麿皮已計之矣【馬王堆・戰國 325】

蔑明　234

子產之輔：蔑明【清三・良臣 10】

乃設六輔：�明【清六・子產 22】

閔子騫　130

閔子騫【定州・論語 261・先進】

孝哉閔子騫【定州・論語 264・先進】

閔子騫曰【定州・論語 276・先進】

閔子[辛聞之]【馬王堆・春秋 36】

閔子辛聞之【馬王堆・春秋 66—67】

閔子辛聞之【馬王堆・春秋 88】

黽子侍則，言言如也【定州・論語 274・先進】

嫫母　41

漠母事舜【北四・妄稽 19】

墨翟　252

墨翟【北四・反淫 44】

牟成杓　38

牟成杓曰【銀二 1305・論政・君臣】

巫成柖以四時爲輔【馬王堆・十問 58】

巫成柖與陰陽皆生。巫成柖與相視【馬王堆・十問 59】

繆和　263

繆和問於先生曰【馬王堆・繆和 1 上】

繆和曰【馬王堆・繆和 1 下—2 上】

翏和問先生曰【馬王堆・繆和 15 上】

N

南河　47

南河【馬王堆・養生方 210】

彭徒　183

彭徒返𨺅關致命【上八・王居1正】

夫彭徒一勞【上八・王居5】

乃命彭徒爲洛辻尹【上八・王居7】

徒自關致命【上八・王居2】

平王　260

平王曰【定州・文子】

平夜悼武君　181

王命坪亦悼武君率師侵晉【清二・繫年133】

王命坪亦悼武君李【清二・繫年137】

坪亦悼武君【清二・繫年135】

平夜君成　181

使坪夜君城𢜬瘳速瘥【新蔡・零189】

爲坪夜君貞【新蔡・甲三246】

爲坪𨞰君卜之【新蔡・零66;甲三234】

爲君坪夜君貞【新蔡・甲三233、190】

少臣成速瘳【新蔡・甲三16】

Q

齊簡公　108

陳成子弒蕑公【定州・論語387・憲問】

齊景公　105

齊競公疥且瘧【上六・景公1】

齊景公問子贛【阜陽牘・儒家】

齊景公飲酒而樂【阜陽牘・春秋】

齊景公問子贛曰【定州・儒家九】

齊景公有馬千駟【定州・論語493・季氏】

競公瘧【上六・景公2背】

景公爲臺【阜陽牘・春秋】

齊靈公　104

且嬰之事蠠公也【銀一612・晏子】

齊威王　110

齊威王問用兵孫子【銀一258正・孫臏】

齊威王【銀二1236・論政・選卒】

文執見齊威王【馬王堆・十問74】

孫子見威王【銀一247・孫臏】

威王曰【銀一259・孫臏;馬王堆・十問76】

威王、宣王以勝諸侯【銀一449・孫臏】

威王問道焉【馬王堆・十問74】

齊王建　114

齊王建逐殺其故世之忠臣仍后勝之議【北三・趙正21】

齊宣王　111

威王、宣王以勝諸侯【銀一449・孫臏】

宣王【銀二1236・論政・選卒】

齊侯貣　109

戉公與齊侯貣【清二・繫年120—121】

遂以齊侯貣……朝周王于周【清二・繫年124—125】

齊侯參乘以入【清二・繫年121】

齊侯盟於晉軍【清二・繫年122—123】

祈父　90

《誎父》之責【上一・詩論9】

起賈　222

謂起賈曰【馬王堆・戰國170】

契　34

禼之母【上二・子羔10】

是禼也【上二・子羔12】

乃立敿以爲樂正【上二・容成30】

敿既受命【上二・容成30】

喬結氏　17

喬結是……之有天下也【上二・容成1】

强得　113

丹若得也【馬王堆・戰國18】

故冒趙而欲説丹與得【馬王堆・戰國2】

今爽也、强得也皆言王之不信薛公【馬王堆・戰國118】

强門大夫　198

告弜₌門₌大₌夫₌曰【上五・姑成9】

弜門大夫率以釋長魚翯【上五・姑成10】

且徙□子　27

乃取䖒遅□子之子曰女填【楚帛甲】

秦惠王　221

惠王死,襄子殺【馬王堆・戰國249】

秦康公　218

秦康公率師以送雍子【清二・繫年54】

秦公以戰于堇陰之故【清二・繫年55】

秦穆公　217

秦穆公乃納惠公于晉【清二・繫年33】

秦穆公以其子妻之【清二・繫年35】

秦穆公乃召文公於楚【清二・繫年37—38】

秦穆公欲與楚人爲好【清二・繫年48】

秦穆公有股大夫【清三・良臣7】

昔秦穆公乘馬而車爲敗【北三・周訓93】

昔秦穆公臨阤谷之水【北三・周訓190】

[秦]繆公□殺里克【馬王堆・春秋1】

終秦繆公之身【銀一303・孫臏】

秦繆公【銀二1405・論政・君臣】

秦翏公、荆莊、晉文、齊桓是也【馬王堆・繆和18上】

遇秦穆【郭店・窮達7】

穆公自往求【北三・周訓93】

已環穆公之車矣【北三・周訓94】

晉梁由靡已扣穆公之左驂矣【北三・周訓94】

晉惠公之右路石奮梃擊穆公之左袂【北三・周訓94—95】

畢爲穆公奮於車下【北三・周訓96】

繆[公]曰【銀二1408・論政・君臣】

惠公賂秦公曰【清二・繫年33】

乃背秦公弗予【清二・繫年34】

秦公率師與惠公戰于韓【清二・繫年34—35】

秦公乃召子犯而問焉【清七・子犯1】

[梁由]靡、韓閒午秦公【馬王堆・春秋6】

屈木　163

［屈］木爲成於宋【上六・景公4】

王命屈木問範武子之行焉【上六・景公4】

命尹子木會趙文子武及諸侯之大夫【清二・繫年96】

屈約　148

至酓繹與屈約【清一・楚居4】

屈甹　183

屈嘐與郙命尹戰於墿【上九・陳公3】

屈原　184

屈原【北四・反淫44】

蘧伯玉　127

巨白玉侍乎子【上五・弟子19】

［蘧］伯玉【定州・論語420・衛靈公】

衛使據柏玉相【馬王堆・繆和70下—71上】

R

冉伯牛　130

伯牛有疾【定州・論語118・雍也】

冉伯［牛］【定州・論語261・先進】

冉有　129

［冉］有【定州・論語262・先進】

子路、曾晳、冉有、公西華侍坐【定州・論語297・先進】

仲由、冉求可謂大臣與【定州・論語291・先進】

而求也爲之聚斂而付益之【定州・論語280・先進】

求也問聞斯行諸【定州・論語287・先進】

求也退【定州・論語288・先進】

增由與求之問【定州・論語292・先進】

由與求也【定州・論語293・先進】

求！爾何如。求也爲【定州・論語301・先進】

雖求也則非國也與【定州・論語308・先進】

冉子與之粟五秉【定州・論語112・雍也】

冉子、子贛，衎衎如也【定州・論語274・先進】

穰侯　222

須賈説穰侯曰【馬王堆・戰國132】

穰侯，舅也【馬王堆・戰國149】

謂穰侯【馬王堆・戰國201】

惠王死，襄子殺【馬王堆・戰國249】

襄子，親姻也【馬王堆・戰國250】

紝巟　57

湯后妻紝巟謂小臣曰【清三・赤鵠2】

紝巟謂小臣曰【清三・赤鵠3】

小臣自堂下授紝巟羹【清三・赤鵠3】

紝巟受小臣而嘗之【清三・赤鵠3－4】

容成氏　16

訟坙氏【上二・容成53背】

容成　20

黃帝問於容成曰【馬王堆・十問23】

容成答曰【馬王堆・十問 24】

乳子王　163

至鄭王、康王、乳=王皆居爲郢【清一・楚居 11】

乳=王即位【清二・繫年 97】

乳=王即世【清二・繫年 98】

孺悲　132

儒悲欲見孔子【定州・論語 537・陽貨】

芮伯　69

文王有郙白【清三・良臣 3】

芮良夫　87

内良夫乃作毖再終【清三・芮良 2】

若嗌　149

使若嗌卜徙於夷屯【清一・楚居 4】

S

賽侯　256

賽=侯亦取妻於陳【清二・繫年 23】

賽侯弗順【清二・繫年 24】

賽侯求救於蔡【清二・繫年 25】

賽侯之妻甚美【清二・繫年 27】

蔡侯知賽侯之誘己也【清二・繫年 27】

賽侯辭【清二・繫年 28】

殺賽侯【清二・繫年 28】

賽爲　257

賽=侯亦取妻於陳，是賽爲【清二・繫年 23】

賽爲將歸于賽【清二・繫年 23】

賽爲乃入于蔡【清二・繫年 24】

取賽爲以歸【清二・繫年 28—29】

散宜生　67

文王有柬宜生【清三・良臣 3】

如文王之施諸閎夭、散宜生也【馬王堆・五行 176—177】

不得如散宜生、弘夭者也【馬王堆・五行 177】

桑丘仲文　231

乃有喪垩中曼【清六・子産 21】

善卷　35

堯問善卷口【銀二 1290・論政・君臣】

堯問於善卷曰【銀二 1291・論政・君臣】

善卷曰【銀二 1292・論政・君臣】

商均　44

舜之所愛子曰商均【北三・周訓 180】

丹朱、商均行義弗好【北三・周訓 183】

召公　72

以卲公……【上一・詩論 15】

……卲公也【上一・詩論 16】

我亦惟有若且周公暨且卲公【清一・祭

公 5—6】
武王有邵公【清三・良臣 4】
昭公昔、周公旦從之【銀二 1514・論政・聽有五患】
召公奭封於燕【馬王堆・戰國 250】
邵公保睪爲夾【清一・耆夜 1—2】
《君奭》云【郭店・緇衣 36】
《君奭》曰【郭店・成之 22】
《君奭》曰【郭店・成之 29】
《君奭》云【上一・緇衣 18】
武王有君奭【清三・良臣 4】

少昊　　28

小睪【馬王堆・刑德甲・小游圖】
其帝少浩【馬王堆・五星占 39 上】
西伐白帝【銀一 174・孫子】
白啻主歲【孔家坡 433 貳】

少河　　47

少河【馬王堆・養生方 216】
少河進答曰【馬王堆・養生方 217】
少河曰【馬王堆・養生方 219】

少連　　259

少連【定州・論語 567・微子】

少盂　　255

是少盂【清二・繫年 74】
奪之少盂【清二・繫年 76】
其子墨要也又室少盂【清二・繫年 77】
司馬子反與申公争少盂【清二・繫年 77—78】
申公竊載少盂以行【清二・繫年 78—79】

少師無極　　168

殺左尹𧊒、少帀亡悬【上六・鄭壽 3】
少帀亡期讒連尹奢而殺之【清二・繫年 81】

申成公　　254

緟坓公㝆其子鹿未蓄髮【上九・靈王 2】
坓公懼其有取焉而逆之京【上九・靈王 4】
坓公與鹿歸【上九・靈王 5】

申䑋　　110

鄦客紳䑋問王於蒧郢之歲【天星觀】
齊客紳䑋之歲【天星觀】

申公屈巫　　253

王命緟公屈晉迈秦求師【清二・繫年 75】
緟公屈晉自晉迈吴【清二・繫年 108】
取其室以予緟公【清二・繫年 76】
司馬子反與緟公争少盂【清二・繫年 77—78】
王命緟公聘於齊【清二・繫年 78】
緟公曰【清二・繫年 78】
司馬不順緟公【清二・繫年 78】
緟公竊載少盂以行【清二・繫年 78—79】

申公叔侯　　253

緟公弔侯知之【清二・繫年 57】

師冕　　132

師絻出【定州・論語 461・衛靈公】

師絻見【定州・論語 460・衛靈公】

師尹　　90

赫赫帀尹【郭店・緇衣 16】

赫赫帀尹【上一・緇衣 9】

師之佢鹿　　229

帀之佢鹿【清六・鄭甲 11;鄭乙 10】

失中　　61

用爲遳宔使人【清三・説上 1】

天乃命説伐遳宔【清三・説上 4】

遳宔是生子【清三・説上 4】

遳宔卜曰【清三・説上 4】

遳宔違卜【清三・説上 5】

説于韋伐遳宔【清三・説上 5】

一家陞宔之自行【清三・説上 6】

施伯　　118

昔沱胋語寡人曰【上四・曹沬 6】

史伯　　225

鄭桓公與周之遺老：史全【清三・良臣 8】

史黑　　207

使史黑……【馬王堆・繆和 70 上—70 下】

史黑曰【馬王堆・繆和 70 下】

史皇　　46

禹有史皇【清三・良臣 1】

史菑　　107

史𠚑曰【上九・史蒥 1、6】

𠚑也古齊邦敝史之子也【上九・史蒥 1】

𠚑曰【上九・史蒥 9】

史鰌　　139

史猷治【張家山・奏讞書 163】

問史猷治獄非是【張家山・奏讞書 163】

史猷曰【張家山・奏讞書 163—164】

史猶曰【張家山・奏讞書 170】

如史猶當【張家山・奏讞書 173】

史鰌有君子之道三【阜陽牘・儒家】

史子突焉【馬王堆・繆和 71 上】

使孫　　140

使田伐若使使孫疾召臣【馬王堆・戰國 8—9】

王之賜使使孫與弘來【馬王堆・戰國 11】

士疌　　87

士疌右伯攝【清八・攝命 32】

士説　　261

士説曰【馬王堆・春秋 42】

士匽　　120

士匽爲魯君犒師【馬王堆・春秋 79—80】

世子　255

世子曰【馬王堆・五行126、128】

壽夢　238

以吴王壽夢相見于虢【清二・繫年109】

叔齊　64

伯夷、叔齊餓而死於雍瀆【上八・成王4】

叔齊【定州・論語493・季氏;568・微子】

叔孫文子　124

叔孫文子【阜陽牘・春秋】

叔向　199

晉文公後有弔向【清三・良臣5】

［晉平］公使［叔］鄉聘於吴【阜陽牘・春秋】

晉平公問於叔鄉曰【阜陽・春秋28、33、66】

叔鄉答曰【阜陽・春秋28、33、61、62、68】

趙文子問於叔鄉曰【阜陽・春秋60】

叔鄉曰【銀一587・晏子】

叔仲惠伯　118

叔中惠伯□□□佐之【馬王堆・春秋20】

東門襄中殺嫡而佯以［君］命召惠［伯］【馬王堆・春秋20】

舒祺　211

老臣賤息訏旗最少【馬王堆・戰國191】

舒子共　180

競之賈與豁子共戳而死【清二・繫年128】

豎　185

臣恐楚王之勤豎之死也【馬王堆・戰國114】

豎之死也【馬王堆・戰國115】

豎之罪固當死【馬王堆・戰國115—116】

王必毋以豎之私怨敗齊之德【馬王堆・戰國117】

前事願王之盡加之於豎也【馬王堆・戰國117】

豎刁　100

又以豎逜與易牙爲相【上五・競建10】

今豎逜【上五・鮑叔5】

豎刁可使爲正乎【阜陽・春秋35】

豎刁自刑【阜陽・春秋35】

亘叔　147

生亘弔、麗季【清一・楚居3】

爽　113

今爽也、强得也皆言王之不信薛公【馬王堆・戰國118】

舜　37

●多見。

叁耕於鬲山【郭店・窮達2】

堯叁之王【郭店・唐虞1】

昔者叁忿大倉〼【上九・舉治10】

堯之相叁【清三・良臣1】

非㬫其孰能當之【馬王堆・繆和38下】

䍃【北大秦·魯久次10】
吴𡘊其人也【郭店·唐虞10】
而吴䍃是置【北三·周訓207】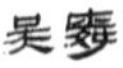
湯吴之道【郭店·唐虞1】

司城子罕　　251
司城子罕之貴子韋也【阜陽·春秋20】

司馬昭叚　　182
司馬昭叚以五月甲辰聚衆於北方【北五·揕輿55貳】

司馬子反　　162
司馬子反與申公争少盂【清二·繫年77—78】
司馬不順申公【清二·繫年78】

司馬子期　　166
楚昭王有司馬子忈【清三·良臣6】
聞令尹、司馬既死【上九·邦人4】

司馬子位　　182
令尹子春、司馬子位臨祠【北五·揕輿63貳】

宋悼公　　252
宋悼公朝于楚【清二·繫年114】
宋𣧑公將會晉公【清二·繫年119】

宋朝　　251
而有宋朝之美【定州·論語125·雍也】

宋昭公(戰國)　　251
越公、宋公敗齊師于襄平【清二·繫年113】

宋公田　　252
宋公畋【清二·繫年124、126】
王率宋公以城榆關【清二·繫年126】

宋竅　　113
今齊王使宋竅謂臣曰【馬王堆·戰國16】
宋竅、侯濡謂臣曰【馬王堆·戰國56】
今[齊]王使宋竅詔臣曰【馬王堆·戰國19】

司城坡　　252
告以宋司𡎸坡之約公室【清二·繫年114】

宋司馬　　250
宋司馬請曰【馬王堆·春秋78】

宋昭公(春秋)　　250
宋公爲左盂【清二·繫年57】
宋公之車暮駕【清二·繫年57—58】
用抶宋公之御【清二·繫年58】

宋玉　　184
宋玉【北四·反淫44】
唐革與宋玉言御襄王前【銀二2113正·唐勒】

蘇厲　　96
臣使蘇厲告楚王曰【馬王堆·戰國115】

上父乃言曰【上九・舉治 16】
武王問於大公䏼曰【上七・武王 11】
大公䏼答曰【上七・武王 11】
大[公]䏼奉丹書以朝【上七・武王 12—13】
耆公見大公室於吕隧【上九・舉治 1】
大公朢封齊【馬王堆・戰國 250】
文王問大公朢曰【銀一 648・六韜】
大公朢曰【銀一 648・六韜】
文王在酆,召大公朢曰【銀一 677・六韜】
昔者周武王舉大公朢【銀二 1514・論政・聽有五患】
大公朢【銀二 1516・論政・聽有五患】
大公南面【上七・武王 13】
大公答曰【上七・武王 13】
文王問大公曰【銀二 1353・論政・君臣】
大公曰【銀二 1355・論政・君臣】
郘室爲藏棘津【郭店・窮達 4】
吕尚坐[茅以]漁【銀一 633・六韜】
吕尚曰【銀一 633・六韜;銀二 1593・論政・富國】
吕牙在□【銀一 153・孫子】

太山之稽　20

大山之稽曰【馬王堆・十六經 22 下、24 下、27 上】

太叔儀　137

大叔儀【馬王堆・春秋 60】

太宰晉侯　176

君王當以問大宰晉侯【上四・柬大 10】
大宰【上四・柬大】
●本篇"大宰"多見。

太宰嚭　245

大宰喜曰【馬王堆・春秋 62】
子贛見大宰喜【馬王堆・春秋 62】

太宰欣　237

奠大宰惞亦起禍於鄭【清二・繫年 131—132】

太宰子步　177

命尹子林問於大宰子步【上四・柬大 22】
大宰【上四・柬大】
●本篇"大宰"多見。

太子共君　189

乃讒大子龍君而殺之【清二・繫年 31】

湯　53

湯乃溥爲征籍【上二・容成 36】
臣以爲湯武復生【馬王堆・戰國 141—142】
唯尹允及康【上一・緇衣 3】
康爲語而受亦爲語【清六・鄭乙 12】
則能貴於墨、湛【上九・史蕾 3】
庚爲語而受亦爲語【清六・鄭甲 13—14】
昔者成湯以神事山川【清七・子犯 11】
氏于成康【清一・保訓 9】
用乂昭后成湯【清五・三壽 23】
湯句妻紝荒謂少臣曰【清三・赤鵠2】

王期　　222

王期見【馬王堆・十問94】

王期答曰【馬王堆・十問95】

王喬　　25

願稱王喬、赤庸之道【北四・反淫1】

王孫賈　　139

王孫賈問曰【定州・論語48・八佾】

王齮　　224

胡不解君之璽以佩蒙㩮、王齮也【馬王堆・戰國276—277】

王子比干　　63

關龍逢、王子比干、五子［胥、介］子隼是也【馬王堆・繆和49上】

殺王子比干【銀二1517・論政・聽有五患】

王子伯願　　231

子産之師：王子白忢【清三・良臣9—10】

乃有王子白忢【清六・子産21】

王子百　　235

乃設六輔：王子百【清六・子産22】

子産之輔：王子全【清三・良臣10】

王子晨(吴)　　243

吴王子晷將起禍於吴【清二・繫年84】

大子辰饋冰八管【馬王堆・繆和62上】

王子定　　261

晉𨛡余率晉師與鄭師以入王子定【清二・繫年129】

陳人焉反而入王子定於陳【清二・繫年136】

不果入王子【清二・繫年129】

王子木　　167

競坪王命王子木迈城父【上六・王子1】

王子曰【上六・王子2、5】

王子問城公【上六・王子5】

楚王子建出守城父【阜陽・春秋53】

王子罷　　163

楚王子波會晉文子燮及諸侯之大夫【清二・繫年88—89】

王子蹶由　　241

執吴王子鱖䌛【清二・繫年80】

王子巧父　　59

王子巧父問彭祖曰【馬王堆・十問48】

王子餘唯　　209

王子餘唯【阜陽・春秋83】

妄稽　　263

妀稽【北四・妄稽】

遠伯嬴　　157

遠白珵猶約【上九・成甲3】

白珵曰【上九·成甲 3+成乙 1、成甲 4】

微　　51

昔岪假中于河【清一·保訓 8】

岪無害【清一·保訓 8】

岪志弗忘【清一·保訓 9】

韋非　　186

寡人與韋非約曰【馬王堆·戰國 102】

韋非以梁王之命【馬王堆·戰國 104】

尾生　　131

信如犀星【馬王堆·戰國 49、50】

衛成公　　136

成公即位【清二·繫年 21】

衛戴公　　135

立悳公申【清二·繫年 20】

聲公卒【清二·繫年 20】

衛侯虔　　136

衛侯虔【清二·繫年 124—125】

衛靈公　　138

孔子見衛靈公【阜陽牘·儒家】

衛靈公【阜陽牘·春秋】

子言衛靈[公]【定州·論語 384·憲問】

衛靈公問陳於孔[子]【定州·論語 412·衛靈公】

衛叔封　　80

乃先建衛弔坴于康丘【清二·繫年 18】

《康誥》曰【郭店·成之 38】

《康誥》云【郭店·緇衣 28；上一·緇衣 15】

康侯用錫馬蕃庶【馬王堆·周易 71 上】

康侯用錫馬蕃【馬王堆·二三子問 11 下】

衛文公　　136

公子啓方奔齊【清二·繫年 20】

……公子啓方焉【清二·繫年 21】

是文公【清二·繫年 21】

文公即世【清二·繫年 21】

衛幽侯　　135

幽侯滅焉【清二·繫年 19】

衛獻公　　137

衛獻公出亡【馬王堆·春秋 54】

獻公使公子段謂寧召子【馬王堆·春秋 54】

魏惠王　　214

惠王伐趙【馬王堆·戰國 133】

魏擊　　213

翺虔、趙蘆、愄繫率師與戉公殹伐齊【清二·繫年 119—120】

翺緅、愄繐率師圍武陽【清二·繫年 133—134】

曰擊【北三·周訓 124】

而封般於中山【北三・周訓 125】

中山之君慧而孝以慈仁【北三・周訓 125—126】

魏頎 213

曰頎【北三・周訓 124】

而頎也愛【北三・周訓 124】

以頎爲後【北三・周訓 124—125】

長孺子頎愚而不能聽親【北三・周訓 125】

魏文侯 212

晉魯文侯臾從晉師【清二・繫年 121】

晉魯臾、趙夾、軌啓章率師圍黄池【清二・繫年 115】

魯臾、趙夾、軌啓章率師救赤岸【清二・繫年 116—117】

魏文[侯聞]之【馬王堆・繆和 59 下】

魏文侯與大夫飲【阜陽牘・春秋】

魏文侯與田子[方]語【阜陽牘・春秋】

昔魏文侯有子二人【北三・周訓 124】

文侯曰【北三・周訓 126;馬王堆・繆和 60 上】

今也文侯尊賢【馬王堆・繆和 61 上】

魏襄王 214

魏襄王問杜子【銀二 1425・論政・君臣】

唐革與宋玉言御襄王前【銀二 2113 正・唐勒】

襄王曰【銀二 1429・論政・君臣】

魏卬 214

公孫鞅之欺魏卬也,公孫鞅之罪也【馬王堆・戰國 184】

魏州餘 195

魏州餘請召之【馬王堆・春秋 28】

魏州餘來也【馬王堆・春秋 29】

委州餘果與隋會出【馬王堆・春秋 29】

魏州餘【馬王堆・春秋 31】

文姜 115

亘公以皆文羌【馬王堆・春秋 92】

魯亘公與文羌會齊侯于樂【馬王堆・春秋 92】

文羌通于齊侯【馬王堆・春秋 92】

文羌以告齊侯【馬王堆・春秋 92】

文摯 111

文執見齊威王【馬王堆・十問 74】

文執答曰【馬王堆・十問 75】

文子 260

文子曰【定州・文子】

巫馬期 131

巫□期【定州・論語 177—178・述而】

巫馬期【定州・論語 179・述而】

巫率 70

晉衡祓大姒【清一・程寤 2】

巫咸 147

晉戊該其脅以楚【清一・楚居 3】

高宗命仪鳶熡之以祭【上五・競建 4+8】

昔高宗祭【上五・競建 2】

高宗觀於匋水之上【清五・三壽 1】

高宗乃問於少壽曰【清五・三壽 1】

高宗乃又問於彭且曰【清五・三壽 5】

高宗乃言曰【清五・三壽 7】

高宗恭懼【清五・三壽 11】

高宗又問於彭且曰【清五・三壽 24】

唯謍王賜敓于天【清三・説上 1】

遇武丁也【郭店・窮達 4】

武丁朝于門【清三・説中 1】

武丁曰【清三・説中 2】

武丁有𢦒鴅【清三・良臣 2】

武夫人　　227

武夫人規乳子【清六・鄭武 1】

婺光　　57

婺光曰【銀二 1320・論政・君臣】

X

西大母　　52

西大母以丁酉西不反【孔家坡 149 壹反】

西河　　47

西河【馬王堆・養生方 215】

西施　　247

西它【北四・反淫 20】

奚齊　　189

欲其子勳資之爲君也【清二・繫年 31】

乃立勳資【清二・繫年 32】

其大夫里之克乃殺勳資【清二・繫年 32】

系齊先立【北三・周訓 77】

僖負羈　　258

凌負羅之妻謂凌負羅【阜陽・春秋 92】

凌負羅遺之餐【阜陽・春秋 94】

［凌］負羅曰【阜陽・春秋 96】

薳尹高　　176

王以問贅尹高【上四・柬大 8】

贅尹【上四・柬大】

●本篇多見。

相徙　　178

王以告楫㞒與中余【上四・柬大 9】

楫㞒、中余答【上四・柬大 10】

楫㞒、中余與五連少子及寵臣皆逗【上四・柬大 15】

隰朋　　100

級俚與鞀䈞孟從【上五・競建 1】

鞀弔孟與級俚之諫【上五・鮑叔 9】

汲俚答曰【上五・競建 5】

鞀䈞孟與汲俚曰【上五・競建 6+2】

伋俚與鞀䈞孟皆拜【上五・競建 9】

齊桓公有隰朋【清三・良臣 6—7】

習崩善削齊【阜陽・春秋 69】

習崩【阜陽・春秋 71】

郤奇　197

垟奇聞之【上五・姑成 2】

垟奇、垟至、姑成家父立死【上五・姑成 10】

郤至　198

垟奇、垟至、姑成家父立死【上五・姑成 10】

夏后堅　114

夏后堅欲爲先薛公得平陵【馬王堆・戰國 125】

夏曾氏　81

夫頣曾是之道【上八・成王 14】

熊雪子麻　183

酓靁子棶與郙人戰於鄬州【上九・陳公 3】

辛　96

故臣使辛謁去之【馬王堆・戰國 10】

辛公甲　76

辛公謰虘爲位【清一・耆夜 2】

辛梧　221

秦使辛梧據梁【馬王堆・戰國 271—272】

謂辛梧【馬王堆・戰國 272】

弦章　108

絃章入【銀一 624・晏子】

絃章答曰【銀一 625・晏子】

絃章出【銀一 627・晏子】

以賜絃章【銀一 627・晏子】

絃章之廉【銀一 630・晏子】

公曰：章【銀一 624—625・晏子】

章歸【銀一 627・晏子】

弦高　230

鄭之賈人弦高將西市【清二・繫年 46—47】

襄安君　141

王使襄安君東【馬王堆・戰國 32】

襄安君之不歸哭也【馬王堆・戰國 39】

襄疵　214

襄疵弗受也。襄子之過也。【馬王堆・戰國 185】

襄夫人　194

襄而人聞之【清二・繫年 51】

小壽　59

高宗乃問於少壽曰【清五・三壽 1】

少壽答曰【清五・三壽 2】

曉朝　219

曉朝贈之以□【馬王堆・春秋 29】

曉朝曰【馬王堆・春秋 29】

□□謀而曉朝得之【馬王堆・春秋 33】

君殺曉朝【馬王堆・春秋 34】

熊狂　148

至酓怛亦居京宗【清一・楚居 4】

熊渠　150

酓逭徙居發漸【清一・楚居 5】

熊延　151

至酓繟自旁屽徙居喬多【清一・楚居 6】

熊胡　151

至酓朔、酓摯居發漸【清一・楚居 5—6】

熊繹　148

至酓羿與屈紃【清一・楚居 4】

熊勇　151

熊嚴、熊霜、熊雪、熊徇　熊咢　152

至酓甬及酓嚴、酓相及酓雱及酓訓、酓咢及若嚻酓義【清一・楚居 6】

熊驪【阜陽・年表】

熊徇【阜陽・年表】

熊儀　153

酓咢及若嚻酓義【清一・楚居 6】

若嚻酓義徙居鄀【清一・楚居 6—7】

熊只、熊䵹、熊樊　149

熊賜　150

至酓只、酓䵹、酓蘉及酓䞣【清一・楚居 5】

熊摯　151

至酓朔、酓摯居發漸【清一・楚居 5—6】

酓摯徙居旁屽【清一・楚居 6】

熊鹿　154

至宵嚻酓鹿自焚徙居宵【清一・楚居 7】

熊帥　153

至焚冒酓帥自鄀徙居焚【清一・楚居 7】

徐公　257

執郐公【清二・繫年 98】

須賈　215

須賈説穰侯曰【馬王堆・戰國 132】

許緹　94

東周之客譻緹致胙於蔵郢之歲【包山 12】

東周之客譻䋫歸胙於蔵郢之歲【包山 58】

東周客鄦緹歸胙於蔵郢之歲【包山 129】

譻緹【包山 132 反】

東周之客譻緹歸胙於蔵郢之歲【包山 140】

東周客譻緹歸胙於蔵郢之歲【包山 224】

許公佗　258

譻公𪁺出奔晉【清二・繫年 100】

礜公旊居許公於容城【清二·繫年 101】

許蒯　　96

臣將令陳臣、許蒯以韓、梁問之齊【馬王堆·戰國 59—60】

許囚　　36

堯問許囚曰【銀二 1294·論政·君臣】

許囚曰【銀二 1296·論政·君臣】

許尚　　182

許尚以帝諯瑞之法占之【北五·堪輿 59 貳—60 貳、63 貳—64 貳、68、72】

許尚占之【北五·堪輿 50 貳、53 貳、55 貳—56 貳】

洫子　　186

洫子之私也【馬王堆·戰國 115】

薛公　　113

今三晉之敢據薛公與不敢據【馬王堆·戰國 74】

夏后堅欲爲先薛公得平陵【馬王堆·戰國 125】

●本篇"薛公"多見。

穴熊　　143

穴酓遲徙於京宗【清一·楚居 2】

有祟見於空酓【新蔡·乙一 22】

穴酓【新蔡·零 254、162】

穴熊【新蔡·甲三 35】

穴熊【新蔡·零 560、522、554】

舉禱楚先老童、祝融、禮酓【新蔡·甲三 188、197】

舉禱楚先嫙酓【包山 217、237】

嫙酓【望山 1－121】

季繼初降於騩山【清一·楚居 1】

季繼聞其有聘【清一·楚居 2】

荀息　　189

子言晉邦之將荀息、孫軫之於兵也【銀一300·孫臏】

均叔【馬王堆·春秋 47】

Y

燕后　　141

老臣竊以爲媪之愛燕后賢長安君【馬王堆·戰國 193】

媪之送燕后也【馬王堆·戰國 194】

故以爲其愛也不若燕后【馬王堆·戰國 199】

燕惠王　　141

報惠王之恥【馬王堆·戰國 205】

燕王喜　　141

燕王喜仍［荆］軻之謀而背秦之約【北三·趙正 20—21】

燕昭王　　140

成昭襄王之功【馬王堆·戰國 205】

閹冉　　22

黄帝問閹冉曰【馬王堆·十六經 13 下】

閹冉乃上起黄帝曰【馬王堆・十六經 17 上】

顏淵　　126

●多見。

産困作而答曰【上五・君子 1】

審困問於孔子曰【上八・顏淵 1】

審困【上八・顏淵 1】

顏淵後【定州・論語 290・先進】

子夏問中尼［顏］淵之爲人【阜陽牘・儒家】

顏氏之子其庶幾乎【馬王堆・要 10 下】

猶顏子、子路之事孔子也【馬王堆・五行 146】

有顏回者好學【定州・論語 110・雍也】

愇既聞命矣【上八・顏淵 5】

韋【上五・君子 1】

回也其庶乎【定州・論語 282・先進】

炎帝神農氏　　23

新戎是之有天下也【上二・容成 1】

神戎是作【馬王堆・繫辭 33 下】

神戎是没【馬王堆・繫辭 34 上】

神戎戰斧遂【銀一 255・孫臏】

［南伐］赤帝【銀一 172 正・孫子】

赤啻恒以開臨下民而降其殃【睡虎地・日甲 128】

苟無直赤啻臨日【睡虎地・日甲 129】

赤啻恒以開臨下民而降殃【睡虎地・日乙 134】

赤啻【睡虎地・日乙 136】

赤啻産【孔家坡 429 貳】

黄帝伐赤帝【銀一 172 背・孫子】

其帝赤帝【馬王堆・五星占 23 上】

炎帝命祝融以四神降【楚帛甲】

丙午炎帝【馬王堆・刑德甲・小游圖；刑德乙・小游圖】

南方叡帝【孔家坡 436 壹】

延陵季子　　239

壓陸季子其天民也乎【上五・弟子 2】

壓陸季₌其天民也乎【上五・弟子 1】

壓陸季₌矯而弗受【上五・弟子 1】

琰　　49

取其兩女琰、璼【上二・容成 38】

晏弱　　104

齊三嬖大夫南郭子、蔡子、晏子率師以會于斷道【清二・繫年 69—70】

郇之克乃執南郭子、蔡子、晏子以歸【清二・繫年 70】

晏子　　108

晏子【銀一・晏子】

●本篇多見。

晏子【上六・景公 12】

［齊侯］問於晏子曰【阜陽・春秋 1】

晏子曰【定州・儒家十九】

晏子聘於魯【阜陽牘・儒家】

女子夕【上六・景公 3】

公入女子而告之【上六・景公 3】

女子辭【上六・景公 13】

湯曰：天尹【清五・啻門 21】
湯盟質及尹【清一・尹至 4】
執告湯曰【清一・尹誥 2】
湯反復見少臣【清五・湯丘 3—4】

伊陟　56

康有伊陟【清三・良臣 2】

宜信君　216

請使宜信君載先生【馬王堆・戰國 309】

益　39

帝以命嗌齎垔之火【九店 56－38 貳、39 貳】
啓於是乎攻嗌自取【上二・容成 34】
垔於是乎讓嗌【上二・容成 34】
禹有嗌【清三・良臣 1】
膉治火【郭店・唐虞 10】

易牙　101

又以豎刁與䟗䀉爲相【上五・競建 10】
㥯䀉【上五・鮑叔 6】
狄牙調和【北四・反淫 13—14】
易牙缶其子【阜陽・春秋 37】

佚之夷　229

逵之巳【清六・鄭甲 11；鄭乙 10】

尹淖　208

簡子有臣尹淖【阜陽牘・春秋】

嬰子　108

嬰子欲觀之【銀一 532・晏子】
嬰子悦之【銀一 533・晏子、535】

有若　128

問於有若曰。有若曰【定州・論語 314・顔淵】

有易　52

以復又₌易₌服厥罪【清一・保訓 8】

有虞迵　30

又吴迵匡天下之政十又九年而王天下【上二・容成 5】
以讓於又₌吴₌迵₌曰【上二・容成 32】

幼頻　47

禹問幼頻曰。幼頻答曰【馬王堆・胎産書 1】

緹伯　146

爰生緹白、遠中【清一・楚居 2】

雍子　194

左行蔑與隨會召襄公之弟瘫也于秦【清二・繫年 51】
秦康公率師以送瘫子【清二・繫年 54】

虞士　263

虞士【北四・妄稽】
●本篇多見。

圉人犖　119

䣜人犖【馬王堆・春秋 89】

禹　　44

●多見。

𡍮治水【郭店・唐虞 10】

禹有白尼【清三・良臣 1】

遹聞禹【清五・厚父 1】

胥天下而傳之禹【銀一 253・孫臏】

《大𡍮》曰【郭店・成之 33】

淵公　　262

困公占之曰【上九・卜書 7、8】

遠仲　　146

爰生綎白、遠中【清一・楚居 2】

越公毆　　249

翺虔、趙蘆、魏繫率師與戉公毆伐齊【清二・繫年 119—120】

戉公與齊侯貣、魯侯侃盟于魯稷門之外【清二・繫年 120—121】

戉公入饗於魯【清二・繫年 121】

越公株句　　248

趙狗率師與戉公株句伐齊【清二・繫年 112—113】

戉公、宋公敗齊師于襄平【清二・繫年 113】

越濩君嬴　　249

郕濩君嬴將其衆以歸楚之歲【夕陽坡 1】

越令尹宋　　248

趙桓子會[諸]侯之大夫以與戉命尹宋盟于鞏【清二・繫年 111—112】

樂王鮒　　199

[樂]王鮒【阜陽・春秋 80】

樂正子春　　131

樂正子[春]【定州・儒家二十四】

芸公義　　162

鄭人止芸公義【清二・繫年 85】

乃説芸公【清二・繫年 86】

龍王使芸公聘於晉【清二・繫年 86—87】

Z

宰予　　127

窘我問君子【上五・弟子 11】

哀公問主於宰我【定州・論語 55・八佾】

宰我曰【定州・論語 131・雍也】

宰我問【定州・論語 539・陽貨】

宰予晝寢【定州・論語 85・公冶長】

於予與改是【定州・論語 88・公冶長】

余,汝能慎始與終【上五・弟子 11】

臧孫許　　117

魯脂孫譬迈晉求援【清二・繫年 70—71】

臧文仲　　116

牀夏中有言曰【上五・季庚 9】

臧文中其竊立者與【定州・論語 429・

衛靈公】

使臧文中往【阜陽·春秋 150】

臧武仲　　121

若臧武仲之知【定州·論語 373·憲問】

臧武中以房求爲【定州·論語 376·憲問】

繰去疾　　140

王信田代、繰去[疾]之言【馬王堆·戰國 31—32】

竈　　183

竈來告曰【上七·吴命 1】

造父　　85

戚父之御馬【郭店·尊德 7】

遇告古也【郭店·窮達 11】

人謂就父登車攬轡【銀二 2113 正·唐勒】

不能及就父【銀二 2115·唐勒】

而王梁、就父【銀二 2121·唐勒】

澤鳴　　206

犢主、澤鳴,晉國之賢【定州·儒家十一】

曾參　　129

●多見。

假臣孝如増參【馬王堆·戰國 49】

孝如増參【馬王堆·戰國 50】

參得罪夫子【定州·儒家三】

曾折援木擊曾子【定州·儒家三】

曾晳　　129

子路、曾晳、冉有、公西華侍坐【定州·論語 297·先進】

曾折援木擊曾子【定州·儒家三】

點,爾何如【定州·論語 303·先進】

吾與點也【定州·論語 306·先進】

章邯　　224

將軍張邯入夷其國【北三·趙正 49】

今將軍張邯兵居外【北三·趙正 47】

張果　　110

齊客張果問[王]於栽郢之歲【望山 1-1】

張禄　　222

王稽、張禄死【睡虎地·編年記 52 壹】

張射　　263

張射問先生曰【馬王堆·繆和 38 下—39 上】

張庫　　141

齊殺張庫【馬王堆·戰國 34】

庫之死也【馬王堆·戰國 38—39】

張儀　　221

魏王謂韓倗、張羛【馬王堆·戰國 238】

秦逐張羛【馬王堆·戰國 239】

張羛之救魏之辭【馬王堆·戰國 241】

秦、韓之王劫於韓倗、張羛【馬王堆·戰國 246—247】

而[惡張]羛多資矣【馬王堆·戰國 247—

248】

王不若因張羛而和於秦【馬王堆・戰國256—257】

張義【北四・反淫43】

羛以爲魏【馬王堆・戰國241】

羛且以韓、秦之兵東拒齊、宋【馬王堆・戰國242】

羛[將]摶三國之兵【馬王堆・戰國242】

鱓人 22

黄帝之師：鱓人【清三・良臣1】

翟王子羊 108

翟王子羊臣於景公以重駕【銀一532・晏子】

翟王子羊之駕也【銀一533・晏子】

召虎 88

曾孫留虎【清十・四告38】

乃沖孫虎【清十・四告40】

唯虎毅毅【清十・四告45】

昭夫人 171

卲夫人謂魮公子高【上九・邦人5—6】

昭甲 182

昭甲以三月辛卯亡【北五・揕輿50貳】

昭甲以九月戊寅起衆【北五・揕輿53貳】

昭甲得罪【北五・揕輿54貳】

昭力 263

昭力問曰【馬王堆・昭力1上】

昭力問先生曰【馬王堆・昭力12下—13上】

昭陽 184

大司馬卲鄒敗晉師於襄陵之歲【包山103、115】

昭之竢 180

右尹卲之竗死焉【清二・繫年135】

趙伯魯 208

柏魯亡其書【北三・周訓170】

魯也【北三・周訓171】

邯鄲君 210

復命於邯鄲君曰【馬王堆・戰國318】

邯鄲君曰【馬王堆・戰國319】

邯鄲君摇於楚人之許己兵而不肯和【馬王堆・戰國323—324】

趙盾 205

晉靈公欲殺宣孟【北三・周訓115】

●本篇“宣孟”多見。

趙高 224

而免隸臣高以爲郎中令【北三・趙正17】

立高爲郎中令【北三・趙正27】

立高【北三・趙正48】

殺高【北三・趙正49】

趙狗 210

勺狗率師與戉公株句伐齊【清二・繫年

112—113】

趙弘　140

願王之使勺弘急守徐爲【馬王堆・戰國64】

趙桓子　209

灼趞子會[諸]侯之大夫【清二・繫年111—112】

趙浣　209

晉魏斯、灼羗、躲啓章率師圍黄池【清二・繫年115】

魏斯、灼羗、躲啓章率師救赤岸【清二・繫年116—117】

趙簡子　205

盄柬子既受𨞪將軍【清七・趙簡1】

盄柬子問於成剸曰【清七・趙簡5】

盄柬子曰【清七・趙簡6—7】

趙簡子以襄子【阜陽・春秋16】

趙間子欲伐衛【馬王堆・繆和70上】

昔趙間子身書二牘【北三・周訓167】

簡子春築臺【阜陽牘・春秋】

簡子攻衛之附郭【阜陽牘・春秋】

簡子有臣尹淖【阜陽牘・春秋】

間子大怒【馬王堆・繆和70下】

間子曰【北三・周訓171】

間子已終【北三・周訓174】

今我不如趙間鞅【北三・周訓176】

趙烈侯籍　210

躲虔、灼蘆、魏繫率師與戉公殹伐齊【清二・繫年119—120】

趙衰　205

臼犯與趙衰執贄【阜陽・春秋33】

趙衰【馬王堆・繫辭至昭力殘83】

晉文公有子余【清三・良臣5】

子軋子余【清七・子犯1背】

公乃召子余而問焉【清七・子犯3】

子余答曰【清七・子犯4】

公乃召子軋、子余曰【清七・子犯6】

趙太后　211

趙大后規用事【馬王堆・戰國186】

趙王鉅　211

夫趙王鉅殺其良將李微而用顔聚【北三・趙正20】

趙文子武　205

令尹子木會邻文子武及諸侯之大夫【清二・繫年96】

令尹會邻文子及諸侯之大夫【清二・繫年97】

趙文子問於叔鄉曰【阜陽・春秋60】

文子答曰【上六・景公4】

文子曰【阜陽・春秋61】

趙襄子　208

今而雖不能及趙襄子【北三・周訓177】

知伯□韓、魏以□趙襄[子於]晉陽【馬

奠壽辭【上六・鄭壽 2】

奠壽【上六・鄭壽 3】

奠壽告有疾【上六・鄭壽 3—4】

王復見奠₌壽₌出【上六・鄭壽 4】

鄭文公　　228

斉公往問之【清六・鄭甲 1;鄭乙 1】

鄭武公　　226

奠武公亦正東方之諸侯【清二・繫年 10】

奠武公卒【清六・鄭武 1】

武公即世【清二・繫年 10】

世及吾先君武公【清六・鄭甲 7】

世及吾先君武公【清六・鄭乙 6】

鄭余穀　　261

句邦公奠余穀大城邺竝之歲【新蔡・乙一 14】

句邦公鄭[余穀]大城邺竝之歲【新蔡・乙一 32、23、1】

[句]邦公鄭途[穀]【新蔡・零 222】

鄭昭公　　227

卲公即位【清二・繫年 10】

其大夫高之巨爾殺卲公【清二・繫年 11】

世及吾先君卲公【清六・鄭甲 9;鄭乙 8】

鄭莊公　　227

臧公即位【清二・繫年 10】

臧公即世【清二・繫年 10】

世及吾先君臧公【清六・鄭甲 7—8;鄭乙 7】

武夫人規乳₌【清六・鄭武 1】

●本篇“乳₌”多見。

智伯　　201

知伯□韓、魏以□趙襄[子於]晉陽【馬王堆・春秋 14】

是知伯之過也【馬王堆・戰國 154—155】

智柏與襄子飲酒【阜陽・春秋 17】

智赫　　201

智赫曰【馬王堆・春秋 15】

雍人　　170

雍人止之【上四・昭王 1】

雍人弗敢止【上四・昭王 2】

中壽　　59

[高宗又問於]宙壽曰【清五・三壽 4】

宙壽答曰【清五・三壽 4】

中行林父　　191

晉中行林父率師救鄭【清二・繫年 63】

中行文子　　201

文子出亡【阜陽・春秋 47】

文子【阜陽・春秋 50】

中余　　177

王以告榥㞕與中余【上四・柬大 9】

榥㞕、中余與五連少子及寵臣皆逗【上四・柬大 15】

椇𢉼、中余答【上四・柬大10】

中余　180

中盬起禍【清一・楚居16】

仲弓　128

●多見。

季逭子使中弓爲宰【上三・中弓1】

季是使雍也從於宰夫之後【上三・中弓1+4】

雍也可使南面也【定州・論語108・雍也】

仲敬子　220

乃召其嗣中敬子【北三・周訓136】

中敬子曰【北三・周訓138】

故中敬子之所以遂不得爲後者【北三・周訓144】

腫余　202

腫余率晉師與鄭師以入王子定【清二・繫年129】

周成王　77

周成王、周公既遷殷民于洛邑【清二・繫年17】

有惡之於周成王者【北三・周訓154—155】

故周成王所以能遂成其王者【北三・周訓156】

成王既封周公【上八・成王1】

成王曰【上八・成王6】

成王伐商盍【清二・繫年14】

成王屎伐商邑【清二・繫年13—14】

遂佐成王【清三・良臣4】

成王既弗信也【北三・周訓155】

成王問周公旦曰【銀二1370・論政・君臣】

城王之孚【郭店・緇衣13】

城王不敢康【上二・民之8】

城王猶幼【清一・金縢6—7】

城王作儆毖【清三・琴舞1—2】

克夾紹城、康【清一・祭公6】

颺城、康、卲主之烈【清一・祭公8】

發謂庸曰【北三・周訓189】

周春　263

周春【北四・妄稽】

●本篇多見。

周公　94

［周］公勃然作色曰【信陽1－01】

周公曰【信陽1－074】

周公旦　71

●多見。

成王既封周公【上八・成王1】

而積其志以待周公【北三・周訓155】

武王有周公旦【清三・良臣4】

周公旦攝天下之政【定州・儒家七】

周公弔旦爲主【清一・耆夜2】

旦之聞之也【上八・成王3】

不若但也【清一・金縢4】

周惠王　92

周惠王立十又七年【清二・繫年18—19】

周康王　81

克夾紹成、康【清一・祭公 6】

颺成、康、卲主之烈【清一・祭公 8】

周厲王　87

至于厲₌王₌大瘧于周【清二・繫年 2】

乃歸厲王于彘【清二・繫年 3】

厲王生洹王【清二・繫年 3】

則𢾊及受、剌王、幽王【清七・子犯 15】

桀紂幽萬【上五・鬼神 2 正;上七・君甲 8—9;君乙 8】

周納　210

奉陽君使周納告寡人曰【馬王堆・戰國 16】

奉陽君使周納言之【馬王堆・戰國 17】

周納言【馬王堆・戰國 17】

周平王　90

生坪王【清二・繫年 5】

王與白盤逐坪王【清二・繫年 5—6】

圍坪王于西申【清二・繫年 6】

坪王走西申【清二・繫年 6】

晉文侯乃逆坪王于少鄂【清二・繫年 9】

坪王東遷周【清二・繫年 15—16】

周任　90

周任有言曰【定州・論語 464・季氏】

周濕　113

王又使周濕、長駟重命兑【馬王堆・戰國 105】

周威烈王　94

晉公獻齊俘馘於周王【清二・繫年 124】

朝周王于周【清二・繫年 124—125】

周文王　65

朕之皇且周文王、剌且武王【清一・祭公 4】

惟周文王受之【清一・祭公 10】

昔周文王問於閎夭曰【北三・周訓 43】

周文王使伯邑巧【定州・六韜 2264】

遇周文也【郭店・窮達 5】

文王之見也如此【郭店・五行 29】

文王拘於羑里【馬王堆・繆和 6 上】

揚文、武之烈【清一・祭公 8】

肇橐玟【清五・封許 2】

昌謂發曰【北三・周訓 187】

周武王　70

●多見。

周武王既克殷【清二・繫年 13】

夫周武王甚元以智而武以良【清六・管仲 21】

昔者周武王舉大公望【銀二 1514・論政・聽有五患】

武王即位【上二・容成 49】

武王之伐紂【銀一 176・孫子】

揚文、武之烈【清一・祭公 8】

臣以爲湯、武復生【馬王堆・戰國 141—142】

扞輔珷【清五・封許 3】

宗丁祓大子發【清一・程寤 2】

大子發立【北三・周訓 47】

迺尖=鑿取周廷梓【清一・程寤 1】

䟒【清一・保訓 2】

昌謂發曰【北三・周訓 187】

周襄王 93

遂朝周襄王于衡雍【清二・繫年 44】

周攜惠王 90

是嚾惠王【清二・繫年 7】

晉文侯戕乃殺惠王于虢【清二・繫年 8】

邦君諸正乃立幽王之弟舍臣于虢【清二・繫年 7】

周宣王 88

洹王是始弃帝籍弗田【清二・繫年 3—4】

厲王生洹=王=即位【清二・繫年 3】

周昭王 81

朕魂在朕辟卲王之所【清一・祭公 3】

颺壓、康、卲主之烈【清一・祭公 8】

周昭文公 94

周昭文公自身敕之【北三・周訓 1】

周幽王 88

周幽王取妻于西申【清二・繫年 5】

幽王起師【清二・繫年 6】

以攻幽王【清二・繫年 6—7】

邦君諸正乃立幽王之弟余臣于虢【清二・繫年 7】

幽王及白盤乃滅【清二・繫年 7】

則𣟴及受、剌王、幽王【清七・子犯 15】

及學王之身【清六・管仲 23】

若學王者【清六・管仲 23】

及桀、受、學、萬【上五・鬼神 2 正】

傑、受、幽、萬【上七・君甲 8—9;君乙 8】

紂 62

●多見。

受爲亡道【上二・容成 53 正】

夫受爲无道【銀一 725・六韜】

桀綬以取人亡【銀二 1380・論政・君臣】

紂乃无道【馬王堆・要 16 上】

攷敦殷受【清五・封許 3】

及句辛之身【清六・管仲 18】

若句辛者不可以爲君哉【清六・管仲 20】

朱張 259

［朱］張【定州・論語 567・微子】

祝融 142

炎帝乃命祝𩰫以四神降【楚帛甲】

舉禱楚先祝𩰫【新蔡・甲三 188、197】

有祟見於祝𩰫【新蔡・乙一 22】

［祝］𩰫【望山 1－123】（辜）

祝𩰫率火以食於竈【清八・八氣 5】

其丞祝庸【馬王堆・五星占 23 上】

祝庸也【馬王堆・天文後 1・10】

祝融【北一・蒼頡 46】

祝鮀　　139

不有祝鮀之仁【定州・論語 125・雍也】

祝忎　　70

祝忎祓王【清一・程寤 2】

顓孫子莫　　132

公孟子高見顓孫子莫【阜陽牘・儒家】

顓項　　31

不知黄帝、耑瑄、堯、舜之道在乎【上七・武王 1】

諯玉【北大秦・魯久次 10】

帝耑玉既樹【馬王堆・陰甲・殘 4—7】

其帝端玉【馬王堆・五星占 32 上】

壬子湍玉【馬王堆・刑德乙・小游圖】

勝諯玉【馬王堆・刑德丙・天地陰陽 4】

西方耑王【孔家坡 437】

許尚以帝諯瑞之法占之【北五・堪輿 63 貳—64 貳】

顓項【北一・蒼頡 46】

北伐黑帝【銀一 172—173・孫子】

剡啻主歲【孔家坡 435 貳】

高昜曰【上五・三德 9】

高陽【馬王堆・十六經 22 下】

高陽問力黑曰【馬王堆・十六經 29 下—30 上】

北方之啻【放馬灘・日乙 264】

莊但　　263

莊但問於先生曰【馬王堆・繆和 33 上—33 下】

卓子　　189

悼子【清二・繫年 33】

綽子繼之【北三・周訓 78】

子産　　231

●多見。

鄭定公之相有子産【清三・良臣 9】

子産所嗜欲不可知【清六・子産 3】

子産傅於六正【清六・子産 15—16】

子産有君子道四焉【定州・論語 94・公冶長】

子車　　140

其弟子車曰【馬王堆・春秋 7】

子池　　237

鄭皇子、子馬、子沱、子封子率師以邀楚人【清二・繫年 130】

子大叔　　236

奠定公之相有子大弔【清三・良臣 9】

子煩　　119

子煩即位【馬王堆・春秋 88】

公子慶父殺子煩而立公子啓方【馬王堆・春秋 88】

臣以死奉煩也【馬王堆・春秋 87】

子封子　　237

鄭皇子、子馬、子沱、子垟子率師以邀

楚人【清二・繫年 130】

子甫　219

秦異公命子甫、子虎率師救楚【清二・繫年 105】

子羔　128

子羔曰【上二・子羔 1】

子羔問於孔子曰【上二・子羔 9】

子路使子羔【定州・論語 295・先進】

柍也愚【定州・論語 282・先進】

子貢　127

●多見。

遇子贛【上二・魯邦 3】

子贛見大寧喜【馬王堆・春秋 62】

子贛見文子【阜陽牘・儒家】

陳子禽謂子貢【定州・論語 593・子張】

子貢問曰【定州・論語 437・衛靈公】

子贛問君子【定州・論語 18・爲政】

賜，爾聞巷路之言【上二・魯邦 3】

賜不受命【定州・論語 283・先進】

子虎　219

秦異公命子甫、子虎率師救楚【清二・繫年 105】

子家　231

鄭子豪亡【上七・鄭甲 1】

鄭子豪殺其君【上七・鄭甲 1、2】

●本篇“子豪”多見。

子剌　233

乃設六輔：子剌【清六・子産 21】

子産之輔：子剌【清三・良臣 10】

子良　230

鄭人命以子良爲質【上七・鄭甲 5；鄭乙 5】

子路　127

●多見。

子迲往乎子【上五・弟子 19】

子路行【阜陽牘・儒家】

季路問事鬼神【定州・論語 272・先進】

中由【定州・論語 114・雍也】

仲由、冉求可謂大臣與【定州・論語 291・先進】

從我者其由與【定州・論語 80・公冶長】

繇【上五・弟子 17】

子馬　237

鄭皇子、子馬、子池、子封子率師以邀楚人【清二・繫年 130】

子眉壽　227

其大夫高之巨爾殺卲公而立其弟子釁壽【清二・繫年 11】

殺子釁壽【清二・繫年 11—12】

子皮　237

奠定公之相有子皾【清三・良臣 9】

子期　182

焦工尹子期以入國之日客【北五・掑

輿68】

子人成子　229

子人成子既死【清六・鄭甲1】

[子]人成子既死【清六・鄭乙1】

子人子羽　233

子人子羽問於子贛曰【上五・君子11】

子思　134

魯穆公問於子思曰【郭店・魯穆1】

子思曰【郭店・魯穆1、3;阜陽牘・儒家】

向者吾問忠臣於子思【郭店・魯穆3】

非子思【郭店・魯穆7—8】

子韋　251

司城子罕之貴子韋也【阜陽・春秋20】

子韋不從【阜陽・春秋21、23】

子義　262

子義聞之曰【馬王堆・戰國200】

子嬰　225

子嬰進諫曰【北三・趙正18—19、45】

子夏　126

●多見。

子邑問於……【信陽1－36】

[子]邑問於孔子【上二・民之1】

子邑曰【上二・民之5】

子夏問中尼[顔]淵之爲人【阜陽牘・儒家】

善哉商也【上二・民之8】

丘死商益【阜陽牘・儒家】

子陽　238

鄭子旟用滅【清二・繫年132】

子游　129

●多見。

魯司寇寄言游於逡楚【上八・子道4】

子游曰【上五・弟子4】

季康子謂子游【阜陽牘・儒家】

侒【上五・弟子4】

汝也修其德行【上八・子道2】

偃之言是也【定州・論語506・陽貨】

子羽　233

乃設六輔：子羽【清六・子産21】

子産之輔：子羽【清三・良臣10】

子張　128

●多見。

子張問善人之道【定州・論語284・先進】

子張問仁於子【定州・論語509・陽貨】

子之　140

拔故國，殺子之【馬王堆・戰國133】

宗丁　70

宗丁祓大子發【清一・程寤2】

祖己　61

召祖己而問焉【上五・競建 2】

祖己答曰【上五・競建 2】

尊盧氏　16

［尊］膚是……之有天下也【上二・容成 1】

左丘明　122

左丘明佴之【定州・論語 103・公冶長】

左神　22

黄神問於左神曰。左神曰【馬王堆・天下 1】

左師　250

宋有左帀【清三・良臣 7—8】

左師觸龍　211

左師觸龍言願見【馬王堆・戰國 188】

左師觸龍曰【馬王堆・戰國 194】

●多見。

左師虐　252

左帀虐聘於楚之歲【天星觀 15－1】

左史倚相　166

左史倚相曰【馬王堆・繆和 64 上】

左史倚相曰【馬王堆・繆和 65 上】

命之曰倚［相］【馬王堆・繆和 67 上】

左尹宛　167

殺左尹𧓈、少帀亡㥯【上六・鄭壽 3】

左行蔑　191

左行瘦與隨會召襄公之弟瘫也于秦【清二・繫年 51】

左行瘦、隨會不敢歸【清二・繫年 54】

作册任　87

王呼作册任册命伯攝【清八・攝命 32】

作册逸　76

复策䖝爲東堂之客【清一・耆夜 2】

斵斥　232

子産之師：斵斥【清三・良臣 10】

遂丕公　259

遂丕公者天下之亂人也【上五・鬼神 3】

郑公　238

止郑公涉絅以歸【清二・繫年 133】

附録：楚文書簡普通人名及疑難字集釋

説明

1. 附録選取楚文書簡中的普通人名,包括仰天湖、夕陽坡、江陵磚瓦廠、望山、九店、包山、曾侯、天星觀、秦家嘴、新蔡等批次楚簡,對釋讀有異議的字加以簡略集釋或按斷。

2. 字形選取典型或有疑難者放在簡號之後。字形、文例全部相同者合併,不同者分列。

3. 排列順序爲名號首字音序,疑難及難以隸定之字放在最後。

【哀】 少攻尹忞(包山111 ・文書)

【哀宴】 哀宴(曾侯70)

【哀臣】 哀臣(曾侯176)

【哀還】 哀還(曾侯63)

【哀立】 哀立(曾侯31)

【哀裛】 哀裛(曾侯25)

●"裛"作爲人名,又見於漢印"瑕裛""左裛",字形作、。[1]

【賹】 攻尹賹(包山110 ・文書)

【白執】 白𣪘(包山156・文書);𣪘(包山156・文書)

●"白"字不清,劉國勝據紅外影像疑是"白"字。[2]

【百宜君】 斆客百宜君(包山134・文書)戠客百宜君(包山138・文書)会之斆客、会傷之慶李百宜君(包山133・文書)

【邦獵】 邦轣(包山150 ・文書)

【豹裘】 𪊨裘(曾侯167)

【郫亥】 郫亥(新蔡・乙四27・卜禱)

[1] 參看羅福頤《增訂漢印文字徵》第383頁,紫禁城出版社2010年。

[2] 劉國勝《包山楚簡〈廷志〉文書札記四則》,《出土文獻與法律史研究》第2輯,第182頁,上海人民出版社2013年。

【韓杲】 郘客韓杲（包山 145・文書）
●"韓"，白於藍讀爲"卑"，古有卑姓，見於《通志・氏族略》；[1]何琳儀讀爲"諀"或"裨"，謂裨諶之氏亦作"諀"，見《古今姓氏辯證》。[2]

【悖】 少攻尹䜌（包山 106 [illegible]・文書）
●[illegible]，何琳儀釋爲"悖"。[3]《清一・金縢》簡 9"天疾風以雷，禾斯偃，大木斯𢾾"、簡 13"凡大木之所𢾾，二公命邦人盡復築之"，"𢾾"作[illegible]、[illegible]，《書・金縢》對應字作"拔"。整理者已指出字从"䜌"（誖）聲而有所訛變（《清華壹》第 161 頁），其説是。《説文》言部以"䜌"爲"誖"之籀文。《信陽》簡 1"[周]公[illegible]然作色"，李學勤疑[illegible]从"䜌"省，讀爲"勃"；[4]《郭店・性自》簡 31"濬深[illegible]慆"（《上一・性情》簡 19 作"[illegible]慆"，《戰國文字編》、[5]黄德寬、徐在國釋[illegible]爲"脖"，[6]均可信從。

【犇得】 犇㝵（包山 6・文書）

【疕】 昭之子疕（包山 8・文書）

【畢得】 罼㝵（包山 158 [illegible]・文書）
●劉釗謂"罼"即"畢"之繁文，讀作"畢"氏之"畢"。[7]

【畢會】 下蔡人罼會（包山 182・文書）

【畢繼】 罼繼（包山 159・文書）

【畢同】 罼同（包山 173・文書）

【弼彪】 新游宫中鉩之州加公弻䖂（包山 35 [illegible]・文書）
●[illegible]，整理者釋"弼"（《包山》第 19 頁）。巫雪如讀爲"費"，[8]何琳儀讀爲"茀"，[9]李運富釋爲"宿"。[10]按，包山簡 139 人名"𡜂必"之"𡜂"作[illegible]，整理者隸定作"㛐"（《包山》第 26 頁），李運富釋爲"宿"。[11] 包山簡

[1] 白於藍《包山楚簡零拾》，《簡帛研究》第 2 輯，第 43 頁，法律出版社 1996 年。

[2] 何琳儀《戰國古文字典：戰國文字聲系》第 773 頁，中華書局 1998 年。

[3] 何琳儀《包山竹簡選釋》，《江漢考古》1993 年第 4 期。

[4] 李學勤《長臺關竹簡中的〈墨子〉佚篇》，《簡帛佚籍與學術史》第 328 頁，江西教育出版社 2001 年。

[5] 湯餘惠主編《戰國文字編》第 270 頁，福建人民出版社 2001 年。

[6] 黄德寬、徐在國《〈上海博物館藏戰國楚竹書（一）・緇衣・性情論〉釋文補正》，《古籍整理研究學刊》2002 年第 2 期。

[7] 劉釗《包山楚簡文字考釋》，《出土簡帛文字叢考》第 8 頁，臺灣古籍出版有限公司 2004 年。

[8] 巫雪如《包山楚簡姓氏研究》第 131 頁，臺灣大學碩士學位論文 1996 年。

[9] 何琳儀《戰國古文字典：戰國文字聲系》第 1295 頁，中華書局 1998 年。

[10] 李運富《楚國簡帛文字構形系統研究》第 122—125 頁，嶽麓書社 1997 年。

[11] 李運富《楚國簡帛文字構形系統研究》第 122—125 頁，嶽麓書社 1997 年。

“少有”又作“少有”,[1]“佤”即楚簡“宿”字,从“夕”是叠加義符;《璽彙》2553的姓氏即字所从,[2]與爲異體。因此釋爲“宿”是。但是否也應釋爲“宿”則不能確定。楚簡確定的“弼”作(《清三·説下》簡3)、(《清六·啻門》簡16)、(《清八·邦政》簡8)、(《郭店·老甲》簡36,从貝),與形同。有意符“夕”的制約,多“人”旁並不影響釋“宿”。但和《楚帛》甲之似仍以釋“弼”爲妥。姓氏“弼”亦見於《璽彙》5671。

【鶭】 登公鶭(包山58 ·文書)

【賓公】 賓公(曾侯178 、180、182、183、183)

●“賓”,湯餘惠釋。[3]

【亳君】 鄗君紡衣(包山 ·簽牌)

●“鄗”,劉國勝釋,亳地專字。[4]

【蔡瘻】 鄵瘻(包山102 ·文書)瘻(包山102反 ·文書)

【蔡丙】 鄬司敗鄵晊(包山31·文書)鄬少司敗鄵晊(包山50·文書)鄵晊(包山191 ·文書)

【蔡臣】 宔廄馯鄵臣(包山174—175·文書)

【蔡惑】 酷差鄵惑(包山138·文書)

【蔡己】 新大廄鄵己(包山183·文書)

【蔡逯】 絭宫大夫集陽公鄵逯(包山130 ·文書)

【蔡冒】 坪砯公鄵冒(包山138·文書)

【蔡齊】 楊亂人鄵齊(包山192·文書)

【蔡雔】 上新都人鄵雔(包山102 ·文書)

【蔡卻】 鄵卻(包山184 ·文書)

●,劉釗釋爲見於《集韻》的“卻”。[5]

【蔡談】 頣敓鄵談(包山193 ·文書)

【蔡叡】 鄵叡(包山170 、183·文書)

【蔡玄】 郯正婁鄵玄(包山66 ·文書)

【蔡遺】 鄵遺(包山18·文書)

[1] 參看李守奎、賈連翔、馬楠編著《包山楚墓文字全編》第408頁,上海古籍出版社2012年。此字讀爲“慽”(參看李守奎《〈九店楚簡〉相宅篇殘簡補釋》,謝維揚、朱淵清主編《新出土文獻與古代文明研究》第347—348頁,上海大學出版社2004年)。

[2] 參看劉釗《璽印文字釋叢(二)》,《考古與文物》1998年第3期。

[3] 湯餘惠《包山楚簡讀後記》,《考古與文物》1993年第2期。

[4] 劉國勝《包山楚墓簽牌文字補釋》,《古文字研究》第26輯,第327頁,中華書局2006年。

[5] 劉釗《包山楚簡文字考釋》,《出土簡帛文字叢考》第25頁,臺灣古籍出版有限公司2004年。

【蔡齮】 鄰齮(曾侯 142 [字形])

【蔡蚩】 鄰蚩(包山 194 [字形]・文書)

【倉】 倉(新蔡・甲三 184－2、185、222・卜禱)

【倉】 辷差倉(新蔡・甲三 211・簿書)

【遷】 邸昜之倍篺₌公遷(包山 99 [字形]・文書)

●[字形]，《十四種》謂此字所从爲"廛"。[1]

【産】 鄗陵攻尹産(包山 116 [字形]、106 [字形]・文書)

【倀抗】 楚斯族倀抗(包山 163 [字形]・文書)

●巫雪如謂"倀"爲"張"之異體，[2] 何琳儀讀爲"長"。[3]

【長王孫】 長王孫(望山 2－64・遣策)

【塲賈】 東邗里人䭾賈(包山 121・文書)䭾賈(包山 122、123・文書)

●塲，李零讀爲"唐"，[4] 何琳儀認爲即"塲"氏。[5]

【腸启】 鄗陵敂腸启(包山 166・文書)

●"腸"，許全勝讀爲"唐"，[6] 何琳儀讀爲"暢"。[7]

【迣塙】 羕陵君之陲泉邑人迣塙(包山 86 [字形]・文書)

●[字形]所从與楚簡"朝"([字形])之右旁同。《上五・三德》簡 16"敚民時以水事，是謂[字形]"，《吕氏春秋・士容論・上農》對應字作"籥"；[8]《清一・耆夜》簡 9—10"蟋蟀[字形]降于堂"，復旦讀書會釋[字形]爲"趯"，[9]"趯"有異體作"趯"；《清七・晉文》簡 3—4"故命[字形]舊溝、增舊防"，整理者謂[字形]从潮省聲，讀爲"瀹"；《孟子・滕文公上》"禹疏九河，瀹濟漯而注諸海"，趙岐注："瀹，治也。"(《清華柒》第 102 頁)。陳斯鵬謂字所从爲"潮"之初文，[10] 可從。

【臣】 竨尹臣(曾侯 154、155)

【陳脝】 舎人陳脝(包山 135・文書)

---

[1] 陳偉等《楚地出土戰國簡册(十四種)》第 89 頁，經濟科學出版社 2009 年。

[2] 巫雪如《包山楚簡姓氏研究》第 103 頁，臺灣大學碩士學位論文 1996 年。

[3] 何琳儀《戰國古文字典：戰國文字聲系》第 685 頁，中華書局 1998 年。

[4] 李零《包山楚簡研究(文書類)》，《李零自選集》第 141 頁，廣西師範大學出版社 1998 年。

[5] 何琳儀《戰國古文字典：戰國文字聲系》第 663 頁，中華書局 1998 年。

[6] 許全勝《包山楚簡姓氏譜》第 2 頁，北京大學碩士學位論文 1997 年。

[7] 何琳儀《戰國古文字典：戰國文字聲系》第 663 頁，中華書局 1998 年。

[8] 范常喜《〈上博五・三德〉與〈吕氏春秋・上農〉對校一則》，《文獻》2007 年第 1 期。

[9] 復旦讀書會《清華簡〈耆夜〉研讀札記》，復旦大學出土文獻與古文字研究中心網，2011 年 1 月 5 日。

[10] 陳斯鵬《讀〈上博竹書(五)〉小記》，簡帛網，2006 年 4 月 1 日。

●□,何琳儀釋“脖”。[1]

【陳寵】 陳寵(包山135・文書)

【陳楚】 □昜人陳楚(包山183・文書)

【陳頔】 陳宔頔(包山22 □□・文書)陳□(包山24 □・文書)陳頔(包山30 □・文書)

●“頔”,黄錫全、劉釗釋爲“頔”。[2]劉信芳認爲“宔”字不清晰,似有塗抹,疑是衍文。[3]

【陳道】 陳道(天星觀11-2)

【陳旦】 陳旦(包山135・文書)郚人御君子陳旦(包山138・文書)

【陳得】 右司寇正陳旻(包山102・文書)

【陳德】 膚人之州人陳悳(包山84 □・文書)

【陳豧】 陳豧(新蔡・甲三175・簿書)

【陳杲】 陳杲(包山87 □・文書)

【陳公】 陳公衣(包山・簽牌)

●“陳公”,《十四種》釋。[4]

【陳公】 陳公之人(包山166・文書)

【陳環】 安邟人陳環(包山181・文書)

【陳彗】 陳□(包山138 □・文書)

●□又見於簡49“穆□”。張新俊結合《上一・性情》簡38“慧”作□,認爲□从“羽”“夬”聲,是“慧”字異體。[5]

【陳吉】 陳吉(包山192・文書)

【陳己】 厰馯陳□(包山69 □・文書)

●□,整理者疑爲“曩”字(《包山》第44頁)。楚簡用爲“己”。[6]

【陳賈】 邸昜君之人陳賈(包山162・文書)

【陳賈】 陳賈(天星觀19)

【陳臤】 亯埜邑人陳臤(包山182 □・文書)

●□,整理者讀爲“賢”(《包山》第31頁),李運富釋爲“堅”。[7]

【陳漸】 新大厰陳漸(包山61 □・文書)

【陳龍】 陳龍(包山138・文書)

【陳瞴惩】 鄝少司馬陳瞴惩(新蔡・甲三233、190 □・卜禱)瞴惩(新蔡・零164 □・卜禱)

●惩,宋華强原釋爲“者”,後又改從沈

[1] 何琳儀《包山竹簡選釋》,《江漢考古》1993年第4期。

[2] 黄錫全《湖北出土商周文字輯證》第187頁,武漢大學出版社1992年;劉釗《包山楚簡文字考釋》,《出土簡帛文字叢考》第6頁,臺灣古籍出版有限公司2004年。

[3] 劉信芳《包山楚簡解詁》第38頁,藝文印書館2003年。

[4] 陳偉等《楚地出土戰國簡册(十四種)》第137頁,經濟科學出版社2009年。

[5] 張新俊《上博楚簡文字研究》第20頁,吉林大學博士學位論文2005年。

[6] 參看白於藍《簡帛古書通假字大系》第80頁,福建人民出版社2017年。

[7] 李運富《楚國簡帛文字構形系統研究》第125頁,嶽麓書社1997年。

培意見認爲字从延从心，讀爲“愆”。[1] 按，隸定作“㢟”似是。楚簡“脡”作（《新蔡》甲三212、199-3）、（《上五·弟子》簡1）等，後者所从與《清二·繫年》簡57、《清八·邦家》簡7、12“者”作、、上部類似。但、第三、四横筆不相交的寫法，爲“者”字所無。

【陳㥯】　陳㥯（包山147 ·文書）

●，李守奎、朱曉雪均隸定爲“㥯”。[2]

【陳坡】　邔易人陳坡（包山188·文書）

●黄錫全、劉釗均謂“坡”即“坡”字。[3]

【陳團】　沅易人陳團（包山172 ·文書）陳團（包山186 ·文書）

【陳弃】　郙人陳弃（包山179·文書）

【陳强】　郄人陳弜（包山162·文書）

【陳慎】　秦客陳新（包山145·文書）

●陳偉認爲陳慎可能是見於《戰國策》《史記》的“天下之辯士”陳軫。[4]

【陳聖】　陳聖（包山168·文書）

【陳無正】　陳無正（包山138·文書）

【陳午】　郙陳午（包山92·文書）

【陳憙】　陳憙（天星觀22）憙（天星觀38）

【陳獻】　陳獻（天星觀18）

【陳興】　陳興（包山159·文書）

【陳欲】　陳欲（包山85·文書）

【陳乙】　陳乙（包山228、239、241·卜禱）

【陳鄦】　陳鄦（包山135 ·文書）

●“鄦”又見於春秋益余敦（《新收》1627）“昭翏公之孫鄦余”，字作。

【陳愁】　鄗郢少司馬陳愁（包山172 ·文書）

【陳郢】　陳郢（天星觀43）郢（天星觀143）

【陳馭】　陳馭（天星觀20）

【陳豫】　陳豫（包山11 ·文書）

【陳越】　陳邚（包山135·文書）

【成】　宋䣛戠歸之客成易辶尹成（包山145·文書）

【赤】　正史赤（包山102·文書）

●按，亦可能“史赤”爲人名，其職爲正。

【紬謱】　士尹紬謱（包山122 ·文書）

【楚斷】　䢵王佶室楚剸（包山192·

[1] 宋華强《新蔡葛陵楚簡初探》第422頁，武漢大學出版社2010年。

[2] 李守奎、賈連翔、馬楠編著《包山楚墓文字全編》第410頁，上海古籍出版社2012年；朱曉雪《包山楚簡綜述》第371頁，福建人民出版社2013年。

[3] 黄錫全《湖北出土商周文字輯證》第189頁，武漢大學出版社1992年；劉釗《包山楚簡文字考釋》，《出土簡帛文字叢考》第29—30頁，臺灣古籍出版有限公司2004年。

[4] 陳偉《新出楚簡研讀》第28—34頁，武漢大學出版社2010年。

文書）

【楚靳前】 楚靳遊（包山 193 · 文書）

●《清一·楚居》簡 1"遊出于喬山"，"遊"形作，讀爲"前"。

【顛】 李瑶之人醮（包山 173 · 文書）

【娕】 妾婦娕（包山 175 · 文書）

【嬔】 嬔（包山 89 · 文書）

【賜】 鄰公賜（包山 128 · 文書）鄰公賜（包山 141 · 文書）鄰公賜（包山 143 · 文書）

【邨得】 晉合之人邨旻（包山 166 · 文書）

●許全勝疑"邨"讀爲"頓"，頓國之後。[1]

【蘆連敖】 蘆連囂（秦家嘴 M13－8）

【達】 正昜莫囂達（包山 111 · 文書）

【達】 昜陵連囂達（包山 112 · 文書）

【達】 新者桑夜公達（包山 113 · 文書）

【達】 郯昜司馬達（包山 119 · 文書）

【達】 昜陵司馬達（包山 119 · 文書）

【大首】 大百（曾侯 147、173、175）

【怠】 辟（曾侯 155 、178）

●整理者認爲字从心从"辭"之籀文"辝"，可釋爲"怡"或"怠"（《曾侯》第 526 頁）。

【怠】 秦夫₌（大夫）怠（包山 141 · 文書）

●按，"秦"爲楚國地名。

【怠】 羕陵攻尹怠（包山 107 · 文書）

【丹】 丹（包山 92 · 文書）

【丹】 東陵黽尹丹（新蔡·乙四 141 · 卜禱）［黽］尹丹（新蔡·零556 · 卜禱）

【丹】 新借让尹丹（包山 16 · 文書）新借让尹（包山 15 反、16—17 · 文書）

【單善】 畾善（包山 168 · 文書）

【旦捭】 但捭（包山 96 · 文書）旦捭（包山 97 · 文書）

【旦娩】 旦孕（包山 88 · 文書）

【旦坪】 旦坪（包山 83 · 文書）

【旦秦】 邘競之州加公郘秦（包山 189 · 文書）

【旦岳】 郘岳（包山 93 · 文書）

【旦塙】 正旦臺（包山 21 · 文書）正郘融（包山 27 · 文書）旦臺（包山 32 · 文書）旦塙（包山 37 · 文書）郘塙（包山 76 · 文書）

【旦尚】 郘尚（包山 90 · 文書）

【旦餾】 旦餾（包山 88 · 文書）

【旦佗】 郘佗（包山 102 · 文書）

【旦繒】 郘繒（包山 188 · 文書）

【邊】 王厶司敗邊（包山 128、141、143、196 · 文書）

【悼固】 悳固（望山 1－13）

［1］ 許全勝《包山楚簡姓氏譜》第 7 頁，北京大學碩士學位論文 1997 年。

●望山一號墓墓主，多見。
【悼哲王之畏】 悳新王之愄（夕陽坡2）
【德】 鯨缶公德（包山85·文書）
【鄧蔡】 登鄒（包山187·文書）
【鄧蒼】 鄖人登蒼（包山179·文書）
【鄧鮒】 佸蚚戡妾之人登鮒（包山169—170 ·文書），
【鄧城】 郑敓之邾邑人走仿登塍（包山100·文書）
【鄧遣】 登遣（望山1－9 ）
【鄧定】 佸陵君之人登定（包山165·文書）
【鄧厞】 登厞（包山45、57 ·文書）
【鄧補】 鄜邑人登補（包山175·文書）
●"補"楚簡多見，讀爲輔。
【鄧敢】 登敢（包山38·文書）
【鄧譴】 登譴（包山85 ·文書）
【鄧鞍】 登鞍（包山66 ·文書）
【鄧耿】 鄜邑人登耿（包山190 ·文書）
● 有"炣""耿""飤"等隸定，[1]似以"耿"近是。
【鄧行】 登行（包山150·文書）
【鄧環】 東尼人登環（包山190·文書）
【鄧嘉】 集辻命登嘉（包山164·文書）
【鄧堅】 登臤（包山85·文書）
【鄧堅】 邺郢之攻尹之人登臤（包山172·文書）
【鄧軍】 登匍（包山173·文書）
【鄧勞】 登裳（包山189·文書）
【鄧連】 登連（包山196·文書）
【鄧娩】 登孪（包山172·文書）
【鄧僕】 大厰登筫（包山164·文書）
【鄧僕】 登儯（包山15·文書）
【鄧期】 登异（包山15·文書）
●《説文》月部"期"古文作𠁼。
【鄧輕】 佸咳登翌（包山189·文書）
●"翌"見於楚簡《緇衣》及《郭店·五行》，讀爲"輕"。陳偉武謂古人因羽毛質輕，故以"羽"爲義符作"輕"之專字。[2]
【鄧迿】 登迿（包山85·文書）
●《馬王堆·戰國·謂燕王章》"因迿韓魏以伐齊"，《上五·競建》簡10"迿逐畋獵"，"迿"均讀爲驅；《上五·鮑叔》簡2有"迿倚"一詞，意思待考。劉信芳謂"迿"爲"逅"之異構。[3]
【鄧諒】 登諒（包山85 ·文書）
【鄧塙】 登塙（包山187·文書）
【鄧生肱】 郙昜大正登生拡（包山26

[1] 石泉主編《楚國歷史文化辭典》第426頁，武漢大學出版社1996年；何琳儀《戰國古文字典：戰國文字聲系》第789頁，中華書局1998年；劉信芳《包山楚簡解詁》第179頁，藝文印書館2003年。
[2] 陳偉武《新出楚系竹簡中的專用字綜議》，《愈愚齋磨牙集——古文字與漢語史研究叢稿》第232頁，中西書局2014年。
[3] 劉信芳《包山楚簡解詁》第82頁，藝文印書館2003年。

・文書）

●"拡"或爲"肱"字異體。《上三・周易》簡 51"折其拡"，今本作"肱"；《清六・鄭甲》簡 5"股拡"即股肱。

【鄧𤸎】 𢀚思少司馬登𤸎（包山 129 ・文書）

【鄧迢】 東邸人登𨑩（包山 167・文書）

●"𨑩"或爲"迢"之異體。

【鄧痟】 鄴邑人登痟（包山 171・文書）

【鄧無龍】 登無龍（包山 171・文書）

【鄧娭】 登鞍之子娭（包山 66・文書）

【鄧虩】 登虞（包山 15 ・文書）

【鄧萬】 登蓴（包山 85 ・文書）

【鄧纓】 邸昜君之州里公登賏（包山 27 、32 ・文書）

●、讀爲"嬰""纓"，裘錫圭、李家浩有詳論（《曾侯》第 517 頁）。

【鄧余善】 郘客登余善（包山 145・文書）

【鄧余善】 大𢧢登余善（包山 184・文書）

【鄧臧】 登壍（包山 15・文書）

●《説文》臣部"臧"之古文从臧从土（大徐本从臧从上）。《郭店・老甲》簡 35"物壍則老"，今本作"壯"。《上五・季庚》簡 20"大罪則赦之以刑，壍罪則赦之以罰，小則貲之"、簡 21—22"大罪殺之，壍罪刑之，小罪罰之"、《上六・景公》簡 9"番浧壍菖"，"壍"意思待考。

【鄧佮】 登佮（包山 171・文書）

【鄧𦅼】 鄗君之人登𦅼（包山 165・文書）

【鄧沼】 登郘（包山 179・文書）

【鄧陞】 登陞（包山 85 ・文書）

●从阜"𡍮"聲，異體有、、、、等，[1] 讀爲"登""徵""拯""升"等。[2]

【鄧㝩】 東邸人登㝩（包山 167 ・文書）

【邸陽君】 邸昜君（包山 27、32、98、162、163、167、175、186、185・文書）

【丁】 𨝬公丁（包山 12 ・文書）

【丁】 ☐尹丁（新蔡・零 206・卜禱）

【東臣】 郕連𡢃東臣（曾侯 12 ）

●郕，整理者釋爲"鄬"（《曾侯》第 490 頁）。趙平安釋爲"郕"，即見於《戰國策・西周策》的楚之宛地。[3] 蕭聖

[1] 參看王輝《也談清華簡〈繫年〉"降西戎"的釋讀——兼説"降""陞"訛混的條件及"升""𡍮"之别》，李守奎主編《清華簡與古史新探》第 487—493 頁，中西書局 2016 年。

[2] 參看白於藍《簡帛古書通假字大系》第 938—939 頁，福建人民出版社 2017 年。

[3] 趙平安《戰國文字中的"宛"及其相關問題研究》，《新出簡帛與古文字古文獻研究》第 145 頁，商務印書館 2009 年。

中據紅外影像認爲右旁可能是“宔”。[1]

【鬬戟】 昜厰尹郙之人戜𢦔(包山61 𢦔·文書)

【櫝】 櫝騏爲右驂(曾侯153)

【敚】 䢵尹之人敚(包山164·文書)

【鄂君】 鄦君(包山164 𨛭·文書)噩君(包山76、193 𨛭·文書)

●整理者指出“噩”讀爲“鄂”,在今湖北鄂城境内,“鄂君”爲楚國封君(《包山》第44頁)。何浩謂此“鄂君”即鄂君啓(《集成》12110、12113)。[2]

【伐】 让史伐(曾侯156)

【黸】 䢵戝連囂黸(包山163·文書)

【番班】 番班(包山85·文書)

【番桓】 郕異之司敗番䡖(包山46、64·文書)郕異之司敗番逗(包山55·文書)

【番桓】 邸昜君之人番䡖(包山167、175、186·文書)

【番期】 番异(包山99·文書)

【番翟】 官人番翟(包山99 翟·文書)

【番申】 邸昜君之人㑈公番申(包山98·文書)

【番歒】 番歒(包山151·文書)歒(包山152·文書)

【番勝】 邸昜君番䞍(天星觀14)邸昜君䞍(天星觀5－1、15－1)

【番向】 番向(包山99 向·文書)

【番戌】 左馯番戌(包山151·文書)番戌(包山152 戌·文書)戌(包山151、152·文書)

【番羕】 郊人番羕(包山176·文書)

【番乙】 陵人番乙(包山181·文書)

【番益耳】 武城人番嗌耳(包山175 耳·文書)

●按,春秋晉將“梁益耳”,見於《左傳》文公五年等。“益耳”“重耳”應是同義。

【番贏】 龏夫人之大夫番嬴(包山41 嬴、48 嬴·文書)

【番豫】 郕異司敗番豫(包山52 豫·文書)

【番鲇】 右司馬悁之州加公番鲇(包山182 鲇·文書)

【番黯】 番黯(包山151·文書)黯(包山151·文書)

【番亶】 番亶(包山151 亶·文書)亶(包山151·文書)

【朳券】 朳𢍏(包山183 朳𢍏·文書)

●朳,李運富釋“朳”,讀爲“凡”。《廣韻·凡韻》:“凡,姓。周公子凡伯之後。”[3]

---

[1] 蕭聖中《曾侯乙墓竹簡釋文補正暨車馬制度研究》第150頁,科學出版社2011年。

[2] 何浩《楚懷王前期令尹新證》,《江漢考古》1993年第4期。

[3] 李運富《楚國簡帛文字叢考(一)》,《古漢語研究》1996年第3期。

【繁旟】 ☐繁旟受☐（新蔡・零 37・簿書）

【範賜】 邵吁人軋賜（包山 169・文書）

【範駁】 軋駁（包山 93・文書）

【範臣】 鱶戾人軋臣（包山 96・文書）

【範固】 緐邮人軋固（包山 186・文書）

【範臒志】 軋臒志（天星觀、秦家嘴 M99－12、望山 1－1）臒志（天星觀）

【範賈】 邶巽之人軋賈（包山 190・文書）

【範慶】 宋易之仔門人軋慶（包山 71・文書）

【範慶】 軺慶（包山 87・文書）

【範紳】 郙人軋繡（包山 93・文書）

【範豎】 軋豈（包山 94・文書）

【範戌】 加公軋戌（包山 122・文書）

【範作】 軋侳（包山 168・文書）

【簕不害】 簕不禹（新蔡・甲三 294、零 334・簿書）

【邡鄗】 邡鄗（曾侯 173）

【奉爲】 君之司馬奉爲（包山 140・文書）

【奉陽公】 奉易公（望山 2－63・遣策）

【邦】 里公邦（包山 122・文書）

●，李守奎釋爲“告”。[1]

【邦倖】 邦倖（包山 120、122、123・文書）下鄀山陽里人邦倖（包山 121・文書）倖（包山 121・文書）

【專臣】 魯客專臣（包山 176・文書）

【郛果】 郛果（新蔡・零 102、59・卜禱）

【鱧舠】 郯人鱧舠（包山 183・文書）

●，單育辰認爲字从“勹”，隸定作“鱧”讀爲“皃”。[2]

【鄘】 易廄尹鄘（包山 61、189・文書）易廄尹（包山 189・文書）

【鄘趞】 新官連囂鄘趞（包山 6・文書）

【鄘怠】 疆牪鄘忈（包山 180・文書）

【鄘還】 右牪鄘還（包山 180・文書）

【鬬夫】 鬬夫（曾侯 164、169、170、174、178）

●鬬，何琳儀讀爲《左傳》桓公十一年“公會宋公於闞”之“闞”。[3]

【贛歪】 新官贛歪（？）（曾侯 67）

●，整理者隸作“歪（？）”（《曾侯》第

---

[1] 李守奎《包山楚簡 120—123 號簡補釋》，《出土文獻與傳世典籍的詮釋——紀念譚樸森先生逝世兩週年國際學術研討會論文集》第 204 頁，上海古籍出版社 2010 年。

[2] 單育辰《談戰國文字中的“皃”》，《簡帛》第 3 輯，第 27 頁，上海古籍出版社 2008 年。

[3] 何琳儀《戰國古文字典：戰國文字聲系》第 1451 頁，中華書局 1998 年。

493 頁）。

【高】　高駃爲右服（曾侯 167）

【高趄】　高趄（曾侯 166）

【高都】　高都（曾侯 147、167、170）

【亳良】　亳良（新蔡・甲三 347－1・簿書）

【庚】　憙之子庚（包山 7・文書）庚（包山 8・文書）

【庚】　州司馬庚（包山 114・文書）

【杠】　杠（曾侯 174）

【公孫哀】　鄎客孫=哀（包山 145・文書）

【公孫甲】　公孫虢（包山 42・文書）

【攻佐】　攻差（新蔡・乙四 144・卜禱）

【肱】　鶻公拡（包山 183・文書）

【肱】　王孫生拡（曾侯 156）

●，原未釋。蕭聖中據紅外照釋爲从厷从手，“肱”字異體。[1]

【龏倉】　龏倉（包山 19・文書）

【龏穀】　陞人龏敦（包山 191・文書）

【龏緩】　龏緩（包山 189・文書）

【龏僕】　陞人龏筸（包山 192・文書）

【龏棣】　䌛丘之南里人龏逮（包山 90・文書）龏逮（包山 90・文書）

【龏頡】　郊少司城龏頡（包山 155・文書）

【龏懌】　長㬥正龏悬（包山 59・文書）

【龏酉】　郑少司馬龏硱（包山 162・文書）

【龏酉】　繁丘之南里人龏逮、龏硱（包山 90・文書）龏硱（包山 90・文書）硱（包山 90・文書）

【邗勝】　臤思少司馬邗𡑂（包山 130・文書）

●，張新俊隸定作“邗”，讀爲“龔”。[2]《清二・繫年》簡 111—112“以與越令尹宋盟于，遂以伐齊”，整理者讀爲“鞏”（《清華貳》第 188 頁）。朱曉雪指出與爲一字，亦讀爲“鞏”，[3]可從。

【郰徂】　鄭丘郰遽（包山 188・文書）

【郰輓】　郰輓（新蔡・乙四 102・卜禱）

【貂臣】　佮旂貂臣（包山 187・文書）

【盬脂】　鹽脂（新蔡・甲三 212、199－3，甲三 215，甲三 115・卜禱）

【盬丁】　鹽丁（天星觀 12－1、13－1）丁（天星觀 12－1）

【盬範】　沅昜人鹽軋（包山 181・文書）

[1] 蕭聖中《曾侯乙墓竹簡釋文補正暨車馬制度研究》第 156 頁，科學出版社 2011 年。

[2] 張新俊《上博楚簡文字研究》第 65—66 頁，吉林大學博士學位論文 2005 年。

[3] 朱曉雪《包山楚簡綜述》第 442 頁，福建人民出版社 2013 年。

●，湯餘惠等釋爲“鹽”。[1] 巫雪如據簡 186 有地名“鹽陽”謂“鹽”是以地爲氏。[2]

【鹽吉】　鹽吉（包山 212・卜禱）鹽吉（包山 215、236・卜禱）鹽吉（包山 238・卜禱）

【鹽䝾】　鹽䝾（新蔡・甲三 29 ・卜禱）

【鹽漸】　鹽槧（包山 186・文書）

【鹽券】　鹽倦（新蔡・甲三 136 ・卜禱）鹽佚（新蔡・甲三 235－1 ・卜禱）鹽㫋（新蔡・甲三 26 ・卜禱）

【鹽狂】　鹽惶（天星觀）惶（天星觀）

【鹽溺】　需昜人鹽㲋（包山 172 ・文書）

【鹽强】　粲脜尹之人鹽㢠（包山 278 反 ・遣策）

【鹽悚】　鹽悫（包山 189 ・文書）

【鹽塙】　鹽塙（包山 171 、176・文書）鹽塙（包山 192 ・文書）

【鹽壽君】　鹽壽君（新蔡・甲二 6、30、15 ，甲三 342－1、零 309・卜禱）

【鹽童】　郚莫囂之人鹽瘇（包山 177 ・文書）

【鹽赴】　鹽赴（包山 170 ・文書）

●，白於藍認爲左旁所从乃“叒”字，即《說文》“隙”字異構。[3]

【鹽虢】　鹽虘（包山 162 、180・文書）鹽虘（包山 173 ・文書）

【鹽愁】　郯人鹽愁（包山 194 ・文書）

【鹽臧】　子姬鹽壏（包山 176 ・文書）

【官還】　郘還（天星觀 40）

【官瑶】　郘瑤（天星觀 42）

【觀緥】　贎緥（包山 230 ・卜禱）贎緟（包山 244 ・卜禱）

【觀藟】　贎藟（包山 185 ・文書）

【觀㦰】　雚㦰（望山 1－91 ）

【觀義】　贎義（包山 249・卜禱）義（包山 250・卜禱）

【冠】　左尹冠（包山 156 ・文書）

【婉】　妾婦婉（包山 177 ・文書）

【癸】　葦戲尹癸[4]（包山 125・文書）

【悓】　邔昜仔公悓（包山 191 ・

---

[1] 湯餘惠《包山楚簡讀後記》，《考古與文物》1993 年第 2 期；何琳儀《包山竹簡選釋》，《江漢考古》1993 年第 4 期；劉釗《包山楚簡文字考釋》，《出土簡帛文字叢考》第 3—4 頁，臺灣古籍出版有限公司 2004 年。

[2] 巫雪如《包山楚簡姓氏研究》第 169 頁，臺灣大學碩士學位論文 1996 年。

[3] 白於藍《〈包山楚簡文字編〉校訂》，《中國文字》新 25 期，第 202 頁，藝文印書館 1999 年。

[4] 所在句點斷參看陳偉等《楚地出土戰國簡册（十四種）》第 61 頁，經濟科學出版社 2009 年。

文書）

【鄦】 㓞戠之少僮黇族鄦（包山 3 · 文書）

【果】 閑壂大宫果（新蔡 · 甲三 348 · 簿書）

【果】 鄗丘郹遣之人果（包山 188 · 文書）

【過】 邨醢尹逃（天星觀 41）

【邗得】 沍昜人邗旻（包山 183、184 · 文書）

【邗競】 邗競（包山 189 · 文書）

【弘】 差畝弘（曾侯 7）

【宏】 正婁宖（包山 128、141、143、162 · 文書）

●，徐在國指出《璽彙》2154與簡文爲一字，應釋爲“宏”，“心”爲贅加偏旁。[1] 何琳儀認爲是“宏”之繁文。[2] 按，《上四 · 曹沫》簡 56“邦家以忶（宏）”、《清三 · 良臣》簡 2“忶（閎）夭”之“忶”作、，與簡文應是一字異體。

【詬生】 詬生（新蔡 · 乙一 16 · 卜禱）生（新蔡 · 甲一 12 · 卜禱）

●宋華强“詬”謂或是“詬”字異體，讀爲“后”氏。[3]

【胡哀】 𪒘哀（新蔡 · 乙四 57 · 卜禱）

【胡不専】 貣韍事人𤇺不専（包山牘 1 反 · 遣策）

●劉國勝指出，“胡不専”可能是人名。[4]

【胡範】 郟戠𤇺軓（包山 172 · 文書）

【胡軌】 𪒘旃（包山 75 · 文書）

【胡朡】 𤇺朡（包山 65 · 文書）

【胡疽】 郤侯之正差𤇺瘽（包山 51 · 文書）

●“瘽”字楚簡多見，曾憲通認爲是“疽”字繁構。[5] 一般讀爲瘥，指病癒。

【胡居夷】 𤇺居㚤（包山 65 · 文書）

【胡居余】 郊人𤇺居余（包山 171 · 文書）

【胡快】 𤇺快（包山 182 · 文書）

【胡貍】 矍醢尹之州加［公］𤇺鼆（包山 165 · 文書）

【胡良】 𤇺良（新蔡 · 零 211 · 卜禱）

【胡妾】 俈郼𪒘妾（包山 169—170 · 文書）

【胡慶】 郲人𤇺慶（包山 163、169、

---

［1］ 徐在國《包山楚簡文字考釋四則》，《于省吾教授百年誕辰紀念文集》第 179 頁，吉林大學出版社 1996 年。

［2］ 何琳儀《戰國古文字典：戰國文字聲系》第 17 頁，中華書局 1998 年。

［3］ 宋華强《新蔡葛陵楚簡初探》第 372 頁，武漢大學出版社 2010 年。

［4］ 劉國勝《楚喪葬簡牘集釋》第 86 頁，科學出版社 2011 年。

［5］ 曾憲通《包山卜筮簡考釋》，《古文字與出土文獻叢考》第 209 頁，中山大學出版社 2005 年。

179・文書）

【胡覩】　邛易少司馬䵹覩（包山173・文書）

●"覩"，《清五・三壽》簡22兩見，作，讀爲叡。《清三・説上》簡5"一豕乃覩以逝"，"覩"作，整理者讀爲旋（《清華叁》第124頁），待考。《集成》2840中山王鼎"覩"作，亦讀爲叡。

【胡上】　焅上（包山85・文書）

【胡慎】　羕陵公之人䵹斳（包山177・文書）

【胡襄】　焅毀（包山176・文書）

【胡宜】　梆人焅宜（包山165・文書）

【胡羽】　郯坪邑䵹𦐞（包山188・文書）

●楚簡"𦐞"用爲羽。

【胡豫】　审厰焅豫（包山163・文書）

【胡媛】　郊人䵹媛（包山174・文書）

【摅】　郟逸尹虗（包山128、141、143、179・文書）

●"虗"，整理者釋爲"摅"（《包山》第30頁）。

【劃良】　劃良（新蔡・甲三89・簿書）

【吴抾】　里公吴抾（包山122・文書）

●，《十四種》疑是之異寫。[1]，李守奎釋"抾"，[2]是。此與《上三・周易》簡51"折其肱"之"肱"作爲一字，"厷"所从均與"日"同。

【酄回】　酄回（新蔡・甲三294、零334・簿書）

【𨛫鄴】　𨛫鄴（包山41・文書）龏夫人之人𨛫鄴（包山188・文書）㞷鄴（包山48・文書）

●"㞷"又見於《上一・緇衣》簡13"民有心"，《郭店・緇衣》對應字作"懽"，今本作"格"。何有祖疑簡文"𨛫""㞷"當讀爲"酄"。[3]"㞷"作爲偏旁又見於左冢漆梮，單字無辭例。黄鳳春、劉國勝釋作"桯（權）"。[4]"鄴"字見第405頁"判君"條。

【酄喜】　酄喜（新蔡・甲三32・卜禱）

【恒】　恒（包山155・文書）

【桓定】　趄定（曾侯158）

【桓敢】　趄𪉽（新蔡・甲三8、18，乙四4，乙四44・卜禱）𪉽（新蔡・乙四35・卜禱）

●宋華强認爲"𪉽"从鹵敢聲，"鹽"之異體。[5]

[1] 陳偉等《楚地出土戰國簡册（十四種）》第60頁，經濟科學出版社2009年。
[2] 李守奎編著《楚文字編》第677頁，華東師範大學出版社2003年。
[3] 何有祖《包山楚簡試釋九則》，簡帛網，2005年12月15日。
[4] 湖北省文物考古研究所等編著《荆門左冢楚墓》第230頁，文物出版社2006年。
[5] 宋華强《新蔡葛陵楚簡初探》第368頁，武漢大學出版社2010年。

【桓卯】　趄卯（包山 132、134、135）佢卯（包山 136、137・文書）宣卯（包山 135 反・文書）卯（包山 135 反、136・文書）

【佢粡】　郐人佢粡（包山 131・文書）佢粡（包山 136・文書）

●陳秉新、李立芳認爲“粡”是“粭”字古文。[1]

【幻憙】　幻憙（新蔡・甲三 314・簿書）

●，整理者釋爲“玄”（《新蔡》第 198 頁）。宋華强釋爲“幻”，讀爲姓氏之“弦”。[2]

【㐬瘽】　佸戠㐬瘽（包山 174・文書）佸戠郬鄞（包山 186・文書）

【荒㾓】　郬㾓（包山 184・文書）

【黄孚】　黄孚（曾侯 28）

●孚，何琳儀隸定作“孳”。[3]

【黄】　黄（曾侯 136）

●蕭聖中據紅外照片認爲从尾、喬。[4]

【黄】　黄（曾侯 75）

●整理者釋爲“豊”（《曾侯》第 494 頁）。蕭聖中據紅外影像認爲上部類“皇”字所从，下部爲“里”。[5]

【黄軆】　黄軆（曾侯 51）

【黄腅】　黄腅（曾侯 26、128）

【黄䝿】　黄䝿（曾侯 16、125）

【黄豻】　黄䶵（曾侯 65）

●，整理者釋爲“豻”（《曾侯》第 493 頁）。

【黄愴】　游戠黄惫（包山 187・文書）

【黄鯛】　鄝郢黄鯛（包山 190・文書）郇郢人黄鯛（包山 165・文書）

【黄棈】　黄栄（曾侯 38、133）

【黄軌】　黄旊（包山 85・文書）

【黄贛】　游宫坦倌黄贇（包山 175・文書）

【黄固】　鄦族州里公黄固（包山191・文書）

【黄貴鈉】　司敗黄貴鈉（包山 25・文書）

【黄過】　黄逃（天星觀 3－1）逃（天星觀 3－2）

【黄行】　黄行（包山 85・文書）

【黄和】　黄和（包山 169・文書）

【黄澮】　黄澮（曾侯 62）

[1] 陳秉新、李立芳《包山楚簡新釋》，《江漢考古》1998 年第 2 期。

[2] 宋華强《新蔡葛陵楚簡初探》第 446 頁，武漢大學出版社 2010 年。

[3] 何琳儀《戰國古文字典：戰國文字聲系》第 1512 頁，中華書局 1998 年。

[4] 蕭聖中《曾侯乙墓竹簡釋文補正暨車馬制度研究》第 155 頁，科學出版社 2011 年。

[5] 蕭聖中《曾侯乙墓竹簡釋文補正暨車馬制度研究》第 90 頁，科學出版社 2011 年。

●"澮",蕭聖中據紅外影像釋。[1]

【黄痍】 佫戠黄痍(包山 168・文書)

●"痍"即《説文》肉部"脂"之古文。

【黄監】 加公黄監(包山 164・文書)

【黄建】 黄建(曾侯 47)

【黄克】 黄克(曾侯 45)

【黄鼓】 大佫戠黄鼓(包山 170・文書)

●《集韻・盍韻》:"鼓,敲也。"異體作"搕"。

【黄李】 黄李(新蔡・甲三 304,零 230・卜禱)

【黄鼍】 黄鼍(包山 124、125・文書)

【黄逆王】 黄逆王(曾侯 13)

●"逆",整理者釋爲"迋"(《曾侯》第 490 頁)。

【黄耦】 繇戠黄瓜(包山 174・文書)

●,《十四種》釋爲"耦",將字與《上六・王子木》簡 1 讀爲"遇"的等字相聯繫,[2]可從。

【黄倗】 黄偶(包山 173・文書)

【黄齊】 沤易之酷官黄齊(包山 124・文書)邸易之酷倌黄齊(包山 125・文書)

【黄請】 鄴戠黄讀(包山 180・文書)

【黄欿】 易厰尹郙之人黄欿(包山 189・文書)易厰尹之人黄欿(包山 189・文書)

【黄蚰】 黄蟲(包山 21・文書)

【黄辱】 寨獸黄辱(包山 21・文書)

【黄申】 大臧之加公黄申(包山 182・文書)

【黄慎】 大尹之人黄新(包山 187・文書)

【黄鰨】 黄鰨(包山 170・文書)

【黄悬】 左闈尹黄悬(包山 138・文書)

【黄佗】 黄佗(新蔡・甲三 43,零 170・卜禱)

【黄咒】 大厰黄咒(包山 184・文書)

●"咒",陳劍釋。[3]

【黄爲余】 黄爲余(包山 85・文書)

●,整理者釋爲"宗"(《包山》第 354 頁),劉信芳釋爲"寅(賓)",[4]朱曉雪釋爲"余"。[5] 朱説是。

[1] 蕭聖中《曾侯乙墓竹簡釋文補正暨車馬制度研究》第 151 頁,科學出版社 2011 年。

[2] 陳偉等《楚地出土戰國簡册(十四種)》第 85 頁,經濟科學出版社 2009 年。

[3] 陳劍《〈上博(三)・仲弓〉賸義》,《簡帛》第 3 輯,第 80 頁,上海古籍出版社 2008 年。

[4] 劉信芳《包山楚簡解詁》第 82 頁,藝文印書館 2003 年。

[5] 朱曉雪《包山楚簡綜述》第 67 頁,福建人民出版社 2013 年。

【黄戊】 郚人黄戊(包山170·文書)
【黄奚】 陵尹之人黄系(包山179·文書)
【黄夏】 黄頣(曾侯36、131)
【黄辛】 黄辛(包山109·文書)
【黄亞】 黄亞(包山162·文書)
【黄壓】 邔宫夫=黄壓(包山188·文書)
【黄燕】 黄鼹(包山85·文書)
●《上一·詩論》簡10、16,《上二·子羔》簡11"鼹"讀爲"燕"。
【黄宜日】 黄宜日(新蔡·甲三315·簿書)
【黄異】 臨昜之駈司敗黄異(包山33·文書)
【黄欽】 鄝寏屬敔郥君之泉邑人黄欽(包山143·文書)欽(包山143·文書)
【黄勇】 宙昜司敗黄甬(包山71·文書)
【黄芋】 黄芋(天星觀44)
【黄驎】 喬尹黄驎(包山107·文書)
【黄僨】 新佸让黄僨(包山174·文書)
【黄邨】 黄邨(仰天湖27)
●"邨"字右从中,左當爲邑。[1]
【黄子嫘】 大甥之州人黄子嫘(包山174·文書)
【會傷】 益昜公會剔(包山83·文書)
【惑】 陸宏之人惑(包山168·文書)
【謢】 周惖之人謢(包山163·文書)
【洍晉】 洍晉(新蔡·甲三117、120,零103,乙一18·卜禱)
【踦】 正昜脰尹踦(包山173·文書)
【集君】 鄰君(曾侯53、142、163、172、173、185、203)
●整理者指出"鄰"左旁是"集"之初文(《曾侯》第517頁)。
【己】 下獻司城己(新蔡·甲三326-1·簿書)
【己】 正昜公邑(包山111·文書)
【加】 箴尹攱(曾侯152、211)
【嘉】 郢公嘉(包山159·文書)
【判君】 判君(包山36、43、140、140反·文書)
●"判""鄴"之聲符與楚文字中的"察""淺""竊"有關已爲研究者熟知,又可以作爲"僕"之聲符,如城濮之"濮",《上九·成甲》簡1、《清七·晉文》簡8作、。"鄴"主要有"鄒""鄴"兩種釋法,[2]釋"鄒"者或讀爲蔡。[3]

[1] 商承祚《戰國楚竹簡匯編》第68頁,齊魯書社1995年。
[2] 参看李家浩《談包山楚簡"歸鄧人之金"一案及其相關問題》,《安徽大學漢語言文字研究叢書·李家浩卷》第152—153、161頁,安徽大學出版社2013年。
[3] 吴良寶《楚地"鄒昜"新考》,張光裕、黄德寬主編《古文字學論稿》第429—436頁,安徽大學出版社2008年。

【剕虞】　郊正婁剕虞(包山19·文書)

●施謝捷釋爲“虞”,[1]可從。湯餘惠謂“虞”是“虢”字省文,[2]可從。

【姦】　畋獸邻邑公姦(包山183·文書)

【堅】　仿敂㹝(包山73·文書)

【監】　妾婦監(包山168·文書)

【建】　左敂建(曾侯1正、1背)

【建巨】　建巨(曾侯172)

【澗】　鄓戱上連囂之還集瘂族䦦(包山10·文書)

【憍】　鄗逄尹憍(包山143·文書)

【憍】　憍(曾侯149、173)

【憍牙尹】　憍酉尹(曾侯156)

【角】　郘逄公角(包山18、86·文書)

【痎】　漾陵大宫痎(包山12·文書)大宫痎(包山13、126、127·文書)

【傑】　膚戱連囂㩮(包山191·文書)

【傑】　儥尹㩮(包山141、143·文書)膏尹傑(包山132反·文書)儥尹(包山193·文書)

●,何琳儀認爲从衰。[3] 郭永秉認爲基本聲符爲“爻”,讀爲“庖”。[4]

【疥】　州莫囂疥(包山114·文書)

【鄐君】　鄐君(包山180·文書)

【晉】　晉(新蔡·乙四134·卜禱)

【晉膓駁】　晉膓駁(曾侯165)

【晉合】　晉倉(包山166·文書)

【荆】　鄓敂𨟻(包山159·文書)

【景不害】　蘁里人競不割(包山121、122、123·文書)不割(包山122·文書)

●劉釗釋“割”讀爲“害”,“不害”爲古人常用名,韓有“申不害”。[5]

【景得】　競旻(包山90·文書)

【景丁】　宫司馬競丁(包山81·文書)

【景賈】　競賈(包山180·文書)

【景君】　湯公競訇(包山131·文書)湯公(包山135反·文書)訇(包山137反·文書)

●“湯”,劉信芳讀爲“唐”。[6]

【景快】　鄗連囂競快(包山118·

[1] 施謝捷《包山楚簡釋文》,未刊稿。

[2] 湯餘惠《包山楚簡讀後記》,《考古與文物》1993年第2期。

[3] 何琳儀《包山竹簡選釋》,《江漢考古》1993年第4期。

[4] 郭永秉《談談戰國文字中可能與“庖”有關的資料》,《古文字與古文獻論集續編》第31—59頁,上海古籍出版社2015年。

[5] 劉釗《包山楚簡文字考釋》,《出土簡帛文字叢考》第19—20頁,臺灣古籍出版有限公司2004年。

[6] 劉信芳《包山楚簡解詁》第128頁,藝文印書館2003年。

文書）
【景履】 下鄰人競頹（包山163・文書）
【景慶】 郯左司馬競慶（包山155 ・文書）
【景軔】 競軔（包山118 ・文書）
【景駝】 競駝（包山187 ・文書）
【景悎】 鄗連囂競悉（包山110・文書）
【景酉】 競亟（包山68 ・文書）
【倞邦】 倞邦（包山120 ・文書）
●，劉釗釋"倞"。[1]
【鄜鬻】 鄜鬻（曾侯32 、130 ）
【逭】 宵官司敗逭（包山182・文書）
【扂新】 加公扂新（包山192・文書）
【句戣】 句戣（包山60 ・文書）
●《上四・曹沫》簡43 ，或讀爲"散"（《上博四》第270頁），或讀爲"捷"；[2]與爲一字。
【郇遹】 郇遹（包山56・文書）
【郇㕣夷】 𧊒尹之司敗郇㕣𡗝（包山28・文書）
【瘏】 瘏（包山3・文書）
【孓】 孓（包山122 、123・文書）計12見。
【斲】 左敏斲（包山152・文書）
【均】 司㙓均（新蔡・甲三349・簿書）
【均臧】 君之右司馬匔臧（包山43・文書）
【苛捭】 登人苛捭（包山187・文書）
【苛晨】 苛脣（包山37・文書）
【苛㕓】 罶善之人苛㕓（包山168・文書）
【苛愴】 苛悤（望山1－11）
【苛忿】 攻寳苛忿（包山172・文書）
【苛鄙】 苛鄙（包山277・遣策）
【苛狗子】 苛䧹子（包山176・文書）
【苛光】 苛光（包山207、220・卜禱）
【苛臒】 苛臒（包山94・文書）
【苛嘉】 苛嘉（包山216、217・卜禱）
【苛傑】 苛𢸚（包山167 ・文書）
【苛疽】 登公𪄻之州人苛𤸦（包山58・文書）
【苛矍】 宣王之䆷州人苛矍（包山58 ・文書）苛矍（包山169・文書）宣王䆷市客苛矍（包山191・文書）
【苛适】 宣王之䆷市之客苛遱（包山58 ・文書）遱（包山58・文書）
【苛羅】 大让苛羅（包山167・文書）
【苛冒】 郐人苛冒（包山132・文書）苛冒（131、134、135、135反、136、137・文書）冒（包山135反・文書）
【苛䐗】 登貪尹之里人苛䐗（包山92

[1] 劉釗《包山楚簡文字考釋》，《出土簡帛文字叢考》第19頁，臺灣古籍出版有限公司2004年。

[2] 參看單育辰《〈曹沫之陳〉文本集釋及相關問題研究》第88頁，吉林大學碩士學位論文2007年。

[glyph]・文書）搰（包山 92 [glyph]・文書）

【苛胼】 苛胼（包山 85・文書）

【苛䳽】 司衣之州人苛䳽（包山 89・文書）

【苛慶】 苛慶（望山 1－2）

●"慶"不清，原釋"蠰"（《望山》第 88 頁），《十四種》據紅外影像改釋爲"慶"。[1]

【苛慶】 苛慶（秦家嘴 M13－8）

【苛啟】 苛啟（包山 146、184・文書）

【苛昒】 徒啬之客苛昒（包山 150・文書）

【苛善】 苛善（包山 168・文書）

【苛餵】 苛餵（包山 58 [glyph]・文書）

●[glyph]，劉信芳隸定作"餵"。[2]

【苛坦】 大秎之戠舊之客苛坦（包山 157・文書）

【苛賸】 剁寢敂之州苛鮴（包山 166 [glyph]・文書）苛鮴（包山 185・文書）

【苛佗】 笑邑人苛佗（包山 185・文書）

【苛昭】 鄓敂之州加公苛昭（包山 165、189・文書）

【苛輊】 蔵沅君之人苛輊（包山176・文書）

●[glyph]，整理者隸定爲"輾"（《包山》第 30 頁）。袁國華隸定爲"輮""輊"。[3]

【苛誠】 里公苛誠（包山 42・文書）

【𠙶】 墮鐘連囂𠙶（包山 170 [glyph]・文書）

【𣥺】 游宫州加公𣥺（包山 190 [glyph]・文書）

【快】 郲陵攻尹快（包山 117・文書）

【匡得】 正𡉣旻（包山 29・文書）佳旻（包山 35・文書）

●許全勝疑"𨛫"即見於《説文》邑部之"郢"，讀爲"匡"，[4]何琳儀亦讀爲"匡"。[5]

【匡箮】 𡉣箮（包山 103 反[glyph]・文書）

●[glyph]，劉國勝釋爲"箮"，讀爲"蓋"。[6]

【匡還】 𡉣還（包山 92・文書）

【匡坷】 𡉣坷（包山 99、100・文書）𨛫𠙶（包山 102・文書）

[1] 陳偉等《楚地出土戰國簡册（十四種）》第 278 頁，經濟科學出版社 2009 年。

[2] 劉信芳《包山楚簡解詁》第 60 頁，藝文印書館 2003 年。

[3] 袁國華《讀〈包山楚簡・字表〉劄記》，全國中國文學研究所在學研究生學術論文研討會論文，臺灣桃園 1993 年。此文未見，轉引自朱曉雪《包山楚簡綜述》第 284 頁，福建人民出版社 2013 年。

[4] 許全勝《包山楚簡姓氏譜》第 25 頁，北京大學碩士學位論文 1997 年。

[5] 何琳儀《戰國古文字典：戰國文字聲系》第 633 頁，中華書局 1998 年。

[6] 劉國勝《包山楚簡〈廷志〉文書札記四則》，《出土文獻與法律史研究》第 2 輯，第 181 頁，上海人民出版社 2013 年。

【匡傴】 坒慝(包山87・文書)

【匡遶】 郌迭(包山119反・文書)

【匡賞】 郌賞(包山119反・文書)王士之遙郌賞(包山152・文書)

【匡是舉】 郌是嬰(包山89・文書)

【匡夏】 坒頣(包山103反・文書)

【匡倚】 坒倚(包山125反・文書)

【軭】 郕客左尹軭(包山145・文書)

【昆聞】 訇人昆簠(新蔡・甲三244・簿書)

【适】 左司馬逌(包山129、152・文書)

【藍】 郁陸午之里人藍(包山92・文書)

【雷娩】 靁孪(包山175・文書)

【雷秦】 正昜辻靁秦(包山174・文書)

【雷宋】 靊宋(包山85・文書)

【虆】 羋尹蘦(包山116・文書)

●，劉釗認爲从"艸""糸""畾(畾)"，應釋爲"虆"。[1]

【壘陽君】 壘昜君(包山190—191・文書)

●湯餘惠認爲"壘昜"即耒陽。[2]

【鄏君】 鄏君(曾侯42、60、144、149、150、153、158、163、194、197)

【鄏君】 鄏君(包山68・文書)

●，或認爲右旁非"鬲"。[3] 包山簡有"鄏"作(簡118等)，所从之"鬲"楚簡多見，或作(《清一・保訓》簡1)(《清三・芮良》簡3)(《上二・容成》簡13)。吴良寶指出，簡文是將"鬲"上部改造成"辛"[4](金文"鬲"作等)，其説可從。

【李捭】 李捭(江磚4)

【李辡囟】 李兖囟(包山23・文書)

●，黄錫全釋"兢"。[5] 按，《清八・治邦》簡2"是以不辡(辨)貴賤"，"辡"作，疑與爲一字。

【李㤥】 佶辻六敂李㤥(包山146・文書)

【李肱】 鄴右仔尹李拡(包山44・文書)

【李婀】 臨昜之宫司馬李婀(包山53・文書)

【李列耴】 正李剫耴(包山77・文書)

●"剫"讀爲"列"，參看第145頁"妣列"條。

【李昚】 李昚(江磚2、3)

---

[1] 劉釗《包山楚簡文字考釋》，《出土簡帛文字叢考》第18頁，臺灣古籍出版有限公司2004年。

[2] 湯餘惠《包山楚簡讀後記》，《考古與文物》1993年第2期。

[3] 賈連敏《古文字中的"祼"和"瓚"及相關問題》，《華夏考古》1998年第3期。

[4] 吴良寶《戰國楚簡地名輯證》第97頁，武漢大學出版社2010年。

[5] 黄錫全《湖北出土商周古文字輯證》第193頁，武漢大學出版社1992年。

【李瘽】 李瘽(包山 175・文書)

【李逗】 邡司馬豫之州加公李逗(包山 24・文書)

【李瑞】 邡司馬之州加公李僘(包山 30・文書)邡司馬之州加公李瑞(包山 22・文書)

【李耵】 鄗司敗李耵(包山 20 ・文書)顥司敗李耵(包山 47 ・文書)

●,黄錫全釋"聽",[1]肖攀認爲从耳丁聲,是"聖"字。[2]

【李緅】 李綁(新蔡・甲三 220 ・簿書)

● 陶文多見 字,顧廷龍釋爲"緅"。[3]

【李矚】 [illegible]人李䁯(包山 181 ・文書)。

●,高明、涂白奎釋爲"矚"。[4]

【李獻】 李獻(包山 182・文書)

【李訆】 佶让李訆(包山 179 ・文書)

●,整理者隸作"訧"(《包山》第 52 頁),白於藍謂右旁从"丩",[5]吴良寶隸作"訆"。[6]《玉篇・言部》:"訆,止也。"

【李羕】 李羕(包山 40・文書)

【李瑶】 李琜(包山 173・文書)

【李越】 郪陵人李郕(包山 166・文書)

【李臧】 李壓(包山 96・文書)

【李歆于】 李歆于(包山 163・文書)

【利】 發尹利(包山 128、141、143、171・文書)

【棃】 宫廏敓棃(曾侯 4)

【利吉】 鄽君之人利吉(包山 164・文書)

【利臤】 里公利臤(包山 122・文書)

【利越】 鄘城莫囂之人利郕(包山 174・文書)

【磿】 扅賨曆(包山 181 ・文書)

【連】 攻婁連(新蔡・甲三 294、零 334・簿書)

【卲連敖】 卲連囂(新蔡・零 354・簿書)

●,右旁不釋。

【連利】 連利(包山 135・文書)

【連且】 大鼲尹連虘(包山 138・文書)

【連郢】 寡君之子連郢(包山 190・文書)

---

[1] 黄錫全《湖北出土商周古文字輯證》第 192—193 頁,武漢大學出版社 1992 年。

[2] 肖攀《包山簡文字補釋三則》,《中國文字研究》第 18 輯,第 97—98 頁,上海書店出版社 2013 年。

[3] 参看王恩田編著《陶文字典》第 326 頁,齊魯書社 2007 年。

[4] 高明、涂白奎編著《古文字類編(增訂本)》第 730 頁,上海古籍出版社 2008 年。

[5] 白於藍《〈包山楚簡文字編〉校讀瑣議》,《江漢考古》1998 年第 2 期。

[6] 吴良寶《平肩空首布"印"字考》,《中國錢幣》2006 年第 2 期。

【連中】 大史連中（包山 138 · 文書）

【婕】 少妾婕（包山 181 · 文書）

【良】 良（新蔡 · 乙三 28 · 卜禱）

【廖頷】 司豐司敗鄝頷（包山 21 · 文書）

【廖鏞】 佁戠黃痓之人翏鏞（包山 168 · 文書）

【廖堅】 易翟人翏堅（包山 193 · 文書）

【廖瘖】 悬王佁室翏瘖（包山 173 · 文書）

【廖亞夫】 肅王琬人翏亞夫（包山 174 · 文書）瘳亞夫（包山 188 · 文書）翏亞夫（包山 189 · 文書）

【廖野】 瘳埜（包山 171 · 文書）

【廖臧】 正易正差翏壓（包山 177 · 文書）

【廖足】 武陵戠尹之人翏足（包山 169 · 文書）

【列蔡】 囟鄝（包山 142 · 文書）

【列諻】 剫諻（包山 60 · 文書）

【列勁】 囟摼（包山 42 、82 · 文書）

【列猬】 囟闠（包山 42 · 文書）

【列紻】 剫紻（包山 67 · 文書）

【列纓】 戠緩（包山 146 · 文書）

【臨得】 下臨邑臨旻（包山 79 · 文書）

【臨它】 上臨邑公臨虍（包山 79 · 文書）

【陵君】 蔆君（包山 153 、154 · 文書）

【靈里子】 需里子（包山 42、180 · 文書）

【婁産】 婁産（包山 187 · 文書）

【婁臣】 殿仿司馬婁臣（包山 15 · 文書）

【婁薹】 登軍之州人婁薹（包山 173 · 文書）

●魏宜輝指出所从與（《郭店 · 緇衣》簡 16，今本作“從”）、（《新蔡》零 484，史傑鵬、宋華强讀爲疾速義的“憯”[1]）、（《上三 · 周易》簡 14，今本作“簪”）等字相關。[2] 諸字基本聲符陳劍釋爲“琮”。[3]

【婁逼】 婁逼（包山 192 · 文書）

【婁狐】 婁狐（包山 164 · 文書）

【婁間】 疆駻婁刎（包山 179 · 文書）

---

[1] 史傑鵬《由楚簡帛書異文談談幾個上古屋部連綿詞的意思》，《咸寧學院學報》2005 年第 5 期；宋華强《新蔡簡與“速”義近之字及楚簡中相關諸字新考》，簡帛網，2006 年 7 月 31 日。

[2] 魏宜輝《再論郭店簡、上博簡〈緇衣〉用爲“從”之字》，張玉金主編《出土文獻語言研究》第 1 輯，第 72 頁，廣東高等教育出版社 2006 年。

[3] 陳劍《釋“琮”及相關諸字》，《甲骨金文考釋論集》第 273—316 頁，綫裝書局 2007 年。

【婁适】 婁逜(包山164・文書)

【婁毛】 稟昜宭尹之州里公婁毛(包山37・文書)

【婁前】 𨙶郢公之州加公婁逬(包山185 ・文書)

【婁佗】 敗仿史婁佗(包山15・文書)

【盧勁】 膚㢿(包山193・文書)

【魯□】 魯□(仰天湖26)

●"魯"後一字不清,郭若愚釋爲"攺"。[1]

【魯快】 遊快(包山186・文書)

【魯期】 顯宧大夫𤈦公遊昇(包山47・文書)

【魯陽公】 遊旟公(曾侯195)魯旟公(曾侯162)𧶠旟公(曾侯198)遊公(曾侯119)

●整理者:《國語・楚語下》"惠王以梁與魯陽文子",韋昭注:"文子,平王孫,司馬子期子魯陽公也。"《淮南子・覽冥》"魯陽公與韓構難,戰酣日暮,援戈而撝之,日爲之反三舍",高誘注:"魯陽,[2]楚之縣公,楚平王之孫,司馬子期之子,《國語》所稱'魯陽文子'也。楚僭號稱王,其守縣大夫皆稱公,故曰魯陽公。今南陽魯陽是也。"據楚王酓章鎛銘文,曾侯乙與楚惠王同時,簡文"魯陽公"可能就是魯陽文子。(《曾侯》第527頁)簡119"遊公",整理者謂即"旅陽公"之省(《曾侯》第521頁)。

【禄君】 鄝君(包山153、154・文書)
𡨥君(包山190・文書)

【樂迿】 大佶(造)让𢇍迿(包山172・文書)佶(造)大让𢇍迿(包山178・文書)

【樂脡】 𢇍胥(包山193 ・文書)

【樂首】 新都南陵大宰𢇍痟(包山102・文書)

●整理者隸定爲"痟"(《包山》第24頁)。劉釗認爲是"憂"之異構,古璽中多有名"亡痟"者,"亡痟"即"無憂"。[3] 按,《璽彙》551 等字,陳漢平較早釋爲"憂"。[4]

【樂獻】 安陵莫囂𢇍𪊨(包山105・文書)

【羅角】 宋佶𧾷少童羅角(包山180・文書)

【羅軍】 羅𠣮(包山93・文書)

【羅狂】 𦅻性(包山22・文書)正羅

[1] 郭若愚《戰國楚簡文字編》第125頁,上海書畫出版社1994年。

[2] 此處《淮南子》原文即如此。

[3] 劉釗《包山楚簡文字考釋》,《出土簡帛文字叢考》第17頁,臺灣古籍出版有限公司2004年。

[4] 陳漢平《古文字釋叢》,文化部文物局古文獻研究室編《出土文獻研究》第237頁,文物出版社1985年。

怪(包山 24・文書)

【羅壽】　正羅壽(包山 26 ・文書)羅壽(包山 68・文書)

【吕堅】　郘堅(包山 82・文書)

【吕快】　鄎陵人郘快(包山 169・文書)

【吕逯】　佶让尹郘逯(夕陽坡 2)

【吕鼺】　郘鼺(包山 82 ・文書)

【吕奇】　羕陵正婁郘奇(包山 75・文書)

【吕觀】　郘觀(包山 82 ・文書)

【吕脠】　走仿郘緍(包山 100・文書)郘緍(包山 184・文書)

【吕壽】　郘壽(包山 82・文書)

【吕壽君】　株昜莫囂郘壽君(包山 108・文書)

【吕懌】　郘悬(包山 82・文書)

【吕寅】　郘寅(包山 183、184・文書)

【吕卒】　郘卒(包山 82・文書)

【旅毆】　左司馬旅毆(包山 116 ・文書)

【履犬】　新官婁頟犬(包山 5—6・文書)

【率嘉】　让御衛嘉(包山 74・文書)

【笀斬】　笀斬(曾侯 155)

●何琳儀讀爲“芒”氏。[1]

【毛】　葳尹毛(包山 194・文書)

【悲】　門婁悲(包山 179・文書)

【娩】　司舟公孯(包山 168・文書)

【瘻】　尹瘻(曾侯 71)

【黽】　黽(新蔡・零 241,甲三 39・卜禱)

【鼈】　蘘陵公鼈(包山 103 ・文書)

【畧】　聖夫人之鄗邑人畧(包山 179 ・文書)

●與“畧”相關之字近出楚簡多見,釋讀尚無定論。[2]

【龗】　郯戲尹龗(包山 194 ・文書)

【鄍君】　鄝寂層敔鄍君(包山 143 ・文書)

●范常喜認爲“鄍”即楚國要塞“冥阨”。[3]

【鄍君】　鄍君(曾侯 65 、201)

【命謐】　王西州里公命謐(包山 191・文書)

【墨】　士帀墨(包山 12・文書)

【某豓】　某豓(曾侯 143 、146、151、175)

● ,何琳儀釋爲“某”,讀爲“梅”氏。[4]

【某欻】　关戲某欻(包山 168 ・文書)

【某敚】　邸昜君之某敚(包山 185・

[1] 何琳儀《戰國古文字典：戰國文字聲系》第 729 頁,中華書局 1998 年。

[2] 參看侯乃峰《清華簡(七)〈趙簡子〉篇從“黽”之字試釋》,復旦大學出土文獻與古文字研究中心網,2019 年 3 月20 日。

[3] 范常喜《簡帛探微——簡帛字詞考釋與文獻新證》第 112 頁,中西書局 2016 年。

[4] 何琳儀《戰國古文字典：戰國文字聲系》第 132 頁,中華書局 1998 年。

文書)

【某軌】 郚司敗某旗(包山 131 ·文書)

【某梧】 某䢌(新蔡·甲三 224 ,零 525·簿書)

【某憬】 郊之鳴敺邑人某憼(包山 95·文書)憼(包山 95·文書)

【某瘽】 郜室人某瘽(包山 12、13·文書)

●,黄盛璋直接釋爲"梅",[1]巫雪如讀爲"梅"。[2]

【某攝】 某聑(江礴 1)

【某訓】 某訓(包山 193·文書)

【某子菑】 戩郢某子甾(包山 169·文書)

【穆亥】 穆亥(包山 187·文書)

【穆巽】 郊左喬尹穆巽(包山 49·文書)

【穆痀】 斳易公穆痀(包山 47·文書)

【南幹】 弦㕣君之人南輊(包山 38·文書)

【難】 難駁爲右驂(曾侯 174)

【溺】 大室醢尹㲻(包山 177 ·文書)

【寧聯】 大臧之州人盜耼(包山 72 ·文書)

●,黄錫全釋爲"耼(聯)";[3]何琳儀謂从耳中聲,又疑爲"聑"之省文。[4]

【虐】 郱思公之州里公虘(包山 163·文書)

【盤己】 盤己(包山 150·文書)

【盤泀】 卲行之夫₌盤泀(包山 15·文書)

【盤沙】 大廄盤𢀡(包山 167·文書)

【盤酉】 盤亟(天星觀 45)

【珊】 让大歛珊(包山 74 ·文書)

●"珊"見於春秋晚期秦公大墓殘磬銘,作。王輝認爲是玨朋之"朋"的本字,祭祀神靈之玉。[5]

【彭定】 彭定(新蔡·甲三 41 ,甲一 25 ·卜禱)定(新蔡·甲一 24·卜禱)。多見。

【彭君】 彭君(包山 54、56、165、177·文書)

【彭圍】 刾敂彭圍(包山 2·文書)刾敂圍(包山 5·文書)

【彭懌】 鄟右司馬彭𢡃(包山 133

[1] 黄盛璋《包山楚簡中若干重要制度發覆與争論未決諸關鍵字解難決疑》,《湖南考古輯刊》第 6 集,第 188 頁,嶽麓書社 1994 年。

[2] 巫雪如《包山楚簡姓氏研究》第 82—83 頁,臺灣大學碩士學位論文 1996 年。

[3] 黄錫全《湖北出土商周古文字輯證》第 187 頁,武漢大學出版社 1992 年。

[4] 何琳儀《戰國古文字典:戰國文字聲系》第 273 頁,中華書局 1998 年。

[5] 參看王輝主編,楊宗兵、彭文、蔣文孝編著《秦文字編》第 87 頁,中華書局 2015 年。

·文書）

【妭】　妾婦妭（包山 191·文書）

●《集韻·支韻》："妭，女字。"

【坪陵君】　坪陵君（包山 192·文書）

【坪夜君】　坪夜君（曾侯 67、160、161、191）

【鄱君】　鄱君（包山 153、154、175·文書）

【莆】　莆（曾侯 142 、143）

【蔵沍君】　蔵沍君（包山 176 ·文書）

●"蔵"字楚文字多以"蔵郢"一詞出現，有、、、、、、等異體，[1]舊釋頗多。[2]《郭店·性自》簡 30"然以終"，整理者讀爲"戚"（《郭店簡》第 180 頁）；《清五·啻門》簡 9"氣乃老，鑁乃猷"，整理者釋爲"戚"讀爲"促"，讀"鑁"爲"徐"（《清華伍》第 145 頁），文意通暢。、、聲同，可見釋"蔵"意見可從。"沍"，顏世鉉讀爲"沮"。[3]《新蔡》甲三 11、24 及甲三 268 所見"沍、章"，董珊指出即"沮、章"。[4]《上四·昭王》簡 1"昭王爲室於死沍之滸"、《清六·子儀》簡 16"沍漳之川"，均讀爲"沮"。[5]

【期思公】　郙思公（包山 163 ·文書）

●楚簡"亙""亟"已混用。"期"（群—之）、"亟"（見—職）音近。徐少華較早認爲包山簡中的"郙思"即見於《左傳》文公十年的楚縣"期思"。[6]

【郘從】　郘從（包山 91 ·文書）

●《清一·耆夜》簡 1"武王八年，征伐郘"，"郘"古書作"黎"或"耆"（《清華壹》第 151 頁）。

【騎】　芺公㽞（包山 119 ·文書）

●，整理者隸定作"[illegible]"（《包山》第 25 頁），劉釗釋爲"騎"。[7]

【啓】　辶史啓（曾侯 155）

【偄】　安陵公愞（包山 117 ·文書）

---

[1] 參看滕壬生《楚系簡帛文字編（增訂本）》第 73—74 頁，湖北教育出版社 2008 年。

[2] 參看朱曉雪《包山楚簡綜述》第 347—351 頁，福建人民出版社 2013 年。

[3] 顏世鉉《包山楚簡地名研究》第 89 頁，臺灣大學碩士學位論文 1997 年。

[4] 董珊《新蔡楚簡所見的"顓頊"和"雎漳"》，簡帛研究網，2003 年 12 月 7 日；收入氏著《簡帛文獻考釋論叢》第 111—117 頁，上海古籍出版社 2014 年。

[5] 白於藍《簡帛古書通假字大系》第 321 頁，福建人民出版社 2017 年。

[6] 徐少華《周代南土歷史地理與文化》第 372 頁，武漢大學出版社 1994 年。

[7] 劉釗《包山楚簡文字考釋》，《出土簡帛文字叢考》第 17 頁，臺灣古籍出版有限公司 2004 年。

●劉釗指出"懸"即"愛"字,簡文即"僾"。[1]

【悘】 差敂悘(包山 85 [illegible]·文書)

【晉妾】 彭君之人晉妾(包山 177·文書)

●"晉",何琳儀讀爲"潛"氏。[2]

【肷】 邔吁牒尹肷(包山 175·文書)

【强】 宜陽司馬弜(包山 103·文書)

【妾】 至命連躝妾(包山 170·文書)

【秦赤】 鄗人秦赤(包山 168、168、184·文書)

【青辛】 鄬之己里人青辛(包山 31·文書)郬辛(包山 50·文書)

【秋】 新埜人少妾秋(包山 183 [illegible]·文書)

●[illegible],朱曉雪釋爲"秋"。[3]

【嗀】 鄴郾公嗀(包山 186·文書)

【㕣舉】 [illegible]昜公會剔之妾㕣舉(包山 83·文書)

【求範】 佶戱郝軋(包山 167·文書)

【求邊】 佶戱郝迖(包山 175 [illegible]·文書)

【悚】 刅寢尹之人悚(包山 171 [illegible]·文書)

【裘定】 裘定(曾侯 22、127)

【屈達】 大敓尹屈達(包山 121·文書)

【屈賈】 屈賈(包山 190·文書)

【屈九】 屈九(新蔡·甲三 324·簿書)

【屈就】 湛母邑人屈稾(包山 169 [illegible]·文書)

【屈貉】 屈駱(包山 87·文書)

【屈犬】 安陕之下隁里人屈犬(包山 62·文書)

【屈犹】 緫[illegible]大宫屈犹(包山 67·文書)

【屈惥】 郯攻尹屈惥(包山 157·文書)

【屈爲人】 新大廄屈爲人(包山 176·文書)

【屈昜爲】 大莫囂屈昜爲(包山 7·文書)

【屈宜】 屈宜(包山 223、223·卜禱)

【屈贊】 殌思少司馬屈贊(包山 130 [illegible]·文書)

●[illegible],劉信芳隸作"贊",[4]朱曉雪作"贊"。[5]

【瞿睪】 昜城公羕睪(包山 120、120

[1] 劉釗《包山楚簡文字考釋》,《出土簡帛文字叢考》第 18 頁,臺灣古籍出版有限公司 2004 年。

[2] 何琳儀《包山竹簡選釋》,《江漢考古》1993 年第 4 期。

[3] 朱曉雪《包山楚簡綜述》第 299 頁,福建人民出版社 2013 年。

[4] 劉信芳《包山楚簡解詁》第 121 頁,藝文印書館 2003 年。

[5] 朱曉雪《包山楚簡綜述》第 441 頁,福建人民出版社 2013 年。

、121・文書）

●《上三・周易》簡 23 ，帛書本作"瞿"，今本作"衢"。《十四種》據此認爲亦用作"瞿"，姓氏字。[1]

【瞿快耳】 羕快耳（包山 190・文書）

【瞿墜】 夜𡕒之里人鄹墜（包山 168 ・文書）

【券】 舟斨公婘（包山 168・文書）

【塙】 陵让尹塙（包山 149・文書）

【壬女】 妾婦壬女（包山 187・文書）

【郝塍】 郝塍（包山 221 、222、223・卜禱）

●字从右上从壬。張新俊據《上四・曹沫》簡 5 陳劍釋爲"恐"，認爲簡文所从亦爲"工"，讀爲龔。[2]

【卤郍】 卤郍（曾侯 176 ）

●與相同字形楚簡多見，即見於《説文》之"卤"，用爲"乃"。

【柔】 秦戭連囂脜（包山 180・文書）

●《説文》肉部"脜"，"面柔也""讀若柔"。楚簡多見，讀爲"羞""擾""柔"等。[3]

【若】 五市宵倌之司敗若（包山 15、15 反、176・文書）

【若雄】 筆敔公 著鼓（包山 70 ・文書）

●巫雪如已指出，"著"即《左傳》定公六年楚"遷郢於鄀"之"鄀"。[4] 清華簡"著"多見，讀爲"若"或"鄀"。[5]

【桑貾】 郊人桑貾（包山 167 ・文書）

【殤禐】 殤禐（曾侯 172）

●殤，何琳儀讀爲"傷"，[6] 鵬宇讀爲"唐"。[7]

【上】 陳人龏㝵之人走（包山 192・文書）

【上】 司馬上（曾侯 151）

【鄗君】 鄗君（包山 165、包山 180・文書）

【燒】 羕陵少甸尹炆（包山 186・文書）

【鄯牧】 鄯牧（曾侯 145、147、164、179、180、182）

【舍羊】 畬羊（包山 121 ・文書）

---

［1］ 陳偉等《楚地出土戰國簡册（十四種）》第 58 頁，經濟科學出版社 2009 年。

［2］ 張新俊《上博楚簡文字研究》第 66—67 頁，吉林大學博士學位論文 2005 年。

［3］ 參看白於藍《簡帛古書通假字大系》第 175—176 頁，福建人民出版社 2017 年。

［4］ 巫雪如《包山楚簡姓氏研究》第 86—87 頁，臺灣大學碩士學位論文 1996 年。

［5］ 白於藍《簡帛古書通假字大系》，第 713 頁，福建人民出版社 2017 年。

［6］ 何琳儀《戰國古文字典：戰國文字聲系》第 663 頁，中華書局 1998 年。

［7］ 鵬宇《曾侯乙墓竹簡文字集釋箋證》第 272 頁，華東師範大學碩士學位論文 2010 年。

●"羊"古文字多見。[1]《説文》角部有"觲":"用角低仰便也。从羊牛角。《詩》曰:觲觲角弓。"今《小雅·角弓》作"騂騂",《石鼓文·車工》有"牸牸角弓"。土部有"垟":"赤剛土也。从土觲省聲。"馬部新附有"騂":"馬赤色也。从馬觲省聲。"羅振玉認爲是"騂"之本字。[2]

【舍】 伴大敀愈(包山5·文書)

【舍■】 里公畲■(包山122—123 ■)

●劉釗釋爲"舍",讀爲姓氏之"余"。[3] 何琳儀認爲即"舍"氏。[4] 朱曉雪認爲讀"余"可能性較大,《清二·繫年》簡7"■臣"即文獻中的"余臣"。[5]

【舍罣】 下鄗人畲罣(包山120、121·文書)

【舍猬】 下鄗蔌里人畲鬭(包山120·文書)鬭(包山120·文書)

【射合君】 弡合君(包山38、60·文書)

●"弡合",顔世鉉讀爲"澤皋(皐)"或"澤九",其地望大概在今江西省鄱陽湖和長江交匯處。[6] 史傑鵬讀爲"橐皋",見於《漢書·地理志》九江郡下轄之縣。[7] 鄭威讀爲"射皋",地望當在古謝城附近,即今新野縣東境的唐河西岸一帶。[8]

【攝】 𧆠昜敂嬰(包山186 ■·文書)

【申】 喬尹申(新蔡·甲三310·簿書)

【■深】 ■深(曾侯171 ■)

【紳朝】 東周之客繣朝(包山145 ■·文書)

【沈敢】 鄱敢(包山85 ■·文書)

【沈繄】 审昜古盤邑人鄱繄(包山97 ■■·文書)

【沈和】 倍辻鄱和(包山186 ■·文書)

【沈膿】 鄱腰(包山193 ■■·文書)

[1] 參看黄德寬主編《古文字譜系疏證》第3583—3586頁,商務印書館2007年。

[2] 參看于省吾主編《甲骨文字詁林》第1525頁,中華書局1996年。

[3] 劉釗《包山楚簡文字考釋》,《出土簡帛文字叢考》第18—19頁,臺灣古籍出版有限公司2004年。

[4] 何琳儀《包山竹簡選釋》,《江漢考古》1993年第4期。

[5] 朱曉雪《包山楚簡綜述》第410頁,福建人民出版社2013年。

[6] 顔世鉉《包山楚簡地名研究》第73—74頁,臺灣大學碩士學位論文1997年。

[7] 史傑鵬《關於包山楚簡中的四個地名》,《陝西歷史博物館館刊》第5輯,第136—137頁,西北大學出版社1998年。

[8] 鄭威《楚簡封君釋地二則》,簡帛網,2012年1月18日。

【沈曁】　鄐亹（新蔡·甲三398 ·簿書）
【沈緟】　鄐緟（包山85 ·文書）
【沈余穀】　鄐余穀（新蔡·甲三322 ·簿書）
【慎】　白逄公新（包山150 ·文書）
【勝】　新者莫囂ӭ（包山113 ·文書）
【師】　大駐尹帀（包山12、126·文書）
【石被裳】　石祓祴（包山199·卜禱）石褎常（包山203·卜禱）石祴常（包山214·卜禱）
【石脖】　冶士石聱（包山80 ·文書）
【石蒼】　石蒼（包山176·文書）
【石疸】　鄹君之州加公石瘧（包山189·文書）
【石唇】　少臧之州人冶士石屆（包山80、80·文書）
【石紳】　藪陵之戠里人石紬（包山150 ·文書）
【石耴鼽】　石耴鼽（包山80 ·文書）
【史丑】　史丑（天星觀2等）
【史瘡】　让畝史瘡（包山194·文書）
【史善】　彭君司敗史善（包山54·文書）
【史懌】　史息（包山168·文書）
【豕】　舟䔾（贅）公豕（包山168·文書）
【壽】　邾逄公慁（包山94·文書）
【壽君】　株昜莫鄾壽君（包山117·文書）
【疋膢】　疋膢（包山62·文書）
【疋吉】　疋吉（包山85·文書）
【疋署】　疋署（包山28、38、70·文書）
●《集韻·清韻》謂"旌""或作猜"。《包山》簡269"絑署"、《馬王堆·正亂》"蚩尤之署"（27下），"署"均讀爲"旌"。
【疋憅】　泟憅（包山52 ·文書）
【疋期】　正泟异（包山80、83、96·文書）疋异（包山36·文書）
【疋起】　郘邑人疋记（包山164·文書）
【疋碨】　泟碨（包山46 ·文書）泟崼（包山55 、64·文書）
【疋獻】　疋獻（包山79·文書）
【疋忻】　泟忈（包山34·文書）正疋忈（包山39、91·文書）
【疋越】　疋郕（包山61·文書）
【泟辡】　泟辛（包山81 ·文書）
【邔陽公】　邔昜公（包山125·文書）
●同簡"邔昜"之"邔"作 。作爲地名，"邔陽"又作"泟陽"（簡124）、"疋陽"（簡125反）。顏世鉉讀"泟"爲"沮"，謂"疋陽"可能在今湖北沮水附近。[1]

[1]　顏世鉉《包山楚簡地名研究》第142頁，臺灣大學碩士學位論文1997年。

【舒賸】 攻尹豫賸(包山 118 · 文書)

【舒捭】 東敔公豫捭(包山 125 · 文書)

【舒快】 豫怸(包山 82 · 文書)

【舒寅】 豫寅(包山牘 1 正 · 遣策)

【舒羌】 豫羌(新蔡 · 甲三 343－2 · 簿書)

●本頁人名"豫慶"又作"豫慶",是"豫""豫"均爲"舒"氏之證。

【舒畢】 噩君之人豫趩(包山 193 · 文書)

●"趩"或即《説文》走部之"趩"。

【舒臣】 舟室豫臣(包山 180 · 文書)

【舒丹】 噩君之司敗豫丹(包山 76 · 文書)

【舒郙】 鄴人豫郙(包山 184 · 文書)

【舒肱】 佸大让豫拡(包山 169 · 文書)

【舒率鯢】 窠脰鳴胥豫銜鯢(包山 194 · 文書)

【舒慶】 秦競夫人之人豫慶(包山 132、137 反 · 文書)豫慶(包山 131、135 反、136、137 · 文書)慶(包山 136、137、137 反 · 文書)

【舒昍】 豫昍(包山 136、137 · 文書)昍(包山 133、135、135 反 · 文書)

【舒善】 豫善(包山 182 · 文書)

【舒緹】 豫挰(包山 131、136、137、138、139 反 · 文書)豫緹(包山 184 · 文書)挰(包山 135 反、136、137、137 反、138 反 · 文書)緹(包山 135 · 文書)

●《説文》糸部"縕"異體作"緹"。《清二 · 繫年》簡 93"繺緹"即史書中的"欒盈"。

【舒無畏】 卲援之人豫亡愳(包山 176 · 文書)

【舒夏臣】 郙人豫頣臣(包山 192 · 文書)

【舒余善】 邧让尹之人豫余善(包山 191 · 文書)

【舒豫】 東厇人豫豫(包山 171、191 · 文書)

【舒逃】 豫逃(包山 131、136 · 文書)逃(包山 135、136、137 · 文書)

【鼾】 郅戠尹鼾(包山 162 · 文書)

●《清六 · 鄭乙》簡 8"爲是牢,不能同穴"(《鄭甲》簡 9 作),整理者讀"鼾"爲"鼠"(《清華陸》第 119 頁)。"鼾"或是雙聲符字,秦簡"鼠"讀爲"予"多見。

【朔】 縈公朔(包山 98 · 文書)

【宋】 佃尹宋(新蔡 · 甲三 400 · 簿書)

【宋瘻】 宋瘻(包山 109 · 文書)

【宋弼】 郐大让尹宋勥(包山 51 · 文書)

●"勥",《玉篇 · 力部》古文"弼",《汗簡》"弼"作。

【宋贔】 邱昜之牢审獸竹邑人宋贔(包山 150 · 文書)

【宋丹】 彭沱人宋丹(包山170·文書)

【宋庚】 宋庚(包山85·文書)

【宋加】 郯喬差宋加(包山49·文書)

【宋客】 宋客(曾侯171)

【宋良志】 宋良志(新蔡·甲三220·簿書)

【宋木】 宋木(新蔡·零343·簿書)

【宋年】 莳君之加公宋年(包山164·文書)

●,袁國華認爲即从"禾""千"的"年"字。[1]

【宋强】 宋弜(包山18·文書)

【宋鼦】 宋鼦(包山85·文書)

【宋歒】 鄦昜大𠂤尹宋歒(包山87·文書)

【宋偈】 宋偈(包山101·文書)

●《廣韻·馬韻》:"偈,倚偈,行貌。"

【宋亡正】 邰吁新官宋亡正(包山175·文書)

【宋午】 酆昜君之人宋午(包山190—191·文書)

【宋獻】 宋獻(包山147·文書)

【蘇䶮】 鮇䶮(新蔡·甲三33·卜禱)䶮(新蔡·甲三3·卜禱)

【隋晨】 陆晨(包山163、171·文書)

【隋得】 里公𨻰旻(包山22、24、30·文書)

【隋鬲】 戠郢隓逼(包山167·文書)𨛭郢人陆[illegible](包山171·文書)

【隋宏】 隓宏之人惑(包山168·文書)

【隋瞿倚】 鄯尹之陆美倚(包山184·文書)

【隋惥】 㙉君之人隓惥(包山163·文書)

【隋訓】 登郢之人陆訓(包山179·文書)

【隨侯】 隓侯(新蔡·甲三25·卜禱)

●陳偉指出是隨國之侯。[2]

【孫之】 郙族之州人孫之(包山181·文書)

【痃】 郙昜莫囂之人痃(包山187·文書)

【湯午】 湯午(包山184·文書)

【湯旺】 古辻湯旺(包山173·文書)

●,整理者釋爲"昃"(《包山》第30頁)。

【唐必】 鄝連囂㙉必(包山127·

[1] 袁國華《讀〈包山楚簡·字表〉劄記》,全國中國文學研究所在學研究生學術論文研討會論文,臺灣桃園1993年。此文未見,轉引自朱曉雪《包山楚簡綜述》第256頁,福建人民出版社2013年。

[2] 陳偉《讀新蔡簡札記(四則)》,中山大學古文字研究所編《康樂集：曾憲通教授七十壽慶論文集》第81頁,中山大學出版社2006年。

文書）

【唐鋋】　墬鐠（包山 126・文書）羕陵之州里人墬鋋（包山 126、128・文書）鐠（包山 127・文書）

【唐晨】　墬唇（包山 85・文書）

●李零認爲與爲一字，讀爲"唐"；[1]巫雪如讀爲"陽"。[2]

【唐逿】　鄦昜之粟官墬逿（包山 87・文書）逿（包山 87・文書）

【唐非】　旨陵司敗墬非（包山 40・文書）

【唐緩】　縈寍之南昜里人墬緩（包山 96・文書）

【唐己】　墬㠯（包山 176・文書）

【唐疆】　墬畺（包山 87・文書）

【唐晉】　新大厩墬晉（包山 189・文書）

【唐君】　墬君（包山 163、176・文書）

【唐軍】　墬訇（包山 87・文書）

【唐年】　墬年（包山 126、127、128・文書）

【唐牛】　敔司馬墬牛（包山 125・文書）

【唐女】　篁敂州加公墬女（包山 190・文書）

【唐申】　少宫墬申（包山 62・文書）

【唐勝】　鄗君新州里公墬㝵（包山 180・文書）

【唐暑】　墬睹（包山 184・文書）墬暑（包山 185・文書）

【唐酹】　競賈之州加公墬酹（包山 180・文書）

【唐無龍】　墬無龍（新蔡・甲三 346－2、384・簿書）

【唐恷】　墬恷（包山 185・文書）

【唐倚】　長鄖之旦墬倚（包山 78・文書）

【唐義】　周賔之夫＝墬義（包山 65・文書）

【唐余】　陵让尹之相墬余（包山 149・文書）

【滕敓】　郲敓（包山 100・文書）

【滕】　新戯尹之人滕（包山 186・文書）

【童首】　童首（新蔡・零 234・卜禱）

【徒】　司馬徒（包山 8・文書）

【蛙】　郯逄公蠱（包山 81、82・文書）

【酓慶】　酓慶（包山 56・文書）

●，巫雪如讀爲"外"，[3]何琳儀讀爲"艾"，[4]《十四種》認爲上部爲

[1] 李零《包山楚簡研究（文書類）》，《李零自選集》第 141 頁，廣西師範大學出版社 1998 年。

[2] 巫雪如《包山楚簡姓氏研究》第 135—136 頁，臺灣大學碩士學位論文 1996 年。

[3] 巫雪如《包山楚簡姓氏研究》第 126 頁，臺灣大學碩士學位論文 1996 年。

[4] 何琳儀《戰國古文字典：戰國文字聲系》第 914 頁，中華書局 1998 年。

“間”，讀爲“干”。[1]

【宛纏】　鄴人郁邅（包山 170  · 文書）

●地名“郁”，陳偉讀爲“宛”。[2]

【宛乘】　亞大夫郁奞（包山 122 · 文書）

【宛余】　沅昜牒尹郁余（包山 164 · 文書）

【萬撫】　分敹（包山 164 · 文書）

●，湯餘惠釋爲“万（丐）”。[3]《郭店 · 唐虞》簡 27“物皆訇”，裘錫圭釋爲“万（丐）”讀爲“萬”（《郭店》第 160 頁）。

【亡龄】　亡龄（包山 171 · 文書）

【王大子】　王大子（包山 2 · 文書）

【王丹青】　王青=（包山 193 · 文書）

【王夫】　王夫（秦家嘴 M99－7）

【王袧】　王哀（曾侯 143）

●，何琳儀認爲从衣句省聲。[4]

【王婁】　王婁（包山 48、69 · 文書）

【王婁逯】　王婁逯（包山 65、74、103 反 · 文書）

●劉釗認爲“王婁”爲人名，“逯”讀爲“録”，記録。[5] 簡 103 反“王婁逯職之”，黄盛璋認爲“録識”即記録。[6] 巫雪如認爲“王婁逯”當爲人名。[7]《十四種》據簡 74“婁”“逯”二字下均加有點狀標記，謂“逯”亦是人名。[8] 按，包山簡多見“某某職之”，“王婁逯”爲人名似可信，與“王婁”非一人。

【王孫達】　三孫達（新蔡 · 甲三 206 · 簿書）

●“三”，廣瀨薰雄認爲是“王”字殘缺了豎筆。[9]

【憃國】　憃國爲左騑（曾侯 174）

●“憃”，何琳儀認爲是“茫”之異體。[10] 按，此字右旁从“亡”“人”“心”。整理者隸定作从亡心（《曾侯》

[1] 陳偉等《楚地出土戰國簡册（十四種）》第 31 頁，經濟科學出版社 2009 年。

[2] 陳偉《新出楚簡研讀》第 1—7 頁，武漢大學出版社 2010 年。

[3] 湯餘惠《包山楚簡讀後記》，《考古與文物》1993 年第 2 期。

[4] 何琳儀《戰國古文字典：戰國文字聲系》第 345 頁，中華書局 1998 年。

[5] 劉釗《包山楚簡文字考釋》，《出土簡帛文字叢考》第 11 頁，臺灣古籍出版有限公司 2004 年。

[6] 黄盛璋《包山楚簡中若干重要制度發覆與争論未决諸關鍵字解難决疑》，《湖南考古輯刊》第 6 集，第 193 頁，嶽麓書社 1994 年。

[7] 巫雪如《包山楚簡姓氏研究》第 31—32 頁，臺灣大學碩士學位論文 1996 年。

[8] 陳偉等《楚地出土戰國簡册（十四種）》第 33 頁，經濟科學出版社 2009 年。

[9] 廣瀨薰雄《新蔡楚簡所謂“賵書”簡試析》，《簡帛》第 1 輯，第 214 頁，上海古籍出版社 2006 年。

[10] 何琳儀《戰國古文字典：戰國文字聲系》第 728 頁，中華書局 1998 年。

第499頁),非是。

【望困菐】 郙客宔困𧊒(包山145 𧊒·文書)

●𧊒可能是"菐",亦可能是"察""淺""竊"所从之偏旁。

【危】 正敂翟(包山128、141、143、187 ·文書)

●"羽"下部分,楚文字既是"坐"又是"危"。

【愇】 南𨻰連孋𢡟(曾侯73)

【薳己】 㑔己(新蔡·甲三343-1 ·簿書)

【衛侯】 衛侯(新蔡·甲三114、113·卜禱)

【衛轅】 𧗾轅(新蔡·甲三292 ·簿書)

●,廣瀨薰雄釋爲"轅"。[1]

【魏豹】 逯𠹤(秦家嘴M13-2)郻𠹤(秦家嘴M13-3)

【魏豹】 鄵𠹤(望山1-7)郶𠹤(望山1-54)

●整理者謂"歸""鬼"音近,"鄵""郶"異體,均讀爲"魏"(《望山》第88—89頁)。

【魏奮】 郻客郻𡙇(包山145 ·文書)

【文适】 坪昜之枸里人文逜(包山97·文書)

【文壬】 霝里子州加公文壬(包山42·文書)

【文覩】 惠夫人之文覩(包山167·文書)

【文愝】 文㥦(新蔡·甲三206 ·簿書)

【文紳】 𡕶𦅫(包山190 ·文書)

●"𡕶"讀爲"文",參看第116頁"臧文仲"條。

【吳加】 臧秦之人吳加(包山167·文書)

【吳晉】 吳晉(包山174·文書)

【吳勝】 郚邑人吳𦫵(包山169·文書)

【吳憙】 吳憙(新蔡·甲三203·簿書)

【吳夏】 吳𩕄(新蔡·甲二6、30、15 ,甲三342-1、零309·卜禱)

【吳毆無】 吳𣪘無(新蔡·甲三203·簿書)

【五皮】 五皮(包山33·文書)

【五慶】 郕異之人五慶(包山173·文書)

【五生】 五生(包山209·卜禱)

【五佗】 五佗(包山191·文書)

【五陽】 莫𦣞之州加公五𨜶(包山181·文書)

【五子媁】 五子媁(包山185·文書)

【武貴墨】 㴝人武貴墨(包山192·文書)

【憙】 憙(包山7·文書)

[1] 廣瀨薰雄《新蔡楚簡所謂"賵書"簡試析》,《簡帛》第1輯,第215頁,上海古籍出版社2006年。

【夏后浩】　大佴尹頣句浩（包山 67·文書）

【夏與良志】　暊與良志（新蔡·零 584、甲三 266、277 ，乙一 12 ，乙二 44·卜禱）良志（新蔡·甲三 241·卜禱）

【夏與衛偃】　攻尹之攻執事人暊舉衜[illegible]

【咸郢公】　𨛡郢公（包山 185·文書）

●《清一·楚居》簡 3“巫 ”即“巫咸”，[1]《皇門》簡 6“ 祀天神”，今本作“咸祀天神”。

【縣子】　縣子（曾侯 168 ）

【湘痐】　䣽之壦里人𢓋痐（包山 83·文書）

【信】　坪陵敂信（包山 184 ·文書）

【巷㭋】　𨝚梊（曾侯 167 ）

【宵陎】　宵陎（包山 119 反 ·文書）

●“陎”，《十四種》據紅外影像釋。[2]

【宵[illegible]】　宵悥（包山 119 反 ·文書）

【宵褱】　宵褱（包山 72 ·文書）

● ，整理者釋爲“被”，从衣从皮省（《包山》第 44 頁）。何琳儀釋爲“褱”。[3]

【宵逆】　宵逆（包山 71、75、87·文書）

【宵親】　宵辟（包山 51·文書）

【宵吴】　宵吴（包山 98·文書）

【宵采】　宵采（包山 86 ·文書）

● 何琳儀釋“采”。[4]

【辛】　子西戠尹之人辛（包山 166·文書）

【新野君】　新埜君（包山 172—173·文書）

【莕君】　莕君（包山 164·文書）

●何浩、劉彬徽認爲 是“莕”之或體。《後漢書·郡國志》南陽郡下：“復陽侯國，有杏聚。”在今河南桐柏境内。[5]

【熊鹿㞕】　酓鹿㞕（包山 190·文書）

【熊鹿㞕新】　坪夜君之州加公酓鹿㞕新（包山 181·文書）

【熊鹿軞】　酓鹿軞（包山 179·文書）

【熊霜龍】　酓相龍（包山 85 ·文書）

【熊霜虞】　酓相虞（包山 196·文書）

【熊霜瘠】　酓相瘠（包山 171·文書）

【熊霜之敒】　酓相之敒（新蔡·乙四

[1] 復旦讀書會《清華簡〈楚居〉研讀札記》，復旦大學出土文獻與古文字研究中心網，2011 年 1 月 5 日。

[2] 陳偉等《楚地出土戰國簡册（十四種）》第 53 頁，經濟科學出版社 2009 年。

[3] 何琳儀《包山竹簡選釋》，《江漢考古》1993 年第 4 期。

[4] 何琳儀《包山竹簡選釋》，《江漢考古》1993 年第 4 期。

[5] 何浩、劉彬徽《包山楚簡“封君”釋地》，《包山楚墓》上册，第 575 頁，文物出版社 1991 年。

134 [illegible]・卜禱)

【熊雪适】 𢼸(咸)郢人酓䨓逜(包山185 [illegible]・文書)

【休君】 ☐與休君受十☐(新蔡・甲三273－1・簿書)

【宿必】 大脰尹公𡘋必(包山139 [illegible]・文書)

●[illegible],整理者隸定作"𡘋"(《包山》第26頁)。李運富釋爲"宿",[1]是。

【秀偏】 鄟邑人秀偏(包山193 [illegible]・文書)

【秀不孫】 正秀不孫(包山23、31、43、44、45、50・文書)

【秀獲】 秀䐡(包山119反・文書)

【秀几】 秀几(包山146・文書)

【秀陷】 秀陷(包山119反・文書)

●[illegible],裘錫圭認爲"阬"之異體,《史記・周本紀》"明年敗耆國",《集解》引徐廣曰:"一作阬。"[2]

【秀履】 秀頟(包山54、57、80・文書)

【秀免】 秀免(包山20、53、59、78 [illegible]・文書)

【秀淮】 秀淮(包山85・文書)

【秀皮】 秀紴(包山119反・文書)

【秀期】 秀异(包山84・文書)

【秀奇】 秀齊(包山89・文書)

【秀齊】 正秀齊(包山90・文書)郪齊(包山142・文書)

【秀泉】 秀泉(包山119反・文書)

【秀紳】 秀䊷(包山101・文書)

【秀陽】 𢼸郢司德秀鄸(包山169・文書)𢼸郢司德郪鄸(包山62・文書)戠(咸)郢司德鄸(包山169・文書)

【秀暘】 正秀暘(包山187・文書)

【秀義】 秀義(包山66・文書)

【秀臧?】 秀[illegible](包山119反・文書)

【秀倅】 秀倅(包山25・文書)

【須幽箸】 司豐之客須幽箸(包山145反・文書)

【徐漸】 聖夫人之人郐𪎑(包山84 [illegible]・文書)

●[illegible]整理者隸定作"郘"(《包山》第22頁)。白於藍引林澐説釋爲"郐"。[3]從筆勢看,釋"郐"當是。

【徐快】 郐快(包山172・文書)

【徐爲】 𨛫人余爲(包山174・文書)

【徐未】 郐未(包山84・文書)

【許蔡】 郚君之人䛙鄰(包山180・文書)

【許定】 䛙定(新蔡・甲三216・卜禱)

【許公】 䛙公(新蔡・零495・未歸類)

【許吉】 䛙吉(包山234・卜禱)

---

[1] 李運富《楚國簡帛文字構形系統研究》第122—125頁,嶽麓書社1997年。

[2] 裘錫圭《釋戰國楚簡中的"㕣"字》,《裘錫圭學術文集・簡牘帛書卷》第461頁,復旦大學出版社2015年。

[3] 白於藍《〈包山楚簡文字編〉校訂》,《中國文字》新25期,第188頁,藝文印書館1999年。

【許勝】 分鰍之州加公䛐菊（包山 164・文書）

【許适】 中쵤䛐遁（包山 18・文書）

【許時】 霝里子之州差䛐時（包山 180 ・文書）

●，整理者隸定爲"時"（《包山》第 30 頁）。《郭店・老甲》簡 36 用爲"得"之字作，蕭毅認爲是之簡體。[1]

【許佗】 䛐佗（望山 1－18）

【許陽公】 鄦昜公（仰天湖 1）

【許驕】 䛐驕（包山 98・文書）

【許智】 䛐智（新蔡・甲三 320・簿書）

【愋】 右司馬愋（包山 182・文書）

【嬛】 嬛駐爲左驂（曾侯 174 ）

【鄗詎】 郊少宰尹鄕詎（包山 157 反・文書）少宵尹鄗詎（包山 157 ・文書）

【鄗觀】 郙昜司敗鄗觀（包山 177 ・文書）

【瀞】 瀞（曾侯 157 ）

●整理者謂此字从廾从手从睿，"叡"字繁體（《曾侯》第 527 頁）。袁國華指出左上爲"水"。[2] 李守奎釋爲"濬"。[3]

【脡穖】 郯客䛐穖（包山 145 ・文書）

●"穖"，《上四・曹沫》多見，讀爲"沫"。

【嵒甬】 佶辻嵒甬（包山 185・文書）佶辻尹嵒甬（包山 166・文書）

●巫雪如認爲嵒氏當即聶氏。[4] 何琳儀讀"嚴"。[5]

【鄾】 卲上之州加公鄾（包山 181 ・文書）

【痠】 喬差痠（包山 108 ・文書）

●《上八・子道》簡 2 言游之字"偃"作。

【陽】 壐 𩁹司敗鄸（包山 183・文書）

【陽】 贏尹鄸（曾侯 157）

【陽城君】 旟壂君（曾侯 119、163、166、193）

【陽慶吉】 士帀鄸慶吉（包山 12—13・文書）

【陽越】 鄟邑人鄸郕（包山 174・文書）

【楊虎】 楊虎（包山 149 ・文書）

---

［1］ 蕭毅《楚簡文字研究》第 60 頁，武漢大學出版社 2010 年。

［2］ 袁國華《由曾侯乙墓竹簡幾個从水的文字談起——兼論〈詩・周頌・殷武〉'罙入其阻'句'罙'字的來歷》第 241—243 頁，藝文印書館 1997 年。

［3］ 李守奎《曾侯乙墓竹簡"水"部字補釋》，第四届國際中國古文字學研究會論文，香港中文大學 2003 年。

［4］ 巫雪如《包山楚簡姓氏研究》第 121 頁，臺灣大學碩士學位論文 1996 年。

［5］ 何琳儀《戰國古文字典：戰國文字聲系》第 1422 頁，中華書局 1998 年。

【養游越】 倴游郕(包山 188・文書)

●"倴游",何琳儀讀爲"養游"或"養由",複姓,楚大夫養由基之後。《左傳》昭公十六年"養由基",《後漢書・班固傳》作"養游基"。[1]

【羕】 郿尹羕(新蔡・甲三 193・卜禱)

【郲】 郲騮爲左服(曾侯 157)

【郲君】 郲君(曾侯 119、119、192)

【漾陵公】 羕陵公(包山 177・文書)

【漾陵君】 羕陵君(包山 86・文書)

【駚】 駚騮爲左驂(曾侯 144)

【瑶】 琜(新蔡・零 171,零 187 ・卜禱)

【昭】 庚之子昭(包山 8 ・文書)

【野】 埜(秦家嘴 M99－3、M99－5、M99－15)

【依】 依騏爲右驂(曾侯 146)

【欹】 新官敂欹(曾侯 57)

●整理者指出,B 類簡有"新官人",據簡 243"宫厩之新官","新官令""新官人"似是屬於"宫厩"的官。(《曾侯》第 518 頁)

【軆】 軍寧敂軆(曾侯 18 、126)

【宜】 波尹宜(包山 110・文書)

【宜咎】 五帀士尹宜咎(包山 185・文書)

【迻】 妾婦迻(包山 173・文書)

【殹】 左司馬殹(包山 105・文書)

【逸】 㝃(新蔡・乙四 85 ・卜禱)

●楚簡"㝃"讀爲"逸"。[2]

【義篆】 篆(新蔡・甲三 71 ,零 118・卜禱)

●整理者以爲 从丹从義(《新蔡》第 190 頁);宋華强據《上六・天乙》簡 7"義"作 ,將簡文釋"義"。[3]

【義得】 義旻(包山 18、94・文書)

【義覩】 義賭(包山 19・文書)

【義癸】 義癸(包山 92・文書)

【義牢】 正義牢(包山 77、97、99、100、101・文書)

【義僕】 義簹(包山 49・文書)

【義强】 正義弝(包山 84・文書)鄴弝(包山 40・文書)

【義亞】 義亞(包山 145 反・文書)

【義懌】 義懌(天星觀 9－1)懌(天星觀 157)

【懌】 陵尹懌(新蔡・甲三 266、277,甲三 219,乙一 12,甲三 216,乙二 25、零 205、乙三 48,乙二 27・卜禱)陵𦍒懌(新蔡・零 200、323・卜禱)

【殷膿志】 某溪邑人𨜸膿志(包山 182・文書)正昜让𨜸膿志(包山 186・文書)

---

[1] 何琳儀《戰國古文字典:戰國文字聲系》第 676 頁,中華書局 1998 年。

[2] 詳細討論可參看陳劍《甲骨金文舊釋"䖵"之字及相關諸字新釋》,《出土文獻與古文字研究》第 2 輯,第 15—22 頁,復旦大學出版社 2008 年。

[3] 宋華强《新蔡葛陵楚簡初探》第 437 頁,武漢大學出版社 2010 年。

【殷笀】 鄢市之里人𣪘笀(包山63·文書)鄢人𣪘笀(包山184·文書)笀(包山63·文書)

【殷朔】 𣪘朔(包山63·文書)朔(包山63、63·文書)

【殷新】 新大厩𣪘慙(包山191·文書)

【陰侯】 郐侯(包山51·文書)

【陰郷】 侌郷(包山133·文書)

【陰夷安】 驩笲侌𡰥安(包山180·文書)

【寅】 芸昜司馬寅(包山109·文書)鄗昜司馬寅(包山118·文書)

【郢甲】 司豐之𨝏邑人郢甲(包山124·文書)

【應】 周𩂣之人應(包山174 [illegible]·文書)

【應丙】 郘人𨜒𢆉(包山183·文書)

【應愴】 雁愴(新蔡·甲一3·卜禱)

【應奮】 𨜒奮(天星觀15－1)

【應會】 𨜒會(包山201·卜禱)𨜒斂(包山204·卜禱)𨜒倉(包山210、214·卜禱)

【應嘉】 𨜒嘉(新蔡·甲三114、113·卜禱)嘉(新蔡·甲三112,甲三198、199－2,甲三75,零344·卜禱)

【應女返】 𨜒女𡰥(包山123·文書)雁女𡰥(包山121、122·文書)女𡰥(包山122·文書)

●[illegible],李守奎釋爲見於《説文》隹部的"𤸰"(異體作"鷹"),讀爲姓氏之"應"。[1] 其説是。新蔡簡多見"膺",作[illegible],[2]所从與簡文同。

【應楊】 𨜒楊(天星觀119)

【應懌】 鄝君之人𨜒𢝊(包山176·文書)

【應寅】 𨜒寅(新蔡·甲三178,甲三208,甲三258,乙四79,甲二22、23、24·卜禱)

【鄅奠】 郯執事人鄅奠(包山188·文書)

【攸軍】 鄝迻斨邑𢼸匍(包山88·文書)

●徐在國據《包山》簡255"𦕈"作[illegible],釋"攸""𢼸"。[3]

【攸須】 楚斨司敗攸須(包山88 [illegible]·文書)

【攸轍】 𢼸𨍏(包山88 [illegible]·文書)

●[illegible],劉釗指出,左旁爲夷,右旁與楚帛

[1] 李守奎《包山楚簡120—123號簡補釋》,《出土文獻與傳世典籍的詮釋:紀念譚樸森先生逝世兩週年國際學術研討會論文集》第210—212頁,上海古籍出版社2010年。

[2] 參看張新俊、張勝波《新蔡葛陵楚簡文字編》第90頁,巴蜀書社2008年。

[3] 徐在國《包山楚簡文字考釋四則》,《于省吾教授百年誕辰紀念文集》第178頁,吉林大學出版社1996年。

書字左旁同。[1] 即楚文字用爲"轍"之字。[2]

【由發】 鄴君繇發(包山172·文書)繇發(包山70·文書)

●繇,許全勝認爲是陶氏,[3]何琳儀讀"鼬",[4]《十四種》據楚簡"繇"多用爲"由",讀爲由氏。[5]

【由杭】 繇杭(包山180 ·文書)

【蚘】 司馬蚘(新蔡·甲三182-2·卜禱)

【游倉】 游倉(包山181·文書)

【游晨】 左駻游脣(包山152·文書)

【西[illegible]】 單餌尹凾糂(包山140 ·文書)

●,蕭毅認爲是"糂"字異體。[6]

【綮】 綮驪爲右服(曾侯166)

●,整理者隸定作从於从支从水(《曾侯》第499頁),李守奎隸定作从攸从水。[7]

【魚】 司馬魚(新蔡·甲三316 ·簿書)

【邗鼺】 冀陵公邗鼺(包山115 ·文書)

【雩且】 大廄馯司敗雩虘(包山69·文書)

【羽】 少里喬舉尹翆(包山128、141、143、195·文書)

【彂】 宥尹彂(新蔡·甲三356·卜禱)

【黝】 喬尹黝(包山117 ·文書)

【媉】 媉(包山35 ·文書)

【豫】 邵司馬豫(包山24·文書)邵司馬(包山22、30·文書)

【遠從志】 易陵人遠從志(包山193·文書)

【遠悳】 鯀丘少司敗遠悳(包山90 ·文書)

●,朱曉雪隸定作"悳"。[8]

【遠鉅】 莫囂遠鉅(包山28·文書)

【遠纙】 登人遠綮(包山164 ·文書)

●,整理者釋爲"纙"(《包山》第51

---

[1] 劉釗《包山楚簡文字考釋》,《出土簡帛文字叢考》第14頁,臺灣古籍出版有限公司2004年。

[2] 参看徐在國《釋楚簡"敌"兼及相關字》,《古文字研究》第25輯,第347—351頁,中華書局2004年。

[3] 許全勝《包山楚簡姓氏譜》第35頁,北京大學碩士學位論文1997年。

[4] 何琳儀《戰國古文字典:戰國文字聲系》第220頁,中華書局1998年。

[5] 陳偉等《楚地出土戰國簡册(十四種)》第34頁,經濟科學出版社2009年。

[6] 蕭毅《楚簡文字研究》第238頁,武漢大學出版社2010年。

[7] 李守奎編著《楚文字編》第644頁,華東師范大學出版社2003年。

[8] 朱曉雪《包山楚簡綜述》第132頁,福建人民出版社2013年。

頁）。何琳儀認爲字从二“丌”，即“綦”。[1] 李零指出楚文字“琴瑟”字从此，此字或可隸定作“綦”。[2] 新蔡簡“驪犧馬”之“驪”作（甲三79）、（乙三21），所从與簡文同。郭永秉認爲楚文字“瑟”作（《郭店·性自》24）、（《上七·君甲》3）等，是“麗”的音近假借。[3]

【遠忻】 𦻃尹之鄝邑公遠忻（包山28·文書）

【遠乙】 遠乙（包山89·文書）

【遠緦】 彭君之司敗遠緦（包山56 ·文書）

【瑗】 新官帀瑗（包山5·文書）

【越】 佶儹司敗郕（包山166·文書）

【越】 新官斂郕（包山5·文書）

【越虩】 糸宫大夫左司馬郕虘（包山130·文書）

【越價】 郕異之大帀郕貨（包山46、64·文書）郕異之大帀貨（包山52·文書）大帀貨（包山55·文書）

【樂君】 樂君（曾侯176）

【龘己】 郊人龘㠯（包山182·文書）

【宰矨】 宭矨（包山36·文書）

【獯】 獯（曾侯172、172 ）

【造陵君】 俈陵君（包山165·文書）

【昃】 馭昗（新蔡·甲三292·簿書）

【緦】 壄㠯之人緦（包山176 ·文書）

【翟耴】 翟耴（曾侯143 ）

【鄗陽君】 郜昜君（包山86·文書）

【斬毬吉】 斬毬吉（曾侯42）

【䶧】 少妾䶧（包山171·文書）

●“䶧”，《十四種》據紅外影像釋。[4]

【章余可】 章余可（包山166·文書）

【章越】 章郕（包山101·文書）

【張㣇天】 張㣇天（包山95 ·文書）

【張讙】 株昜莫囂州加公張讙（包山189·文書）

【張慫】 卲無戠之州人鼓𨑛張慫（包山95·文書）

【昭行】 卲行（包山15、15反、16·文書）

【昭彗】 邔昜卲𡨦（包山193—194·文書）邔昜之酷里人卲𡨦（包山150·文書）

【昭吉】 卲吉（包山205、206·卜禱）

【昭上】 卲上（包山181·文書）

【昭佗】 左尹卲𩁹（包山207、218·

---

［1］ 何琳儀《包山竹簡選釋》，《江漢考古》1993年第4期。

［2］ 李零《讀〈楚系簡帛文字編〉》，《出土文獻研究》第5輯，第152頁，科學出版社1999年。

［3］ 郭永秉《補説“麗”、“瑟”的會通——從〈君人者何必安哉〉的“玩”字説起》，《古文字與古文獻論文集續編》第14—30頁，上海古籍出版社2015年。

［4］ 陳偉等《楚地出土戰國簡册（十四種）》第84頁，經濟科學出版社2009年。

卜禱)子左尹旄(包山224·卜禱)左尹(包山267·遣策)左尹旄(包山197·卜禱)多見。

【昭王之上】 士尹卲王之走(夕陽坡1—2)

【昭無害】 卲無戠(包山95·文書)

【昭戊】 郙戜東敔卲戊(包山124·文書)卲戊(包山125·文書)

【昭媛】 卲媛(包山176·文書)

【昭寍】 鄝莫囂卲寍(包山116·文書)鄝莫囂(包山29·文書)

【䣚瞉】 莪陵之偏司敗䣚瞉(包山166·文書)

【䣚䚊】 莪陵人䣚䚊(包山167·文書)

【趙】 楚斨邚(包山190·文書)

●《清二·繫年》簡64、96"邚",讀爲趙。

【柘卯】 柘卯(曾侯39)

●卯,簡文从馬从此字者多見,整理者以爲"騮"之或體,卯即"卯"形之訛(《曾侯》第524頁)。

【鄭】 鄭駷爲右驂(曾侯165)

【鄭襄】 鄭襄(曾侯176)

●《清七·子犯》簡13"襄耳"即晉文公重耳。

【鄭成】 鄭成(曾侯151、211)

【鄭愴】 奠愴(天星觀132)

【鄭妸】 奠妸(包山85·文書)

●《上三·周易》簡23之"妸",今本作"何"。整理者謂从力可聲,爲"抲"字(《上博三》第168頁)。

【鄭建】 鄭建(新蔡·甲三223·卜禱)

【鄭愗】 鄭卜子悊(新蔡·乙四98·卜禱)奠悊(新蔡·乙四105·卜禱)

【鄭少士】 陲公之人奠少士(包山166·文書)

【鄭視】 奠視(新蔡·甲三312 [illegible]·薄書)

【鄭受】 奠受(包山186·文書)

【鄭它人】 奠它人(包山164·文書)

【鄭逃】 新都人奠逃(包山165·文書)

【鄭迟】 奠迟(新蔡·乙三4·薄書)

【鄭憲】 奠憲(新蔡·甲三25 [illegible],乙四145·卜禱)

【鄭痃】 鄭痃(新蔡·乙四63、147·卜禱)痃(新蔡·甲三345-1·卜禱)

【鄭羊】 奠羊(包山181·文書)

【鄭痽】 彭君之人奠痽(包山165 [illegible]·文書)

【枝女】 羅之廡宬之夆者邑人郞女(包山83 [illegible]·文書)

●[illegible],李家浩釋爲"郞"讀爲"枝",[1]

[1] 李家浩《信陽楚簡中的"柿枳"》,《簡帛研究》第2輯,第7—8頁,法律出版社1996年。

何琳儀讀爲“只”。[1]

【跖】 跖(曾侯175)

【跖𨁏】 跖𨁏(曾侯175)

●整理者認爲是“跖跰”的異體，與簡175的“跖”爲一人(《曾侯》第528頁)。

【徵】 郝司敗隥(包山162 ·文書)

【志】 右司馬志(包山119·文書)

【𧶠】 鄝莫囂𧶠(包山105·文書)

【𧶠】 玉敂𧶠(包山25·文書)

【中城子】 审郕子(曾侯156)

●整理者疑即《左傳》成公九年“城中城”之中城(《曾侯》第527頁)。

【中君】 中君之一絽衣(仰天湖2)

【終御鈥】 終衠鈥(新蔡·甲三224·簿書)

【鐘豎】 鐘豈(新蔡·甲三293·簿書)

【鐘佗】 鐘佗(新蔡·甲三293·簿書)

【遀】 新埜君之州加公遀(包山172—173·文書)

【周遲】 辶大敂珊之州加公周遲(包山74·文書)

【周蠆】 箕州加公周蠆(包山190·文書)

【周蟲】 周蟲(包山191·文書)

【周賜】 周賹(包山65·文書)周賜(包山81·文書)

【周敚】 郙㝨之闡人周敚(包山34、39、85、91·文書)敚(包山91·文書)

【周𩁹】 周𩁹之人(包山174·文書)

●何琳儀指出下从“拔”，即“𩁹”。[2]

【周庚】 杋券之州人周庚(包山183·文書)

【周愲】 周愍(包山20、47·文書)

【周國】 佶腰之司敗周慐(包山57·文書)五帀佶腰司敗周國(包山45·文書)

【周緩】 周緩(包山76·文書)

【周駕】 弥㕣君之司馬周駟(包山60·文書)弥㕣君之司馬駟(包山38·文書)

【周默】 里公周默(包山74·文書)

【周謐】 王西州里公周謐(包山184·文書)

【周墨】 周墨(新蔡·零213、212·卜禱)

【周適】 鄗君之耆州加公周適(包山68·文書)

●“適”又見於《清六·子儀》簡18，整理者以爲是《説文》彳部“徛”之異體(《清華陸》第134頁)。

【周迟】 君夫人之劵陎周迟(包山185·文書)

[1] 何琳儀《戰國古文字典：戰國文字聲系》第746頁，中華書局1998年。
[2] 何琳儀《包山竹簡選釋》，《江漢考古》1993年第4期。

【周敀】 邛昜让周敀(包山179・文書)

【周朊】 秦大夫怠之州里公周瘛(包山141・文書)瘛(包山141・文書)

●白於藍引林澐説隸作"瘠",从次聲,即《説文》"痥"字異構。[1] 相同字形見於《清一・楚居》簡16"邦大[illegible]",整理者讀爲"瘠"(《清華壹》第192頁)。《上四・柬大》簡18"邦家大旱,痼[illegible]智於邦",[illegible]義待考。

【周喬】 上鄄邑人周喬(包山188・文書)

【周壬】 鄝莫囂之人周壬(包山29・文書)

【周叡】 郯異之人周叡(包山165・文書)

【周霰】 佶大戱六敂周霰(包山91[illegible]・文書)

●整理者隸定作"霰"(《包山》第23頁)。劉釗認爲从"雨""殺"聲,即"霰"。[2]

【周惖】 周惖(包山163・文書)

【周絰】 鄢逡邑人周絰(包山169・文書)

【周童耳】 俈舉之闈戠公周童耳(包山34、39・文書)

●劉釗謂"童"讀爲"重",典籍有晉文公"重耳"。[3]

【周鰥】 周鰥(包山91・文書)

【周瑶】 周瑑(包山34、39・文書)付舉之闈人周瑑(包山91・文書)瑑(包山91・文書)

●陳秉新、李立芳謂"瑑"是"瑶"之古文。[4]

【周遻】 鄴株之仿周遻(包山182[illegible]・文書)

【周雁】 佶大戱六敂周霰之人周雁(包山91・文書)雁(包山91・文書)

【周甬】 让命人周甬(包山77・文書)

【周足】 周跢(包山162[illegible]・文書)

【朱夜宴】 朱夜宴(曾侯160)

【絑】 郲让敂絑(包山177・文書)

【絑墻襄】 𨛫郢人絑牄嬰(包山170・文書)

【宔賈】 臨昜人宔賈(包山185・文書)

【莊奠】 臧奠(包山160・文書)

【莊敢】 臧敢(包山224、225・卜禱)

【莊嘉】 悬王宼臧嘉(包山166・文書)

---

[1] 白於藍《〈包山楚簡文字編〉校訂》,《中國文字》新25期,第191頁,藝文印書館1999年。

[2] 劉釗《包山楚簡文字考釋》,《出土簡帛文字叢考》第14—15頁,臺灣古籍出版有限公司2004年。

[3] 劉釗《古文字中的人名資料》,《古文字考釋叢稿》第379頁,嶽麓書社2005年。

[4] 陳秉新、李立芳《包山楚簡新釋》,《江漢考古》1998年第2期。

【莊牱】 弜㕣君之司敗臧牱(包山38、60·文書)

【莊䠙】 悳王㝒人臧䠙(包山183+166 、172 ·文書)

【莊秦】 臧秦(包山167·文書)

【莊塙】 邸昜君之人臧塙(包山163·文書)

【莊申】 加公臧申(包山122·文書)

【莊暑】 臧睹(包山173·文書)

【莊王之墨】 臧王之墨(包山7·文書)

●董珊指出,此係名“墨”前冠以楚莊王之謚作爲族稱,類似有“龔王之卯”“競坪王之定”等。[1]

【莊未】 邻少司敗臧未(包山23·文書)

【莊獻】 郙昜莫囂臧獻(包山121·文書)

【莊燭】 登人臧燭(包山186·文書)(包山163·文書)

【茲】 丝(包山67·文書)

●《包山》簡67“𡕥月辛未之日,不軘丝,虘歸其田以致命”,李運富謂“茲且”爲人名,《通志·氏族略四》:“茲氏,姬姓,魯桓公之孫公孫茲之後。”[2]《十四種》謂“軘茲”或爲人名。[3] 朱曉雪認爲“丝”也可能是人名,而“範”用爲動詞。[4]

【子緒】 大帀子緒(包山115·文書)

【子士】 命尹子士(包山115·文書)

【紫】 郘昜君之𦯬阬邑人紪(包山86·文書)

【紫】 紪(秦家嘴M1-1、M1-2、M1-3)

【足】 大辻尹足(包山112·文書)

【足束逹】 足束逕(包山167·文書)

【敦是亓】 敦是亓(包山4 ·文書)

● ,从皋从攴。張崇禮將其與見於《璽彙》2250等从艸从皋的姓氏 聯繫起來,[5]可從。然具體爲何氏,待考。

【蓳 】 (曾侯60)

●蕭聖中據紅外影像認爲 是“蕖”或“蒐”的殘字; 上半似是“環”,“還”字異體。[6] 按, 或是“蓳”字; 待考。

[1] 董珊《出土文獻所見“以謚爲族”的楚王族——附説〈左傳〉“諸侯以字爲謚因以爲族”的讀法》,《出土文獻與古文字研究》第2輯,第112—115頁,復旦大學出版社2008年。

[2] 李運富《楚國簡帛文字構形系統研究》第135—136頁,嶽麓書社1997年。

[3] 陳偉等《楚地出土戰國簡册(十四種)》第34頁,經濟科學出版社2009年。

[4] 朱曉雪《包山楚簡綜述》第215頁,福建人民出版社2013年。

[5] 張崇禮《釋包山簡第4簡的“敦”》,復旦大學出土文獻與古文字研究中心網,2009年3月30日。

[6] 蕭聖中《曾侯乙墓竹簡釋文補正暨車馬制度研究》第151頁,科學出版社2011年。

【盧⿱艹兕】　盧⿱艹兕(新蔡・甲三 342－2 ・卜禱)

●整理者釋爲"盧(穌)莿"(《新蔡》第199頁)。沈培將隸定爲"兕",認爲與《新蔡》甲三43"穌鼉"是一人,"穌""盧"均是虞氏。[1] 按,《上一・緇衣》簡4"以盧民淫"之"盧"作,與簡文同,今本作"禦"(《郭店・緇衣》簡6作)。之"兕"上仍有筆畫,暫隸定作"⿱艹兕"。

【杏】　寡大市米堣人杏(包山95・文書)(包山95・文書)

●,从本从口。《玉篇・口部》有"呠"字。

【巻】　教敏巻(包山99・文書)

【郝豫】　郝豫(包山174 ・文書)

●,李守奎隸定作"郱",謂其基本聲符是"弃",應爲鄭氏異寫,[2] 待考。

【郝愈】　競(景)凾(酉)之司敗郝愈(包山68 ・文書)

【郝彼】　郄邑人郝彼(包山163 ・文書)

【郝思】　長遲正差郝思(包山78 ・文書)

【臯】　箴尹臯(曾侯171)

●整理者隸定爲"臯"。陳哲釋爲"克"。[3]

【䫉牙坪】　䫉酉坪(曾侯165)

●,李守奎疑爲"䫉"之訛,即夏。[4]

【〼蓂】　〼蓂(曾侯149)

【梳甫】　梳甫(曾侯171)

【梳甫子】　梳甫子(曾侯170)

●張光裕等隸定作"朚";[5] 徐在國釋爲"幭";[6] 李零認爲右旁同"望"[7](《上一・緇衣》簡2"望"作)。

【】　(新蔡・乙四17・卜禱)

【】　驪(騖)爲右驂(曾侯166、171)

【〼旟】　〼旟習之以承德。(新

[1] 沈培《從戰國簡看古人占卜的"蔽志"——兼論"移祟"説》,《古文字與古代史》第1輯,第423頁,"中研院"史語所2007年。

[2] 李守奎《包山楚簡姓氏用字考釋》,《簡帛》第6輯,第228—229頁,上海古籍出版社2011年。

[3] 陳哲《曾侯乙墓竹簡文字考釋二則》,《出土文獻》第15輯,第131—132頁,中西書局2019年。

[4] 李守奎編著《楚文字編》第783頁,華東師範大學出版社2003年。

[5] 張光裕、滕壬生、黄錫全主編《曾侯乙墓竹簡文字編》第45頁,藝文印書館1997年。

[6] 徐在國《讀〈楚系簡帛文字編〉札記》,《安徽大學學報》1998年第5期。

[7] 李零《讀〈楚系簡帛文字編〉》,《出土文獻研究》第5輯,第148頁,中華書局1998年。

蔡・乙四49・卜禱）

【】 （新蔡・零84・卜禱）

●，整理者釋爲"畬"（《新蔡》第211頁）；，《十四種》釋爲"尹（?）"。[1]待考。

【】 ☐以之大彤簪（筮）爲君貞（新蔡・甲三72・卜禱）

【】 之紝衣（仰天湖3）

●二字史樹青、李學勤釋爲"何馬"。[2] 待考。

【】 玉婁（包山25・文書）

●，或釋爲"瘷"，[3]待考。

---

[1] 陳偉等《楚地出土戰國簡册（十四種）》第397頁，經濟科學出版社2009年。

[2] 史樹青《長沙仰天湖出土楚簡研究》第25頁，群聯出版社1955年；李學勤《談近年新發現的幾種戰國文字資料》，《文物参考資料》1956年第1期。

[3] 陳偉《包山楚簡初探》第209頁，武漢大學出版社1996年。

後　記

這是我個人正式出版的第一本書。

2012 年 7 月，在陳偉武師的舉薦下，我博士畢業後進入北京大學中文系從事博士後研究。在合作導師楊榮祥先生的指導下，選定“楚簡所見人物名號的歷時考察”作爲研究題目。最後只完成了一部分，即 2014 年 5 月通過答辯的《上博藏簡所見人物名號整理與研究》；6 月初，申報的課題“出土戰國至漢初簡帛所見人物名號彙釋與研究”獲得國家社科基金立項。結項之後，根據評審專家的意見對部分内容進行了修改，就是現在拿出來的這本小書了。

楊榮祥師對本書的選題及寫作給予了具體指導，李家浩先生和胡敕瑞老師審看過出站報告初稿，同門蔡一峰兄通讀了書稿並多有是正，我要向他們表示誠摯的謝意。陳偉武師一直督促我早日出版專著，没有老師的鞭策我恐怕還會再拖下去。山東大學一流學科建設給予了經費支持，中西書局田穎和龍騰遠兩位編輯多予幫助，在此一併致謝。最後要指出的是，本書在異文搜集、彙釋整理方面雖傾力甚多，但限於學力，個人創見尤其在疑難名號釋讀方面的成績却很少，這是以後工作中要加强的地方。敬祈方家批評指正。

王輝 2021 年 10 月記於濟南銀雀山房

圖書在版編目(CIP)數據

簡帛人物名號彙考 / 王輝著. —上海：中西書局，2021

ISBN 978-7-5475-1825-0

Ⅰ.①簡… Ⅱ.①王… Ⅲ.①簡(考古)-研究-中國②帛書-研究-中國③姓氏-研究-中國 Ⅳ.①K877.54②K810.2

中國版本圖書館 CIP 數據核字(2021)第 226800 號

JIANBO RENWU MINGHAO HUIKAO

簡帛人物名號彙考

王 輝 著

責任編輯 龍騰遠
裝幀設計 梁業禮
責任印製 朱人傑

出版發行 上海世紀出版集團
中西書局(www.zxpress.com.cn)
地　　址 上海市閔行區號景路 159 弄 B 座(郵政編碼：201101)
印　　刷 上海中華印刷有限公司
開　　本 700×1000 毫米 1/16
印　　張 28
字　　數 361 000
版　　次 2021 年 12 月第 1 版 2021 年 12 月第 1 次印刷
書　　號 ISBN 978-7-5475-1825-0/K·364
定　　價 138.00 元